양성애

열두 개의 퀴어 이야기

양성애 열두 개의 퀴어 이야기

지은이 박이은실

발행 고갑희

주간 임옥희

편집 · 제작 사미숙

펴낸곳 여이연

주소 서울 종로구 명륜4가 12-3 대일빌딩 5층

전화 (02) 763-2825

팩스 (02) 764-2825

등록 1998년 4월 24일(제22-1307호)

홈페이지 http://www.gofeminist.org

전자우편 gynotopia@gofeminist.org

초판 1쇄 인쇄 2017년 8월 23일

초판 1쇄 발행 2017년 8월 25일

값 20,000원

ISBN 978-89-91729-32-2

잘못된 책은 바꿔 드립니다.

양성애
열두 개의 퀴어 이야기

박이은실 지음

도서출판 여이연

차례

저자의 말

이 책은 2010년에 질적 연구방법의 하나인 생애사 연구방법을 통해 연구 문제에 접근해 작성했던 나의 박사학위 청구논문을 토대로 한 것이다. 논문을 단행본으로 옮기면서도 당시의 내용과 분석이 여전히 유효하다고 판단하였기 때문에 이것에 집중하였고 따라서 2010년 이후의 눈에 띄는 움직임(예, 2014년에 창간된 웹진 <바이모임>, 최근에 '양성애자'로 커밍아웃하고 저술과 방송 활동을 하고 있는 은하선 씨 등)에 대해서는 다른 기회를 통해 이야기할 수 있는 사안으로 남겨둔다.

이 책을 내기까지 예상보다 오랜 시간이 흘렀다. 책을 내지 못하고 있는 동안 나는 구술자들에게 스스로 진 빚을 갚지 못하고 있는 듯 마음이 무거웠다. 이제 그 빚을 갚는다. 나의 마음과 바람과 달리 여러 다른 일과 일정에 쫓겨 지금까지 미뤄두었던 숙제와 같았던 일을 이제라도 할 수 있게 되어 정말 기쁘고 홀가분하다.

주체들의 생애서사에 주목한 이 책은 주체가 일상생활의 경험을 통해 성/차화된 주체가 되는 과정을 상세히 살피고 있다. 또한 이성애적으로 의미화된 소위 '생애주기'라는 맥락에서 성/차화되는 과정 안에서 요구되는 것들로부터 어긋나는 경험의 '순간'을 구술자들이 어떻게 포착하였으며 어떻게 자신의 주체성과 정체성을 이성애적 의미체계를 넘어 의미화해 왔는지를 보여주고자 하였다. 그리고 양성애/

여성이 처해 있는 생애사적 물적 조건과 관계망에 대한 검토를 통해 한국사회에서 가부장체제와 이성애 규범성이 연동하는 미시적인 방식을 드러내 보고자 하였다.

구술자들의 생애사는 남/여, 남성성/여성성, 이성애/동성애 등을 유지시키는 이분법적 인식론을 넘어 성sexuality과 성차gender를 볼 때 어떠한 새로운 의미들이 형성되고 드러날 수 있는지, 이것이 기존의 성차 질서에 대한 어떤 저항성을 행사하는지를 살펴볼 수 있게 해 준다.

구술자들이 발화를 통해 구술한 생애사, 즉, 경험의 역사는 각 구술자들이 자신의 경험을 의미화시키고자 해 온 문화정치의 역사라고 할 수 있다. 구체적인 삶의 경험을 통해 기존의 의미질서를 해체하고 새로운 언어, 즉, 새로운 명명체계를 구성해 내는 것은 페미니스트 문화정치학에 중요한 함의를 던져주는 것이기 때문이다.

생애사 연구는 '현재의 생애사를 매개로 하여 개인과 사회, 주관과 객관, 행위와 구조 등 사회현상을 인식하고 분석하는 고전적인 이분법을 넘어서 사회구조를 재구성할 수 있는 하나의 연구방법'이다. 그리고 '구술자료를 근거로 역사적 사건의 사실성뿐만 아니라 구술자의 변화하는 관점을 동시에 재구성하고, 이를 통해 개인의 행위지향이 구성되어가는 과정에 접근하기 위한 방법'이기도 하다. 따라서 생애사 연구는 사회변화의 동력과 그 발생과정을 읽어낼 수 있게 해 준다. 또한 권력구조와 지배질서에 대한 저항을 의미화하기 위해 일상생활 속에 숨어있는 억압의 기제와 해방의 잠재성에 주목하여 가시화되어오지 못한 '타자들'을 '주체'로서 드러낼 수 있게 해 준다(이희영, 2005:121-22). 한 사회의 권력질서에서 주변화되어 온 이들은 '타자'로서 언어를 갖지 못하고 목소리를 잃은 채 일상을 경험하지만 본인의 생애에서는 주체이고 따라서 주체로서 자신의 생애사를 재구성해 들려주기 때문에 생애사를 구술하는 매순간 화자는 '주체화' 과정을 경험하게 되는 것이다. 실제로 구술인터뷰에 참여한 많은 구술자들은 생애사 인터뷰에 참가하여 자신의 이야기를 마음껏 할 수 있는 기회를 갖게 된 것을 매우 의미있게 생각하였다. 그리고 구술자들의 주변 사람들에게서 그런 기회를 갖게 된 것에 대해 부러움을 받기도 했다고 말했다.

개개인의 일상은 일상의 경험으로 구성된다. 크리스틴 스탠셀은 '감각적 경험'을 언어에 의해 포섭될 수 없는 직접적으로 느끼고 보고 알게 된 전前담론적인 현실이라고 말하기도 하였다(Stansell, 1987:28, Scott, 1992:31 재인용). 그런 한편, 조앤 스캇(Scott, 1992)은 경험을 전담론적 현실로 보는 관점에서는 경험의 담론적 특성을 설명할 수 없게 된다고 말하고 있다. 이를 위해 스캇은 E. P. 톰슨이 『영국 노동계급의 형성Making of the English Working Class』에서 경험을 개인 외부의 영향과 개인의 주관적인 느낌이 결합된 것, 즉, 구조적인 것과 심리적인 것의 결합으로 보았던 점을 환기시키고 있다. 톰슨에 따르면 경험은 개인이 사회적 존재로서 사회적 삶을 살아낸 현실이고 사람들은 이러한 경험을 생각으로만 체험하는 것이 아니라 느낌으로도 체험한다. 그리고 그 느낌은 규범, 의무, 가치, 믿음 등으로서 문화적으로 '다뤄진다'(Scott, 1992:29 재인용). 앤서니 기든스에 따르면 생애사의 국면국면을 구성하는 일상은 개인 한 사람 한 사람이 '일상적인 사회적 실험'을 행하면서 주체로서 역사에 참여하는 시공간이며 생활정치의 영역이다. 그리고 개개인들이 현실 세계의 물질적 기반과 권력관계에 대해 자기 나름대로 어떤 '틈들과 구멍들'을 만들어 내고 이것을 자신의 삶을 중심으로 의미화하는 영역이기도 하다. 따라서 일상이야말로 신체와 자기정체성, 그리고 사회 규범이 일차적으로 연결되는 지점인 것이다(기든스, 1995:49).

이런 맥락에서 볼 때 경험은 전담론적인 것이라고 말할 수도 없고 주관적인 것이라고 말할 수도 없으며 또한 구조적으로 강제되는 것이라고 말할 수만도 없게 된다. 조앤 스캇은 따라서 경험을 하나의 증거 혹은 사실로 간주해버리는 것은 위험한 일이라고 말한다. 왜냐하면 경험이 의미화되고 구축되고 작동하는 방식을 간과하게 만들기 때문이다. 그러한 것들이 간과되면 경험이 담론을 통해 주체를 위치시키고 체험을 생산하는 역사적 과정으로서 의미화될 수 없게 된다.

한편, 경험은 고정된 의미질서에 한정되지 않는다. 경험은 처음부터 항상 이미 해석이었고 해석이 필요한 것이기 때문이다. 그런 측면에서 경험은 경험을 의미화하는 장이 경합하는 정치적인 영역이다. 이런 맥락에서 스캇은 개인 주체가 경험을 '갖는' 것이 아니라 오히려 경험과 그것에 대한 해석의 경합을 통해 주체가 형성되는 것이라는 것을 간과해서는 안 된다고 지적한다. 경험에 대한 이러한 방식의 인식은 경험을 역사화하는 것이고 경험이 생산한 주체성과 정체성들을 역사화하는 것이다(Scott, 1992).

일상영역에서의 경험을 구술하는 생애사는 한 사람의 출생에서 현재까지의 생애경험을 모순과 균열없이 일관되고 인과적이며 논리 정연하게 서술하는 것에 그 의의와 목표를 두는 연구방법이 아니다. 오히려 생애사는 지금 현재의 사회문화적 맥락에서 각각의 구술자가 본인이 체험한 사건들에 대해 어떤 의미를 부여하고 있고 그것을 현재 본인의 삶과 어떻게 상호연관시키고 있는지를 중심으로 살펴봄으로써 현재 시점의 주체를 역사성과 사회적 맥락성을 갖는 시공간적 주체로서 의미화하는 연구방법이다. 따라서 생애사 연구는 주체가 스스로를 의미화하고 있는 문화적인 배경 그리고 구체적인 경험들이라는 역사적인 배경이 교차하는 지점에서 주체의 주체성과 정체성을 맥락적으로 이해할 수 있도록 하는 연구방법이다.

한편, 생애사 연구방법은 연구자와 연구 참여자 사이의 권력관계를 최대한 평등하게 구성할 수 있도록 해 주는 연구방법이기도 하다. 연구자와 연구 참여자는 연구라는 일차적인 목적을 위해 만나기 때문에 자칫 그 관계가 연구목적만을 위한 기능적이고 도구적인 관계가 될 수 있다. 그리고 연구하는 주체와 연구되는 대상의 위치에 놓임으로써 구조적으로 위계적인 관계에 놓일 수도 있다. 생애사 연구는 그러한 위험을 최소화함으로써 연구자와 연구참여자 사이의 구조적인 불평등을 최소화하기 때문에 연구자와 연구 대상의 평등한 관계를 지향하는 페미니즘적 연구방법의 하나라 할 수 있다.

생애사 연구에 참여하는 면접대상은 원칙적으로 나이, 학력 등과 같은 형식적 조건보다 서로 다른 경험의 내용에 따라 선정하게 된다. 또한 비슷한 유형을 보이는 사례가 확인되면 그와 다른 사례유형을 찾아가는 방식으로 면접대상자를 선정하게 된다. 비교의 관점에서 이런 방식으로 선정된 생애사 연구의 각 사례는 구체적인 개인의 이야기인 동시에 한 사회의 다른 개인의 생애사에서도 다시 찾아볼 수 있는 가능성을 시사하는 유형화된 사례가 될 수 있다. 또한 각 사례가 드러내는 행위의 특성을 통해 이 사례와 연관된 사회구조의 형성과정을 읽을 수 있게 된다. 즉, 생애사를 통해 보여진 구체적 사례가 드러내는 행위의 일반성이 재구성되는 것이다(이희영, 2005:143).

이런 점에서 생애사 연구의 인터뷰 대상 선정에 있어서 연령은 형식적인 것으로 간주되지만 이 책에서는 연령을 형식적인 의미가 아닌 각기 다른 사회적 조건을 의미하는 중요한 지점으로 고려하였다. 왜냐하면 한국사회는 1980년대 이후 시작된 민주화에 이어 1990년대 중반부터 성과 정체성, 그리고 성적 정체성에 대한 담론이 본격적으로 대두되었는데 이와 같은 새로운 담론의 등장과 그것의 대중화는 동일하거나 유사해 보이는 사건이나 경험에 대한 해석을 달리하게 만들기도 하고 새로운 개념과 의미의 등장이 주체가 스스로에 대해 의미화하는 방식의 지평을 재구성하기도 하기 때문이다. 이런 측면에서 구술자의 연령은 정치적 민주화 과정을 통해 인간 주체에 대한 관념과 사회적 관계에 대한 인식이 재구성되기 시작한 1980년대 그리고 성에 대한 인식의 변화가 감지되기 시작한 1990년대와 어느 만큼의 시공간적 거리를 가지면서 생애적 체험이 이루어졌는가를 나타내 주는 중요한 지표다.

또한, 연령은 한국사회에서 생애사를 아직도 생애주기적으로 인식하는 측면을 성찰하게 하는 요소이기도 하다. 흔히 여성의 생애사는 '출생→진학→취업→결혼→출산→장례'라는 규범적 이성애의 생애주기와 '출생가정(친정)→학교→직장→혼인가정(혹은 시집)'이라는 이성애적이고 재생산중심적인 생애사적 공간이라는 이성애적 규범과 틀 안에서 인식되는 경향이 있다. 이 책에서 나는 구술자들의 이름(가명) 옆 괄호 안에 의도적으로 반복해서 연령을 표시하고 있는데 이것은 기존의 이성애적 생애주기를 중심으로 한 여성의 생애사에 대한 시각을 즉각적으로 질문하고 구술자들이 새롭게 부여하고 있는 의미를 드러내기 위한 장치다.

나는 모든 구술자들이 특정한 주제와 시간 혹은 장소에 구애됨 없이 자유롭게 생애사를 재구성하고 구술할 수 있는 행위 공간을 최대한 보장해 주기 위해 서사적 인터뷰narratives interview(또는 개방형 인터뷰)로써 생애사 면접을 시작하였다. 연구자의 연구관심과 주제에 의해 이미 작성된 질문이 아닌 전체 생애사에 대한 열린 질문으로써 상대적으로 자유로운 생애사적 서술공간을 보장하는 것은 서사적 인터뷰의 기본이다. 서사적 인터뷰는 "경험연구 바깥에서 '사전'에 설정된 '과학적' 개념으로 구술자의 체험을 환원시키는 문제로부터 벗어나기 위한 방법론적 고려"인 것이다(이희영, 2005:134-5). 나는 이러한 방법론적 고려에 충실하여 구술자가 구술 상황에서 가지고 있는 생애사적 관점을 이해하고 재구성하기 위해 가능한 자유로운 구술면

접의 조건을 충족시키고자 노력하였다. 단, 구술자가 무엇부터 말해야 할지 모르겠다고 말하거나 이야기의 시작을 위해 연구자에게 이야기의 예시나 특정한 질문을 던져줄 것을 요청하는 경우에는 구술자에게 가장 중요하거나 인상 깊었던 시기와 사건을 중심으로 살아온 이야기를 해 달라고 주문함으로써 가능한 최대한의 행위공간을 마련해 주고자 노력하였다.

생애사 인터뷰에 참여한 12명의 구술자들은 인터뷰 당시 스스로를 양성애/여성으로 정체화하고 있거나 본인이 양성애/여성에 관한 연구에 참여할 만하다고 생각하는 22세에서 53세까지의 다양한 배경을 가진 이들이었다. 12명의 연구 참가자들 중 9명이 당시 22세에서 29세 사이의 연령이었다는 것이 말하여 주듯 양성애/여성에 관한 연구를 위한 인터뷰에 적극적으로 나서 준 이들은 1990년대 이후의 성담론의 세례를 받은 세대들이라고 할 수 있다. 이 9명 중 5명이 공고를 보고 적극적으로 먼저 연락을 해 온 점 또한 이런 점을 확인시켜 주고 있다고 하겠다. 5명을 제외한 나머지 7명의 구술자들 중 5명은 연구자의 지인들을 통해 소개받아 만나게 되었고 나머지 2명은 연구자가 평소 알고 지냈던 지인들이다.

전체 인터뷰는 2009년 3월에 시작하여 같은 해 7월까지 5개월에 걸쳐 진행되었다. 많은 구술자들이 다른 구술자들에 대해 궁금해 했기 때문에 인터뷰 막바지였던 7월 25일에 12명의 구술자들 중에서 사정이 되지 않았던 5명을 뺀 7명이 참석한 전체모임이 이뤄졌다. 이 모임은 인터뷰를 통해 갖게 된 관계망을 연구자가 독차지 하지 않고 공유할 수 있게 해주었다는 데에서도 의의가 있었다고 하겠다.

각 구술자의 생애는 각자에게 특별하고 중요한 풀리지 않는 생애사적 매듭이 있고 그 매듭은 생애를 관통하며 영향을 주고 있는 사건들이나 그것을 체험한 과정과 연관되어 있다. 그리고 각 구술자가 중요하게 체험하거나 경험한 각각의 특별한 사건들과 그에 대한 의미 규정은 구술자들의 생애사를 통분할 수 없게 하는 각 개인 고유의 것이다.

압축적 근대화 과정을 이룩한 한국사회에서 양성애/여성과 같은 후기근대적 주체성에 대해 '말하기'하는 것은 녹록한 작업은 아니다. 이러한 난제는 '양성애'에 대해 이야기하고자 할 때 남성/여성, 남성성/여성성 등 성애를 구성하는 요소들로 인식되는 것의 불안정성과 그것이 짝지워지는 관계 혹은 경계의 모호성을 이야기하면서도 동시에 '양兩'성애를 설명하기 위해 끊임없이 남성/여성, 남성성/여성성, 이성애/동성애 등과 같은 이항적 구도를 재참조할 수밖에 없는 점에서도 드러난다. 또한, 생애사적 비균질성, 비선형성을 이야기하면서도 동시에 각자의 서사가 출→생→사로 이어지는 생애사적 시간성 안에서 이야기될 수밖에 없는 점 또한 불가피하다. 혼종성과 유동성 등 논리로 모두 담아낼 수 없는 후기근대적 주체성을 '논論한다는 것', 즉, 논리적인 구조 안에서, 전후관계가 인과적으로 명백한 서사 구조 틀 안에서 말하기란 사실 불가능한 시도로조차 보이기도 한다. 그것은 논리적일 수 없는, 선형적일 수 없는, 인과관계적일 수 없는 우발적이고 임의적이며 유동적인 사건과 의미들에 대해 논리적이고 소통가능한 (따라서 이미 주류담론질서를 내재하고 있는) 언어를 동원하여 이야기하려는 시도이기 때문이다.

주체의 경험은 서사적 조건과 맥락 속에서 의미화 되지만 이야기 된 혹은 활자화된 텍스트 안에서 각 경험의 배열은 그러한 배열이 인과성을 가지는 것처럼 보이게 만들기도 한다. 특히 그것이 시간적 전후 관계를 가지는 생애사로서 배열될 때 그럴 수 있는 가능성은 클 것이다. 시간성은 관련성이 희박한 사건들 사이의 연관성을 만들 어 내기도 하기 때문이다. 그러나 삐에르 부르디외(Bourdieu, 2000)의 지적처럼 일대기란 일종의 환상이다. 최종적인 상태의 삶을 종결로 두는 일대기라고 하는 것은 상호연관된 혹은 인과성을 갖는 생애사적 사건들을 상정하는 것이다. 부르디외는 상호연관된 혹은 인과성을 갖는 생애사적 사건들이란 결국 상호연관되지 않은 혹은 인과적 관계 에 놓여있지 않은 돌출된, 돌연변이적인, 우발적인, 임의적인 혹은 인과성을 벗어나는 사건들을 무의미하거나 인지될 수 없는 경험들로 치부하고 삭제했을 때에 비로소 가능한 것이라고 지적하였다. 언제나 몸, 경험, 삶은 논리적으로 혹은 규범적 언어 안에서 말해질 수 있는 이상의 것이다. 생애 또한 생애사로서 서사화된 것 이상의 것인 것이 다. 그렇기 때문에 그것에 대한 '말하기'란 경합적 행위이고 따라서 불가피하게 정치적 행위이다.

이 책에 마치 인과성을 가지는 듯 배열되어 있는 사건들은 그것이 차별이 되었든 폭력이 되었든 혹은 사랑이 되었든 인과성이 전제되지 않는 하나의 우발적이고 임의적인 사건으로서 먼저 이해되어야 한다.

또한 본 논문에서 다루고 있는 생애사 인터뷰의 내용 또한 복잡하고 중층적이며 말해지지 못하거나 말해질 수 없는 것 혹은 오인된 것들마저 포함하고 있는 전체 생애의 일부분으로서 고려되어야 한다.

이런 맥락에서 명백히 해야 할 한 가지가 있다면 이 책에서 서술되고 있거나 직접 인용되고 있는 구술자들에 관한 이야기는 구술자들의 삶에 대한 단편적인 기술일 뿐이라는 것이다. 구술자들이 성차나 성적 정체성을 본인의 삶에 있어 중요한 부분들 중 하나로 여기고 있고 이는 그러한 요소들이 본인의 삶이 구성되는 데에 중요한 영향을 끼쳤기 때문이기는 하다. 그렇지만 이 책에 기술되고 있는 내용이 구술자들의 삶 전체를 투명하게 말해 줄 수 있는 것은 결코 아니다. 생애사 인터뷰가 단순한 심층인터뷰보다 구술자로부터 보다 풍부하고 맥락적인 서사를 들을 수 있는 연구방법이기는 하지만 생애사 구술 또한 말로써 서술되는 것이고 이것이 다시 재구성되어 문자로 기록되는 것이기 때문에 그러한 과정 자체가 가지는 한계 또한 분명히 있다. 이는 한 개인의 삶이 말이나 글을 통해 결코 온전히 전달될 수 없기 때문이고 설사 그것이 본인의 직접적인 구술이라 할지라도 언어라는 도구로 매개되어 전달되는 것이 갖는 한계는 있을 수밖에 없다. 구술자들이 내게 들려준 삶의 이야기는 내가 이 책에 옮길 수 있었던 이야기보다 비교할 수 없을 만큼 풍부하였고 구술자들의 삶 또한 구술자들이 나에게 이야기로 전달할 수 있었던 것보다 훨씬 더 풍부하고 중층적임에 틀림이 없을 것이다. 따라서 이 책에 드러나 있는 구술자들의 삶은 이 책의 맥락 안에서 의미와 의의를 갖는다. 구술자들이 살아 온 국면국면의 삶에 비하면 그것은 그야말로 빙산의 일각에 불과할 수도 있다.

생애사 인터뷰는 몇 가지 준비된 질문을 마음에 두고 만나는 단발성 인터뷰와는 달리 그동안의 생애 전반에 걸쳐 일어난 사건들을 어떻게 체험했고 그것이 현재 본인의 삶과 어떻게 연결되어 있는지를 듣는 것이기 때문에 이 과정에서 구술자의 삶과 가치관이 상당히 노출되게 된다. 이러한 노출은 구술자를 취약한 위치에 놓이게 할 수도 있다. 왜냐하면 생애사 구술에서는 즐거웠던 체험보다는 주로 재규정되고 '해결되어야 할' 미결사안으로 남아 있으면서 현재의 삶에 영향을 주고 있는 사건들이 중심이 되어 구술되는 경향이 있기 때문이다. 낯선 이에게 그런 '깊은' 이야기를 자세히 한다는 것은 쉬운 일이 아니다. 그렇기 때문에 생애사 연구는 매번의 인터뷰에서 연구자가 가져야 할 연구윤리를 상기시키는 연구방법이기도 하다. 한국사회에서 아직까지도 긍정적으로 의미화되지 못하고 있는 성적 소수자로서의 체험에 관한 것을 처음 만난 나에게 이야기하는 일은 구술자의 위치를 더욱 부담스러운 것으로 만드는 것이었다. 그렇기 때문에 양민지 씨뿐만 아니라 지인의 소개로 만난 송아영 씨, 박소희 씨, 유윤서 씨, 서마리 씨, 제갈재이 씨, 온라인 이반 커뮤니티 게시판과 여성주의 커뮤니티 게시판에 올려놓은 구술자 모집 글을 보고 내게 먼저 연락해 준 구희정 씨, 우진희 씨, 진강희 씨, 배민재 씨, 주가영 씨, 그리고 내가 평소에 알고 지내는 사이였지만 속 깊은 이야기를 듣게 되었던 것은 처음이었던 김경희 씨 등 모든 구술자들이 자신의 이야기를 선뜻 쏟아내줄 때마다 내게 그 각각의 생애가 던지고 있는 미완의 질문과 고민은 더욱 생생하고 절박하게 느껴지지 않을 수 없었다. 구술자들이 자신의 생애를 드러내야겠다는 마음을 먹게 할 만큼 각자의 삶에서 체험해 온 좌절과 피로가 만만치 않았을 것이다. 생애사 연구는 인터뷰를 하고 녹취록을 만들고 또 생애사 텍스트를 만들고 분석하는 연구자의 몫도 크지만 연구주제에 대한 공감을 바탕으로 스스럼없이 자신의 이야기를 꺼내 준 구술자들의 몫이 더 큰 연구방법이다.

앞에서 언급하였듯이 생애사 인터뷰는 사회적 소수자들이 주체적으로 발언할 수 있는 기회를 마련해 준다는 측면에서 사회적으로 주변화되어 왔던 주체들의 행위자성을 발현할 수 있는 기회를 제공하기도 하지만 연구자가 단지 연구자라는 위치에 있다는 것 때문에 내밀한 이야기들을 듣는 권력을 의도하지 않게 갖게 되는 부담스러운 위치에 놓이게 되는 것이기도 하다. 그럼에도 불구하고 우리의 인터뷰 과정은 구술자들에게도 그리고 오랫동안 양성애/여성의 주체성 형성 과정에 대해 궁금해 해왔던 연구자에게도 제갈재이 씨의 말처럼 무엇보다 '발 디딜 곳'이 되어 주었다고 믿는다.

인터뷰를 분석하고 원고를 한창 집필하고 있을 즈음에는 이미 변화들이 생겨 있었다. 송아영 씨는 그동안 하던 일을 정리하고 다른 지방으로 내려갔다고 했다. 정작 처음 만났을 때 다른 지방에 있었던 양민지 씨는 애인과 헤어지고 서울에 올라와 있었다. 구희정 씨는 새 애인과 본격적인 연애를 하려고 준비 중이었고 전체 모임 때 서로 처음 만났던 송아영 씨와 진강희 씨는 함께 집단상담을 받기로 했다고 했다. 그리고 그 즈음에 나도 1996년 하이텔 통신동호회 <또 하나의 사랑>에 가입하면서 친하게 지냈던 친구를 12년 만에 다시 만났다. 당시에는 여자친구를 사귀고 있었고 2010년 들어 39세가 된 그 친구는 그동안 한 남자와 결혼해 다섯 살 된 딸을 두고 있었다. 그런 친구는 자신이 그때도 '바이'*였고 지금도 바이라고 말했다. 12명의 구술자들과 6개월여의 시간을 보내면서 가졌던 많은 생각들은 더 이상을 말하지 않아도 그 친구의 그동안의 삶을 공감하고 이해할 수 있게 해주었다.

양민지 씨의 염려처럼 이 책이 단번에 세상을 변화시키는 일은 못 할 것이지만 내가 구술자들과의 인터뷰 덕분에 십수 년 만에 만난 친구를 이해하고 공감할 수 있었듯이 적어도 이 책을 읽는 사람들이 구술자들과 같은 위치에 있다면 이 책에 옮겨진 구술자들의 삶에 공감하며 삶을 지속하는 데에 작은 에너지를 받을 수 있게 될 지도 모를 일이다. 혹은 그 위치에 있지 않더라도 양성애/여성들에 대해 특정한 방식의 편견과 오해를 가졌기 때문에 그런 정황을 보이는 이들과의 관계에 문제가 있어 왔다면 이 책이 앞으로 주변에서 구술자들과 같은 위치에 있는 이들을 만날 때 적어도 한 꺼풀의 편견을 벗고 한 층의 이해를 더해서 관계를 맺을 수 있도록 하는 데에 도움이 될 수 있을 것이다. 그것이 내게 선뜻 본인이 살아왔던 이야기를 들려주었던 구술자들의 바람이기도 하다.

이 책이 나오기까지 힘이 되어 준 많은 이들에게 감사드린다. 무엇

---

*   친구가 직접 사용한 용어다.

보다 생애사 인터뷰에 참여해 준 12명의 참가자들에게 이 자리를 빌려 다시 한 번 감사의 말씀을 드린다. 그리고 늘 든든한 버팀목이 되어준 여성문화이론연구소 식구들과 이 책을 출판할 기회를 준 도서출판 여이연, 특히 편집실 사미숙 선생께 인내심을 가지고 기다려주고 작업을 함께 해 준 것에 대해 감사한 마음을 전한다. 초고를 읽어준 황은교, 배재훈 두 분에게도 많이 고맙다. 그리고 2012년부터 나와 함께 살아주면서 부족한 나를 한결같이 받아주고 사랑해주는 내 자식들, 고양이 우렁찬과 우렁진에게 고마움과 사랑의 마음을 전한다냥.

2017년 8월
지리산 자락 산내에서

1부 양성애

1. 들어가며

> 우리는 우리의 적이 우리에 대해 갖는 힘이, 적이 부리는 지식이 아니라
> 정확히는 바로 그들의 무지에 연루되어 있을수록 강력하다는 점을 곱씹어
> 봐야 한다. (Sedgwick, 2008: 7)

성sexuality과 사랑의 이야기가 늘상 달달한 것으로 채워져 있지는
않다. 성에는 온몸이 전율로 떨리는 쾌락의 요소가 있지만 능욕과
폭력이라는 위험도 있다. 사랑 또한 마찬가지다. 사랑이 달콤하고
행복한 것이기만 했다면 인류 역사 이래 그토록 수많은 사랑이야기가
쓰여졌고 또 여전히 쓰여지고 있지는 않을 것이다. 늘 부족하고 모자
라고 상처입는 까닭에 인간들은 오늘도 사랑에 대해 쓰고 부르고 논
한다. 이 모든 것이 이성애에만 해당되는 것이라고 편협하게 생각할
근거는 없다. 그런 편견은 한국사회가 그만큼 이성애 가족중심적인
가치관과 일상에 젖은 시공간이라는 점을 가리키는 것일 뿐이다.

현대사회에서 성적 성향을 일컫는 용어들은 여러 가지가 있다. 동
성애도 있고 양성애도 있고 무성애도 있으며 또한 이성애도 있다.
그러나 일반적으로 자신의 성적 정체성에 대해 질문하게 되는 경우는
거의 하나로 정리될 수 있다. 자신이 자신의 성 정체성과 다른 성 정체
성을 가진 대상이 아니라 같은 성 정체성을 가진 대상에게 성적 매력

혹은 낭만적 매력을 느끼는 경우다.* 즉, 여성이 남성이 아닌 여성에게, 남성이 여성이 아닌 남성에게 매력을 느끼게 될 때라는 말이다.**

여기서 흥미로운 점은 개개인의 이성애적 체험이 어떠한 내용과 관계의 질로 점철되어 있는지와 무관하게 이성애 정체성은 흔히 선험적으로 당연시 되고 거의 회의되지 않는다는 점이다. 이것은 동성애적 체험이 그 내용과 관계의 깊이와 무관하게 진정하고 정상적인 '관계가 아닌' 것으로 치부되어버리기 쉬운 것과 매우 대조적이다. 이성애 중심성은 담론이나 제도로서만 존재하는 것이 아니라 인식 영역 자체를 식민화하고 있다. 그것은 질문되어지지 않는다. 의심받지 않는다. 회의되지 않는다. 진정성을 질문받고 의심받고 회의되는 것은 동성애적 경험일 뿐이다. 이성애자는 결코 스스로의 이성애자성에 대해 주장할 필요가 없다. 단 한 번의 이성애적 성행위를 하지 않은 이조차도, 심지어 단 한 번의 이성애적 체험을 하지 않은 이조차도 당연하게 이성애자가 된다. 이성애는 문화적 전제, 인식론적 전제로서 작동한다. 그러므로 여러 다양한 성애들 중 하나의 성애로 위치하지 않는다. 그것은 기본전제이자 기본배경이다. 질문받고 의심받고 회의되고 주장됨으로써 규정받고 인정받아야 하는 성애는 이성애적 전제의 외부에 있는 성애들이다. 이때 비이성애적인 경험은 (혹은 몇 번의 경험들조차도) 비이성애성을 증명하는 경험의 자격을 당연

---

* 성적 매력과 낭만적 매력은 동시에 일어날 수도 있지만 그렇지 않기도 하다. 앤서니 보개트의 『무성애를 말하다』(2013) 참조.
** 물론, 트랜스젠더의 섹슈얼리티는 성 정체성, 즉, 젠더 정체성과 성적 정체성이 보다 복잡하게 작동한다고 봐야하므로 보다 더 다층적인 설명이 필요하겠다.

하게 갖지 못한다. 그리하여 본인 스스로조차 스스로에게 끊임없이 자신의 비이성애성을 의심하는 위치에 쉽사리 서게 된다. 이성애적 질서가 규범인 사회에서는 하나의 경험 혹은 심지어 무경험조차도 이성애성을 증명하는 자격을 갖기 때문이다.

양성애에 대한 질문은 이와 같은 조건 속에서 이뤄진다. 소위 '이성애적' 관계를 가지고 있는 동안에는 자신의 성적 정체성에 대해, 자신의 양성애성에 대해 '동성애적' 관계에서 제기할 수 있는 질문을 하지 않는 경향이 있다. 아주 사소한 감정이나 사건 혹은 관계의 빌미나 징후조차도 일종의 '사랑'이라고 정의내리는 이성애적 수사로 점철된 서사와 달리 양성애나 동성애적 서사에는 숱한 확인과 재확인의 절차가 따른다. 예를 들어, 문방구점에서 일하는 총각 혹은 전학 온 남학생을 보며 설레었던 감정에 주저없이 '첫 사랑'이라는 정의를 내리는 사회에서 몇 년 동안 24시간을 붙어다니며 종종 침대에서 알몸으로 뒤엉켜 쾌락을 나눈 관계에 대해서는 어떤 정의도 허용하지 않는다. 두 개의 사건은 결코 동일한 경중의 의미를 부여받지 못하는 것이다. 2000년대 들어 몇 년 동안, 한국에서 드라마나 영화와 같은 대중매체에서는 다수의 양성애적 재현이 등장했었다. 정진영이 연기한 <왕의 남자>(2005)의 '왕', 공유가 연기한 <커피프린스>(2007)의 '최한결', 문근영이 연기한 <바람의 화원>(2008)의 '신윤복', 조인성이 연기한 <쌍화점>(2008)의 '홍림', 최아진이 연기한 <보석비빔밥>(2009)의 '서끝순', 그리고 <굿 와이프>(2016)의 '김단' 등의 인물이 등장했지만 양성애성이 충분히 재현되거나 인식되는 기회가 되지는 못했다.

이에 더해 양성애에 대해서 여러 계기를 통해 접하게 된 많은 편견들을 이미 가지고 있는 경우가 많아 자신의 양성애적 성향에 대해 부정적인 태도를 가지고 출발하는 경우도 많다. 예를 들어, 양성애를 성적 방종이나 성적 문란과 등치시키는 경우다. 더럽다, 박쥐같다, 기회주의적이다, 신뢰할 수 없다, 이기적이다, 성욕이 과다하다, 만족을 모른다는 등의 생각을 갖고 있는 것이다.

성적 방종이나 성적 문란이 비난받아야 할 사안인가 그렇지 않은가라는 논의와 별개로 소위 성적 방종의 사례로 드라마나 영화 혹은 현실 세계 이야기에서 가장 풍부하게 재현되어 온 이성애가 아니라 굳이 잘 알려져 있지도 않은 성애, 특히, 양성애가 연관지어지는 이유는 무엇일까? 양성애에 대한 이미지가 다른 어떤 것도 아닌 포르노물을 통해 생산되어 유포된 탓이 크기 때문일 수도 있다. 이는 성적 경험이 거의 없는 십대들이 포르노물을 통해 자체 성교육을 하는 문제와도 잇닿아 있다. 얼마간의 상식을 가지고 있다면 포르노물에 등장하는 성행위가 얼마나 과장되고 비현실적인지를 판단할 수 있다. 그런데 양성애에 대해 보다 현실적인 이야기를 해주는 매체를 우리가 거의 접하지 못했기 때문에 이런 환상에 근거해 판단을 내리는 문제를 개인의 탓만으로 돌리기도 어렵다. 그럼에도 이런 판단과 선입견을 스스로의 양성애 성향에 대해 고민하고 있는 이들조차도 가지고 있는 경우가 많고 이것이 자기비하나 낮은 자존감으로 이어지게 될 때 문제는 더 복잡해진다.

2008년 4월, 한 인터넷 사이트 게시판에서 소위 "양성애 논쟁"이

벌어졌다. 이 논쟁이 특별히 놀라웠던 까닭은 비록 사이버 공간에서
였지만 드디어 사람들이 '양성애'에 대해 집단적으로 말하기 시작했
기 때문은 아니었다. 당시 그 논쟁은 한 여성이 '자신의 여자 친구의
여자애인이 남자애인이 생긴 탓에 서로 헤어지게 되었는데 남자에게
로 떠나버린 여자애인 때문에 힘들어하는 여자 친구에게 자신이 어떤
위로의 말을 해줘야 할지 모르겠다'는 글을 한 여성회원이 올리면서
촉발되었다고 한다. 흥미로운 것은 이 글에 대한 답글들이었다. 이어
진 답글들은 친구를 위로하는 방법에 대한 제안들보다는 '여자애인을
버리고 남자애인에게로 간 양성애 여자'에 대한 비난의 글과 그것을
다시 또 비판, 비난하는 글로 채워졌다. 그러면서 논쟁은 점점 글을
써 올린 사람들 사이의 감정싸움으로 번졌다. 이 '양성애 논쟁'에 참여
한 사람들은 무엇보다 양성애자 혹은 양성애/여성을 어떻게 볼 것인
가에 대해 갑론을박했다. 논쟁은 결국 딱히 흡족한 결론이 내려지지
못한 채 해당 사이트 운영자의 개입을 통해 봉합되어 일단락되었다.
물론, 이런 일이 비단 그때만 있었던 것도 아니고* 온라인 공간에서
만 있는 것도 아니다.

　1997년 경, 인터넷 시대를 여는 서막이기도 했던 한 통신동호회
모임에서 당시의 저자에게 자신을 양성애자라고 소개했던 여성이 있
었다. 당시 27세의 미혼여성이었다. 온라인과 현실 생활 등 모든 영역
에서 '양성애'는 이미 그전에도, 어쩌면 항상, 우리 가까이 있었던
것이라고 해도 크게 틀리지 않을지 모른다.

---

* 　2016년 4월에는 트위터에서 유사한 논쟁이 벌어졌다.

그러나 항상 가까이 있었다는 말은 크게 틀리지 않을지 모르지만 엄격하게 따져본다면 틀린 말이기도 하다. 이미, 항상 가까이 있었다면 왜 우리 대부분은 그 존재함에 대해 이토록 무지하거나 혹은 오해와 편견을 가지고 있는 것일까? 심지어 그것이 자신의 문제가 되었다고 생각할 때조차 명확한 판단을 내리기 어려운 것일까? 양성애와 같은 성적 사안을, 특히, 이를 정치적으로 검토할 필요가 있는 것은 바로 이런 문제와 관련이 깊다.

1990년대 들어와 성은 한국사회에서 중요한 정치적 사안으로서 공론장에 본격적으로 등장했다. 이 시기에는 남성중심의 이중적 성윤리에 기반한 성문화를 비판하며 여성의 성과 동성애적 성, 특히, 남성이 개입되지 않은 여성들 사이의 성에 대한 담론이 기존의 가부장적 질서에 대한 대항담론으로서 성 정치의 핵심에 자리를 잡아갔다. 그러나 양성애가 지금까지 한국사회에서 공식적으로 언급되거나 논의된 적은 거의 없다고 해도 틀리지 않은데* 앞서·언급했던 드라마와 영화들이 끌었던 큰 인기와 관심에도 불구하고 그리고 이들을 통해 재현된 성이 이성애나 동성애 담론으로 설명해 버리기에 잔여가 남는

---

* 미국 등지에서 에이즈에 대한 연구가 한창 일고 있을 때 에이즈를 '옮기는' 데 가장 큰 일조를 하는 이들로 양성애 남성들이 지목된 '덕분에' 양성애/남성에 대한 연구가 활발히 진행된 적이 있지만, 한국뿐만 아니라 다른 지역에서도 양성애, 특히 양성애/여성에 관심을 가진 지는 불과 얼마 되지 않는다(Ault, 1996; Storr, 1999a). 퀴어 커뮤니티의 이런 맥락 속에서 테라 비버(Beaber, 2008), 머뤼디 윌슨(Wilson, 2008), 나단 람부까나(Rambukkana, 2004) 등의 북미 대학 등에서 생산된 박사학위논문들이 양성애자들이 자신들에 대한 차별적이고 양성애 혐오적인 환경에서 스스로의 양성애성을 어떻게 정체화하면서 자신이 처한 환경을 극복하거나 혹은 그것과 타협하는지를 보여주었고 국내에서는 아쉽게도 저자의 박사학위논문(2010년)이 공식적으로 발표된 논문으로는 최초라 할 수 있다.

것이었음에도 불구하고 그에 대한 공식적인 언급이나 논의가 한 번도 제대로 이뤄지지 않았었다는 것은 새삼스럽게 놀라운 일이다. 특히, 양성애/여성에 대한 재현은 더욱 비가시적이어서 좋게든 나쁘게든 대중매체를 통해 재현된 인물로 등장하는 것을 보는 것도 드문 일이다. 간혹 문학비평글(예, 조은섭, 2002) 정도에서 언급된 적이 있을 뿐이다.*

한국사회에 '양성애/여성' 주체들이 어떻게 존재하고 있는지 그리고 이들이 '양성애'라는 섹슈얼리티와 '여성'이라는 성차와 같은 축들을 중심으로 맺어온 관계 서사, 그 관계들로 인해 구성된 삶의 서사, 그리고 그러한 서사로서 구축된 정체성을 어떻게 의미화하고 해석하는지를 살필 수 있는 마땅한 틀은 부재한 형편이다. 구술인터뷰에 참여한 한 구술자의 말을 들어보자.

---

* 레즈비언의 재현도 흔하게 볼 수 있는 것은 아니다. 가부장체제 하의 이성애적 질서 속에서 여성이 남성을 욕망하지 않고 여성을 욕망하는 것은 이미 이성애적 규범과 질서를 교란하는 '위험한' 일이다. 그리고 이미 가부장적 질서의 사회적 주변인인 여성이 또 다른 주변자적 위치에 놓이게 되는 일이기도 하다. 이 때문에 여성과만 관계맺는 여성인 레즈비언에 대한 재현도 영화 <여고괴담> 시리즈와 같이 공포영화라는 제한된 장르와 매체를 통해서 겨우 가시화되어 왔을 뿐이다. 1990년~2006년 동안 레즈비언에 관한 종합일간지 기사를 분석한 결과를 보면 레즈비언은 여전히 주로 사회문제나 '악녀/일탈자' 등으로 재현되는 경우가 많다(강선미, 2008). 이는 1920년~1930년이라는 시기에 식민지 규율권력과 의료권력 그리고 당시 막 형성되고 있던 자본주의적 소비시장이 만들어내는 담론들이 교차하면서 '여성', '남성', '이성애 제도' 등의 근대적 개념이 구성될 때 여성들 사이의 동성애가 '탈성애적' 경계를 넘어 '성애적인' 관계로 드러날 경우에 '변태'적 성애로 규정되었던(차민정, 2009) 흐름에서 크게 벗어나 있지 않은 것이다. 이런 현상은 여성이 성적인 존재가 되는 것, 특히 남성을 부재시킨 방식으로 성애화되는 것에 대해 이성애/남성중심적인 한국사회가 갖고 있는 공포라고 볼 수 있다. 이런 측면에서 볼 때 2016년에 개봉된 영화들인 <아가씨>와 <연애담>은 재현공간의 지평이 확장된 일종의 사건이었다고 볼 수 있다.

양성애: 열두 개의 퀴어 이야기

저의 경험이 있는데 그거를 이렇게 그때 이후로는 꺼내보질 않아서 그게 좀 궁금했어요. 꺼내면 어떻게 될까 이런 거. (중략) 저는 저의 성정체성에 대해서 뭐라고 규정을 못 짓겠거든요. 그게 뭐 꼭 규정을 지을 필요가 없을 수도 있겠지만. 그래서 나를 과연 양성애자라고 할 수 있을까? 일단 그게 제일 궁금했고. 그거를 누가 너는 양성애자, 이렇게 말해주는 건 아니라서 어떻게 풀어나가야 될지는 잘 모르겠는데. 나의 이런 경험이 그런 양성애라는 것과 맞아 떨어지는 건지 그런 게 좀 이야기해 보고 싶었어요. 동성애, 양성애 이런 거에 관심이 있고 한데. 이제 그 고등학교 때 이후로는 다 남자친구만 사귀어서 좀 자신이 없달까. 내가 나를 그렇게 양성애자, 동성애자 이렇게 말해도 될까. 약간 너무 그때의 경험을 가지고 함부로 말하는 건 아닐까, 이성하고만 사귀어 왔으면서. 대학 와서는 남자친구와 어떻게 사귀게 됐는데 제 스스로는 저는 열려있다고 생각을 해왔거든요. 어떤, 내가 어떤 여자를 좋아하게 된다, 어떤 여자가 나를 좋다고 했다, 그런 일이 또 다시 생기면, 물론 고등학교 때 보다는 좀 어렵겠지만 그래도 뭔가 다시 시작을 해 볼 수 있지 않을까 이런 생각이 있어요. (우진희, 29세)*

양성애란 무엇인가? 혹은 무엇이어야 어떤 한 인간의 성적 양상을 설명할 수 있는 언어가 될 수 있는가? 과연 어떤 하나의 정체성 개념으로 한 인간의 성적 양상을 온전하고 투명하게 그리고 전적으로 설명할 수 있는 것일까? 그렇게 하는 것 혹은 그렇게 하려는 노력은 과연 필요한 것인가? 한 인간의 성적 양상에 대한 이해가 그 사람을 이해하는 주된 창구의 기능을 할 수 있는가? 누군가가 이성애자, 동성

---

* 구술자들의 이름은 모두 가명으로 처리되었다.

애자 혹은 양성애자라는 것을 '안다'는 것이 곧 그 사람을 투명하게 '아는' 것과 같은 것이 될 수 있는가? 이런 질문에 답하는 것은 단순한 문제가 아니다. 왜 그것이 단순하지 않은지에 대해 이 책에서 살펴보게 될 것이다.

특히, 한국사회에서의 섹슈얼리티에 관한 논의는 무엇보다 한국사회의 가족구조와 가족주의 그리고 가부장적 문화라는 맥락 안에서 이뤄질 필요가 있다. 이는 '개인' 개념이 등장하고 뿌리를 내린 역사가 오래된 서구사회와는 달리 한국사회가 개인 개념에 상대적으로 약하고 가부장적 가족구조의 영향에 개인의 삶이 매우 광범위하게 노출되어 있기 때문이다.

양성애가 무엇인가에 대한 생각이 단일하게 합의되어 있다고 보기는 어렵다. 그렇기 때문에 한국사회에서뿐만 아니라 소위 '양성애적 주체'가 비교적 가시화된 곳에서도 대중적 공간에서든 학문적 토론장에서든 양성애가 무엇인지를 정의내리고자 하는 많은 시도가 있어왔다. 그때마다 갑론을박은 피할 수 없는 일로 등장했다. 이 책이 한국사회에서 그러한 논쟁을 이제는 좀 진지하게 시작하는 단초가 될 수 있기를 희망한다.

이 책은 총 6부로 구성되어 있다. 1부에서는 이 책의 출간의의와 양성애에 관한 다양한 인식론을 소개할 것이다. 2부에서는 양성애가 설명될 때 그것을 구성하는 두 요소, 즉, 젠더 정체성과 성적 정체성의 요소를 어떻게 이해할 것인지에 대해 이야기하게 될 것이다. 특히, 인간이 다른 인간에게 성적으로 끌리게 되는 것이 젠더라는 단 하나의 요소로 환원될 수 있는 것인지 아니면 오히려 젠더와 무관한 매우 다양한 것들이 젠더와 함께 작동한 결과인지를 살펴볼 것이다. 이를 통해 섹슈얼리티와 젠더 모두 고정된 것으로 보기 어려우며 그렇기 때문에 그동안 자연스러운 성애의 위치를 점해온 이성애는 오히려 그 위치를 점하게 된 과정이 질문되고 분석되어야 하는 것이라고 주장할 것이다. 3부에서는 한국사회를 이성애가족중심적 사회라고 해석하고 이러한 사회에서 한 개인이 어떻게 '여성'이 되도록 강제받고 이를 이어 '이성애화' 되도록 강제받는지를 자세히 살펴볼 것이다. 4부에서는 이성애가족중심적 사회는 한 개인의 젠더를 강제하고 이항화된 두 젠더, 즉, 여성과 남성을 하나의 근본적인 쌍으로 규정함으로써 이성애화를 강제할 뿐만 아니라 이러한 근본적인 이항적 쌍을 이탈하는 성애를 혐오, 고립, 탄압함으로써 단성애화시키는 사회임을 드러낼 것이다. 5부에서는 이런 사회에서 어떻게 다양한 규범적 위치를 이탈하는 횡단적 주체성을 가진 이들이 스스로의 삶에 의미를 부여하고 이것을 사회적 삶으로, 나아가 가부장체제적 질서를 교란하는 가능성으로 만들고 있는지를 살펴볼 것이다. 끝으로 6부에서는 양성애/여성을 '하나도 아니고 둘도 아닌 횡단하는 퀴어 주체'로 명명하고 그 의미를 정리해 볼 것이다.

이 책은 기본적으로 저자의 박사학위청구논문을 기반으로 하고 있다. 그러나 박사논문이 양성애적 정체성이 어떻게 구성되는지에 보다 초점을 두었다면 이 책은 양성애적 주체들이 겪어 온 생애사적 사안들을 구체적이고 촘촘하게 드러내고 그 배경이 되고 있는 사회,

문화적 구조와 그 속에서 이들이 만들고 있는 새로운 의미와 삶의 가능성을 당사자들의 직접적인 목소리를 통해 드러내는 데에 초점을 두었다. 이를 위해 필요한 경우 다소 길더라도 구술내용을 날 것 그대로 고스란히 가져와 인용하였다. 이에 더해 이 사안들을 해석할 수 있는 관련 이론들을 제시함으로써 한국사회라는 맥락에서 양성애를 이해할 수 있는 하나의 관점을 제안해보고자 하였다.

2. 양성애 인식론

마조리에 가버(Garber, 1995, 2000)가 지적하듯 양성애 인식론에 대한 요구는 무엇보다도 양성애자들 자신이 스스로를 '양성애자'라고 정체화하는지의 여부와 상관없이, 어떤 이들은 성을 이해하는 데 있어서 이성애/동성애 구분에 깔끔하게 부합될 수 없다는 불편함에서 비롯되었다. 많은 이들이 이 구분 속에 자신을 위치시키는 것은 무언가 '잘못 맞추어지는' 것이고 설사 그 속에 들어간다 하더라도 자신이 '외부자'라는 느낌을 계속 갖게 된다고 토로한다. 이러한 '불편함' 혹은 '외부자' 의식은 양성애/여성의 성/차 주체성과 양성애적 욕망에 대한 설명을 요구했다.

우선 주체성의 측면에서 양성애/여성의 주체성을 단일하게 설명할 수 없다는 점이 주목받았다. 헬렌 식수(Cixous, 1975)는 차이, 특히 남성성과 여성성이라는 성적 차이가 양성애를 이해하는 중심에 있다고 보았다. 식수는 남성성을 여성성보다 우위에 두고 여성성을 남성성과의 관계에서만 규정하거나 이해하는 방식과 여성성이 남성성의 반대 혹은 남성성의 부정으로서 인식되는 것에 반대한다. 식수는 차이를 부정적인 개념으로서 재현하는 것을 비판하며 '다른 양성애 other bisexuality' 개념을 제안하였다. '다른 양성애'는 성적 차이를 다른 것을 부정하는 것으로서가 아닌 순수한 차이로서 긍정함으로써 갖게 되는 양성애 인식론이다. 이러한 인식론이 양성애 안에서 남성성과 여성성이 긍정적으로 서로 다른 역동성을 가지고 공존할 수 있고 여성성을 남성성과의 관계 하에서가 아니라 독립적으로 존재하는 것으로 인식할 수 있게 해 준다고 본 것이다.*

야스민 프라부다스(Prabhudas, 1996)는 다른 맥락에서 두 개의 상충되어 보이는 것들이 공존가능하다는 인식론을 제안한다. 프라부다스는 흑백 혼혈인의 정체성이 백인이면서 동시에 흑인이고 흑인이면서 동시에 백인이듯이 양성애자는 게이이면서 동시에 일반이고 일반이면서 동시에 게이임에 주목해야 한다고 본 것이다. 프라부다스는 혼혈 정체성이 그러하듯 양성애 또한 양 문화의 풍부함을 모두 취하면서 멀어 보이는 두 영역을 가깝게 얽어 짜고 있다고 보았다.**

식수와 프라부다스가 양성애 정체성에 주목했다면 폴라 뤼스트(Rust, 2000)는 양성애적 욕망, 즉, 양성애적 대상의 비일관성에 주목

---

* 식수가 의미하고자 한 것이 'bisexuality'가 아니라 'bi-genders'였다고 할지라도 남성성과 여성성이 상호 부정적인 것, 따라서 공존할 수 없는 것이 아니라는 식수의 해석은 양성애 인식론에 여전히 유효하다.
** 이점은 이후에 살펴보게 될 글로리아 안잘두아(Anzaldùa, 1999/1987)의 '메스티자 인식론'과 유사하다.

하였다. 뤄스트는 양성애적 욕망을 설명함에 있어 여성과 남성이 반드시 양극단에 마주하고 있다고 보는 관점을 비판한다. 뤄스트는 여성과 남성이 공유하는 특성들이 오히려 그렇지 않은 특성들보다 비교 못할 만큼 더 많고 따라서 남성과 여성 두 성 모두에게 끌린다는 것이 마치 서로 완전히 다른 어떤 것에 대해 끌리는 것과 같은 심리적 갈등이나 불안감을 갖게 하는 것이 아니라고 말한다. 그리고 양성애적 대상에는 복장전환, 성별 혼합, 성별전환같이 규범적 성차에 깔끔하게 맞아 떨어지지 않는 경우도 있고, 간성인과 같이 성sex을 무 자르듯 잘라 이분법적으로 말할 수 없는 이들도 있다. 따라서 뤄스트는 양성애 정치학이 주장하는 것은 성차가 성(섹슈얼리티)을 결정하는 결정적 요소가 아니어야 하며 어떤 성차도 어떤 성차에 반해 차별하지 않고 모든 개별적인 끌림에 중심을 두어야 함을 드러내는 것이라고 말한다. 즉, 섹슈얼리티가 반드시 성sex과 성차의 관계, 즉, 그것이 이성간인지 동성간인지를 중심으로 양분되는 것에 반대하는 것이다.

멀 스토(Storr, 1999a)는 이는 무엇이 양성애인가라는 질문을 다시 제기한다고 말한다. 즉, 뤄스트의 문제제기는 양성애라고 했을 때 그 '양' 요소들을 남자다움/여자다움, 남성성/여성성, 이성애/동성애의 관계에 대한 질문으로 제기할 수 있는가를 질문하는 것일 수 있다는 것이다. 양성애를 두 요소들 사이의 조화로운 조합으로 이해할 수 있는지, 이러한 조합으로 이해한다면 그 조합의 정도가 측정될 수 있을지, 양 요소들 중 각각이 한 선상의 양극단 지점에 있고 양성애는 대척점 사이 어디쯤에 위치해 있는 것으로 봐야 하는지, 양성애가

　　　　　　　　양성애: 열두 개의 퀴어 이야기

이성애와 동성애를 분리하며 이들의 경계를 드러내 주는 것인지 아니면 이 둘을 통합하여 그 경계를 흐리는 것인지에 대한 문제제기인 것이다.

그러나 가버(Garber, 1995)는 양성애 개념이 남/여, 남성성/여성성, 이성애/동성애와 어떤 관계에 놓여있는가를 답하려는 것은 의미없는 일이라고 잘라 말한다. 왜냐하면 다중적이고 이동적인 의미 자체가 양성애의 핵심이라고 보기 때문이다. 즉, 양성애의 핵심은 파악할 수 없음과 유동성 그 자체에 있다는 것이다. 따라서 가버는 양성애는 남/여, 남성성/여성성, 이성애/동성애 사이의 구분 자체가 실패할 수밖에 없다는 것을 드러내 주는 성애로 보아야 한다고 말한다. 양성애는 어떤 특정한 상태를 드러내기 때문에 정체성이라고 할 수 있기도 하지만 다중적이고 유동적이기 때문에 정체성이라고 할 수 없기도 한, 모호하다는 것 자체만이 오직 확실할 뿐인, 구분 자체를 무화시키는 구분으로서 이해해야 한다는 것이다. 이런 맥락에서 가버는 양성애의 핵심은 이동 혹은 바꾸기shifting 그 자체에 있고 이동 혹은 바꾸기 자체가 인간 욕망의 핵심임을 역설한다.

양성애적 욕망, 양성애적 대상 등에 대해 이해하려는 노력은 다양한 이론적 형상화를 통한 양성애 인식론으로 전개되었다. 마리아 프라마기오레(Pramaggiore, 1996)는 1990년대 전개되어 왔던 북미 유럽에서의 양성애 담론을 정리하면서 '담장의 인식론Epistemology of the Fence' 개념을 통해 양성애를 형상화하였다. 담장의 인식론에서 담의 형상은 양성애의 문화적 의미를 이해하는 잠재적 은유다. 담장의 위치는 전혀 새로운 위치가 아니고 어떤 지도에도 나타나지 않지만 문화적 지형에 점들을 찍고 있다. 담장은 사이 안에 있는 장소이고 또한 비결정의 장소이기도 하다. 그리고 담장 위에 앉아 있다는 것은 곧 한시적으로 기반하고 있는 하나의 성적 파트너쉽에 한시적인 우위를 부여하고 있다는 것을 가정하는 것이기도 하다. 따라서 프라마기오레는 양성애 인식론은 욕망 주체의 욕망이 지속적으로 구성되고 해체된다는 것을 인정하는 인식을 필요로 한다고 말한다. 이런 점에서 프라마기오레는 성행위와 정체성을 연결시키거나 성애적 대상에 대한 선택을 그 개인의 섹슈얼리티와 일치시키는 것, 그리고 정체성과 욕망을 일치시키는 것 자체에 반대한다.

그렇지만 클레어 헤밍스(Hemmings, 1995)는 양성애 인식론이 가지는 존재론적 가능성과 양성애자로 정체화한 이들의 경험론적 가능성이 충돌하는 지점이 있고 이점 또한 간과되어서는 안 된다고 지적한다. 즉, 양성애 인식론이 주장하는 탈치된dislocated 주체들이 어떻게 또 다른 탈치된 주체들을 알아 볼 수 있는가에 대한 질문에 답이 있어야 한다는 것이다. 이런 측면 때문에 양성애 인식론은 대체로 분류화에, 특히 이분법적 분리와 이원적 사고에 반대하는 입장을 가지고 있지만 몇몇 학자들은 현혹적이거나 고정된 분류화만 아니라면 어떤 맥락에서는 분류가 필요하거나 유용할 때도 있다고 보고 있다. 특정 맥락에서는 양성애자라는 분류를 원칙적으로 거부하기 보다는 가능한 분류들을 확대함으로써 포함될 수 있도록 해야 한다는 것이다. 예로써, R. 콜커(Colker, 1996)는 법체계 안에서는 분류를 사용하

양성애: 열두 개의 퀴어 이야기

지 않고서 양성애자들이 차별로부터 보호받고 평등권을 보장받을 수 있도록 싸울 방법이 현재로서는 없다는 점을 지적한다. 이점은 자크 라깡(Rose, 1982)이 지적한 바와 같이 사회체계에서는 개인이 정체성이라고 하는 하나의 사회적 장소를 차지하고 있을 때만이 비로소 법적이고 사회적인 주체가 되고 또 주체로 호명될 수 있기 때문이기도 하다. 물론, 개인을 특정한 시기의 특정한 정체성으로 환원시키면서 그러한 정체성에 부착된 의미 경계 안에 붙잡아두는 체계는 문제삼아져야 하는 것이지 전제되거나 무조건적으로 수용되어야 할 것은 아니지만 현재 시점에서 개별 주체들이 겪는 현실적인 문제에 대한 해결책을 제시하기 위해서는 검토되어야 할 문제이기도 하다.

이런 맥락에서 양성애가 근본적으로 분류화를 방해하지 않는다고 보는 의견이 있다. 그 중 하나는 양성애를 다른 종류의 분류들 사이의 '완충지대buffer zone'로서 인식할 것을 제안하고 있다. 즉, 양성애가 다른 성적 분류들이 서로 다른 분류들 속으로 희석되지 않고 드러나고 유지될 수 있도록 해준다고 보는 것이다. 이러한 관점에서는 양성애 개념이 다른 분류들을 사라지게 하기보다는 '타자' 혹은 정체성들과 공동체들의 테두리를 정하는 표식역할, 즉 '구성적 경계constitutive boundary'의 역할을 한다고 여겨진다(Storr, 1999a). 그러나 앰버 올트(Ault, 1996)는 이런 시도들이 여전히 이항구조binary structure에 기반한 성적 주체성에 대한 인식을 벗어나지 못하는 것이라고 비판한다. 이에 대해 스토(1999a)는 이성애와 동성애 구분은 여전히 중요한 것이고 그 구분 자체가 쾌락의 한 원천이며 따라서 성애적erotic 삶에서 중요한 부분일 수도 있다고 말한다. 구분을 어떤 고정불변의 것이 아닌 유동적인 차이들, '과정 중'에 있는 차이들이 역동적으로 상호교차하며 구성되는 것으로 이해한다면 양성애를 하나의 정체성 혹은 공동체를 구성하는 테두리로 보는 관점이 부정적인 것은 아니라는 것이다. 스토의 주장은 앞에서 헤밍스도 언급하였듯이 양성애적 존재로 스스로를 규정하는 이들의 존재론적 가능성과 양성애자로 정체화한 이들의 경험론적 가능성이 충돌하는 지점을 해소할 수 있는 가능성을 남겨 놓는다. 가버가 지적한 바와 같이 양성애/여성 주체의 유동성과 다중성이 양성애를 남/여, 남성성/여성성, 이성애/동성애 구도 자체를 급진적으로 질문하면서 이러한 구분이 실패할 수밖에 없음을 드러내 주지만 이것을 드러내는 주체가 사회적으로 생존하기 위해서는 임의적이고 한시적이지만 동시에 구체적으로 발을 디디고 서있을 수 있는 구체적인 장소가 필요할 수밖에 없다. 이때 문제는 이러한 장소를 고정되고 고착되어 있는 정체성이 아니라 유동적이고 과정 중에 있다는 것을 얼마나 드러낼 수 있는가 하는 점일 것이다. 이런 측면에서 양성애를 어떻게 인식할 것인가는 양성애를 어떠한 정치적 맥락에 위치시키는가의 문제이기도 하다. 양성애를 하나의 균질한 집단의 정체성으로 인식할 수 있을 것인지 아니면 양성애의 유동성과 다층성에 주목하여 양성애를 인식할 것인지는 따라서 정치적인 문제가 된다.

2부 양성애를 말하다

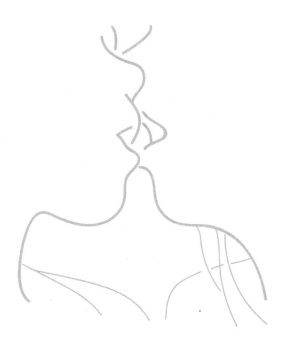

1. 정체성

> 우리는 경험을 **가진** 개인들이 **아니라** 경험을 **통해 구성된** 주체들
> 이다. (조앤 스캇, 1991) (강조는 저자)

근대적 인간에게 정체성이란 주체로서의 자신에 대해 설명할 수
있는 자신의 고유한 서사를 가지는 것과 관련된다. 한 개인 주체로서
실존하기 위해 다른 개인들에게 자신의 서사를 이야기하는 것은 근대
적 삶의 한 조건이다. 인간 주체로서의 자의식과 자신의 정체성을
규정하고자 하는 욕망은 근대적 인간 주체가 되기 위한 욕망이라고
할 수 있다.

조앤 스캇이 지적하듯 정체성의 발현emergence이 설명이 필요한
역사적 사건이라는 점은 주지될 필요가 있다. 즉, 새로운 정체성의
출현appearance은 불가피했거나 결정되어 있었던 것이 아니라는 것
이다. 그리고 항상 그런 식으로 표현되기를 단순히 기다리고만 있었
던 것도 아니다. 정체성의 발현은 특정한 정치적 운동이나 특정한
역사적 순간에 주어진 형태로 항상 존재하는 것도 아니다(Scott,
1992). 정체성이란 배워야 하는 것이고 오직 특정한 바로 어떤 순간에
배울 수 있었던 것일 뿐이다(Hall, 1982:45 Scott, 1992:23 재인용).

한 개인의 기억이란 한 개인의 역사이고 그 사람의 서사, 그 사람의

양성애: 열두 개의 퀴어 이야기

이야기다. 그러나 어떤 기억들은 이후의 서사와 조응하지 못하여 묻힌 채 남고 또 어떤 서사는 인지되지 못해서, 의미화되지 못한 채 기억으로 남지조차 못한다. 그리고 어떤 기억들은 현재의 사건들과 조응하며 일관되지도 순차적이지도 않은 상태에서 현재의 삶 속으로 순간순간 비쳐 오른다. 그리고 현재적 의미 맥락 안에서 재구성되고 재의미화되어 현재의 삶 속에서 재맥락화되어 하나의 일관된 서사로 통합되기도 한다. 그 일관된 서사성이 바로 개인의 정체성이다. 그런 측면에서 '나'는 '나에 대한 기억'인 동시에 '나에 대해 재구성된 기억'인 것이다.

성적 주체로서 자신의 성적 정체성을 이야기할 때에도 성적 서사의 통합작업이 이루어진다. 남근이성중심적 이성애 사회에서 개인의 성적 서사는 성차화되고 이성애화된 매트릭스 안에서 인지되고 기억된다. 따라서 이성애적 담론 질서 안에서 개인은 이성애라는 일관된 성적 주체로 구성된다. 그러나 이러한 일관된 성적 주체성은 오직 인지되지 못한, 의미화되지 못한, 혹은 하나의 일관된 서사로 통합되지 못하는 경험들을 배제함으로써 구성된다. 그러나 담론 질서는 고정되거나 고착되어 있지 않고 한 사회의 권력관계와 함께 유동한다. 그리고 한 사회의 권력관계는 그 사회의 물적 조건과 조응한다. 그러므로 물적 조건의 변화와 이에 따른 담론 질서의 변화는 그 사회의 개인의 주체성 형성에 영향을 미치게 된다. 변화한 주체성은 다시 변화한 정체성을 형성하는 계기와 맞물리게 된다.

어느 순간에 느꼈냐면은 제가 중학교 다녔을 때 황순원 소설에 나올 법한 그 소녀 있잖아요. 그럴 법한 애가 있었어요. 처음에는 맨날 애가 맨날 약하고, 나보다 더 약하니까. 그러니까 이렇게 지켜주고 싶다 이런 생각을 했었나봐요. 걔 막 괴롭히면은 막 쏴대고 때리고 이랬단 말이에요. 그러다 중학교 2학년 때 3학년 넘어갈 때쯤이었거든요. 생각을 해보니까, 어… 모르겠어요 어려서 그런 생각이 든 건지 모르겠는데. 그렇다고 사랑이라는 감정을 얘기하기도 좀 그렇고. 그냥 단순히 지켜주고 싶다는 감정을 넘어선 그런 또다른 감정 있죠. 그런 게 생긴 거예요. 그런 다음에 점점 일은 꼬여져 가고. (중략) 이게 그 좋아하는 단순한 감정은 아닌데 했었는데 거기서 조금만 더 내가 넘어가면은 안될 것 같은 그런 게 드는 거예요. 왜냐하면은 그런 것들이 금기시돼 왔으니까. 물론 2000년도인가 1999년도에 하리수가 처음에 나왔잖아요. 트랜스젠더로. 근데 그렇게 했어도 아직까지는 사회적 거부반응이 일었었단 말이에요. 이 쪼그만한 시골 학교에서 여자애가 여자애를 좋아한다 그러면 과연 내가 학교생활을 잘 할 수 있을까 그런 생각이 들더라구요. (양민지, 23세)

열일곱 살 때까지는 전혀 의심을 안 하고 일반으로 살았었거든요 진짜. 남자친구 되게 좋아하고 그냥 그런 식으로 살면서 한 번도 의심을 안 하고 그런 사람이 있구나 이러구만 말고 살았는데. 열일곱 살 때 좀 생각이 많이 달라지는 거예요. 사람 보는 시선이랑 내가 느끼는 감정 이런 미묘한 감정들이 달라지는 걸 느끼면서. 처음에는 것도 잘 이게 뭐지 그러구 말았던 거 같은데. 여중, 여고를 나왔는데. 여학교를 많이 다녀서 내가 남자를 못 봐서 여자들한테 끌리는 건가? 이런 생각을 했거든요. (중략) 스무 살이 됐는데 이제 여대를 정말 피했어요 절대 안가야지. 여대가면 정말 이런 식으로 굳어질거야 이런 생각을 해서. 그땐 잘 몰랐으니까. 그래서 일부러

양성애: 열두 개의 퀴어 이야기

남녀공학을 갔는데. 정말 많이 잊었거든요. 과거에 내가 이랬던 생각을 모르고 정말. 사람들 막 만나고 남자도 만나고 또 여자도 만나고 잘 어울리면서 자연스럽게. 저는 남자들도 많이 좋아하게 됐어요. 대학교 선배도 혼자 짝사랑하거나 이런 적도 있고. (중략) 이쪽 과거에 대해선 별로 생각을 안 하고 살긴 했는데 가끔 혼자 있을 때나 아니면 집에 가면서 혼자 생각하거나 이럴 때 문득문득 고민도 계속 되는 거예요. 그때 과거엔 난 그랬는데 나는 레즈비언인가 아닌가? 그냥 일반인데 잠깐 그랬나? 잠깐 그런 것치고는 되게 강렬한 느낌들이었는데. (중략) 그렇게 좀 고민을 되게 정말정말 진짜 지겹게 많이 했던 것 같아요. (중략) 답은 아는데. 내가 양성애자고 여자애들한테 확실히 끌린다는 건 있는데 그걸 내가 인정을 안 하려고 했구나 해서 인제 받아들이려고 했죠. 스무 살 때 이제 진짜 고민 지겹게 많이 했으니까 이제 고만하고 사람들도 좀 만나보고 인정하고 그래야겠다 생각을 한 거죠. (주가영, 23세)

그런 얘기들 하잖아요. 티도 안 나고. 사실 바이섹슈얼 같은 경우는 레즈비언이랑 비교했을 때 티가 나는 게 아니니까. 제가 아까 얘기한 거처럼 만약에 남자하고만 연애를 해, 그러면 그게 이성애자랑 별반 차이가 없을 거잖아요. 그런데 나는 그렇기 때문에 내 스스로를 사람들이 이성애자라고 생각한다거나 내가 내 스스로를 이성애자라고 생각하는 건 기만이라고, 자기기만이라고 생각을 해요. 그거죠. 그니까 왜 내가 가지고 있는 부분에 대해서 솔직하면 안 되나. 난 솔직하고 싶은데. 그걸 왜 전전긍긍하면서 감추거나 두려워해야 되는 걸까. 정체성이라는 건 저는 분명히 바뀐다고 생각하고 내 스스로가 그래왔고 바뀔 수 있다고 생각을 해요. 내 정체성이 바뀔 수도 있겠죠. 근데 내가 삼단변신을 거듭하면서. 딱 지금의 현재로 드는 생각은 내가 또 변할지도 모르겠지만 지금 현재의 내 자신에 대해서 솔직하고 당당하고 싶다는 생각이 있는 거예요. 내가 뭐 다시 이성애자가 된다거나 내가 다시 레즈비언이 된다거나 그런 게 물론 가능성이 있을 수는 있겠죠. 나는 변화해 왔으니까 또 변화해 갈 수도 있는 거예요. 근데 그렇다고 해서 내가 난 변할지도 모르니까 가만히 있겠어 이거는 이제 싫은 거죠. (구희정, 29세)

내가 간절하게 원하던 게 제가 제 마음을 봤더니 벽이 하나도 없는 거예요. 이러면 안 된다는 금기가 하나도 없는 상태였어요. 그러니까 이렇게 살았던 건데. 아 이대론 안 되겠다. 근데 지금은 벽을 만들어 본 적이 없으니까 어떻게 만들어야 될지 모르겠어서 나한테 벽을 만들어 줄 사람을 찾아보자 라고 생각을 했었어요. (중략) 어떤 벽이냐면, 하.. 되게 사소한 거부터 큰 거까지. 일단 제일 중요한 건 이 사람이랑 연애할 때는 이 사람과만 연애한 다. 다른 사람이랑 손잡지 않고 다른 사람이랑 안지 않고 이 사람이랑만 딱 집중한다. 둘이서 독점적으로 소유한다. 그런 벽. (중략) 뭐든지 노력하 면 극복가능하다. 목표를 두고 우리는 그쪽으로 걸어간다. 이런 거. 그냥 현실을 순간순간 사는 게 아니라 미래가 있고 미래의 목표를 잡고 목표지향 적으로 간다. 그런 벽. 이게 벽이에요 저한텐. 틀이에요 틀. 틀이 없었으니 까. 틀이 있었으면 좋겠다 생각했었어요. (진강희, 24세)

사회적 개인은 사회-성적 드라마 안에서 자격을 갖춘 행위자가 되기 위해 그리고 성적 참여를 위해 자신의 감정을 성적인 의미로서 해석할 수 있어야만 한다. 그리고 잠재적으로 성적인 상황을 인지할 수 있어야 하며 그러한 상황에서 어떻게 행동할 것인지를 결정할 수 있어야만 한다(Jackson, 1996: 71). 생애 초기에 무의식적으로 형성된 맹아적 성적 성체성은 이러한 과정을 학습함으로써 추가적으로 형성

양성애: 열두 개의 퀴어 이야기

된다. 그러나 사회-성적 규범이 인지가능한 것으로 의미화해 놓지 않은 체험이 의미화될 수 있게 될 때 개인은 다른 방식으로 성적 참여를 함으로써 이성애적 사회-성적 드라마의 장을 확장시키거나 이를 벗어나기도 한다.

사람들은 대개 정체성에 대해 다양한 생각을 가지고 있다. 또한 자신의 성적 정체성을 규정하는 과정에서 지속적인 갈등을 겪기도 한다. 그 갈등의 어느 지점에서 우리는 우리 스스로를 이성애자가 아닌 다른 성적 주체로 규정하게 된다. 바로 그 시점을 중심으로 우리는 자신을 양성애자로 규정하거나 혹은 양성애를 참조지점으로 삼아 자신의 삶을 다시 말하기를 할 수 있게 된다.

2. 양성애 개념

양성애는 동성애나 이성애와 같이 길고 복잡한 구성의 역사를 가지고 있다(Storr, 1999a). 19세기 말 이전 유럽 등지에서 결혼은 경제와 인간생산을 위한 기능을 했고 따라서 결혼한 여성들에게 정서적 친밀함은 결혼한 배우자 남성이 아닌 다른 여성들과 혼외적으로 나누는 것이 보편적이었다(Smith-Rosenberg, 1975, Rust, 2000 재인용). 정서적으로 친밀한 여성과 여성이 성적인 관계를 가진다 하더라도 각자 남편과 자식을 데리고 결혼관계 안에 있는 이상 그들은 여전히 이성애 관계 안에 있는 여자로 인식되었다. 따라서 이 시기에는 양성애적 개인이라는 개념이 없이 양성애적 행위가 존재했다(Rust, 2000).

'양성애bisexuality'라는 개념은 19세기 말 이래 등장해 변화해 왔고 서구사회에서 19세기 말에 레즈비언, 게이 정체성과 함께 양성애 개념과 정체성도 형성되어 왔다(Storr, 1999a). 19-20세기에 나타난 다른 성적 정체성의 근대적 분류들처럼 양성애도 성에 대한 의료담론에 의해 처음 등장했다. 먼저 성과학에서 언급되기 시작했고 이후 정신분석학에서 다뤄졌으며 곧 이어 에이즈 담론이 양성애적 몸을 병리화하면서 제도권 담론 속에 등장했다(Ault, 1995).

양성애라는 개념이 만들어지기 이전에 성과학자인 헤블록 엘리스(Ellis, 1897; 1915)는 '양성성'이라는 개념을 사용해 양성애적 성향을 설명하려 하였다. 엘리스는 양성애를 '성심리적 자웅동체'라고 보았고 모든 인간은 생후 초기에 누구나 양성적이라고 주장하였다. 이후 지그문트 프로이트(Freud, 1905)는 양성애적 성향을 한 몸에 남/여의 생물학적 특징을 모두 가지고 있다는 것을 의미하는 '양성성'과 구분해 '양성애'로 명명하였다. 그리고 양성애는 남성성/여성성의 혼합으로 인해 생겨나는 것이며 인간은 초기에 누구나 양성애적 기질을 가지고 있다고 주장하였다. 윌헬름 스테켈(Stekel, 1920)은 양성애를 이성애와 동성애가 혼합된 성애로 보았다. 스테켈은 나아가 모든 인간은 생래적으로 양성애적이며 이성애나 동성애와 같은 '단성애'가 오히려 병리학적이라고 주장하기도 하였다. 이에 이어 생물학자이자 성과학자였던 알프레드 킨제이(Kinsey, Pomeroy, & Martin, 1948) 연구팀의 연구결과는 많은 사람들이 양성애적 기질을 가지고 있음을

양성애: 열두 개의 퀴어 이야기

드러내 주기도 하였다. 킨제이는 이 연구결과를 근거로 인구를 고정된 정체성으로 확연히 분류하는 것 자체가 불가능한 일이며 섹슈얼리티는 하나의 연속태로서 봐야 한다고 주장하였다.

한편, 낸시 초도로우(2008/1974)는 페미니즘을 경유한 정신분석학적 관점에서 양성애에 대해 언급하였다. 초도로우는 많은 정신분석학자들이 여아가 외디푸스기를 남아와 다른 방식으로 해결한다는 점을 강조한다는 것에 주목했다. 초도로우에 따르면 안정된 성 정체성을 획득하는 데 집중하는 외디푸스기가 시작된다는 3세 정도가 되면 '남아'와 '여아'의 발달이 극적으로 달라진다. 바로 이 시기에 아버지와 남성 일반이 아이의 대상object 세계에서 핵심적으로 중요해지기 시작하고 아이의 성 정체성은 되돌릴 수 없이 확고해 지게 된다. 이 시기에 '남아'는 자신이 생애 초기 단계에서 가졌던 어머니라는 여성과의 '인격적personal 동일시'를 아버지인 남성과의 '지위적positional 동일시'로 대체하게 되면서 '남성'이 된다. 지위적 동일시는 어머니인 여성과의 일차적 동일시가 인격적 동일시로 의미화될 수 있는 것과 대조되는 동일시로서 인격적 관계에 기반한 일상적 경험을 통해서가 아니라 하나의 '지위position', 즉, '때로는 명확하게 때로는 불명확하게 정의된 아버지의 남성적 역할'과의 동일시다. 이때, 남아가 성 정체성을 확정하게 될 때 동일시하게 되는 아버지인 남성은 일종의 '비가시적인' 아버지/남성이고 따라서 남아는 결국 '상상된' 남성적 역할과 자신을 동일시하게 된다. 다시 말해 남성적 동일시는 자신과 관계를 맺고 있는 인간인 아버지와의 동일시가 아니라 아버지의 역할이 갖는 여러 측면과의 동일시이고 남아가 남성의 역할이라 생각하는 것과의 동일시인 것이다. 명백하게 경험되지 않는 남성과의 동일시를 위해 노력하는 과정에서 남아는 남성성을 여성성이라 인지된 것을 부정하는 방법을 통해, 즉 남성성을 여성적인 것이 아니며 여성과 관련된 것이 아닌 어떤 것으로 개념화하게 된다. 따라서 이때 남아는 자신이 일차동일시 했던 어머니인 여성을 거부하고 그 여성에 대한 애착과 의존성, 그리고 그 관계에 대한 욕구를 부정하고 여성과의 깊은 인격적 동일시도 부정하며 여성성이라 의미되는 모든 것을 거부하고자 애쓰게 된다. 내부에 존재하는 여성적이라 생각되는 모든 것을 억압함으로써 더 중요하게는 외부세계에 존재하는 것 중 여성적이라고 생각하는 것을 모두 무시하고 평가절하함으로써 이러한 작업은 계속된다. 그리고 이후 어머니인 여성에게서 벗어나 획득했다고 여겨지는 '사회'와 '문화'를 어머니인 여성과의 세계에서 경험한 것들보다 우월한 것으로 정의하고 그것과 자신을 연결시킨다. 프로이트도 남아가 겪는 외디푸스기의 위기에 관한 설명에서 여성성에 대한 남아의 거부와 아버지와의 동일시가 관계되어 있음을 지적하고 있다.

한편, 여아의 성 정체성 발달에 있어서 최종적인 동일시는 어머니인 여성과의 동일시다. 그것은 곧 여아가 유아기의 애착관계를 통해 의존해 온 사람(들)과의 동일시를 의미한다. 따라서 여아의 성 정체성의 발달은 일차적 동일시를 부정하는 것이 아니라 오히려 일차적 동일시와 전-외디푸스기의 애착관계 모두와 깊이 관련되면서 그것에 영향을 받는다. 어머니와의 여성적 동일시는 상상된 또는 외부적으로 정의된 특질이나 그것을 부정함으로써 획득되는 동일시가 아니다. 그런데 여아의 성 정체성 발달 과정 중에서 도대체 어느 시점에서 여아가 자신의 일차적 동일시의 대상이자 욕망의 대상이었던 어머니인 여성을 거부하고 아버지인 남성을 욕망하고 남근을 선망하면서 음핵이 아니라 질 중심의 성욕을 갖게 되는가 하는 점은 여전히 의문으로 남아 있다. 프로이트는 여아가 이 과정을 발달단계대로 '무사히' 겪어야 이성애적 성향을 지닌 '정상적' 성인이 될 수 있다고 보았다. 프로이트는 이에 대한 설명으로 어머니인 여성이 아이가 원하는 젖을 충분히 주지 않거나 제때에 주지 않기 때문에 아이가 늘 어느 정도는 어머니인 여성에 대해 불만을 가지고 있다는 데에서 찾으려 하였다. 아이는 그런 어머니인 여성을 불행을 주는 원인제공자로 느끼기 때문에 여아는 자신에게 '남근'이 없는 것을 어머니인 여성의 탓으로 돌리고 어머니를 거부한다는 것이다. 그리고 그에 대한 반작용으로 아버지에게로 돌아선다는 설명으로 프로이트는 이 난제를 봉합하려고 하였다(초도로우, 2008/1974).

외디푸스기에 여아는 '남근'에 눈을 돌린 이후에도 어머니인 여성을 완전히 거부하지 않으며 어머니인 여성에 대한 의존과 애착 관계를 지속해 간다. 또한 아버지인 남성에 대한 관계도 여아가 어머니인 여성과 맺는 관계에 전적으로 의존한다. 초도로우는 여기에서 여아들은 대체로 아버지를 좀 더 선호하는 해결책에 도달하기는 하지만 그것이 매우 잠정적이고 어머니인 여성으로부터의 분리와 애착을 자신의 전 생애 동안 계속해서 남겨놓는 방식으로 아버지와 관계한다고 보았다. 여아가 아버지인 남성을 선호하게 되는 것을 곧 어머니인 여성과 일차적으로 맺었던 관계를 전적으로 포기하는 것으로 볼 수 없다는 것이다. 즉, 여아는 서서히 아버지인 남성과 동맹관계를 맺을 뿐 어머니인 여성과의 관계를 포기하지 않는다. 단지 기존의 모-녀 관계라는 배타적 관계에서 모-부-녀 관계라는 삼각관계로 이행해 그 삼각관계 안에서 상대주역을 바꾸어 갈 뿐이고 이러한 관계성은 일생 동안 지속된다는 것이다. 초도로우는 그렇기 때문에 여아는 관계의 가능성을 열어놓고 아동기의 전 기간과 사춘기에 이르기까지 혹은 전 생애 기간 동안 일종의 '양성애적 삼각관계' 속에서 유동한다고 보았다. 양성애는 이성애와 동성애가 혐오나 두려움 없이 혼합되어 연속적으로 공존하는 것이고 양성애만이 백퍼센트 친밀함을 경험할 수 있다고 하는 프리츠 클레인(Klein, 1978)의 주장은 이런 맥락에서 이해해 볼 수 있다.

이런 관점에서 보면 인간이 특정한 성차를 수행하고 그것이 자아 정체성으로 형성되는 과정에서 특정한 성/차 위치에 있는 대상에 대한 욕망을 형성하게 될 때 어떤 성/차 위치에 있는 대상과 접속되는가는 항상 열린 가능성으로 남는 것이다. 이것을 초도로우는 여아가 전 생애 기간 동안 일종의 '양성애적 삼각관계' 속에서 유동할 수 있다고 봄으로써, 킨제이는 섹슈얼리티가 일생동안 하나의 연속태로 있다고 봄으로써, 그리고 에드리언 리치(Rich, 1978)는 레즈비언적 성애가 레즈비언 연속성lesbian continuum 안에서 일생동안 지속된다고 봄으로써 설명하고 있다.

유동적인 욕망과 관계의 가능성이 이성애라는 특정한 방향과 방식으로 정체되는 데에는 사회적이고 문화적인 다양한 장치가 작동한다. 가부장체제 하의 남근이성중심적 사회에서 이성애/남성을 근간으로 두는 이성애 정상성 혹은 이성애 규범성이라는 사회/문화적 이데올로기는 그러한 장치 중 하나다. 페미니즘, 특히 퀴어페미니스트들은 이러한 이데올로기가 작동하는 방식을 성/차 체계의 구성성과 유동성에 주목하여 드러내 왔다.

양성애, 특히, 양성애/여성의 특정한 주체성을 이해하기 위해서는 무엇보다도 양성애/여성이 애매하고 모호한 위치에서 이성애/남성중심적 규범성과 맺는 관계에 주목하는 것에서부터 살펴볼 필요가 있다. 이를 위해 우선 무엇이 양성애인지, 양성애라는 개념이 개인들이나 집단들 혹은 특정 행위에 적용될 수 있는 것인지, 적용될 수 있다면 어떻게 적용될 수 있는 것인지 등에 대한 문제제기가 필요하다(Storr, 1999a). 또한 양성애를 이해하는 데 있어 남성과 여성이라는 성차 gender* 위치의 차이를 어떻게 인식하고 맥락화할 것인지에 대한 검토도 필요하다.

---

* 한국어에서는 영어 gender의 대응어로서 대체로 '성별' 혹은 '젠더'라는 용어가 쓰이고 있다. 그렇지만 이 책에서는 gender가 두 개의 서로 다르다고 문화적으로 간주되는 성들(sexes)에 대한 문화적 해석의 차이를 가리키는 개념임을 강조하고 그 차이가 완결되고 고정된 것이 아니라 구분되어 차이지어지는 과정 중에 있다는 점을 강조하기 위해 '성차'라는 용어를 사용하도록 하겠다. 단, 이미 분리되고 분업화된 영역 혹은 노동 등에 대해 언급할 때는 '성별'을 섞어 쓰도록 하고 '젠더'가 의미전달에 보다 적절하다고 판단될 때는 '젠더'를 쓰도록 하겠다.

3. 양성애자? 내가 그 이름인가요?

동성애자라고도, 이성애자라고도 말할 수 없는 나를 양성애자라고 말하면 될까
계속 그런 생각을 하는 거 같애요. 나는 지금 남자친구를 사귀고 있는데. 그 과거의 경험이 있는데. 그럼 나는 뭔가 이런 생각. 이성애자는 아닌 거 같은데. 아까도 말했던 거처럼 그렇게 이성애자가 아니라고 했을 때 동성애자라고 하기에도 뭔가 자신이 없고 양성애자라고 하기에도 자신이 없고. (중략) 퀴어퍼레이드 이런 게 있다 그러면 거기에 자원활동을 하고 싶다는 생각이 들었는데 나는 그러면 약간 암튼 그래도 이성애자에 가까운 연애생활을 하고 있는데 그런 거 할 수 있을까, 해도 될까? 뭐 그런 거 때문에 오해를 받을까봐. 너는 이성애자면서, 동성애자도 아니면서 아는 것처럼 그래? 그런 소릴 들을까봐 그랬던 거 같애요. (중략) 그니까 제가 그때 당시에 그 관계에 대해서 정의를 내리거나, 정의를 내린다는 게 무슨 사전에 나와 있는 것처럼 그런 정의를 내린다기보다는 확신을 가지지 않았던 거 같아요. 그게 그때 그 관계에 대해서 확신을 갖지 않았던 이유가 지금 생각해 보면 내가 그냥 사회에서 인정받을 수 있는 여자로만 길러져야 됐기 때문에 그런 문제의식이 없었던 상태에서 그런 관계를 만들게 됐는데 그래서 저는 이게 뭔지를 파악을 못했었던 거 같고. (중략) 얼마 전, 그니까 이렇게 말하면 좀 웃길 수도 있는데 여자랑 다시 연애를 해보고 싶다는 생각이 드는데 그게 너무 쉽지가 않은 거 같아요. 장벽이 너무 높은 거 같은 거예요. 내가 어디를 찾아가야 되고. 예를 들면 레즈비언 커뮤니티라 던가. 근데 저는 이미 남자들하고 연애를 그렇게 해왔는데 새삼스럽게 거길 찾아가서 문을 두드리기도 용기가 안 나고. (우진희, 29세)

나는 여성성을 좋아하는 바이섹슈얼

남자와 처음 연애를 할 때도, 그럼 나는 바이섹슈얼인가 그런 것이었고 (중략) 내가 여자애인이 있을 때도 내 스스로를 레즈비언이라고 정체화하는 데 모자라는 부분이 있었던 거 같은데. 오히려 내가 나는 바이섹슈얼이다라 고 생각을 했을 때 훨씬 편안해지는 느낌이 있는 거예요. (중략) 이 친구랑 연애했을 때 그러니까 여자처럼, 여자같았어요. 여성성이 풍부한거죠. (중략) 나와 만난 자리에서 그 사람이 여성성이 발휘가 된다면 평소에는 그렇지 않다고 해도 그 부분이 나에게는 인상적이고, 따뜻하게 느껴지고. (중략) 그런 생각을 하다가 지금 남자친구를 만난 거죠. 그 사람이랑 얘기를 했을 때 그 사람 자체의 독특함이 있기도 하지만 나에게 있어서 가장 큰 부분은 그럴 것 같지 않아 보이는 남자지만, 정말 그 사람이 가지고 있는 여성성은 자기도 몰랐던 거예요. (중략) 그럼 내가 반응하는 건 생물학적인 걸 떠나서 여성성이 아닐까하는 잠정 결론을 내린 거죠. 그 이상의 답을 찾지 못했기 때문에. (구희정, 29세)

나는 이성애가 강한 양성애자

이성애가 강하다고 느끼는 게. 초등학교 1학년 때부터 내가 줄 서던 거 얘기했잖아. 좋아하는 남자가 저기 있는데 여자줄이 길어가지고 걔랑 맞춰 볼라고 밀었다고 뒤에서. 그니까 내가 (아직은) 여자라고 느끼지는 못했지 만 다른 성에 대해서 늘 끌렸던 거 같애. (중략) 내가 결혼하지 않고 그 뭐 동거를 한 6년 정도 한 적도 있고, 남자랑. 나는 계속 남자랑 사귀었어. 아 물론 중간에 (웃음) 중간에 뭐 썸씽들이 있긴 했지만 그냥 내가 이성애자 라는 것을 한 번도 의심해 본 적이 없고. 이성애란 말 자체가 내 머리 속에 없는 거지. 왜냐면 당연한 거니까. 그리고 초등학교 1학년 때부터 반한 건 남자였고. (중략) 얼마나 많은 남자들을 좋아했고 또 사랑을 받았고 연애가 가능했고 수도 없이. 정말 사랑하지 않은 상태가 없었던 거지. 계속 누군가를 사랑하거나 사랑을 받고 있었고, 사귀고 있었고. 뭐 또 뭐 성경험도 일찍 했고 계속 그렇게 살아왔기 때문에 남자를 사귀는 데 문제가 없었어요. (중략) 엘워드에서 제니가 굉장히 해맸잖아. 여자한테 끌리긴 끌리는데 내가 분명히 해테론데 그러면서. 그래서 좀 박쥐처럼 오가면서 정체성의 혼란을 느끼는 경우가 있었는데 나중엔 자기가 레즈비언 정체성을 찾아가잖아요. 나한테도 좀 그런 두려움이 있었던 거야. (중략) 내가 알아요. 내가 생물학적으로나 감성적으로나 이성을 좋아한다는 건 알아. 하지만 못지않게 또 동성이 좋아. 근데 그거는 내가 선택을 하고 좋아하려고 노력을 한 시도가 있었기 때문에 가능한 건 아닌가라고 스스로 생각을 해요. (중략) (친구와) 어제 정체성에 대해서 얘기하면서 우리를 뭘로 규정하면 좋을까 그러는데 이성애가 강한 양성애자지 그러는 거야. (송아영, 39세)

나는 양면성을 가진 사람

사실 닉네임이 있어요. 민지란 이름이 너무 흔해갖고 재아란 이름을 쓰는데... 사람들은 거의 다 이제 재아로 알고 있죠. 근데 저는 순간 지나다보니까는 이게 사람들이 나를 재아로 인식하는 게 너무 싫은 거예요. 그것 중에 하나는 뭐랄까 제 (한동안 침묵) 뭐랄까 제 또 다른 자아를 만들었어요. 또 다른 나를 만(한동안 침묵)든 거죠. 왜냐면 내 자신을 들여...다보면은 약하고 막 그런 거 있잖아요. 막 도토리묵처럼 부서지는 그런. 그럴 만큼 되게 약하고 사실 그런 건데. 내가 이제 그런 뭐랄까 활발하고 되게 강한 그런 이미지라던가 그런 거를 내가 스스로 포장하고. 다른 자아를 만들면은 나는 상처받지 않을 거야 그런 생각 때문에 예전에 만들었었어요. 그걸 만들어야겠다 생각했던 게 열일곱 살 때였으니까. 그렇게 쭉 살다보니까는 처음엔 좋았어요. 내가 말도 막 쎄게 하고 이러니까 사람들이 건들 생각도 안하고.

양성애: 열두 개의 퀴어 이야기

너무 좋았죠. 삼 년 동안 진짜 좋았어요. 스무 살 때까지는. 그런데 뭐랄까 날 잃어간다는 느낌? 이런 남성성 이런 걸로 다 포장을 해버리고. 그렇다보니까는 이제 더 혼란스럽기만 하고. 내가 진짜 누군질 모르니까. (중략) 저는 그 성정체성...도 그렇지만 모든 부분에 있어서 다 양면성을 갖고 있어요. 말이 없는 게 나일 수도 있고. 말이 많은 게 나일 수도 있고. 활발한 게 나일 수도 있고 되게 소심하고 적극적이도 못한... 면이 나일 수도 있고. 사람들이 그렇게 생각하겠죠. 아 뭐 이런 년이 다 있겠냐라고 하겠죠. 하지만 그게 나예요. (양민지, 23세)

나는 통념에 반대하는 의미에서 양성애자라는 생각을 먼저 하게 되었다

내가 양성애자겠지라고 생각했던 건 동성애에 대한, 동성애 관계에 대해 알게 됐을 때. 그게 용어로도, 주변에 사람들 사이의 관계를 통해서 알게 됐을 때. 대부분 이성애자라고 생각했을 때 나는 양성애자겠지 이렇게 생각했던 건 기본적으로 고정관념에 대한 반대였던 거 같애. 별로 통념을 안 믿었거든. 뭐뭐 이렇다, 이래야 한다라는 것을 안 믿었기 때문에. 기본적으로 동성애에 대한 고정관념이 나한테 주입되지는 않았던 속에서 난 양성애자겠지 이렇게 생각을 했던 거고. 그게 나의 성적 지향이랑 구체적으로 연결된 건 아니었어. 구체적으로 어떤 사람에 대해서 성애적인 어떤 감정을 갖게 된 건 늦었던 거 같애. 고등학교 이때나 구체적으로, 성애적인 구체적인 느낌을 갖게 됐던 짧은 그런 것들이 있었는데. 그래서 남편과의 관계가 25년간 상당히 일상적이기만 한 구태의연한 부부 이런 걸로 있었는데 그때 새로운 사랑을 만나게 된 후 굉장히 기쁜 것, 굉장히 활력을 주고, 에너지를 주고, 다시 생명력의 동기유발 이런 게 된 거 같애서. 그 사람이 여성이란, 나랑 동성이란 거에 대해서 거부감이 나한텐 전혀 없었던 거지. 사랑하는 사람이 오히려 나랑 동성이라는 것이 반가웠지.(김경희, 53세)

왼손잡이에서 오른손잡이로, 다시 양손잡이가 된, 흑과 백이 이미 섞여있는 회색

제가 얼마 전에 안 건데. 제가 원래는 왼손잡이였대요. 지금은 오른손으로 하는데. 밥 먹고 글 쓰는 건 다 오른손으로 해서 오른손잡이인줄 알고 살았는데 무의식적으로 제가 왼손을 쓰는 게 많은 거예요. 저는 가위질을 한다든지, 배드민턴을 친다던지 이런 것도 저도 모르게 막 하고. 주위 사람들이 다 알아채는 거 있잖아요. 어 너 왼손 쓰네, 왼손잡이야? 이런 식으로 하는 거예요. 아 몰랐는데 아 왼손 쓰나보다 이러고 살았는데. 점점 알수록 왼손 쓰는 게 훨씬 많은 거예요. 엄마한테 물어보니까 엄마도 (내가) 처음에 원래 왼손으로 했었다고. 근데 왼손잡이어도 밥 먹는 거랑 글 쓰는 거는 오른손으로 하는 거였어요. 그니까 양손잡이가 된 거예요. 근데 그게 굉장히 의미가 큰 거예요. 왜냐면 그동안 진짜 저는 이성애잔 줄 알고 살았는데 제가 몰랐던 본능적인 동성애가 커간다는 그런 느낌도 있고. 그래서 전 양성애자가 된 거고 양손잡이가 된 이 현실이 되게 신기하더라구요. (중략) 근데 정말 좀 뭐 확정을 한 건 작년이긴 한데. 남자를 사귀면 완전히 일반인 거 같고, 일반으로 생각이 들고. 여자를 사귀면 또 완전히 이반인 거 같고. 그냥 그런 식으로 느껴서... (중략) 예전에는 만약에 색깔로 따지면 흑과 백이 저는 동시에 있는 거라고 생각을 했거든요. 이쪽과 이쪽이 같이 있는 거다라고 생각을 했는데. 그게 아니라 그냥 혼합된 거 같아요, 회색 자체인 거 같아요 정말. 내가 남자를 사귀어도 나는 이성애자는 아니고 내가 여자를 사귀어도 나는 레즈비언은 아니다라는 생각. 정말 다르더라구요 그게 좀. (중략) 사귀는 거랑은 정말 상관이 없어요. 그니까 저도 그렇게 따져보면 여자를 더 많이 사귀고 더 오래 이렇게 했지만 저는 이성에게 더 호감을 갖는 스타일이거든요. (주가영, 23세)

양성애: 열두 개의 퀴어 이야기

양성애라 확신하기에는 여자 만난 경험이 두 번밖에 안 된다

내가 좋아하는 건, 익숙하고 좋아하고 편하게 느끼는 건 남성의 몸이겠죠. 살아왔으니까. 근데 남성의 멘탈은 지독히도 싫어요. 지독히도 싫어 지독히도 정말. (중략) 근데 여성의 감수성이나 여성의 멘탈은 너무 좋은 거지. (중략) 이게 일치가 안 되는 거지. 그리고 내 몸에 대한 탐색도 충분히 이루어지지 않고. 그래서 여자를 더 알아야 돼 지금. (중략) 그 탐색 문제인 거 같애요 탐색. 탐색을 하고 나면 내가 알겠지. 멘탈 뿐만 아니라 몸도 내가 어떤 여성한테는 굉장히 반응하더라 이런 통계치가 나오겠지. 내가 모든 남자한테 반하는 건 아닌 것처럼. (중략) 어떻게 두 여자, 꼴랑 두 여자 만나고 내가. 안 돼, 나는 탐험을 해야 돼. (송아영, 39세)

나는 경계가 필요한 바이

지금으로서는 제 스펙트럼이 어느 쪽인지는 잘 모르겠는데 만나보니까 쫌 더 이쪽으로 기운 거 같기도 하고 잘 모르겠어요. (중략) 제가 바이잖아요. 바인건 확실한 거 같구요. (중략) 나를 보호해줄 담장 같은 거. 처음에는 경계를 싫어했던 시절이 있었는데 지금은 오히려 경계를 제대로 세워야겠다는 쪽이에요. 사실 저는 누구 한 사람 사귀면 완전히 헌신하는 스타일이거든요. 완전 모든 걸 다 불사르는 스타일이라. (진강희, 24세)

나는 경계 넘는 것을 좋아하는 바이섹슈얼

제 정체감에 대해 되게 오랫동안 고민을 했었고. 헤테로인지 레즈비언인지 잘 모르겠다는 생각을 오래 했었고. 내가 바이섹슈얼이구나 하고 정체화를 하기 시작하면서부터 제가 생각했던 것과는 되게 다른 거예요. 말씀하셨던 거처럼 내 주위에는 레즈비언 친구들이 되게 많은데 친구들이랑 공유할 수 없는 어떤 지점들이 있고. 그렇기 때문에 내가 바이섹슈얼이다라는 걸

더 자각하게 되는 그런 것도 있잖아요. 헤테로, 이성애자들 사이에서 내가 동성애자다라고 느끼는 감정도 느낄 때가 가끔 있어요. (중략) 한때는 그런 것도 했었어요. 사람들이 너무 물어보는 게 귀찮고 하니까 아 내가 레즈비언으로 보이면 좋겠다는 생각이 너무 많이 들더라구요. 정체성 고민을 실제로 하고 있기도 했고. 그때는 저도 바이섹슈얼이면 안될 것 같았어요. 둘 중의 하나를 선택해야만 할 것 같았어요. 왜냐면 그때는 바이섹슈얼이라는 게 뭔지 사실 잘 몰랐으니까. 양성애라는 개념이 그냥 여자 사귀었다가 남자 사귀었다가 이런 사람이라고 생각을 했었기 때문에. 그래서 괜히 막 행동거지도 남자애들처럼 하고 옷도 일부러 막 더 남자애들처럼 입으려고 하고 그랬었거든요. 근데 주변에서 날 그렇게 생각을 안하더라구요. 그래서 약간 좀 실망을 해서. 제가 그냥 혼자 레즈비언 놀이를 한 거죠. 그리고 어쩌면 알아주길 바랬던 것일 수도 있어요. (중략) 저는 그 경계 사이에 되게 애매하게 모호하게 서있다는 느낌을 되게 많이 받고. 그게 재밌기도 하고. 그걸 넘나드는 걸 보니까 또 너무 재미있는 그런 거예요. 사실 퀴어문화 되게 좋아하는 것도 그런 전복적인 것이 계속해서 일어나기 때문에 좋아하는 거거든요. 전 그게 중요한 거 같아요. 경계를 넘나드는... (중략) 바이섹슈얼을 정의하는 것도 그렇고. 이것도 아니고 저것도 아니다. 이쪽으로 갈 수도 있고 저쪽으로 갈 수도 있고. 둘 다 볼 수도 있고 그러면서 둘 다 아니고. (서마리, 25세)

나는 여자든 남자든 상관없이 관계에 늘 열려있는 상태이고 싶을 뿐

일단 저 같은 경우에는 정체성이 저의 성향을 설명하는 데 있어서 중요한 거 같애요. 근데 저는 이게 시기적으로 너무 갈려서 뭐라고 단정적인 언어로 얘기를 하기가 더더욱 힘든 거 같애요. 그리고 일단 자신이 없고. (중략) 저는 일단 성별을 떠나서 좋아하는 거 같애요. 근데 여자, 이렇게 설명하는

양성애: 열두 개의 퀴어 이야기

게 나의 경험에 맞을지 모르겠는데. 여자들이랑 같이 있을 땐 그래서 여자들을 좋아했던 거 같고 여자, 남자 같이 있었을 경우에는 그래서 남자들을 더 좋아했는지 연애를 하게 됐는지 그랬던 거 같고. 성별을 먼저 따지진 않고 그렇게 사람들을 좋아했던 거 같고. 그게 저한테 의미가 있는 건, 그냥 되게 나는 여자만 좋아해, 남자만 좋아해 이러면 그렇다고 레즈비언, 이성애자 모든 게 다 모든 사람들이 다 그런 건 아니지만 어떻게 보면 제한적일 수 있는 거잖아요, 관계 맺을 때. 여자만, 남자만. 근데 제가 만약에 양성애자라고 할 수 있다면 여자든 남자든 상관없이 넓게 깊게 관계를 맺을 수 있다는 거. (중략) 저는 이 상태를 유지하려고 하는 중인 것 같아요. 그냥 규정을 하고 이름붙이기 위해서라기보다 계속 나를 열어두는 거. 그리고 나를 놓아두는 거. 그 상태를 유지하려고 노력하는 과정. 그게 저는 좋은데요. (우진희, 29세)

이성애자도 아닌, 레즈비언도 아닌, 지금 있는 그대로의 나로 존중받고 싶다

그냥 내가 나를 포장하지 않고 있는 그대로 내 놓았을 때 그 자체가 보호받고 싶은 거예요. 보호라고 하는 건 이상한 취급을 받는다거나 그런 시선, 실질적인 어떤 것들, 언어적인 것들을 내가 혼자서 싸워야 될 문제가 아니다라고 생각을 하는 거예요. (중략) 사람들이 자기들의 타성에 젖은 편한 방식들로 살아가면서 침해하고 있다고 생각하는 거죠. (중략) 딱 지금의 현재로 드는 생각은 내가 또 변할지도 모르겠지만 지금 현재의 내 자신에 대해서 솔직하고 당당하고 싶다는 생각이 있는 거예요. 내가 뭐 다시 이성애자가 된다거나 내가 다시 레즈비언이 된다거나 그런 게 물론 가능성이 있을 수는 있겠죠. 나는 변화해 왔으니까 또 변화해 갈 수도 있는 거예요. 근데 그렇다고 해서 내가 난 변할지도 모르니까 가만히 있겠어 이거는 이제 싫은 거죠. (구희정, 29세)

나도 대상도 유동적인 나의 정체성에는 아직 이름이 없다

저는 제가 양성애자라고 생각하지는 않거든요. 이름을 못 정했지만 그건 아니라고 생각을 해서. 근데 그거에 대해서 그렇게 친구들하고는 얘기를 하는데, 자세하게 저도 되게 심각하게 생각을 해 본 적은 많이는 없는 거 같애요 다른 거랑 비교를 해봤을 때. (중략) 저 같은 경우에는 사실 사춘기 때 이럴 때는 한 번도 퀴어라든가 이런 이성애 외의 어떤 걸 한 번도 생각해 본 적이 없었어요. 지금 생각해보면 아 그게 약간 동성애적이었구나 생각은 되도 그 당시에 그게 전면적이었던 적은 한 번도 없거든요. 그랬다가 대학에 들어와서 또 한참을 그렇게 살았어요. 그러다가 대학 들어와 4학년 거의 졸업할 때쯤에 갑자기 그런 정체성 고민이 들기 시작했고. 나는 레즈비언인 거 같다라고 생각을 했었어요. 신기한 건 주변에 얘길 했더니 원래 레즈비언 아니었냐고. (웃음) 네가 언제 이성애자였냐 이런. 그러긴 했는데. (중략) 사실 그런 것도 있잖아요. 정체성이 꼭 나에 대한 것만은 아니니까. 뭔가 저 집단에 묶이고 싶고 이런 것도 있었던 거 같아요. 그 생각을 했다가 바이섹슈얼인 거 같은 거예요. 지금 말씀하신 양성애자. 그래서 그렇게 생각을 해봤다가. 그러다가 나중에는 안 되겠더라구요. 왜냐면 양성애가 어쨌든 기본적으로 그 어휘가 제안하는 건 두 가지 성이잖아요. 근데 제가 좋아하는 대상도 딱 남성, 여성으로 나눠질 수 없는 거 같고. 또 제 자신의 성에 대해서도 내가 여성이라는 확신이 안 들더라구요. 근데 그게 어떤 의미인지는 정확하게 잘 모르겠어요. 근데 그런 생각이 어느 순간에 들었어요. 주변에 트랜스젠더 친구들이 많이 생기고. 제가 그런 사람을 좋아하기도 했었고. 그래서 그러다보니까 좀 약간 모든 그런 말들이 불편해졌어요. 레즈비언이나 바이섹슈얼이나. 근데 저를 설명하는 일부인 거 같긴 해요. 그래서 약간 묘한 위치가 됐어요. 어느 순간부터는 누가 나한테 정체성 물어보는 게 불편할 때도 있었어요. 그게 커밍아웃의 문제가 아니라 너무 설명할 게 많은 거예요. 나는 게이야 이러고 끝났으면 좋겠는데 너무 그 한마디로 안 끝나니까. 그냥 어디 새로운 사람을 만나는 게 피곤한 거예요. 아니면 그 자리에 있으면 당연히 레즈비언이라고 읽히던가. 그게 나쁘진 않아요. 근데 어느 순간 그게 되게 싫을 때도 있거든요. 그게 다는 아닌데. 그러고 그러다보니까 되게 많이 헷갈려졌어요. (유윤서, 29세)

나는 이것이기도, 저것이기도, 어느 것도 아니기도, 동시에 모든 것이기도 하다

오늘 생각한 건데 제가 레즈비언이라는 말을 되게 껄끄러워 해요. 근데 그게 자기혐오도 있는 거고. 그게 젠더 정체성도 있는 거 같아요. bio-female(생물학적 여성)로 태어났고 갈등이 많았잖아요. 아마 이런 사회가 아니었으면 그렇지 않았을 수도 있지만. (중략) 레즈비언이라고 정체성을 못하는 게. 완전히 여자가 아니기 때문에 레즈비언이 아니다 그런 것도 있는데. 왜냐하면 레즈비언의 쓰임, 말의 쓰임이 게이는 굉장히 보편적이잖아요. 근데 레즈비언은 딱 여자가 여자를 좋아한다 그거이기 때문이기도 하고. (중략) 나는 경험이 그렇게 많은 건 아니기 때문에 내 생각에는 그거를 받아들이고 편안해지려면은 그런 관계를 경험하면 나름 그게 편해지겠죠. 내가 여성을 사귀면서 나의 여성성으로 좋아하는 그런 게. 지금은 그게 익숙치 않은 거 같아요. 특히 남성도 그건 더 싫은 게 남성도 내 여성성으로 이렇게 다가갈 수 있는 그런 내가 좋아하는 남성에게 여성성을 들킬 수 있는, 굉장히 verlnerable(취약)한 거 잖아요. 특히 사회적으로도 여성성이라는 거는. 제 머리 속에서는 굉장히 남자는 강하다 이런 걸로 되게 박혀 있거든요 어렸을 때부터. 그래서 특히 관계에서는 무섭기 때문에 굉장히 근본적인 거를 touch하는(건드리는) 거잖아요. 그렇기 때문에 내가 지금은 아무 경험이 아주 많이 없는 상태에서는 그래서 제가 레즈비언이라고는 정체성을 못잡고 gay(게이), fagot(계집애놈) 이런 것도 괜찮다고 생각하는. gay, fagot, dyke(강부치). 그냥 그 레즈비언이라는 단어를 되게 꺼려해요. 그게 레즈비언이라는 쓰임도 되게 되게 그런 거 같아요. 쓰이는 것도 언어에서 쓰이는 그런 것도 되게 싫어하는 거 같아요. (중략) 경계에 선 사람들이 제일 자신한테 솔직한 사람인거 같애요. 자신을 못이기는 사람이죠. 이것도 선택 못하고 저것도 선택 못하고. 그게 아니니까 워낙에. 그게 제일 필요하다고 생각해요. (중략) 나는 bisexual(양성애적)이기도 하면서 lesbian(레즈비언)이기도 하면서 gay이기도 하면서. 그 반면에 다 아닌 거죠. 나는 언제나 변한다고 생각해요. 근데 내 정체성을 좀 더 이렇게. 그렇다고 해서 그거를 생각 안 한다 이게 아니잖아요. 좀 더 describe(묘사)하고 그거에 대해서 좀 더 고민하려면 있는 언어가 그거기 때문에 그렇게 얘길 한다는 거죠. 그리고 일단 정말 실존하는 거기 때문에 avoid(피할)할 수가 없는 그런 거죠. (제갈재이, 22세)

지금까지 살펴본 바와 같이 구술자들에게 양성애 정체성이란 다양한 의미로 받아들여지고 있다. 그리고 자신의 성적 정체성을 규정하는 과정에서 지속적인 갈등을 겪어 왔고 그 갈등의 어느 지점에서 스스로를 이성애자가 아닌 다른 성적 정체성으로서 나름대로의 규정을 내렸음을 볼 수 있다. 그리고 현재 시점에서 구술자들은 자신을 양성애자로 규정하거나 혹은 그것을 참조지점으로 삼아 자신의 삶을 이야기할 수 있다고 생각하거나 그 외의 다른 대안이 없다는 사실에 대해 불편해 한다. 성적 정체성을 규정하는 바탕이 된다고 인식되는 젠더 정체성 자체가 불안정하거나 모호하거나 가변적인 경우 문제는 복잡해진다. 또한, 어떤 특정 대상에 대해 특정한 감정을 가지게 된 이유가 상대방의 젠더 정체성과 무관하거나 거리가 있을 경우도 존재한다. 성적 정체성이 성적 경험의 유무나 경험의 내용과 상치되거나 무관할 경우 또한 있다. 이런 모든 실재하는 상황들은 성적 정체성을 규정하는 문제, 특히, 양성애를 규정하는 문제가 단순하지 않음을 말해준다.

구술자들이 '바이', '양성애', '바이섹슈얼', '이반'이라는 말로 지칭하고 있는 양성애의 의미는 무엇과의 차이와 무엇에 대한 상실을 통해 인식되고 있을까? 자신을 이성애자로도 레즈비언으로도 규정하고 싶지 않거나 규정할 수 없다고 생각하는 구술자들, 심지어 자신을 여성이라는 고정된 성차 정체성을 가진 것으로 인식하는 것도 불편하다고 말하는 구술자들은 자신의 성 정체성에 대해 다음과 같이 인식하고 싶어했다.

48세에 이반문화를 접하면서 자신의 비이성애적 경험과 문화를 재인식하게 된 53세의 김경희 씨는 고등학교 때부터 이미 일부일처제도가 삶의 정답이 아니라고 생각하면서 성 정체성에 대해서 자신을 열어 놓은 채 있었다고 한다. 그리고 40대 중반, 아직 혼인상태에 있는 상태에서 레즈비언 친구들을 만나게 되고 또 여자애인을 사귀게 되면서 자신을 양성애자라고 확신하게 되었다. 36세에 자신이 이성애자로만 살지 않을 수 있다는 사실을 깨달았다는 39세의 송아영 씨는 바이정체성을 '접근하기 용이한 완충성을 가지는' 정체성이라고 생각한다. 송아영 씨는 상대를 선택할 수 있고 관계 안에서 재생산 기능을 수행할 수 있기 때문에 바이가 가장 원초적이고 미래 지향적인 섹슈얼리티라고 생각한다고 말하기도 했다. 그렇기 때문에 송아영 씨는 바이가 '인생을 폭넓고 섬세하게 살 수 있는 유리한 입장'에 있다고 생각하고 있다. 그런 관점에서 바이는 미래의 모습이고 바이도 큰 문제없이 밝게 살아가고 있다는 것을 보여주는 바이프라이드를 갖고 살아야 한다고 그녀는 역설했다. 그렇지만 구희정 씨의 경우, 양성애자로서 스스로가 늘 '체제 안과 체제 밖 사이를 왔다갔다하며 끼어있는' 느낌을 버릴 수가 없다고 말한다. '끼어있는 존재'가 아니라 당당히 삶의 중심에 서 있는 존재감을 느끼고 싶기 때문에 구희정 씨는 항상 자신과 비슷한 사람들을 일상에서 만나길 바라고 있다. 그러나 클럽이나 단체 등 특정 장소나 문화를 통해야 만날 수 있는 이반문화 외에는 가시적인 것이 없기 때문에 자신이 속할 곳을 아직도 찾지 못했다고 말한다.

진강희 씨는 자신이 양성애자라기보다는 이성애자가 됐다가 동성애자가 됐다가 하는 것 같다고 말했다. 왜냐하면 양성애자란 동시에 두 성에 모두 호감을 가질 때만 부를 수 있는 말 같기 때문이다. 한편, 주가영 씨는 처음에는 양성애가 이성애도 아니고 동성애도 아닌 어떤 것인데 이성애와 동성애, 흑과 백이 동시에 있는 것이라고 생각을 했다고 한다. 그리고 지금은 흑과 백이 섞여 있지만 흑과 백과는 다른 독자적인 색인 회색이라고 생각한다. 자신이 어릴 때 왼손을 썼었다는 사실을 잊은 채 오른손잡이인 줄 알고 살다가 점차 왼손을 쓰고 있는 자신을 재발견하면서 양손잡이가 된 것과 마찬가지로 자신은 이성애자로 살아 왔지만 이후에야 비로소 자신이 양성애자라는 것을 깨닫게 되었다고 한다. 학습에 의해 오른손을 쓰게 되었지만 계속 왼손을 쓸 수 있도록 남은 것과 마찬가지로 남자를 사귀고도 계속 여자한테 끌리는 것이 자연스럽게 느껴진다는 것이다. 양성애적 욕망이란 두 명의 사람에 대한 욕망이 아니라 두 성별 자체를 한꺼번에 욕망하는 것이라는 생각이 들기도 한다고 말했다. 그러나 그것은 다시 말하면 '남·여 둘 다와 어울릴 수 있다'는 말이기 때문에 주가영 씨는 그 사실을 긍정적으로 생각하기로 했다. 양민지 씨도 성정체성 등 모든 면에서 스스로가 양면적인 사람이라고 말한다. 우진희 씨는 이성애나 동성애는 한 성에 한정되어 있는 것이지만 양성애는 성에 상관없는 것이라고 생각한다. 유윤서 씨는 자신이 여성 또는 남성인 상대를 전제하는 양성애자가 아닌 다른 무엇이라고 생각한다고 말한다. 그리고 제갈재이 씨는 자신이 생각하는 방식으로 설명할 수 있는 양성애에 대한 언어가 현재로서는 없다고 말하면서 양성애자라는 말은 여전히 이분법을 인정하는 것 같아 좋아하지는 않지만 양성애자를 경계에 선 사람들, 자신에게 제일 솔직한 주체라고 생각한다. 서마리 씨는 기존의 성적 규정 안에 자신이 들어가지 않기 때문에 자신이 속할 수 있을지 아닌지를 판단하고 선택을 해야 한다고 생각하지만 이후 정체성 대신 '퀴어'라는 용어에 마음이 가게 되었다. 퀴어는 '경계 넘기'를 가능한 것으로 열어두기 때문이다. 서마리 씨는 그 경계들 위에서 경계들을 '넘지도 않고 그 위에 아슬아슬하게 서 있는 것'을 좋아한다. 이처럼 성적 정체성을 규정하는 과정이 유동적인 상태에 있는 것은 양성애 정체성이 가지는 특징일 것이다.

한편, 자신의 성적 정체성을 양성애라는 틀을 통해 규정하려고 시도하는 이들 사이에서도 여러 차이들이 존재한다. 어떤 이는 양성애 정체성이 자신을 가장 잘 설명하는 것이라고 느끼지만 또 어떤 이는 자신을 설명하는 더 적절한 용어가 있기를 바란다. 또한 어떤 이는 양성애라는 개념을 자신의 상황을 설명하기 위해 재해석하기도 한다.

사회적이며 언어적 존재인 우리는 고유한 서사를 가진 실존적 주체가 되기 위해서, 사회-성적 드라마 안에서 자격을 갖춘 행위자가 되기 위해서, 그리고 그 안에서 성적으로 참여하기 위해서 자신의 감정을 성적인 의미로 해석할 수 있는 능력을 획득하고 잠재적으로 성적인 상황을 인지할 수 있는 능력과 그 상황에 적절한 행동을 결정할 수 있는 능력을 획득해야 한다. 이 과정에서 어떤 식으로든 변하지 않는 경계를 확정해주는 방식으로서의 정체성이 있기를 바라는 마음을 가지게 되는 경우가 생긴다.

그러나 어떤 이들에게는 경계를 세우는 자체가 불필요하거나 폭력적으로 경험될 수도 있다. 특히, 젠더 정체성의 경계를 확정하라는 사회적 요구는 일종의 강압으로서 혹은 폭력으로서 경험되기도 한다. 젠더 정체성이라는 경계가 섹슈얼리티를 규정하는 틀로서 작동할 때 섹슈얼리티에 대한 체험 또한 일종의 강압 혹은 폭력적 요구 앞에 놓여있다는 인식 속에서 이뤄지기도 한다.

이에 더해, 흥미로운 것은 이성애 정체성은 이성애적 경험이나 그 경험에 대한 평가가 긍정적이냐 부정적이냐와는 무관한 데 비해 양성애 정체성은 경험을 재평가하는 과정이 항상 등장한다는 점이다. 이는 이성애가 정상적 규범으로 작동하기 때문이라 할 수 있다. 53세의 김경희 씨는 대학을 졸업하자마자 하게 되었던 25여년의 결혼생활 후인 44세에 이반커뮤니티를 알게 되었고, 송아영 씨는 대학을 졸업하고 편입한 후인 30대 중반 무렵인 2005년 정도에 18세 이후부터 자신이 가져왔던 남자들과의 관계를 성찰하면서 여자들과의 관계 가능성을 되돌아보게 되었다. 그리고 구희정 씨, 서마리 씨 등은 대학에 들어와 이반커뮤니티를 알게 되면서 자신의 과거 경험을 되돌아보며 정체성을 고민하기 시작했다. 우진희 씨는 대학 재학 중에 간간히 고등학교 시절 특별한 관계로 지냈던 여자친구와 친구로 만나면서 당시의 관계성에 대해 '서로 사랑했다'고 규정을 하기도 하였지만 대학 졸업 후 남자애인과 헤어지고 난 후에야 자신의 정체성에 대해서 고민하게 되었다.

이처럼 구술자들은 자신의 생애의 어느 순간에 갖게 된 계기를 통해 지난 관계에 대한 의미를 재구성하고 그것을 토대로 현재의 관계와 앞으로 갖게 될 관계에 대한 상을 재구성했다. 이 과정에서 드러나는 것은 중·고등학교 때 여성과의 교제 경험이 임시적인 것으로 간주되어 잊혀지거나 부정과 혐오의 대상이 되기도 한다는 것이다. 설사 당시의 감정이 어느 정도 의미화되는 경우라 할지라도 '스무살'이 되면, 즉, '성인'이 되면 자신의 삶에서 사라질 일시적이고 비정상적인 감정으로 치부된다. 이런 경우는 특히 '팬픽이반'의 세계를 경험한 구술자에게서 잘 드러나고 있다. '팬픽이반'은 '유사연애', '쇼맨쉽' 등으로 의미화되어 그 관계 안에 존재하는 어떤 진정성도 질문

될 가치가 없는 것으로, 예외적인 것으로 간주된다. 또한 그렇게 예외적이고 임시적인 것으로 간주됨으로써 그 경험이 유지되기도 했다. 모순적이게도 임의적인 것, 일시적인 것, 즉, 곧 없어질 것이므로 언급할 가치 없이 내버려 두는 것으로 의미화됨으로써 수행 가능성을 가질 수 있었던 것이다. 이런 맥락 안에서 이뤄지는 경험과 경험에 대한 해석과 평가는 이미 동등한 조건에서 이루어지지 않는다. 이미 기울어져 있는 운동장 안에서의 해석과 평가이기 때문에 모든 해석과 평가는 이미 이성애에 중심점이 가 있다.

예를 들어, 이성과의 관계에 대해서는 대체로 그 관계의 진정성에 대해 의심을 갖지 않는다. 따라서 남자들과 사귀기 시작한 것을 자신의 정체성에 대한 고민으로 이어가지 않는다. 여자와 처음 사귄 시기와 남자와 처음 사귄 시기는 각각 다르고, 사귀거나 만났던 남자들과의 경험의 내용이나 그 경험을 회상하는 방식 혹은 그 경험을 중요하게 생각하는 정도도 다르다. 그러나 남자들과의 관계에 대해서 이와는 다른 태도를 보인다. 이성애라는 섹슈얼리티가 가진 정상성과 규범성은 이렇게 자신의 정체성과 관련해 특별하게 의미화되지 않는 방식으로, 즉, 설명이 필요없는 당연하고 자연스러운 것으로 간주되는 경향이 있다.

이성애적 규범과 질서가 그토록 공고하다는 반증일 것이다. 양성애적 자장 안에서 이성애적 경험과 동성애적 경험을 해석하고 재해석하는 과정에서도 또한 그렇다. 양성애가 이성애적 경험과 동성애적 경험에 대한 해석을 통해 구성되는 섹슈얼리티일 수밖에 없는 현재적 조건과 맥락 안에서 이성애적 경험과 동성애적 경험 각각에 주어지는 의미의 무게는 동일하지 않다. 각 경험을 해석하는 해석의 장은 일종의 기울어진 운동장으로서 이성애적 경험이 실제 경험 유무와는 무관하게 의미를 얻어가는 위치에 있다면 동성애적 경험은 끊임없는 질문과 재질문, 확신과 재확신을 요구하는 위치에 있는 것이다.

젠더를 축으로 성적 정체성을 규정하게 될 때 자신의 젠더를 여성성이나 남성성 등을 중심으로 인식하거나 해석하지 않는 경우 문제는 더욱 단순하지 않다. 즉, 자신이 양성성을 가지고 있는 사람이라고 인식하고 자기규정하는 사람에게 양성애란 어떤 방식으로 이해되고 설명될 수 있는가? 양성애가 젠더를 축으로 설명될 수밖에 없고 젠더라는 것이 항상 두 개의 요소가 쌍을 이루는 이항적 구조 안에서 이해될 수밖에 없다면 이 이항을 통해서 자신을 설명할 방법을 찾지 못하는 이들은 자신의 성적 정체성을 어떻게 해석하고 규정할 수 있는가? 경계 자체를 허무는 방식 혹은 경계가 갖는 폭력성을 폭로하는 방식으로서의 섹슈얼리티는 가능한가? 젠더 퀴어, 즉, 젠더의 유동성을 폭로하는 주체들은 어떻게 섹슈얼리티에 대한 담론을 만들어 낼 수 있는가? 특히, 그것이 양성애에 관한 것이라면 어떠할 수 있는가?

성적 정체성을 규정하는 바탕이 되는 젠더 정체성 자체가 불안정하거나 모호하거나 가변적인 경우는 우리에게 이 사안을 보다 다층적으로 이해할 것을 요구한다. 또한, 어떤 특정 대상에 대해 특정한 감정을 가지게 된 이유가 상대방의 젠더 정체성과 무관하거나 거리가 있을 경우도 또한 존재한다. 성적 정체성이 성적 경험의 유무나 경험의 내용과 상치되거나 무관할 경우 또한 있다. 이런 모든 실재 상황들은 성적 정체성을 규정하는 문제, 특히, 양성애를 규정하는 문제가 단순하지 않음을 말해준다.

사회-성적 규범이 인지가능한 것으로 의미화해 놓지 않은 체험이 의미화될 수 있게 될 때 한 개인의 성적 역사에 커다란 지각변동이 일어나게 된다. 지금까지와는 다른 방식으로 그리고 다른 의미망 안에서 성적 참여를 함으로써 이성애적인 사회－성적 드라마의 장을 확장하게 되는 것이다. 두 개의 선택지를 제공하고 둘 중 하나만을 선택해야만 사회적 삶이 가능한 사회에서 둘 중 어느 하나에도 불편한 마음이 없이 속할 수 없는 이들에게 양자택일은 강제 혹은 폭력 이상의 무엇도 아닐 수 없다. 그럼에도 이성애남성중심적 사회는 이항적 인식론으로 점철되어 있다. 남 아니면 여, 이성애 아니면 동성애로. 게다가 이 이항은 서로 평등한 두 개의 위치로 이루어진 이항이 아니라 비동등한 이항이다. 인식론적으로나, 담론적으로나, 정치적으로나 모든 면에서 말이다.

4. 여자? 내가 그 이름인가요?

남자 같다는 말을 들을 때도 있지만 나는 가슴이 나온 여자

그런 게(아버지 옷) 잘 어울렸어. 엄마 옷은 레이스도 있고 이런데 그런 게 나한테는 너무 아줌마스럽고 싫고 아빠 옷은 내가 입으면 괜찮더라고. 판판해 보이고. 두께도 약간 있고 그래서. (중략) 남자 같다는 얘길 아무리

들어도 내가 여자라는 것에 대해서 의심해 본 적이 없어. 난 굉장히 누가 뭐래도 여성스럽게 생기지 않았어? 그걸 내가 느낀 거야. 몸 땜에 그런 거 같애. 몸이. 보통 일반적인 여성들, 대부분의 여성들이 거쳐가는 몸의 변화 과정을 나도 똑같이 거쳤고. 그 몸이 생활에 지장은 있어도, 불편함은 있어도 나오는 걸 어떡하겠어 이렇게 받아들이고 수용하는 면도 있었고. 또 그걸 좋아해주는 사람도 나중에 있었고 내 몸을. (중략) 또 내가 강한 이성애를 갖고 있었기 때문에 남자를 좋아하려면 이런 틀이 있어야 되니까 거기에 내가 잘 맞으니까 크게 부정하지 않았던 거 같애. (송아영, 39세)

수줍음을 타면서도 잘 까부는 명랑쾌활소녀

이상하게 두 가지가 저한텐 다 있는데. 개구쟁이 같은 거나 수줍은 여학생 같은. 그래서 대개 수줍음을 많이 타고 그러긴 하는데 까불기도 까불까불하고 친구들이 잘 놀리고 막. 어떤 친구는 너는 마녀야 이러면서 막 묶어놓고 도망가구. 그래서 그 애가 진짜 열받아서 막 쫓아오구. 아니면 옥상에서 선생님 지나가면 화장지 이렇게 나풀거리면서 장난치고. 근데 어렸을 때부터 수줍음이 많아서 너무 웃긴 게 어느 날 국민학교 땐데 너무 아팠어요. 근데 저희는 아파도 학교는 꼭 가야된다는 주의여가지구. 아파죽겠는데 학교를 갔는데. 제 동생이 남동생이거든요. 내 동생이 누나가 아파서 조퇴를 해야겠다 뭐 이렇게 말하는 장면이 기억나요. 두고두고 그게 너무 웃긴 거예요. 그때 그냥 내가 얘기하면 되는데. 엄마가 네가 가서 얘기해라 이렇게 했는지 어떤 상황인진 모르겠는데, 것도 남동생이, 동생이. 그런데 그거를 제 입으로 선생님한테 얘기하는 게 부끄러웠기도 하고. (중략) 대학을 가면서 저는 제 자신이 여성이 아니라 명랑쾌활소녀라고 생각을 했던 거 같애요. 남자들이 접근을 할 때 그거에 대해서 되게 이해가 안 갔어요 그 당시에. 그게 왜냐면 내 스스로 너무 부정했기 때문에. 저게 왜 저러나 싶고. 남자애들 치고 패고 이런 건 아니지만 어쨌든 되게 그냥 경계없이 놀고 막 그랬던 거 같은. 근데 그때 캔디같이 명랑쾌활소녀들은 인기가 있었어요. 저도 인기가 좋았었거든요. (박소희, 39세)

싸움을 겁내지 않았던 나는 언제 어디서든 대장

엄마가 하는 말이 어디 나가면 되게 예쁨받는 스타일이었대요. 어른들한테 애교 많이 부리고. 그래서 항상 아빠가 어딜 가든 데리고 다니고. (중략) 걸어다니고 말을 좀 할 수 있을 때가 됐을 때는 골목에 있는 모든 꼬맹이들과 한 일곱 살까지는 다 이렇게 섭렵을 해가지고 대장놀이하고 막. 계속 이사를 자주 다녔는데 그래도 항상 이사를 갈 때마다 제가 대장인거예요. (중략) 남자애들이랑 되게 많이 싸웠어요 그래서. 그런 애들이 있잖아요. 여자앤데 남자애들 이겨 볼 거라고. 그런 부류였던 거 같은데. 그래서 한 번은 친구랑 뭐 땜에 싸웠는지 기억도 안 나는데 문방구 앞에서 되게 크게 싸웠어요. 걔가 남자애가 저보다 덩치도 크고 이랬는데. 어릴 때는 (제가) 되게 왜소했었거든요. 그런 애가 깡만 있는 거예요. 남자애는 이렇고 이런데. 그래서 남자애가 하다가 화가 나서 주먹으로 얼굴을 이렇게 탁 쳤어요. 이렇게 쳤는데 저도 화가 나잖아요. 그래서 가가지고 나도 막 때렸죠. (중략) 돌을 찍으라는 (말이) 생각이 나는 거예요. 때리면서 주위를 막 살폈는데 돌이 없는 거예요. 모래밖에 없는 거예요. 모래를 잡아서 이렇게 뿌렸어요. 그러니까 애가 눈에도 들어가고 막 이렇게 되잖아요. 막 욕을 하면서 그렇게 하니까. 이때다 싶어가지고 도망을 가야겠다. 에이 씨 뭔데? 이러는데 한 번 더 때리고 던지고 집으로 쫓아 뛰어갔죠 막. (배민재, 24세)

주먹이 커서 친구들이 무서워했던 나

고등학교 때도 반장 먹고. 애들하고 잘 지내고. 처음에 애들이 나한테 말을

양성애: 열두 개의 퀴어 이야기

못 걸었어요 사실은. 좀 되게 말 걸기가 힘들어 보였대요. 너무 좀 차거워 보이고. 말이 없을 거 같다고. 고등학교도 사실 내 뜻대로 안됐으니까 당연히 우울하잖아요. 직업계 갈 마음이 없었어요. 이럴 바에 차라리 안 다니고 말지라는 마음이 있었으니까. 되게 우울했었어요. 일주일 동안은 정말 말 잘 안하고 잘 웃지도 않고 교실 맨 뒷자리 저쪽 구석자리 차지하고 있어 갖고 맨날 이렇게 멍한 상태로 있다가. 그 담에 애들이 말 걸기 시작하면서 주접떨고 이러니까네. 애들 처음에 생각했던 게 처음에 나 너 남잔 줄 알았다면서. 의심하는 애들도 몇 명 있었대요. 머리도 짧고 그때 가슴도 없었고 진짜. 2차 성징이 고등학교 1학년 초까지 시작이 안 됐었어요 사실은. 습관적으로 주먹을 쥐는 습관이 있어가지고 주먹 보니까 어 무서운 거야. 몸에 비해서 주먹도 크고 막. (중략) 근래에 한 일 년 정도 되다보니까 아니야. 내가 생각했을 때는 내가 여자지만 조금의 남성성을 갖고 있는 거는 괜찮다고 생각한다 그러고 굳이 또 남자가 될 필요도 없더라구요, 생각해보니까. 후천적인 요인에 의해서 하는 사람들이 나중에 가서 굉장히 힘들어 하는 걸 많이 봤어요. 아니야 굳이 남자가 될 필요는 없어. 지금 시대도 많이 바뀌었고. 충분히 할려면 할 수 있어. 그러고 대신에 이제 그전까진 되게 남자처럼 입고 그랬는데 좀 꾸미고 이제. 나이가 몇 살인데 이러면서. 나도 좀 꾸며보고 힐도 좀 신고 치마도 입어보고 이래야 되지 않겠냐 그러면서. (양민지, 23세)

강한 남성성을 동경하며 자랐던 나의 중고등시절 별명은 트랜스

전 제가 여자인 게 되게 싫었어요. 어렸을 때부터. 그냥 여자들이 저렇게 노는 걸 이해 못하겠다는 생각도 들었고. 되게 내가 여자인 게 싫고. 여잔 되게 약하다고 생각하면서 같은 동급생은 막 보호해주고 싶고. 같이 이렇게 밤길 어두우면 같이 가서 보호해주고 싶구. 전 되게 제가 남자였으면 좋았겠다는 생각, 고등학교 땐 계속 생각했던 거 같아요. 중고등학교 때. (중략) 근데 그렇다고 제가 성전환을 하고 싶다는 생각은 한 적이 없는데요. 근데 고등학교 때 별명 중에 트랜스란 별명이 있었어요. (웃음) 그냥 전 되게 남성성을 동경했던 거 같아요. 힘이 있는. 육체적인 힘. 그게 제일 중요했어요. (중략) 제가 막 성적으로, 원래 발육이 늦긴 했지만 그게 성적 발육이 이뤄지는 게 되게 싫었어요. 계속 몸매가 일자였으면 좋겠다 싶고 그랬거든요. 그리고 제가 체력장이 잘 나와 가지고. 반에서 젤 잘 나왔어요. 그래가지구. 사실은 대학교 쓸 때 육사나 간호사관학교를 쓸려고 생각도 했었어요. 그게 되게 동경이 됐던 거죠. 그런 폭력, 육체적인 힘 그런 거에 대한 동경. 아주 어렸을 때부터 그런 게 되게 많았어요. 남자애들이랑 많이 싸우구. 싸울려고 싸운, 싸움이 큰 싸움이 아니라 싸울 구실을 만들었죠. 주변에 구경꾼 모아놓구. 둘이서 가운데서 막 치는 거. (중략) 되게 쾌락을, 쾌감을 느꼈던 거 같아요 도장에서. 다 남잔데 나 혼자 여자고 그렇게 열심히 할 때. 그니까 똑같이 훈련받았거든요. 뭐 이거 쨱라이트 백 번씩하고. 니킥 백 번에 이거 백 번에 이런 거 할 때 더 악바리 같이 버텼죠. 쟤네한테 질 수 없다 싶어서. 그러구 칭찬도 많이 받고. (중략) 그땐 제가 너무 스스로가 만족스러운 거예요. 그니까 이 남자애들 틈바구니에서 나 혼자 여잔데 이렇게 하고 있다는 사실이. (진강희, 24세)

어렸을 때부터 나는 톰보이, 드랙킹이었고 지금은 페미닌한 남자 아이

커오면서 언제부터 그랬는지 모르겠는데 굉장히 그냥 자연스럽게 톰보이였던, 완전 드랙킹이었어요. (중략) 유치원 때 카톨릭유치원을 다녔는데 거기 수녀님이 진짜로 물어봤어요. 남자냐 여자냐. 제가 깡패였거든요 유치원 때. 이제 1학년 들어가니까 (중략) 이제 학교 다니니까 너는 바뀌어야 돼 이런 식으로. 남 때리지 말고. (웃음) 교복도 입어야 되니까 치마도 입고.

양성애: 열두 개의 퀴어 이야기

그러다가도 또 몇 년 지나니까 체육복만 입고. 제일 개구쟁이랑, 남자애랑 맨날 놀고 그랬어요. 3학년 때 그러다가 미국으로 가게 됐죠. 미국에 가서 OOOOO쪽으로 가게 됐는데 살판이 난거죠. 거긴 너무 자유롭고 전혀 그런 압박이 없으니까. 특히 어렸을 때는. (중략) 바디 디스포리아 body disporia 아세요? (중략) 자기 몸에 대해서 불만을 느끼고 그게 너무나 커지는 거예요. (중략) 지금으로서는 좀 페미닌한 남자아이. 남자 아이. 남자가 아니고 남자아이 그런 쪽으로 표현을 하거든요. 좀 게이틱한. 철이. (중략) 제 정체성을 전번에 술 취해서 한 번 적어봤을 때 뭐였더라. cheni-boy-sage-gender queer 그런 식? sisi fagot(계집놈). 진짜 fagot이란 단어가 너무 좋아요. (중략) 제가 female toward male(남자-되어가는-여자)이잖아요. 그래서 없는 걸 추구하는 걸 수도 있고. 이번에 〈3XFTM〉을 봤거든요. 그 중에서 내가 제일 현실적으로 딱 올바르게 상황파악을 했다고 생각한 사람이 좀 키 크신 분. 제일 기억에 남는 게. 굉장히 많은 FTM들은 이게 자연스러운 거다. 나는 언제나 남자였다. 그리고 미국에선 I am a man trapped in a female body(나는 여자몸에 갇힌 남자) 그러잖아요. 근데 저는 그거랑 동의하지 않거든요. 왜냐하면 나는 이 몸에서 태어났고 그게 자연스러운 거고. 그냥 문제가 되는 거는 사회에 부딪힐 때, 그 역할이 부딪힐 때 저는 disporia나 그런 게 나타나더라구요. 그래서 그 사람이 얘기했는데 나는 그냥 괜찮았다면 그냥 있었을 거라고. 왜 선택했냐면 자기가 편하기 위해서 선택했다. 그렇게 얘기하면 트랜스젠더한테 안 좋은 게 그 argument(논거)가 약해지잖아요. 그래서 그런 argument를 꺼려하는데 내 생각에는 그게 맞아요. 그 male privilege(남성 특권)가 있잖아요. 그래서 없는 걸 바라는 것도 있고. male privilege기 때문에 바라는 것도 있는 거 같아요. 예를 들어서 언제나 그 남성성을, 남성의 역할을 선택하지 않는다는 예를 들면은 화장실가기. 처음에는 그거 되게 고민했어요. 젠더 퀴어, FTM 그러면은 되게 고민, 화장실에 대해서도 되게 많이 얘기하고 그래서 아 나도 고민해야 되는 건가하고 남자 화장실도 들어가보고 그러는데. 일단 여자 화장실이 더 깨끗하고 사용하기가 좋아요. 그래서 이거는 선택이에요. 가끔 여자화장실 (줄이) 길면은 남자화장실. 근데 거의 거기 가고 싶지가 않아요 저는. 이런 식이죠. 근데 지금 할려는 얘기는 female toward male로 추구하고 있고 그거에 대해서 갈등을 많이 느끼고 있기 때문에 좀 자기혐오도 있는 거 같아요. (중략) 제 젠더 정체성을 얘기하자면은 나는 남자도 아니고 여자도 아니에요. 그렇게 불리는 게 너무 싫고. 하지만 나는 자기를 남자라고 부르는 사람 여자라고 부르는 사람과 그렇게 다를 바는 없어요. 그리고 그 반면에 나는 남자라고도 생각하고 여자라고도 생각해요. 왜냐면 그거를 부정할 수는 없으니까. (재갈재이, 22세)

인터뷰 참여자들의 이와 같은 말들에서 보듯이 남자같다는 말을 들을 때도 있지만 자신이 가슴이 나온 몸을 가지고 있는 '여자'라는 생각에서 한 번도 벗어나 본 적이 없는 송아영 씨의 경우가 있는 한편, 자신의 젠더 정체성을 '페미닌한 남자 아이'로 여긴다는 재갈재이 씨의 경우도 있으며, 수줍음을 많이 타면서도 쾌활하고 까부는 성격의 박소희 씨의 경우도 있다. 또한, 남자아이들과의 싸움을 겁내지 않았던 배민재 씨나 체구에 비해 주먹 크기가 돋보여 주위 학생들이 무서워하기까지 했다는 양민지 씨, 그리고 육체적 강인함을 지닌 남성성을 동경하며 자라면서 자신이 여자라는 사실이 싫었다는 진강희 씨의 경우와 같이 소위 여성스럽다고 여겨지는 태도와는 거리가 멀어 보이는 경우도 공존한다. 그러나 이와 다른 경우 역시 존재하며 동일한

양성애: 열두 개의 퀴어 이야기

사람이 경우에 따라 상이한 감성과 성향을 드러내는 경우 또한 있다.

나는 여성성, 여성스러움, 꾸미기 등 모든 것을 좋아한다

전 여성스럽게 꾸미고 여성스럽게 하는, 전 여성성이 좋거든요. (중략) 여자다라고 생각했던 건 되게 예전부터 그냥 그런 식으로 남자를 좋아하게 되면 괜히 거울도 보고 예쁘게 하고서 예쁘다는 소리 듣고 싶고 이런 생각. 그게 당연한 경험들이라고 생각을 해서 그게 많았던 거고. 좀 생각해 보면 스무 살 때 대학을 왔는데 예쁘게 꾸미고 싶은 거예요. 화장하고 구두 신고 처음 이제 그렇게 하는데. (중략) 다리 설령 아플지라도 내가 예쁘게 보이고 싶으니까 이 정도는 감수하면서 난 구두 신을 거야. 불편하지만 세수도 못하지만 난 예쁘게 보이고 싶어서 화장하고 싶어 이런 식으로. 아 이런 식으로 해서 여자가 저렇게 다니는 것보다 예쁘게 꾸미고 이런 식으로 하면 정말 여자가 맞구나. (중략) (지금) 애인은 부치고 난 펨이라고 생각을 했어요. 처음에 만날 때 그렇게 시작을 하고 그렇게 좋았는데. 기브 앤 테이크 give-and-take*를 하게 됐어요. 기브 앤 테이크를 하고 나니까, 뭐라 그래야 되지, 저는 전혀 그럴 줄 몰랐는데 이렇게 되니까 살짝 부치가 되는 느낌, 그 약간 남성스런 그 느낌이 좋은 거예요. 전혀 그럴 줄 몰랐는데 솔직히. 그리고 반대로 애인도 그렇게 말해요. 자기가 요즘엔 펨 되는 거 같다고. 그런 느낌으로 약간 애교 비슷한 것도 부리고 약간 이런 식이 되는 거예요. 물론 겉모습 자체는 아직도 부치 펨이긴 한데. 그냥 정말 다 벗고 보면 다 여자대 여자일 뿐이고. 이렇게 하다보면 그런 느낌도 나고. 그리고 딱히 말해서 제가 해줄 때는 남성스럽게 되고 싶은 마음, 그 마음이 되게 신기하고. 그러면서 그런 거 때문에 되게 여성스러운 여자를 만날 수 있겠

---

* 서로에게 차례로 오르가즘을 느끼게 해주는 행위를 가리킨다.

다. 내가 지금 머리는 길지만 또 이렇게 짧게 자르고 약간 부치스럽게 보이시하게 해서 할 수도 있겠다는 생각을 하면서 좀 낯설면서도 나쁘지 않은 거예요. 거부감이 별로 없더라구요. (중략) 남성의 마음으로 여자를 좋아할 수도 있겠다라는 생각을 좀 해봤거든요. (중략) 남자 같은 마음, 여자 같은 마음이 약간은 같이 있는 게 아닐까 싶어서. (주가영, 23세)

하얀 면티와 청바지만 입던 우군에서 하늘하늘 원피스의 우양으로 변신한 나

엄마가 늘 항상 이렇게 약간 부자가 아니어서 비싼 거를 하고 그렇진 못했는데 항상 공주 같은 굉장히 여성스러운 옷들, 치마, 흰 스타킹 이런 거 많이 신겨가지고 그런 게 생각이 나고. (중략) 제가 지금도 키가 크지만 그때도 키가 컸거든요. 덩치가 커가지고. (중략) 초등학교 고학년 되고 나서는 같이 옷을 사러가잖아요. 그때 제가 고르는 것들이 되게 여성적이라고 하지 않는 것들이었어요. 남자처럼 보이는 것들. 큰 운동화, 넓은 바지. 옷 색깔도 엄마가 되게 그랬었거든요. 시퍼런 색깔, 검은색, 회색 이런 걸 고르면 남자 옷 같다고. (중략) 대학교에 와서도. 그렇다고 제가 머리도 커트를 치고 그렇게 다니진 않았거든요. 머리는 단발. 항상 청바지, 티셔츠 이러고 다녔는데. 대학교를 그러고 다니니까 제 별명이 일학년 때 우군이었거든요. (중략) 쟤네들이 왜 저럴까라는 의문을 갖긴 했지만 그게 불편하거나 하진 않았거든요. 저는 제멋대로 하고 다녀서. 그런데 그렇게 1,2학년 정도 그렇게 하고 다니다가 뭐가 계기였는진 잘 모르겠는데 3학년, 4학년 올라가면서 조금씩 스타일이 바뀌면서 거의 졸업할 때 쯤 돼서는 그냥 완전 그냥 일반, 지금 다니는 여자대학생들처럼 치마에 하늘하늘한 그런 옷들 입고 다니고. 지금도 그런 옷 되게 즐겨 입고. (중략) 여자, 여잔 거 같긴 한데 어쨌든. 그러면 그런 내가 하고 다닌 그때 겉모습, 과거의 그런 것들은 뭘까. 날 이렇게 백퍼센트 여자 그렇게 말할 수 있을까 그런 생각들은 최근

양성애: 열두 개의 퀴어 이야기

에 해보고. (중략) 고민이 많이 되는 거 같아요. 내 안에 이렇게 많은 모습이 있는데. (우진희, 29세)

여성스러운 분위기와 꾸미기 등 소위 말하는 여성성을 좋아하는 주가영 씨의 경우가 있는가 하면 우진희 씨의 경우처럼 한국사회가 요구하는 젠더 규범성과는 거리가 있는 상태에서 어느덧 그것이 요구하는 외모를 큰 거부감 없이 갖추게 되었지만 자신의 젠더정체성에 대한 내면에서 계속되는 질문을 계속해 온 것이다.

이런 다양한 경우들은 우리로 하여금 양성애 혹은 양성애자의 정의를 특정한 젠더 정체성을 축으로 규정하는 것을 어렵게 만든다. 다시 말해, 양성애를 여성이 여성과 남성을 혹은 남성이 여성과 남성을 성과 사랑의 대상으로 삼는 경우를 일컫는다고 규정하는 것이 그것에서 삐져나오는 어떤 잉여 없이 온전한 방식이라고 하기가 어렵다는 것이다. 대체 여성이 여성과 남성을 혹은 남성이 여성과 남성을 성과 사랑의 대상으로 삼는 경우란 어떤 경우를 말하는 것일까? 이때 여성은 무엇이며 남성은 무엇이라고 규정할 수 있을까? 만약 앞에서 언급한 이들이 말하고 있듯이 스스로의 젠더 정체성이 여성이라는 젠더 규범에 명확히 들어맞지 않는다면 혹은 성과 사랑의 대상이 여성 혹은 남성이라는 규범적 젠더에 명확히 들어맞지 않는다면 어떻게 되는 것일까? 대체 명확히 들어맞는다는 것은 무엇이며 어떻게 된다는 것인가?

5. 매력의 요소가 어떻게 한 가지 뿐일 수 있나요?

나는 트랜스젠더를 욕망한다

요새는 트랜스젠더에 대한 갈망이 생겨. 나는 남자의 몸을 갖고 여자의 멘탈을 갖고 있으면서 여자를 좋아하는 트랜스젠더를 만나고 싶은 거예요. 완벽하잖아. 모든 걸 다 갖고 있잖아. 그럼 내가 익숙한 몸에, 내가 익숙한 좋아하는 성향과 정서를 갖고 있고. 잘 통할 거 같고. (중략) 지난번에 되게 묘한 느낌의 사람이 들어왔어. 그냥 보기엔 남잔데. 멋스럽게 옷을 입고. 거의 부치의 느낌이 나는. 트랜스젠던가 희한하네 이랬거든. (중략) 그게 나한테 되게 중요했나봐. 그 생각을 하면 되게 기분이 좋았어. 아싸 다시 재밌는 삶이 펼쳐질 수도 있겠구나. (중략) 짧은 글귀를 봤는데 그 연극치료 책에서요. 우리 모두의 남성과 여성이 하나가 되어서 남성이 더 이상 남성이 아니고 여성이 더 이상 여성이 아닐 때 우리는 통합에 이른다라는 구절이 있는데. (중략) 그 사람이 이미 몸과 마음이 그렇게 음, 여성도 남성도 아닌, 분리되지 않은 그 상태로 있는 자체가 너무나 통합적이고 아름답게 보이는 거지. (송아영, 39세)

지금 내 파트너는 트랜스젠더 남성

여성의 삶을 살아온 사람, 여성의 경험을, 느낌들을 같이 느껴온 사람이 더 나를 이해하거나 내가 상대를 이해하는 데 상당히 도움이 되고. 난 그게 섹스에서도 마찬가지라고 생각해. 섹스의 어떤 성감대, 나는 남자들과의 섹스가 어느 만큼 남성중심적일 수밖에 없는가. 남자가 소위 여성 중심으로 혹은 그 중간 어느 중심으로 섹스를 하는 게 거의 불가능하다고 생각해. 지네 페니스 중심의, 자기만족 중심의 섹스일 수밖에 없고. (중략) 그런데 여성과의 섹스에서는 정말 다른 거지. 성감대가 어디냐에 대해서도 여성들

은 똑같은 거고 일단. 똑같진 않겠지만 비슷한 지점들인 거고. 일단 그거에
서 같으니까 성적인 만족을 찾아나가는 어떤 과정들, 기술들 이런 것에서도
그럴 테고. (중략) 그런 쪽에서 남성이 여성의 경험이나 느낌을 이해하는,
거꾸로 여성이 남성의 느낌이나 경험을 이해하는 이거는 상당히 정말 점프
를 해야지 가능하다고 생각해. (중략) 지금 파트너는 FTM 성전환자고 알게
된 게 일 년 이상 아는 관계로 있다가 연애를 하게 된 거지. (김경희, 53세)

나는 남성성에 끌리는 사람

저의 성적 지향에 대해서 한 가지 깨달은 거는 제가 소위 말하는 남성성에
끌린다는 거거든요. 그 사람의 성을 떠나서. 요새 저 자신의 여성성에 대해
서 되게 관심이 많아요. 춤을 배우면서. 근데 아무튼 요새 그냥 최근에
많이 끌렸던 사람들이 사실은 트랜스젠더들이었어요. female to male요.
(유윤서, 29세)

우리는 여성성에 끌리는 사람

(남자와 사귀게 된다면) 저는 (상대도) 양성애자가 좋을 거라는 생각을 막연히
하고 있어요. 특히 남자랑 사귀어봤던 경험이 있는 사람이면 더 좋지 않을
까 하는 생각이 있어요. 그냥 헤테로보다는 낫지 않을까하는 편견이. (중략)
제가 되게 여성스러운 사람을 좋아해서. 여자든 남자든 간에 남성성을 별로
좋아하지 않아서 약간 그런 사람이면 괜찮지 않을까. 남자에게 예쁨을 받아
봤던 사람이면. (서마리, 25세)

그 사람이 어떤 사람인가보다 나와 있을 때 어떤 사람인가, 맞을 수 있나,
그게 남성성과 여성성이 있는데 나와 만난 자리에서 그 사람이 여성성이
발휘가 된다면 평소에는 그렇지 않다고 해도 그 부분이 나에게는 인상적이

고 따뜻하게 느껴지고 그런 거라면 그럼 정말 좋을 수 있는 거다. 그걸 내가 몰랐을 뿐이다 그런 생각을 하다가 지금 남자친구를 만난 거죠. 그 사람이랑 얘기를 했을 때 그 사람 자체의 독특함이 있기도 하지만 나에게 있어서 가장 큰 부분은, 그럴 것 같지 않아 보이는 남자지만, 정말 그 사람이 가지고 있는 여성성은 자기도 몰랐던 거예요, 참 매력있는 부분이다고 확인 했을 때. (중략) 내가 반응하는 건 생물학적인 걸 떠나서 여성성이 아닐까하는 잠정 결론을 내린 거죠. (구희정, 29세)

나는 여성성, 남성성을 겸비한 중성적인 사람에 끌리는 사람

중학교 때는, 여중, 여학교였으니까 거기서 꼭 남자아이 같이 생긴 애, 그니까 제가 좋아하는 취향은. 아 그래서 나는 바인가보다. 그러고 인간들은 대부분 바이라고 하잖아요. 저는 약간 남성, 생물학적인 남성이면 약간 여성성을 대개 겸비한, 생물학적인 여성이면 남성성을 겸비한. 약간 좀 중성적인 사람을 좋아해요. (박소희, 39세)

나는 부드러우면서 강한 사람에게 끌리는 사람

제 케이스가 남자애 같은 여자애한테 전혀 호감을 안 느끼는 스타일이라. 키 작구요 약간 통통하고 얼굴 하얗고 (중략) 부드럽지만 강한 사람, 생기발랄한 사람, 그런 사람 좋아해요. 남자는 달라요. (중략) 남자는 키는 저보다는 큰 게 좋구요. 얼굴 하얘야 되고. 얼굴 하얀 거 아주 중요해요. 피부 좋은 거. 제가 피부가 나쁘기 때문에. 그리고 남자는 마초가 아니었으면 좋겠고. 근육이 너무 많은 사람은 싫어요. 조금 약간 기생오라비 스타일 좋아해요. 좀 곱게 생긴, 선이 얇은 남자. 성격도 약간 수줍고. 약간 내성적이고 애교 많고. (중략) 얘를 좋아하는 이유가 그런 것도 있었거든요. 그니까 뭐지, 말하기 민망한데. (웃음) 그니까 저한테 얘가 되게 그런 거 있어요.

이렇게 팔을 걷는다거나. (웃음) 무슨 말인지 못 알아들으시겠다. 얘 검도 유단자거든요. 그게 저한테 되게 중요한 매력인 거 같애요. 그리고 되게, 아유, 다르지 않아요. 제가 좋아하는 여자랑 제가 되고 싶은 여자는 다르지 않아요. 강한 거 티내서 남들 짓밟는 강함이 아니라 정말 자기 안에 중심이 있고 딱 잡혀 있고 겉으론 되게 평화로워 보이면서 강한 여자. 그리고 쫌 그런 위기상황 면에서 자기 몸을 지킬 수도 있고. 조용하고 강한 사람. (진강희, 24세)

내게 중요한 매력은 섬세함

대학에 들어오고 나서 사귀었던 남자친구들을 떠올려 보면서 내가 그 사람들의 어떤 면을 좋아했을까 그런 거를 생각해 봤는데 (중략) 그랬을 때 제가 그러면 항상, 이렇게 말하는 게 미안하긴 하지만, 그 남자들의 여러 가지 성격 중에서도 섬세함 그런 부분을 되게 제가 좋아한 거 같더라구요. 흔히 말하는 남성적인 그런 모습은 제가 좀 별로 좋아하지 않거나 좀 우습게 (생각했죠). (중략) 좋아했던 여학생들 같은 경우에는 좀 약간 음... 외모를 보고 좋아 했었던 거 같기도 하고. 스타일이 있어요. 제가 그때 보면 얼굴이 하얗고 카리스마가 좀 있고 보이시까진 아니지만 중성적인 매력을 갖고 있는 사람들을 좋아했었는데. 그 사람들은 저만 좋아했던 게 아니라 항상 인기가 많은 사람들이었고. 근데 이제 제가 실제로 사귀었던 친구는 그런 것과는 거의 거리가 먼 사람이었고. 모든 면에서 저랑은 되게 비슷한 사람이었어요. (중략) 제가 어떤 사람이라서 이런 사람들을 좋아하는 거 같다는 생각이 드는데. 왜냐면 어쨌든 다 다른 사람들을 좋아했지만 제가 그 다른 사람들을 좋아했던 점들을 뽑아보면 비슷한 게 있거든요. 두 번째 남자친구가 섬세하지 않음에도 제가 좋아했던 거는 이 사람의 화법 이런 게 제 고등학교 때 사귀었던 (여자) 친구랑 되게 비슷했어요. 말이 통하는 그런 게 되게 비슷해서. 웃어도 그냥 5초 웃고 잊어버리는 웃음이 있고 계속 생각나는 웃음이 있고 허를 찔렸을 때 웃는 웃음이 있고 그런 거처럼. 웃을 때 제가 느끼는 감정이 되게 걔랑 비슷했거든요. (우진희, 29세)

나는 남자는 나보다 나이가 많은 상대, 여자는 나보다 키가 작고 보호해주고 싶은 상대에 끌리는 사람

제가 아직도 여성에 대한 취향이 저보다 머리하나 차이가 날 정도로 되게 키가 작아야 되고. 되게 막 귀여운 이미지 있잖아요. 그런 애들 되게 좋아하거든요. (중략) 저는 이상하게 (남자는) 나이 많은 사람이 좋더라구요. 그런데 여자는 무조건 저보다 나이가 어려야 돼요. 세, 네 살 정도로 어린애들. (웃음) 근데 남자는 나이가 많으면 많을수록 좋아요, 이상하게. 뭔가 이렇게 나도 기대고 싶고 이러니까 그런가? 내가 뭘 하더라도 귀엽게 봐주고 이런 게 있으니까. 그런 게 참 좋은 거 같은데. 반대로 내가 또 좋아하는 여성상은 안 그렇죠. (웃음) 그 참 되게 희한해요. (양민지, 23세)

내가 좋아하는 스타일은 유동적

딱히 좋아하는 이상형이 없거든요. 지금 좋아하는 사람도 다 뭐 그런 어떤 비슷한 공통점도 없고 다 다른 사람이었던 거 같아요. 어떤 사람은 부드럽고 어떤 사람은 터프하고 이런 식으로. 첫 사랑은 음, 좀 성격이 적극적이고 활발하고 운동 잘하고 이런 게 그때 당시의 저랑은 반대되니까. 사람들하고도 잘 어울리고 반장하고 이런 아이여서. 되게 소극적이었던 저는 그런 면이 반대여서 좋았던 거 같고. 음, 뭐 스무 살 때 사귄 남자친구는 제가 되게 좋아했었는데, 아르바이트 할 때 사귄, 키가 굉장히 컸거든요. 190넘 었나. 그런데 원래 약간 무뚝뚝하고 말도 없고 키도 크고 이렇게 있으니까. 처음에는 좀 불편하고 좀 뭐래야 되지 좀 별로 그렇게 좋은 감정은 없었어

양성애: 열두 개의 퀴어 이야기

요. 첫 인상이 별로 좋은 감정이 없었거든요. 근데 그런 무뚝뚝한 사람이 가끔 알바하다 좀 힘들면 되게 따뜻한 말 한 마디 하는 거예요. 근데 그게 되게 거기에 반했던 거 같애요. (중략) 남자는 좀 터프해야 돼 이런 생각을 하고 있거든요. 부드럽고 이런 사람들보다, 자상한 스타일보다 저는 오히려 터프하고 강한 이미지가 훨씬 좋아서. 마른 사람보다 덩치있는 사람들이 좋고. 박력있고 이런 사람이 좋은 거 같아서. 근데 지금 여자친구는 그 남자친구와 완전 반대에요. 그래서 저도 좀 이런 스타일 별로 안 좋아할 거라고 생각을 했었는데. 그때 그런 남자를 좋아했었으니까. (중략) 근데 지금 여자친구는 모든 게 반대인거예요. 성격도 되게 부드럽고 자상하고 친절하고 이런 스타일인데. (주가영, 23세)

다양한 대상과의 친밀한 관계성에 대한 구술 내용은 상대에 대해 끌림을 느끼는 것이 상대가 남자거나 혹은 여자이기 때문이 아니라 특정한 매력 혹은 성과 무관하게 추구하는 매력 때문임을 보여준다. 예를 들어, 어떤 구술자들은 남녀를 불문하고 상대가 가지고 있는 여성성에 매력을 느끼는 반면 어떤 구술자들은 상대의 성차와 무관하게 그들이 수행하는 남성성에 매력을 느낀다. 그리고 어떤 구술자들은 특정한 성차가 아닌 중성적 매력에 마음이 끌린다. 혹은 젠더를 전환수행하는 트랜스젠더 남성 혹은 트랜스젠더 여성에게 특별한 매력을 느끼기도 한다. 이점은 성의 지평이 남/여 이분법적 사고 또는 규범적인 남녀 이항성을 넘는 것임을 분명히 드러낸다.

어떤 상대에게 매력을 느끼는가에 있어서는 성이나 성차가 아닌 제3의 요소도 작용한다. 예를 들어, 계급적 혹은 계층적 매력 혹은 위계에 바탕을 둔 욕망이다. 소위 중상층의 신체적 상징이라 할 수 있는 '하얗고 뽀얀 얼굴'이라던가 '나이가 많은 남자'에 매력을 느끼는 경우가 그렇다.

이렇듯 섹슈얼리티로서의 성은 섹스로서의 성만으로도 혹은 젠더, 즉, 성차만으로도 온전히 설명되기 힘든 중층적인 영역이다. 성, 성차, 연령, 계급/계층, 신체적 특징, 이전 시기의 체험 등 다양한 요소들이 복잡하게 얽혀 상호작용하는 영역인 것이다.

한편, 성행위적 경험이라는 측면에서도 구술자들의 견해는 다양하다. 어떤 구술자는 남자와 어떤 구술자는 여자와, 어떤 구술자는 17세에 겪은 성행위를 통해, 어떤 구술자는 자위행위를 통해 성적인 만족을 경험했다고 하고 어떤 구술자는 성경험이 전혀 없기도 하다. 성경험이란 다양한 것이다. 53세의 김경희 씨는 이제야 어떤 방식으로 성행위를 나누는 것이 자신에게 충만한 감성을 경험하게 하는지 확신을 가지게 되었다고 말한다. 39세의 송아영 씨는 남자의 몸과 여자의 정서를 가진 사람과 성적 경험을 나누고 싶다고 말한다. 29세의 구희정 씨는 다양한 육체의 즐거움만이 관계를 깊고 풍성하게 할 수 있는 것은 아니라고 생각하게 되었다고 말하고, 우진희 씨는 아직도 자신의 성감대가 어디인지 몰라서 매우 알고 싶어 한다. 한편, 이들과 동갑인 유윤서 씨는 아직 한 번도 연애 관계 속에서 성행위를 나눠본 적이 없다. 25세의 서마리 씨는 성행위에 대한 이야기를 전혀 하지 않았고 23세의 진강희 씨는 인터뷰 당시 사귀고 있던 여자 애인과 나누는 성행위가 남자들과 나누었던 행위와는 비교도 안될 만큼 매우 흡족하다고 말한다. 고등학교 2학년 때 집에서 여자친구와 성행위를 나눈 후 어머니에게 흔적이 발각된 후로 몇 개월 동안 투명인간 취급을 당하는 벌을 받았던 24세의 배민재 씨는 아직도 그 여자친구와의 이별의 아픔을 잊지 못하고 있다. 자신이 성적으로 적극적인 편이라고 말하는 23세의 주가영 씨는 인터뷰 당시 '부치'인 여자애인과 나눈 '기브 앤 테이크'를 통해 자신 안에 있는 남성성이라는 새로운 면모를 발견했다고 말한다. 자신이 부치인 애인에게 '기브'를 수행할 때 자신 안에 형성되던 새로운 감성에 큰 흥미를 느끼고 있다고 했다. 주가영 씨는 그것을 '남자가 되는 느낌'이었다고 표현했다. 22세의 제갈재이 씨는 아직 한 번도 연애를 해 본적이 없고 성행위를 나눠본 적이 없는데 자신은 'female toward male' 젠더퀴어이고 나중에 직접 임신을 해서 아이를 낳아 가족을 이루고 싶다고 말한다.

퀴어이론가 이브 코소프스키 세즈윅Eve Kosofsky Sedgwick은 『벽장의 인식론 The Epistemology of the Closet』(1990)에서 우리가 사람들이 각각 서로 다르다는 점을 자주 잊는다는 사실을 지적하였다. 다르다는 것을 알고는 있지만 그것을 쉽게 잊거나 간과한다는 점을 말이다. 세즈윅은 어떠한 사람도 다른 누구와 어떤 면에서는 서로 다를 수밖에 없다는 점을 상기시키며 그렇다면 어떤 사람이 다른 누구에게 매력을 특히, 성적인 매력을 느끼는 이유가 동일할 수 있는가라고 질문한다. 세즈윅이 친절하게 나열하고 있는 몇 가지 예를 들어보자. 동일한 생식기적 행위라도 서로 다른 사람에게는 다른 의미일 수 있다. 어떤 이들은 섹스에 대해 엄청난 시간을 할애해 생각하지만 어떤 이들은 거의 그렇지 않다. 어떤 이들은 섹스를 많이 하는 것을 좋아하지만 어떤 이들은 적게 하는 것을, 어떤 이들은 아예 하지 않는 것을 좋아한다. 많은 사람들은 자신들이 하지 않는 혹은 심지어 하고 싶어 하지도 않는 성적 행동에 대해 가장 풍부하게 정신적/감정적 개입을 한다. 어떤 이들은 섹스가 의미, 서사, 삶의 다른 부분과 밀접히 관련되어 있어야 한다고 생각하지만 어떤 이들에게는 그렇지 않고 또 어떤 이들에게는 그럴 수 있다는 것을 생각조차 할 수 없는 것이다. 어떤 이들에게는 특정한 성적 대상, 행위, 역할, 성감대, 혹은 성적 각본에 대한 선호가 태어날 때부터 시작된 것이고 또 지속적이어서 선천적인 것으로 경험되지만 어떤 이들에게는 늦은 시기에 또는 우연히 혹은 재량껏 경험된다. 어떤 동성애자, 이성애자, 양성애자들은 섹슈얼리티를 젠더의 의미와 차이라는 매트릭스 안에서 경험하지만 또 다른 동성애자, 이성애자, 양성애자들은 그렇지 않다. 이런 개인차들의 목록은 계속 늘릴 수도 있다. 또한, 이 각각의 차이는 시간을 달리해 한 개인 안에서도 발견될 수 있다. 세즈윅은 또한『경향들 Tendencies』(1993)에서도 섹슈얼리티가 젠더라는 이항대립적인 축을 중심으로 이해되는 경향성에 대해 강도 높은 의문을 제기하였다.

이 책에서 만나게 되는 구술자들의 이야기는 세즈윅의 문제의식이 적어도 양성애를 이해하는 데 있어서는 설득력을 갖는다는 결론으로 우리를 이끈다. 그리하여 이렇게 질문해 볼 수 있다. 양성애를 혹은 섹슈얼리티를 이항적 젠더라는 틀 안에서만 인식하는 것은 실재에 관한 인식이라기보다는 그 자체가 이데올로기가 아닐까?

6. 관계에 따라 수행되는 젠더

앞에서 살펴보았듯이 한 개인의 섹슈얼리티를 그 사람의 젠더 정체성이나 그 사람이 성적인 매력을 느끼는 대상의 젠더 정체성을 기준으로 설명하는 것은 많은 한계가 있다. 그렇기 때문에 양성애 정체성에 대한 각자의 기준과 판단 또한 다양해지기도 한다.

그런데 한 개인의 젠더라는 측면에 초점을 맞춰 볼 때 그 사람이 자신의 젠더 정체성을 어떻게 규정하는가에 관한 문제도 있지만 만나는 상대방에 따라 젠더 정체성이 표현되는 방식, 즉, 선택적 젠더 수행이 전략적으로 이뤄질 수 있다는 점 또한 흥미롭게 드러난다.*

지금에야 하는 생각인데. 잘 생각해보면 그, 그, 좋아하는 사람에 따라 달라지려는, 누구나 그렇겠지만, 좀 맞춰가려고 하고 그런 경향이 있잖아요. (중략) 남자를 좋아할 때는 겉으로 티도 많이 나고 확 끌리는 면도 많고 뭐 그런 면이 많은데. 여자한테는 좀 은은하게 이런 식으로 갖는 느낌이었거든요. 좀 은은하고 깊고 이런 느낌. (중략) 동갑을 사귀면 정말 친구처럼 편하고 장난치고 이렇게 하려고 하고. 연상남자를 사귀면 좀 어려보이고 싶지 않은 느낌으로, 조숙해 보이고 싶어했고 이런 면이 있는데. (중략) 여자한테 대했던 거보다 남자한테 훨씬 더 적극적이었던 거 같아요. 스킨쉽에서도 제가 훨씬 적극적이었어요 남자입장에서. 남자가 그런 말 했었거든

---

* 여기에서의 '수행'은 주디스 버틀러가 제시한 '수행성' 개념과는 다르게 이해할 필요가 있다. 버틀러의 수행성 개념은 반복적인 모방을 통해 체화되어 일종의 '자연스러운' 양태로 이해되는 젠더가 되는 것을 설명하는 개념이라면 이 절에서 사용되고 있는 수행은 주체가 그렇게 형성된 젠더와 그것이 사회적으로 작동되는 메커니즘을 사후적으로 인식하고 있고 이를 상황적으로 연행하는 것에 가깝다. 버틀러의 '수행성' 개념은 이 장 6절에 상술되어 있다.

요. 예전에 아 이런 거 원래 남자가 해야 되는 거 아니야, 남자가 더 적극적으로 해야 되는 거 아니야 이런 식으로 저한테 말을 한 적이 있었거든요. 예를 들면, 키스할 때도 내가 하고 싶고 해서 이렇게 하니까. (중략) (지금 애인은) 키가 비슷하긴 한데, 하이힐 신으면 제가 큰데 그런 거에 별로 신경 안 쓰는 거예요. 만약에 이 사람이 남자였으면 못 신었을 거 같아요. 하이힐을 기분 나빠 할 것 같고. 여자가 자기보다 키 큰 거 안 좋아 할 거 같고. 보통 남자들이 그렇다고 하니까. (주가영, 23세)

6학년 때 이사를 했어요 그때. 근데 그쪽이 애들이 굉장히 그런 쪽에 예민하더라구요. 그런 시기이기도 하고. 그때부터 남자애들이랑 자연스럽게 못 놀았어요. 그때부터 젠더화되기 시작한 거고. (중략) 저는 처음 표현매체가 옷이라고 생각했거든요. 스타일. 정말 여성화시켰어요 계속. 고등학교 12학년, 졸업할 때쯤에는 정말 애들이 너는 스타일 좋다 이런 식으로. 정말 모범생인, 여성스러우면서도 허용될 수 있는 만큼의 남성성을, 자켓을 입는다던지 그런 거를 정말 완벽하게 했던 거 같아요 내 생각으로는. 정말 많이 신경을 썼어요. 근데 그거를 하다보니까, 화장을 하다보니까 여성성이 별 게 아니구나 이런 생각이 들어요. 왜냐면 내가 조금만 이런 거를 바꿔도 많이 바뀌니까 사람들이 보는 거는. 이런 경우가 쌓여서 여성이라는 허물이 생기는구나. 그러다가 대학교 1학년 되니까 그런 게 상관없어진 거죠. 너무 나는 괴로웠으니까 내 자신이. 뉴욕에 오니까. 내가 어렸을 때는 정말 완전히 드랙킹이었거든요. 그런 것들이 다시 나오더라구요. (중략) 대학교 1학년 때는 deconstruct(해체)하기 시작했던 거 같아요. 고등학교 때는 여성성이나 사람들이 보고싶어 했던 그 모습을 perfect(완벽히 추구)했다면 1학년 때는 그걸 점점 다른 사람들 생각 안했으니까, 그냥 나만 생각했으니까 그랬던 거 같아요. 조금씩 deconstruct 하고 그걸 갖고 play(놀이)를 하고

이런 사람들이 어떻게 반응하나 굉장히 그랬던 거 같애요. (제갈재이, 22세)

남자들이 여자한테 기대하는 그런 모습과 역할이 있잖아. 장단을 좀 맞춰준다고 하나. 좀 이렇게 평상시보단 내가 좀 덜 와일드하게 장단을 좀 맞춰줄 때가 있어. 걔네가 이해를 못해서 당황하거나 이럴 수도 있으니까 역할 연기를 하는 거지, 역할 연기. (중략) 지난주 토요일 날 비가 하루 종일 왔지. 내가 마지막으로 사귀었던 남자애가 조경하는 애야, 땅 파는 애야. (중략) 심수봉 노래를 막 부르다가 연락 한 번 해볼까 그래갖고 문자를 보냈는데 마침 비가 와 자기도 잠깐 보자 그래갖고 이 년 만에 만났는데. (중략) 그때 내가 뭘 느꼈냐면 그때는 내가 그 여성의, 걔가 원하는 여성의 역할을 잘 해 줄라고 다리도 모아서 앉고. 근데 남자랑 워낙 오랫동안 연애를 안 하고 관계없이 지내다보니까 내가 이렇게 벌리기도 하고 그러구 있거든. 더 많은 허세를 부리면서 부치마냥 이러고 앉았는데. (웃음) 걔가 걔 차가 뭐더라 아무튼 약간 좀 높은 차야, 짚차야. 손잡이를 잡아야 올라갈 수 있어. 탁 앉았는데 다리가 착 벌어지더라고. 내가 조금 다물어 줄까, 이 새끼 또 엄한 생각 하면 어떡하지, 조금 다물어 줄까. 그러다가 비도 오는데 귀찮다 이러구 앉아 있으면서 나 혼자 계속 생각을 하는 거야. 목소리는 어느 정도 가늘게 해줄까, 막 이러고 있잖아. 변신이 돼 이게. 나도 느끼는데 여자들 만나면 목소리가 한층 낮아져. 한 옥타브 낮고. (웃음) 뭐 이렇게 앉아도 되는데 꼭 이렇게 앉고 막. 왜 그런지는 모르겠어 진짜. (중략) 여성들의 그 야리야리하고 막 그 부드러운 분위기 안에선 내가 좀 더 가우를 잡고 앉아 있으면 좀 더 재밌어지는 거야 이게. 그런 걸 부지불식간에 느끼는 게 아닌가 싶은데. 내 친구, 그 바이친구도 생전 치마를 안 입는 앤데 갈 때마다 홈드레스를 입고 있는 거야. 그것이 결혼하더니 아주 제대로 역할연기를 하고 있더라고. (중략) 바이들이 재밌는 게 내 친구나 나나 양성성, 중성적인 그런 섹슈얼리티를 좀 갖고 있는 거 같애. 인간 자체가 어떻게 보면 굉장히 여성스러워 보이고 어떻게 보면 남성스러운 거지. 워낙 두 가지를 다 갖고 있어서 인제 그 두 개가 이렇게 있는데. 남자를 만날 때는 이렇게 되고 여자를 만날 때는 이렇게 되고 이게 이제 자기 스스로 밸런스를 갖고 있는 거 같애. 두 가질 다 갖고 있어서. 양성애자들을 내가 많이는 못 봤는데 내 상상컨대 아니면 얘기를 들어서 봤을 때는 자기가 이미 두 가지를 다 갖고 있기 때문에 그 레즈비언 사회에서도 놀이가, 역할놀이가 있는 거처럼 이 사람들은 어떤 상황을 만나도 어떤 성의, 어떤 포지션을 만나도 자기가 다 조절하는 거야. 그런 느낌을 받는 거지. 내가 만약에 레즈비언 사회에 가서 여성을 만났어. 굉장히 부치야. 그럼 나는 거기서 펨 역할을 할 수 있거든. 남자 쪽으로 가도 마찬가지고. (중략) 무성애자로 살아가고 싶지만 나는 섹스를 하고 싶기 때문에, 성기결합까지 가야지 이게 좀 시원하기 때문에, 했구나라는 느낌이 들기 때문에. 버릇을 잘못 들였나 봐. 남자들 때문에 버릇을 잘못 들여서 그런지. (중략) (최근에 만났던) 이 (여자)친구하고는 신체적 탐험을 많이 할 수 있었어. 그 후에 계속 몇 개월 만나면서 계속 만나면 섹스에 주력하고. 근데 나는 여성한테 삽입당하는 걸 별로 안 좋아하고. 일단 얘들이 못해. (웃음) 이것들이 연습을 안 해가지고 어설퍼 어설퍼. 나머진 남자보다 훨씬 잘 하는데 삽입을 못해 애가. 그래 갖고 내가 하게, 내가 할께 가만있어. 내가 주로 이렇게 부치의 성 역할을, 섹스 포지션을 갖게 되었죠. (송아영, 39세)

변하는 거 같아요. 이쪽을 만나면 자연스럽게 사회적인 잣대가 타다닥 세워지고 뭐 OOO대학교 남자들 싫다 이런 느낌이 들면서 이것저것 따지게 되고 키도 따지고 뭐도 따지게 되고. 그러면서 나를 좀 싫어하는 부분이 생기죠. 남자를 사귈 때 제가 스스로를 되게 약간 항상 조그만 부분이라도 조금 마음에 안 들어 하는 부분들이 항상 있었던 거 같아요. 여자애한테 얻어먹는 건 상관없는데 남자애한테 얻어먹을 때, 남자애한테 애교부릴 때 막 그럴 때 내가 되게 개의 권위를 인정하는. 무슨 그냥 나를 좀 꺾는 거 같아서. 되게 무조건 공평해야 되고. 걔가 짐 들어 줘도 안 될 거 같고. 그런 식. (여자랑은) 편해요. 내가 의지하고 싶을 때 의지하고, 어리광 부리고 싶을 때 어리광 부리고 그래요. 남자, 여자의 그런 권력 차이, 지위 차이에 제가 되게 예민한 거 같아요. 그래서 내가 여자애한테처럼 남자애한테 어리광 부리면 그 권력차이가 있는 세계에 완전 순응하는 거 같은 느낌이 들어요. 근데 여기는 되게 자유로와요. 그쪽 부분이. 다른 사람은 모르겠어요. 부치팸이었으면 그럴 수도 있는데 전 아예 신경 안 쓰기 때문에. 어렸을 때는 신경 많이 썼어요. 어렸을 때는 제가 완전 부치로 다녔거든요. 다른 사람들이 띄워주는 것도 있었고. 왠지 되게 여성스러우면 안 될 거 같고. 남자애 같아야 될 거 같고 그랬던 거 같아요. 머릴 처음엔 그것 땜에 자른 건 아닌데 나중에는 그 이유도 많이. 뭔가 말투도 좀 부치스러워야 될 거 같고 그랬어요. 전 아직도 부치가 뭔지 모르겠거든요. 뭐죠 그게? 근데 통하려면 만들긴 만들어야 되잖아요. 저는 그게 되게 궁금했어요. 사실은 제 케이스가 남자애 같은 여자애한테 전혀 호감을 안 느끼는 스타일이라. (진강희, 24세)

남성들과의 관계에서 남성이 기본적으로 기대하고 있는, 내가 남자다워야 한다 혹은 남성으로 대접을 받아야 한다에서 그 사람과의 관계를 지속하기 위해서는 어느 정도 그것과 타협을 해줘야 된다고. 타협하면서 조금씩 문제제기를 하면서 바꿔간다 하더라도. 관계를 계속하기 위해서는 뭘 잘해서든 섹스를 잘해서든 뭐 다른 예쁜 구석이 있어서든 얘랑 관계를 계속해나가려면 얘의 현재의 사고방식에 어느 정도는 맞춰줘 가면서 차근차근 관계를 평등한 관계로, 동등한 관계로 만들어 나가는 거라면. 소위 비이성애적인 관계에서는 그 부분은 상당히 없는 거지. 물론 이쪽도 부치로서의 어떤 대접을 받으려고 한다거나 이런 사람이 있대도 그 친구는 그런 친구는 아니야. (중략) 남편과의 관계에서 정말 피곤했던 게 뭐냐면 (중략) 이 관계는 단순히 이 남자 하나랑 나와의 관계가 아니라 이 남자의 가부장적인 사고방식 그리고 우리가 이룬 이 가정이라는 요 공간, 요 단위가 전체 가부장제 안에서 위치하는 요 속에서 나한테 요구되는 역할이지 단순히 한 개인과 나와의 성격의 차이, 습관의 차이 이게 아니라는 거야. (김경희, 53세)

구술자들의 구술내용에서 몇 가지 주목할 점들은 다음과 같다. 첫째, 연애 경험의 유무가 성적 정체성을 자기규정하게 되는 유일한 기준은 아니다. 남자와 한 번도 연애를 해 본 적이 없고 여자와만 연애를 한 경험이 있는 서마리 씨가 자신을 양성애자라고 규정하고 있는 것처럼 실제 연애 유무와 상관없이 자신이 정서적으로 느끼는 것과 어떤 사람에게 성적 매력을 느끼는가를 기준으로 자기규정을 하기도 한다는 것을 알 수 있다. 또한 남자와 여자 모두와의 연애경험이 없지만 트랜스젠더 남성을 짝사랑한 적이 있는 유윤서 씨, 누구와도 연애를 해 본 적이 없고 깊은 감정을 다뤄 본적이 없다고 하는 제갈재이 씨의 경우도 이와 유사하다. 둘째, 힘과 권력을 가진 상대방에 대한 열등감과 이로 인해 발생하는 욕망 등이 상대에게 매력을 느끼는 데에 매우 중요하다고 하는 송아영 씨의 구술에서 볼 수 있듯이 무엇을 성적인 것으로 혹은 에로틱한 것으로 느끼는가 하는 것은 개인에 따라 다양 할 수 있다. 이는 상대방의 성에 관계없이 상대방의

양성애: 열두 개의 퀴어 이야기

'여성성'에 매력을 느낀다는 구술자들과 상대방의 '남성성'에 매력을 느낀다는 구술자들이 모두 있다는 것을 통해서도 알 수 있다. 셋째, 많은 구술자들은 자신 안에 상반되고 모순된 자아상이 공존하고 있고 이 모순된 것을 모두 자신의 자아상으로 받아들이게 되었다고 말하고 있다. 이 점은 다시 자신의 성 정체성과 상대방의 성 정체성, 자신의 성차 정체성과 상대방의 성차 정체성이 가지는 모호하고 모순된 점에 대한 인식으로 확장되고 있다. 즉, 성적인 매력의 역동을 항상 여성→남성/여성→여성이라는 인식을 근거로 해서 이해할 수 없다는 것, 여성→남성/여성→여성/여성→트랜스젠더 남성 혹은 여성→트랜스젠더 여성의 역동이 실제로 가능하고 자신의 성차 정체성이 다시 여성이 아닌 트랜스젠더 여성 혹은 젠더퀴어로 규정될 때는 더욱 다양한 역동이 생겨날 수 있다는 것을 보여주고 있다. 넷째, 구술자들은 연령이 20대에 가까울수록 자신의 성적 정체성을 구술 내용의 중심으로 다루고 있다. 20대에 가까운 연령의 구술자일수록 가족에서의 자신의 위치보다는 자신이 누구인지 그리고 자신이 무엇을 원하는지에 대한 이야기를 보다 직접적이고 중요하게 다루는 경향이 있었다. 이는 그동안 한국사회의 가족구성이 변하고 가족이 개인의 사회화과정에 미치는 영향이 축소되면서 가족에서 차지하는 위치(예, 큰딸, 맏이 등)보다는 가족이나 친족구조 밖에서 맺게 되는 관계를 중심으로 개인으로서의 자신의 주체성을 인식하게 된 변화의 맥락에서 이해할 수 있을 것이다.

구술자들의 구술내용을 보면 구술자들이 어떤 사람에게 관계를 가지고 싶을 정도의 매력을 느끼는지가 결코 성sex으로 결정되는 것이 아니라는 사실을 알 수 있다. 즉, 어떤 사람이 남자이기 때문에 혹은 여자이기 때문이 아니라는 말이다. 그렇다면 이러한 관계를 여전히 하나의 섹스와 또 하나의 섹스 사이의 관계, 즉, 성적 관계라고 의미화할 수 있을까? 아니면 어떤 구술자들은 상대가 여자female이건 남자male이건 상관없이 상대의 '남성성'에 혹은 상대의 '여성성'에 매력을 느끼는 것이라고 말한다. 그렇다면 이때는 이러한 관계맺기의 과정을 섹슈얼리티가 아니라 젠더관계적 정체성gender-relationality이라고 규정해야 할 것인가? 아니면 누가 어떤 특정 개인과 관계를 맺고자 하는 매력을 느끼는 것인지를 굳이 설명해야 하는 담론 지형 자체, 그것을 요구하는 어떤 체계 혹은 체제 자체가 사실은 규정할 수 없는 수많은 유형의 관계성을 제한하고 한정지으며 특정한 관계성이라는 환상 혹은 허상을 만들고 있을 뿐이라고 말할 수 있을까? 만약 그것을 요구하는 체계 혹은 체제가 그러한 특정화 혹은 한정화를 통해 어떤 특정한 집단 혹은 문화에 특권과 혜택을 주고 있다면 우리는 그 체계가 왜 만들어 졌는지에 대한 설명은 잠시 보류하고라도 그 체계가 어떤 집단 혹은 문화의 헤게모니 유지에 복무하고 있다고 말할 수는 있을 것이다. 이성애, 동성애, 양성애 등 이런 규정들로 굳이 규정되지 않더라도 우리는 누군가를 끊임없이 만나고 헤어지며 관계를 맺는다. 그러나 이런 규정들이 있음으로 해서 그 관계에 부여되고 허용되는 사회적 인정이 달라지고 그로써 삶의 조건이 달라진다. 누릴 수 있는 서로 다른 삶의 조건이야말로 이러한 규정이 작동함으로

양성애: 열두 개의 퀴어 이야기

써 유지되고 있는 것이고 섹슈얼리티 논의에서 주요하게 주목되어야 할 부분이기도 하다.

살펴본 바와 같이 스스로에 대한 젠더 정체성에서도, 성적 매력을 느끼는 상대방의 젠더 정체성에서도 구술자들의 이야기들이 하나로 균일하게 규정될 수 있는 것은 없다. 어떤 상대에 대해 성적 매력을 느끼게 되는 것이 반드시 그 사람의 젠더 정체성 때문인 것도 아니다. 이것은 스스로를 이성애자로 규정하는 사람이건 동성애자로 규정하는 사람이건 마찬가지일 수 있으나 특정한 젠더 정체성을 성적 매력을 느낄 수 있는 가능성의 전제 조건으로서 고정시켜두지 않는 사람들에게는 더욱 유의미한 지점으로 볼 수 있다.

그렇다면, 다시 질문해 보자. 양성애란 무엇인가? 양성애자 여성이란 무엇인가? 어쩌면 이러한 질문 자체가 처음부터 틀린 전제에서 출발을 한 것일지 모른다. 인간이 성적 존재가 되기 위해서는 젠더 정체성이라는 틀을 벗어나면 안 되며 이때 젠더 정체성이란 두 개의 항, 즉, 여성과 남성이라는 이항으로만 구성된 것이므로 성애에 대한 어떤 논의든 여성/남성이라는 이항 안에 한정되어 논의되어야 한다는 전제 말이다. 인터뷰에 참여한 이들이 들려주는 이야기는 이 이항적 틀을 벗어나 있다. 따라서 세즈윅도 지적하였듯이 성별 이항적 틀은 인간의 섹슈얼리티를 이해하는 데에 한계가 너무나 많다. 그렇다면 왜 그리고 어떻게 이러한 이항적 성인식은 유지되는가? 이항적 틀이 실재적으로 작동하는 것이 아니라면 그것은 일종의 이데올로기인 것인데, 이항적 섹슈얼리티라는 이데올로기는 누구에게 이로운 것인가?

　가버(Garber, 1995)와 스토(Storr, 1999a)가 지적하였듯이 양성애/
여성의 모호한 위치를 구체적으로 드러내고 그것이 이성애/남성중심
적 규범과 맺는 관계를 규명하는 것은 성sex/sexuality과 성차에 대한
이분법적 인식론을 통해 안전하게 지켜지고 있는 이성애/남성중심성
을 새롭고 해체적으로 의미화할 수 있는 가능성을 던져준다.

7. 불안정한 성/차와 불안정한 이성애

　1980년대까지 서구를 중심으로 생산되고 있던 페미니즘 담론은
대체로 보편적 여성주체를 상정하면서 북미/유럽 백인 중산층 이성
애 여성의 생애 경험을 여성의 보편적 경험으로 상정하는 문제점을
가지고 있었다. 그렇기 때문에 섹슈얼리티와 성차, 여성 주체에 대한
논쟁에서 여성들 사이의 차이는 본격적으로 다뤄지지 않는 경향이
많았다. 흑인 레즈비언으로 자신을 규정하는 셔릴 클락(Clarke, 1981)
은 자신과 같은 위치에 있는 이들은 동성애혐오증과 인종주의에 저항
해 흑인 사회와 백인 사회 양측에 동시에 대항해야 한다고 말하면서
여성이 다양한 형태의 교차적 억압 위치에 놓여있다는 것에 주목해야
한다고 역설했다. 이런 문제의식에 대한 공감은 성적 정체성을 비롯
한 여성들 내부의 차이에 대한 질문을 더욱 광범위하게 불러왔다.
그리고 여성의 삶에서 복잡하고 중층적인 모순에 대한 다양한 고려를

통해 기존의 남성지배에 대한 이론들이 재평가되는 계기를 불러왔다 (Jackson & Scott, 1996).

페미니즘 이론과 페미니즘 정치학 안에서 여성들 안에서의 다양한 경험과 입장의 차이에 대해 본격적인 관심을 가져야 한다는 요구는 '여성' 주체에 대한 재검토를 본격화하는 계기를 마련했다. 1990년대 들어와 페미니즘은 이러한 자기 성찰을 바탕으로 포스트모던 이론과 후기구조주의, 정신분석학이론 등을 비판적으로 수용하면서 여성 주체를 재고찰하기 시작했다. 후기구조주의와 포스트모던 이론은 구조에 갇힌 개인이 아니라 구조를 변화시킬 수 있는 행위성을 행사하는 개인 주체를 의미화하면서 거대 담론이 간과하는 지점들에 대한 유용한 인식론을 제공해 주었다. 특히 '레즈비언', '흑인 여성', '제3세계 여성' 등 보편적인 여성 주체라는 인식론 안에서 이중으로 주변화되어 왔던 여성 주체들의 삶의 문제에 본격적인 관심이 주어지도록 견인했다(서인숙, 2003).* 페미니즘 안에서의 성에 대한 이론화는 이러한 맥락 안에서 급격히 변화하면서 전개되었다. 그 속에서 섹슈얼리티의 문제도 주체, 욕망, 정체성, 사회의 개념에 대한 재고 속에서 재검토되었다.

주디스 버틀러(1990; 1993; 1997; 2004a)는 성/차와 이성애 규범적 섹슈얼리티, 그리고 동성애 금기를 '수행성' 개념과 우울증적 성차 gender 개념을 통해 설명한다. 버틀러는 '여성'이 단일한 범주로 재현

---

* 포스트모던이론과 후기구조주의, 그리고 정신분석학이론에 영향을 받고 주체의 불안정성 그리고 여성 주체의 구성 문제에 주목해 온 페미니즘을 포스트모던 페미니즘 혹은 포스트페미니즘이라고 부르기도 한다.

될 수 있지 않다는 것을 분명히 한다. '여성'은 역사적 맥락에 따라 다르게 재현되어 왔으며, 성차 이외의 권력관계—인종, 계급, 성애, 민족, 지역 등과 긴밀히 교차하며 재현된다. 또한, 근본적으로 여성이라는 범주는 이성애라는 태matrix 내에서만 범주로서의 통일성과 안정성을 갖는 것이다. 따라서 '여성'이라는 범주는 현존하는 성차에 기반한 주종적 권력 체제의 산물이고 따라서 그것에 토대를 둔 어떤 주장도 근본적으로 그것을 생산해낸 체제 자체를 극복하지 못하며 결국 억압구조를 유지시키게 될 수밖에 없다. 버틀러는 어떤 '여성'도 단일한 개념으로 범주화될 수 없고 그렇기 때문에 여성주의의 주체로서 보편적 '여성'은 활용될 수 없는 범주라고 말한다.

이러한 관점에 대한 설명을 위해 버틀러는 초도로우와 마찬가지로 어머니와 여아가 갖는 최초의 관계에 주목했다. 버틀러는 우울증에 대한 프로이트의 해석을 빌려와 성차를 애도되지 못한 상실이 우울증적으로 체화된 것으로 해석한다. 『정신분석학의 근본 개념』에서 프로이트는 자아의 성격이란 자아가 사랑의 대상으로 포기한 대상에 집중되어 있던 리비도의 침전물이라고 보았다. 따라서 자아의 성격은 자아가 어떤 대상을 동일시 대상으로 선택하였는지를 보여주는 대상선택의 역사를 포함하고 있다는 것이다.

버틀러는 이점을 생후 초기 여아가 어머니와 맺는 관계에 대입시켰다. 남아에게든 여아에게든 최초의 사랑의 대상은 어머니다. 이때 어머니와의 이자적 관계는 외디푸스기, 즉, 상징계의 등장, 사회의 등장으로 깨어진다. 주체, 즉, 상징계 내에서 인지가능한 존재, 발화

양성애: 열두 개의 퀴어 이야기

하는 존재, 사회적 존재가 되기 위하여 여아는 어머니를 향한 리비도를 철회하고 자신에게 부여된 두 개의 가능성 중 하나 앞에 서서 자신의 정체성을 형성하게 된다. 그런데 이때 어머니와의 관계가 이성애적이기 때문에 그 사랑과 상실이 '인지되고' 따라서 어머니를 잃어버린 슬픔을 애도할 수 있는 남아*와는 달리 어머니와의 관계가 동성애적이기 때문에 그 사랑과 상실이 '인지불가능한' 것으로 남게 되는 여아는 그 상실을 인지할 수 없기 때문에 애도조차 할 수 없게 된다. 사랑하는 대상을 잃은 상실을 애도함으로써 그 대상에 집중되었던 리비도를 철회하고 거둬들여야 하지만 애도할 수 없기 때문에 리비도는 온전히 철회되지 못한다. 어머니에게로 향했던 리비도를 거둬들이지 못하는 여아는 사랑의 대상인 어머니를 철회하지 못한다. 그리고 애도되지 못한 상실과 슬픔은 우울증적으로 여아의 자아에 부착되고 여아는 떠나보내지 못한 어머니를 자기 안에 부착시키고 자신을 어머니와 동일시하기에 이른다. 사랑했던 대상을 자신과 동일시하는 것은 자신을 떠나버린 사랑에 대한 증오의 체현이기도 하다. 스스로 자신을 떠난 사랑의 대상이 되고 자신을 징벌함으로써 자신을 떠나버린 사랑의 대상을 징벌할 수 있기 때문이다. 이러한 동일시 과정을 통해 여아는 자신이 한때 사랑했던 어머니-여성이 되고 어머니-여성이 욕망한다고 인지되는 대상인 아버지-남성을 욕망하게 된다. 이런 측면에서 버틀러는 가장 이성애적인 여성이 오히려 가장 레즈비언적인 우울증 환자라고 말한다. 여성이 되고 또한 이성애자가 됨으로써 비

---

* '거세 공포'와 '외디푸스기' 등은 남아의 이러한 상실을 애도하는 말들로 볼 수 있다.

로소 사회적 주체가 되었지만 동시에 '우울증적 젠더'가 된 것이다.

　이런 관점에서 버틀러는 성차를 안정된 범주적 토대로 보도록 만드는 '정체성'이라는 범주 자체에 대한 비판을 제기한다. 그동안 페미니즘에서 상정해온 '여성'이라는 (문제적인) 통일된 정체성을 '가진' 주체는 성과 성차로 이분화되어 구성된 것으로 사유되어 왔다. 이때 성차는 성sex에 대한 다층적 해석으로서 문화적으로 구성된다고 설명되어 왔다. 버틀러는 성차란 반복되는 모방이라는 수행을 통해 시간을 거듭하며 응결되어 물질적인 형태가 된 것, 자연스러운 어떤 존재성을 만드는 고도로 엄격한 규제틀 안에서 반복되는 몸의 양태 갖추기, 반복되는 행동양식을 통해 구축된 하나의 구성물이라고 말한다. 성차란 우연의 반복을 거치는 수행을 통해 물질로 구성되어 개인과 유기적으로 합체되어 더 이상 그 개인으로부터 분리될 수 없이 그 개인 자체가 된 것이라는 것이다.

　그러나 모든 성차들의 가능태들이 수행 가능한 것은 아니다. 담론권력 안에서 조건 지어지고 허용된 성차들만이 선택될 수 있는 목록에 있을 뿐이기 때문이다. 그리고 이 조건은 항상 지배적인 문화적 담론 안에 설정되어 있고 이 담론은 남근이성중심적 언어로 드러나는 이원적 구조들에 입각해 있다. 따라서 수행 가능성의 한계는 성차에 대한 법적 영역인 언어가 설정하는 것에 근본적으로 구속받는다. 언어라는 상징질서에 복종하지 않으면 주체가 될 수 없다. 주체가 되지 못한 존재들은 인지될 수도 없고 따라서 욕망의 과정이 의미화될 수도 없으며 따라서 무엇을 상실한 것인지조차 의미화할 수 없어서 애도조차 불가능한 비체abject가 된다. 버틀러는 그러한 비체들이 퀴어들이라고 말한다.

버틀러는 여기에서 그러면 '성sex'은 생래적으로 주어지는 것인지를 묻는다. 그리고 '수행성' 개념과 인지 가능성에 기반한 문화적 의미화에 대한 논의를 통해 성차뿐만 아니라 성sex 자체도 구성된 것이라고 말한다. 성차가 문화적 구성물로 주어지는 것이므로 각 성과 성차가 절대적인 연관관계를 가질 이유가 없고 성이 두 개의 범주로 분리된다고 해서 성차가 이에 상응해 반드시 두 범주로 이해되어야 할 이유도 없다. 버틀러는 성의 의미가 성차의 의미처럼 문화적으로 구성되는 것이고 문화적으로 구성된 의미를 통해 성을 인지할 수 있을 뿐이라면 처음부터 존재했던 것은 성이 아니라 성차였다고 해야 한다고 말한다. 성이 이미 성차화된 문화적 범주라면 성에 대한 문화적 해석인 성차와 성을 구분하는 것은 무의미해지기 때문이다. 따라서 버틀러는 성차뿐만 아니라 성 자체도 구성된 것일 뿐이라고 역설한다. 따라서 몸에 기반한 성은 전담론적인prediscursive 해부학적 사실로서의 자격을 가질 수가 없다. 성은 언제나 성차였기 때문이다. 그렇다면 성과 성차를 구분해서 인식하는 것 자체를 하나의 이데올로기로 볼 수 있다. 성이 문화가 있기 이전에 이미 있었던 전담론적 성격의 것이 아니며 따라서 정치적으로 중립적인 영역에 있는 것이 아니라면 성의 생산을 전담론적인 것으로 보는 것 자체가 성차의 생산에 따른 문화적 장치의 효과라고 볼 수 있다. 전담론적인 성이라는 의미를 만들어내는 담론생산의 작동과정 자체가 이성애적 가부장체제의 권력이 재생산되는 장으로 볼 수 있는 것이다.

이런 맥락에서 버틀러는 모니끄 위티그(Wittig, 1992/1978; 1997/1992)*와 관점을 같이 하면서 여성은 '다른' 성이 아니라 남근이성중심적 언어에서 남성이 만들어낸 자기 확대된 욕망인 '또 다른 남성'을 뒤집어쓰고 있는 존재일 뿐이라고 말한다. 이 속에서 여성은 한 번도 얘기되어진 적이 없으며 비체로서 단지 "삭제되어" 왔을 뿐이라는 것이다.

뤼스 이리가레이(Jackson and Scott, 1996; Irigaray, 1996)도 이 입장을 공유한다. 이리가레이는 여성의 성이 항상 남성적 기준과 남성의 성적 요구를 토대로 개념화되어 왔다고 지적하면서 프로이트와 라깡을 비판적으로 전유하고 있다. 이리가레이는 주체의 구성에서 상징계와 언어의 중요성을 강조한 라깡의 관점에는 동의하지만 프로이트와 라깡 모두 남근중심주의에서 벗어나지 못하고 여성의 차이를 부정함으로써 여성에 대한 억압에 연루되어 있다고 보았다. 이리가레이가 보기에 남성의 기준과 성적 요구에 의해 남성의 대항 위치에 있는 여성은 전통적으로 남성을 위한 도구로서의 가치, 남자들 사이의 교환 가치, 즉, 상품이다. 상품인 여성의 가격은 아버지이자 남편이자 매매춘업자인 남성에 의해 구분되고 결정되어 노동자이자 상인이

---

* 모니끄 위티그는 "일반적 사고방식(The Straight Mind)"(Wittig, 1992/1978)과 이후 발표한 "누구도 여성으로 태어나지 않는다(One is not born a woman)"(Wittig, 1997/1992)에서 여성이란 남성에 대한 스스로의 종속적 관계에 의해 규정되고 레즈비언은 가부장적 계급 자체로부터 이탈한 탈주자이므로 레즈비언은 여성이 아니라고 주장했다. 많은 여성주의자들이 이러한 전위적인 주장에 반대했고 이러한 주장이 남성이나 가부장제가 아니라 이성애 여성을 적으로 간주함으로써 여성운동을 반이성적으로 만든다고 비판하기도 했다(Jackson & Scott, 1996). 그러나 위티그의 통찰은 이후 이어지는 여성 주체성에 대한 고찰에 하나의 큰 화두를 던져주었다.

양성애: 열두 개의 퀴어 이야기

자 소비자인 남성의 필요와 욕구에 따라 평가된다. 이런 맥락에서 이리가레이는 이미 정해진 이러한 매매구조에서 벗어나지 않은 상태에 있는 여성이 쾌락의 권리를 요구할 수 있는 길은 없다고 말한다. 상품인 여성은 시장에서 다른 상품(여성)에 대한 질투를 지니게 될 뿐 그 상품들(여성들)과 어떠한 다른 방식의 관계도 맺을 수 없다. 상품인 여자들은 이러한 매매구조 안에서 단일한 이해관계에 놓여있지 않기 때문에 단일한 계급을 형성하지도 못하고 따라서 단일한 정치적 입장을 가지지도 못한다. 이러한 매매구조에 기반한 문화에서 여자들은 피학적 쾌락이나 가사 노동, 출산과 양육을 도맡는 일 등을 하게 될 뿐 대단한 이익을 얻지도 못하면서 그러한 매매구조에 지속적으로 종속되어 있다. 이 매매구조 안에서 쾌락을 누리는 주인은 상품이자 노예인 여성의 시중을 받기 위해 노력할 필요조차 없다. 상품인 여성은 물질이기 때문에 자기 자신으로부터 쾌락을 누릴 수도 없다. 상품의 권리, 노예의 권리는 어디에도 없다. 이러한 성 체계에서 관계를 전복하는 것은 생각할 수도 없다.

이러한 매매구조의 위치에서 벗어나기 위해 남자들과 관계맺기를 거부하고 여자들끼리의 관계를 만들고 스스로 자기 생계를 꾸리는 등 여러 가지 전략을 펼칠 수는 있다. 그러나 이리가레이는 그러한 전략이 물적 질서에 교란을 줄 뿐이라고 말한다. 궁극적으로 종속적 관계 질서의 근간이 되어 온 '남근'의 우월성을 해체하지 못한다면 여성의 의미는 여전히 발견되지 못한 채 남을 것이기 때문이다. 즉, 여자에게 의미가 부여되는 것은 오직 남근적 경제 질서 안에 여자가 놓여 있을 때뿐이라는 것을 다시금 보여주게 될 뿐이라는 것이다.

이리가레이에 따르면 남근이성중심적 문화에서 여성과 여성적 쾌락은 말해질 수 없다. 왜냐하면 여성의 쾌락, 즉, 음핵의 능동성과 질의 수동성 등에서 어느 쪽도 선택할 수 있는 것이 아닌 쾌락, 질로 느끼는 쾌락이나 음핵으로 느끼는 쾌락이 서로 도치될 수 없는 쾌락, 다양하고 복잡하고 예민하며 저마다의 차이를 가지고 다양하게 분포되어 있어서 하나의 무엇만으로 상징해야하는 상상력 속에서는 생각조차 할 수 없는 쾌락을 남근이성중심적 문화 안에서 의미화하는 것은 불가능하기 때문이다. 모든 사물과 존재에 단일하고 고정된 의미를 부여하는 남근이성중심적 인식론으로서는 '하나도 아니고 둘도 아닌' 여성적인 것, 규정 자체를 거부하고 부정하며 어떠한 '적당한' 이름도 가지지 않는 여성적인 것, 즉, 특정한 하나one로 규정되지 않기 때문에 없는 것none으로 간주되며 형태상 가시적인 오직 하나의 성기인 페니스penis의 부정, 반대 혹은 역전reverse으로만 인식될 뿐인 '여성적인 것'을 의미화할 수가 없기 때문이다.

이리가레이는 여성은 남근이성중심주의가 그녀에게 부여한 성의 단일함 그 이상이고 또한 전혀 다른 것이라고 말한다. 여성적인 것은 고정되고 완결된 코드와 틀을 가지고 들으려 할 때는 들리지 않는 말이고, 정착하지 않기 위해 그리고 고정되지 않기 위해 해체되면서 다시 구성되는 것이다. 그리고 여성은 아무 것도 생각하지 않고 동시에 모든 것을 생각하며 분리와 경계짓기를 거부하고 어느 것 하나만 선택하라고 하는 강요 앞에서 그리고 오직 남성의 반대항의 위치만을 점하라고 하는 강제 앞에서 모든 것으로 남기 위해 아무 것도 되지 않겠다고 거부하는 주체다. 한 사람의 여성으로 있다는 것은 자기 쾌락의 어떤 것도 어떤 다른 것을 위해 희생하지 않는 가능성, 자신을 다른 어떤 것과도 동일시하지 않는 가능성, 결코 한가지만이 될 수 없다는 가능성만을 의미한다. 그리고 전혀 다른 체계인 이 체계는 남성과 남성의 대항으로서의 여성만을 유일한 구도로 상정하는 단일한 체계를 통해 쾌락을 양분화하는 시도를 분쇄한다. 여성은 소유하지도 않고 동일시하지도 않은 채 타자와의 쾌락을 교류한다. 그렇기 때문에 여성이 갈구하는 것은 특정한 어느 것도 아니고 동시에 모든 것이다.

이리가레이는 지금까지의 여성의 삶의 조건의 변화는 이와 같은 여성의 욕망을 충분히 해방시키지 못했으며 지금까지의 어떠한 이론이나 정책도 여성의 욕망이라는 역사적 문제를 해결하지 못했고 충분히 알고 있지도 못하다고 말한다. 또한 여성의 성에 대한 지금까지의 해석 자체가 남근이성중심적 가부장 문화에 기반해 있다고 비판하면서 남근질서로 설명될 수 없는 여성의 성을 이해하기 위해서는 언어 이전에 있었고 따라서 언어 너머에 있는, 전문화적이고 전담론적이며 전역사적인 것에 대해 주목해야 한다고 말한다. 이를 위해 이리가레이는 여성적 문화읽기를 강조한다. 그것은 남근이성중심적 언어 안에서 한 번도 의미화되지 못한 어머니를 드러내는 것이다. 이를 위해 여성은 외디푸스기 이전의 상상계로, 즉, 가부장제가 작동하지 않는 언어 이전의 세계로 되돌아가야 한다고 말한다.

그러나 의미화시키지 못한 몸(어머니의 몸/성기)을 의미화시킴으로써 여성을 남근이성중심적 상징체계로부터 해방시킬 수 있다고 보는 이리가레이의 관점은 몸과 주체의 관계를 필연적인 것으로 가정하는 것으로 읽히기도 한다. 그런 측면에서 이리가레이는 여성의 성을 다시금 생물학으로 환원하고 있고 따라서 본질주의로 회귀하고 있다는 비판을 받는다. 여기서 다시 '여성'을 어떻게 의미화할 것인가에 대한 경합이 일어난다.

여성을 생물학적 차이에 기반한 특성을 가진 본질적으로 차이있는 주체로 보는 관점은 문화적이고 사회적이며 역사적인 지점을 간과하는 생물학적 결정론이라 비판을 받아왔다. 또한 다양한 위치에 있는 여성들의 차이를 삭제하는 보편주의적 관점이라는 비판도 함께 제기되어왔다. 이에 비판적인 이론들에서는 여성이 사회적 존재가 되기 위해 불가피하게 선택할 수밖에 없는 주어진 두 위치 중 하나의 '위치'로서, 그리고 여성성이 그 위치에 대한 문화적 '묘사'로서 이해되거나 여성을 남근이성중심적 상징질서에서 남성 주체를 보증하는 타자로서 그리고 반복되는 수행을 통해 물질화되어 구성된 주체로서 이해되기도 한다.

이리가레이는 이러한 설명 안에서도 여전히 의미화되지 못하는 것, 비체로 남는 것이 있고 바로 그 비체화된 것을 여성적인 것으로 의미화하고자 한다. 즉, 언어, 문화, 담론, 역사 자체를 남근이성중심적 상징체계로서 보는 것이다. 이런 맥락에서 이리가레이가 전담론적인 것에 눈을 돌려야 한다고 말하는 것은 언어 밖의 것, 담론 밖의

양성애: 열두 개의 퀴어 이야기

경험, 어떤 순수한 본질에 눈을 돌려야 한다는 의미라기보다 남근이 성중심적 상징체계 안에서 인지되지 못한 것들에 눈을 돌리는 것, 비체에 눈을 돌리는 것, 퀴어에 눈을 돌리는 것으로 보아야 한다. 즉, 이리가레이의 여성은 남근이성중심적 문화에서 의미화되어 있는 현재의 실제 여성과 남성적인 것의 대항으로 짝지어져 있는 여성적인 것을 의미하는 것이 아니다. '남근'적 문화가 '음경'이라는 생물학적 차이에 부착되어 전개된 것이 '남근중심적 문화'라면 전-외디푸스기, 즉, '전前 남근적' 혹은 '비남근' 문화는 '하나이지 않은 성'으로서의 문화인 것이다. '음경'이 남근 이성중심적 상징체계를 의미화하고 질서화하기 위해 동원된 신체부위이듯 이리가레이가 형상화한 '두 개의 입술', '음순' 혹은 '두 입술'은 남근이성중심적 상징체계 이전의 욕망과 주체성을 의미화하는 것, 그것을 '다른' 문화로 드러내기 위해 동원되는 상징적 신체부위로 볼 수 있는 것이다. 따라서 '두 입술'의 형상화는 여성을 본질주의적으로 환원하는 것이라기보다 남근이성중심적 상징체계에 의해 비체화된 모든 것을 불러내는 상징적 장치로 보아야 한다. 이리가레이가 말하는 여성이란 남근이성중심의 상징체제를 극복하는 전략인 동시에 경계를 고착화하고 그것에 기반한 차이들을 위계화시키는 인식을 극복하는 전략적 개념으로서의 여성이다. 그것은 '남성'의 위치를 구성하기 위한 대항위치 또는 남성의 타자로서 구성된 위치로서의 여성도 아니고 남성 주체를 보증하는 '타자화된 남성'이라는 외피를 뒤집어쓰고 있는 여성도 아닌 대항이 없는, 대항이 있을 수 없는, 급진적 차이로서의 여성이다. 급진적 차이로서의 여성은 그동안 자연/기원/아버지/신과의 관계를 통해 의미화되어 온 남근이성중심적 의미체계 자체를 벗어나서 여성을, 즉, 비체를 적극적이고 급진적으로 의미화하는 여성이다.*

이성애/동성애 정체성 담론의 등장 이후 성/차 체계 속에서의 게이 남성들과 레즈비언 그리고 트랜스젠더의 비체성이 인지영역 안으로 인입된 것처럼 보이기도 한다. 그러나 '그러한 시도와 변화가 성/차 체계를 구성하고 작동시키는 이성애/남성중심성을 얼마만큼이나 해 체시키고 있고 남성성에 주어진 위계적인 가치 질서를 얼마만큼 변화 시키고 있는가'라는 질문에는 여전히 뾰족한 답이 제시되고 있지는 않아 보인다. 어떤 면에서는 기존의 성/차 체계를 작동시키고 또 그것 에 의해 재생산되는 이성애/남성중심 문화가 강제하는 성적 규범성 이 오히려 강화되고 있어 보인다.

버틀러에 따르면 현 체제에서 욕망은 이성애화되어 있다. 이성애 화된 욕망체제는 '여성'의 특징이 표현된 것으로 이해되는 '여성성'과 '남성'의 특징이 표현된 것으로 이해되는 '남성성'이라는 서로 불연속 적으로 분리되어 있고, 비대칭적인 반대항의 생산을 필요로 한다. 이러한 필요는 제도화되어 성차와 이성애가 자연스러워 보이도록 구 성되게 해왔다. 여성/남성이라는 성차 정체성 혹은 여성성/남성성이

---

* 자연/기원/아버지/신과의 관계를 통해 의미화되면서 작동해 온 남근이성중심적 상징체계가 갖는 이름붙이기(호명, 정체성)가 배제의 논리에 근거하고 있다는 비판은 도나 해러웨이(Haraway, 1991)의 작업에서 더 자세히 언급되고 있다. 해러웨이는 '여성의 경험'을 허구(fiction)이자 동시에 가장 정치적인 사실(fact)이기도 한 구성물이라고 본다. 그리고 인간의 삶 자체가 허구와 현실이 혼종되어 있기 때문에 인간에게 필요한 것은 그러한 삶 자체를 벗어나는 것이 아니라 자신이 허구와 현실의 혼종체라는 것을 인식할 수 있고 그러한 사실을 견딜 수 있게 하는 인식론이라고 말한다.

라는 성차가 인지가능한 것이 되는 문화적 태matrix는 어떤 종류의 정체성들은 존재할 수 없거나 존재해서는 안 되는 상황을 필요로 한다. 즉, 성sex을 따르지 않는 성차와 성이나 성차에 의거하지 않거나 위반하는 욕망의 실천은 존재할 수 없어야 하는 상황을 필요로 한다. 그리하여 어떤 종류의 섹슈얼리티들은 이성애화된 욕망제도의 문화적 규범에 부합되지 않기 때문에 정상적으로 발달하지 못한 것으로 혹은 논리적으로 불가능한 것으로 혹은 불법적이거나 비윤리적인 것으로 치부된다.

버틀러는 본질적인 '여성' 주체를 상정하는 것은 여성과 남성이 상호 필연적인 이항대립적 관계에 있다는 논리를 유지시키고 그것을 통해 이성애를 자연화하고 불가침한 영역으로 상정하게 되는 결과를 낳는다고 비판한다. 이항대립적 인식론에 기반한 논리는 근본적으로 오류이고 이데올로기이며 바로 이것을 통해 페미니즘이 해체하고자 해온 가부장제가 존속되고 있다고 보기 때문이다. 더욱이 지금까지 여성주의가 활용해 온 '여성'이라는 단일범주는 이것이 상정한 '여성' 범주 바깥에 존재하는 존재성들을 배제해 왔고, 이는 여성주의가 표방해온 해방이라는 정치적 목표에 반하는 것이기도 하다. 버틀러는 성/차를 남성/여성 그리고 여성성/남성성 구도로 놓는 이항대립적 인식론은 성(별)전환인, 간성인, 레즈비언과 게이남성들, 퀴어들, '유색인들' 등 많은 사람들의 삶을 살만하지 못한 것으로 만들어 왔고, 많은 사람들의 죽음(상실)을 애도받지 못하고 슬퍼할 수조차 없는 것으로 만들어 왔으며 그리하여 많은 사람들이 '인간'으로 인정받지

못한 채 살아오게끔 만들어 왔다고 역설한다. 그리고 누가 누구를
인간으로 정의할 권력을 가지고 있고 누가 누구의 삶을 살만한 것으
로 만들거나 그렇지 못한 것으로 만들 권력을 가지고 있는지, 그리고
그 권력이 어디에 기초해 있는 것인지를 발본색원적으로 심문해야
한다고 말한다. 그리고 그러한 권력이 작동하는 토대는 성차를 만들
어내고 성차에 기반한 이항대립적 섹슈얼리티인 이성애를 성차와 인
과관계적으로 배치하여 인식하게끔 만드는 성/차 인식체계 자체라고
역설한다.

3부 가부장체제와 강제적 이성애화

특정한 젠더를 강제하고 이에 따라 이성애라는 특정한 성애를 강제하려는 일들은 곳곳에서 일어난다. 버틀러의 말처럼 인간이 탄생하는 바로 그 순간에 이뤄지는 "딸이에요", "아들이네요"와 같은 언명을 통해서 최초로 이뤄지고 이후 사적 혹은 공적 공간을 가리지 않고 다양한 관계를 통해서 지속적으로 이뤄진다. 이 장에서는 한국사회에서 출생한 개인이 어떠한 사회적 관계질서라는 환경에서 주체화 과정을 체험하고 이 과정에서 어떠한 방식으로 성/차화된 주체, 즉, '여/성'이 되어 가는지를 들여다보고자 한다.

앞에서도 살펴보았던 후기근대 성이론은 가부장적 핵가족 구조 안에서 개인이 출생 후 초기에 경험하는 전-외디푸스기와 외디푸스기에 주목하여 무의식적 차원에서 여/성화되는 과정을 분석하는 것에 초점이 맞추어져 있다. 그렇기 때문에 후기근대 성이론은 가부장적 핵가족 구조라는 실제 삶의 일상적 조건을 분석의 대상이 아니라 전제하는 한계를 가진다. 생애사를 구성하는 구체적인 일상에서 어떠한 경험이 여/성화되는 과정에 개입되어 있는지를 살펴보는 것은 그러한 한계를 극복할 수 있는 하나의 방법이다.

생물학적 어머니의 몸에서 개별 몸주체로 출생한 개인은 태어난 사회의 관계질서 안에서 사회적 관계를 맺기 위한 위치, 즉, 사회관계적 위치를 부여받게 된다. 이 과정을 들여다볼 수 있게 해주는 생애사는 여/성화되는 과정과 이/성애화되는 과정이 어떻게 연계되어 작동하고 있는지를 구체적인 일상을 통해 살펴볼 수 있게 해주고 이로써 성/차화와 이/성애화가 서로 맞물려 작동하는 상호기제임을 구체적인 구술을 통해 드러내 준다. 가부장적 이성애 관계질서 안에서는 남성과 여성이라는 성별 위치가 가장 먼저 선언되어 개개인에게 주어진다. 사회적으로 주어진 이 위치를 근간으로 원가족* 안에서는 딸로서, 교육제도 안에서는 여/학생으로서, 일터에서는 여/성/노동자로서 그리고 남성이라는 이성과의 결합으로 강제되는 구성가족** 안에서는 아내/주부/어머니로서의 위치와 역할이 부여되고 기대된다. 그리고 각 위치와 역할에는 이러한 체계 안에서 적합하다고 승인되는 성차와 섹슈얼리티의 수행에 대한 기대와 요구가 부여된다.

1. '딸'화 Daughterization

성적 정체성과 관련한 어쩌면 당연하지만 흥미로운 사실은 지금까지 인간은 누구나 '여자'의 자궁 안에서 만들어져 여자의 몸 밖으로 출생해 왔다는 사실이다. 이제는 정자은행을 통해 대면관계 없이도 임신하는 것이 가능해졌지만 대부분 여자는 대면관계를 통해 알게 된 남자와의 성교를 통해 임신을 한다. 또한 한국사회에서 이들 대부분의 경우는 결혼이라는 제도를 통해 부부라는 사회적 관계를 맺고 있는 남자와의 성교로 임신을 한다. 그리고 부부라는 사회적 관계로 이루어지는 가정은 부부의 한 구성원인 남편, 즉, 남성이 가장家長으

---

* 개인의 주체적 선택이 아닌, 태어나면서 이미 주어졌거나 선택되어져 있었던 가족
** 개인이 친밀성을 나눌 목적으로 주체적으로 선택하여 구성한 가족

로서 그 가정의 우두머리 역할을 할 것이 기대되고 강제되는 영역이다. 가부장적 사회가 강제하는 이러한 실질적 그리고 상징적 존재 조건은 논문에 참여한 구술 참여자들이 공통되게 경험해 온 삶의 조건이다.

남성이 가부장인 가족(혹은 가정)이라는 원가족 안의 사적 관계 안에서 출생한 구술참여자들은 출생과 동시에 '딸'이라는 관계적 위치를 부여받았다. 그리고 그 위치를 묘사하는 의미를 근간으로 한 규범 수행을 요구받아 왔다. 구술자들의 이야기는 원가족 안에서 이러한 요구가 소위 '사랑'과 '훈육'이라는 이름으로 자행되지만 그 내용은 폭력, 차별, 그리고 모순된 기대를 통해 강제되어 왔다는 것을 보여준다.

폭력

근대화 과정을 겪으며 시대 문화가 바뀌고 있다는 것을 체험한 부모 등 양육자들의 '딸'에 대한 태도에는 기존의 성별 권력관계를 유지하고자 하는 태도와 더 이상 그것을 요구할 수 없다는 새로운 인식과 가치관이 갈등적으로 공존해 있는데 부모 등 양육자의 그러한 내적 갈등은 종종 폭력을 통해 표출된다. 이러한 점은 특히, 딸에 대한 아버지(남성)들의 태도에서 더욱 두드러져 나타난다. 딸에 대한 아버지의 폭력과 폭력적인 태도는 딸들의 성차화 경험과 긴밀히 맞물려 있다.

송아영 씨는 어머니가 돌아가시기 전에 어머니의 입을 통해 아버지가 어머니를 '데이트 강간'하였고 그 일을 빌미로 두 사람이 결혼해 송아영 씨를 출산하였다는 이야기를 전해 들었다. 어머니와 결혼한 아버지는 그 후로도 지속적으로 어머니를 폭행했다고 한다. 송아영 씨가 초등학교 저학년 때 어머니가 시작한 사업이 번창하면서 아버지는 공무원직을 그만두고 어머니의 사업에 동참했다. 얼마 후 어머니의 사업이 기울어져가자 아버지는 어머니에게 더욱 극심한 폭력을 휘둘렀다. 송아영 씨는 초등학교 6학년 시기의 어느 날 밤을 아버지의 폭력이 가장 심했던 때로 기억하고 있다. 그날도 여느 때처럼 밥상이 엎어지고 어머니의 비명이 들려왔지만 그날 밤의 비명소리는 유난히 심했다고 한다. 송아영 씨는 3층에 있던 자신의 방에서 나와 남동생들과 함께 부모님이 있는 2층으로 내려갔고 그곳에서 어머니를 향해 칼을 들고 서 있는 아버지의 모습을 보았다. 송아영 씨는 아버지가 너무 무서워서 무엇을 어떻게 해야 할지 몰라 주춤거렸고 그 와중에 다행히 막내 남동생이 기지를 발휘해 아버지의 눈을 딴 곳으로 돌린 틈을 타서 어머니가 아버지에게 잡혀 있던 몸을 빼내 막내 남동생과 함께 집에서 도망쳐 나갔다. 그러자 아버지는 송아영 씨와 둘째 남동생을 붙잡아 구석으로 몰아놓고 폭언을 퍼부었다. 그때 아버지는 송아영 씨의 목에 칼을 들이밀었다.

근데 나한테만 그래. 바로 밑에 동생한테는 칼을 안 들이대는데. 네 애미나 너나 똑같다. 동일시를 하는 거지. 그래갖고 칼이 여기에 딱 들어왔어요 목에. 그래갖고 인제 나는 그때 이미 죽었다고 생각을 한 거 같애. 근데 어떻게 해서 (중략) 세놓은 집에 숨어들어갔어요. 너무 무서워서 도망왔다고 울고 떨고 있으니까 그 집에서 밥을, 잠을 재웠는지 뭐 했겠지. (중략)

근데 남의 집이잖아. 가긴 가야겠는데 미친놈이 있는 집에 들어가고 싶지가 않은 거지. 분노감이 장난이 아니었어. (송아영, 39세)

우여곡절 끝에 동생과 함께 아버지를 피해 도망 나온 송아영 씨는 두 번 다시 아버지를 마주하기가 싫었고 집으로 돌아가는 것도 무서웠다. 그런데 다음날 아침, 친할머니와 고모할머니가 송아영 씨가 피신해 있던 집으로 찾아와 당장 집에 들어가 아버지 밥을 차려 주라며 송아영 씨를 혼내 집으로 들여보냈다고 한다. 고등학교를 졸업한 직후, 원가족들로부터 독립한 송아영 씨는 지금까지 아버지와 만나지 않고 있다.

양민지 씨의 아버지는 양민지 씨의 어머니보다 여덟 살 연상이다. 아버지와 어머니는 양민지 씨가 세 살 무렵이 되었을 때에야 결혼사진을 찍었다. 아버지는 양민지 씨가 유치원을 다닐 무렵까지는 한 호텔의 과장급 요리사였고 불황에도 '대기업 사원 부럽지 않게 돈을 벌어 왔던 가장'이었다. 그러나 친구에게 서준 빚보증이 잘못된 후부터 술을 마시기 시작했고 다른 여자들을 만나고 다니면서 양민지 씨의 어머니를 구타하기 시작했다. 그 후 10여 년 동안 지속된 가정폭력은 종종 큰딸인 양민지 씨를 향하기도 했다. 양민지 씨의 눈에 아버지와 어머니의 관계는 '직장상사와 부하직원'과 같이 위계적이었고 그런 아버지 앞에서 어머니는 항상 약자였다. 아버지가 어머니를 폭행할 때마다 양민지 씨는 자신이 어머니를 지켜줄 만큼 힘이 없다는 사실 때문에 죄책감이 들었다고 했다.

양성애: 열두 개의 퀴어 이야기

아버지가 술을 그렇게 드신 다음부터는 엄마를 10년 동안 거르지 않고 매일 이렇게 때리고. 저도 그렇게 맞았고. 몸에 어렸을 때 흉터가 가실 날이 없었어요. (중략) 진짜 상상도 못할 정도로 그렇게 사람을 때리고 그러니까. 그게 너무, 싫었다기보다는 무서웠죠. 공포의 대상이었죠. 인제 공포의 대상을 넘어서서 이제 증오의 대상이 돼버린 거예요 이제 커가면서. (양민지, 23세)

아버지의 폭력은 양민지 씨가 자신의 성적 성향에 대해 아버지에게 이야기하는 과정에서 또 일어난다. 학교를 그만둔 후 부득이 아버지의 집에 들어가게 된 것은 이혼 후 재혼한 어머니의 집으로 들어가는 것이 어려웠고 그 대안으로 지낼 수 있는 곳도 달리 없었기 때문이었다.

열여덟 살 때 서울에 온지 얼마 안 돼갖고 제 아버지한테 스킨로션병으로 맞았다고 아마 얘기했을 거예요. 화장품 병으로 된 거 있잖아요. 그걸로 뒤통수를 맞은 뒤부터 이상하게 편두통을 달고 사는데. (중략) 예전에 한 번 아버지한테 그때 여자 만나고 있었을 때였는데 아버지한테 나 여자도 좋고 남자도 좋다 그러는데 아빠가 무척 화를 내시는 거예요. 그때 또 맞았어요 또. 그날 이렇게 털어놓고 나서. 맞는 동안에 아프다기보다는 이게 뭐가 잘못된 거지 이러고. 너는 왜 다른 애들은 다 멀쩡하게 사는데 너는 왜 그러냐. 아버지가 굉장히 또 극보수적이에요. 엄청나요. (양민지)

송아영 씨의 아버지(남성)가 송아영 씨의 어머니(여성)에 대한 폭행을 시작으로 어머니와 같은 성(여성)인 송아영 씨를 폭행하는 것으로 가부장의 폭력을 이어갔듯이 양민지 씨의 아버지도 여덟 살 연하의 아내인 양민지 씨의 어머니를 부하직원 부리듯 대하고 폭행을 일삼다가 결국 딸인 양민지 씨에 대한 폭행으로 이어졌다. 남성인 이 아버지들은 아내 혹은 딸인 여성을 자신이 가지고 있다고 믿는 권위와 폭력을 쉽게 휘두를 수 있는 대상으로 인식했고 자신이 여성과 맺는 그런 방식의 관계에 대해 전혀 문제의식을 가지고 있지 않았던 것이다. 그리고 이런 관계 안에서 생존을 위한 전략으로 아내인 여성은 이혼을, 그리고 딸인 여성은 아버지를 더 이상 만나지 않고 관계를 끊는 것을 택한다. 송아영 씨도, 양민지 씨도 지금은 아버지와 만나지 않고 지내고 있다.

한편, 아내인 여성에 대한 남편의 폭력과 딸인 여성에 대한 아버지의 폭력이 항상 신체적 폭력으로 일어나는 것만은 아니다. 때로 그것은 지속적으로 환기되는 기억을 몸에 각인시켜 놓는 한두 번의 '강렬한' 체벌로 자행되기도 한다. 세 살 때 이미 어머니와 자신이 서로 다른 주체라는 인식을 가졌던 기억이 있을 만큼 자의식이 강한 진강희 씨는 아버지인 남성이 체벌이라는 물리력을 동원해 자신의 자의식을 통제하려고 했던 날을 뚜렷이 기억하고 있다. 진강희 씨가 다섯 살 무렵 아버지는 딸인 진강희 씨를 빈방으로 끌고 들어가 문을 잠근 채 체벌을 가했다. 어머니는 당시 폭력을 중단시키기 위한 어떤 개입도 하지 않았다.

아빠가 멱살을 잡고 끌고 갈 때 방으로. 그때 안 끌려가려고 했는데 힘이 없어서 끌려갔을 때. 그때 저 많이 맞았거든요. 그때가 다섯 살인가 여섯 살인가. 좀 더 나이 들었을 수도 있고. 암튼 그런 식으로 맞은 적이 좀 있어서요. 언젠진 잘 모르겠어요. 초등학교 6학년, 그때도 좀 맞았고. 많이 맞았죠. 많이? 많이 맞았는진 잘 모르겠는데 강렬하게 맞은 적이 좀 있는 거 같아요. 되게 무섭게 때렸어요. 무섭게 때렸다가 쎄게 때렸다기보다 뭐 쎄게 때린 적도 있고 손으로 이렇게 주먹? 주먹 아니고 손이었겠지, 손바닥으로 때린 적도 있고 한데. (중략) 그냥 그 상황이 무서웠어요. 엄마랑 동생은 밖에 있고 저를 질질 끌고 다른 골방으로 데려가서 문을 잠그고 때리는 게 무서웠어요. 제가 최근에 (어머니에게) 그걸 따졌어요. 그때 가만 있었냐? 자기가 말리면 아빠가 더 화낼까봐 그랬다고. (진강희, 24세)

아버지인 남성의 딸에 대한 폭력은 다른 주체에 완전한 통제를 가하는 강력한 권위로서 자행되기도 한다. 또한 아버지인 남성의 폭력은 다른 남성 가족에게로 이어져 자행되기도 한다. 제갈재이 씨는 고소득 전문직종에 종사하는 어머니와 개인사업을 하는 아버지 사이에서 자신과 터울이 예닐곱 살씩 나는 언니와 오빠 다음으로 태어난 늦둥이다. 제갈재이 씨가 태어났을 때 아버지는 아들이 아니라는 것을 확인하고 노골적인 실망을 드러냈다고 한다. 그런 가족들 안에서 제갈재이 씨는 '남자 못지않게 잘 할 것이다'는 말을 들으며 자랐다. 초등학교 3학년 때 언니, 오빠와 함께 미국으로 유학을 떠난 제갈재이 씨가 가장 힘들었던 때는 초등학교 5학년부터 기숙 고등학교에 입학해 집을 떠나기 전까지의 시기였다고 한다. 제갈재이 씨는 그 시기를 '나라는 주체가 없는 삶'을 살았던 때라고 말하고 있다. 아버지는 오직 '아이비리그' 대학에 자식들을 입학시키기 위해 자식들의 모든 일상생활을 참견하고 규제했다. 특히, 제갈재이 씨의 언니와 제갈재이 씨에 대해서는 옷 입는 것에서부터 만나는 친구에게까지 통제가 미쳤으며 아버지의 허락 없이 할 수 있는 것이 아무 것도 없을 정도였다고 한다. 유치원 시절부터 '톰보이'나 '드랙킹' 같은 차림을 좋아했던 제갈재이 씨에게 아버지는 늘 '여자같이' 입고 다니라고 강요했다. 그런 요구 앞에서 제갈재이 씨가 여성성을 소위, 과잉 수행하는 노출이 심한 옷을 입으면 '화냥년이냐?'며 화를 냈다. 그런 아버지 앞에서 제갈재이 씨는 스스로 원하는 것이 생기기라도 하면 오히려 멈칫거리기 일쑤였다고 말한다. 아버지의 권력에서 제갈재이 씨만큼 자유롭지 못했던 오빠는 아버지의 권력에 대한 자신의 분노를 여동생인 제갈재이 씨에게 표출하고는 했다. 제갈재이 씨에게 오빠는 제갈재이 씨의 주체성을 부정하는 또 하나의 폭력적 권력을 가진 '작은 남성'이었다.

저는 그걸 다크에이지라고 불러요. (중략) 아빠하고 오빠하고 접하게 되면서, 계속 살게 되면서 굉장히 그런 압박이 컸나봐요. 젠더 면에서도 그렇고 다른 감정 억압하는 것도 그렇고 폭력도 굉장히 있었고. (중략) 저는 굉장히 자연스럽게 애들이랑 놀았는데, 특히 남자애들이랑 놀았는데 그게 막 차단되더라구요. 그래서 그때부터 되게 힘들었던 거 같아요. 공부 위주로 가게 되고. (중략) 한국에서도, 미국에서도 조금 지나니까 한 4학년 이 정도 되니까 간섭을 하는 애들이 한국 남자애들. 되게 예민했었어요. 불편하더라구요. 그리고 아빠가 왔을 때 제 옷에 대해서 되게 불만이 많으셨어요. 그래서 언니를 시켜서 쇼핑다니고. 언니도 그런 압박을 받아왔기 때문에 당연히 너도 이렇게 해야 된다 이거였고. 오빠는 그냥 모든 면에서 폭력적이었고. (중략) 오빠, 아빠 다 때리는 거 보다 그게 정신적 그런, 너무나 폭력적이었 죠. (중략) 아빠는 그런 폭력을 오빠한테 가한 거고. 오빠는 그걸 나한테. 나의 존재를 완전히 정말 일그러트리는 거예요, 인격을. 넌 아무것도 아니 야 이런 식으로. 그게 언제나 이렇게 있는 거죠. 그게 때려서 힘들었던 게 아니고. 완전히 고문이에요 정말. (중략) 그런데 저는 그걸 어떻게 반응했 냐면은 나는 비폭력이다. 무슨 고집이었는지. 고집은 되게 쎄거든요. 강한 척도 잘하고. 그니까 오빠가 더 화가 나는 거죠. 나보고 너는 유관순해라 이랬거든요. 나는 말 안하겠다 이거죠. 그냥 눈물만 이렇게 흘리고. 오빠가 그럴 때 반응을 안 하는 거죠. 완전 shutdown(차단)하는 거죠 나 자체를 그냥. 그냥 나를 보고 있는 거죠. 이 상황을. 마비상태로. 아무 힘이 없는 상태로. 나는 주체가 전혀 아니죠. 얼마나 그게 나빠졌냐면은 하루는 그러 다가 오빠가 물을 틀더라구요 욕조에. 그걸 그냥 지켜봤어요. 그러다가 머리를 넣으려고 하더라구요. (중략) 그러다가 하루는 아빠가 학교를 데려 다 준다고 차에 탔는데 좀 파인 걸 입었어요. 그랬더니 딱 보더니 화냥년이 냐고. 갈아입고 오라고. (중략) (뉴욕 가서) 그날 이러는 거예요. 넌 남자친구 있냐. 오빠한테 그게 (중략) 딴 사람한테 보이는 거, 특히 한국남자들한테 보이는 거, 내가 결혼을 할 수 있는지 그런 거예요. 나를 위해서 그렇다는 거예요 오빠는. (제갈재이, 22세)

미국으로 유학 간 후 얼마 지나지 않아 아버지와 오빠와 함께 살기 시작하면서 제갈재이 씨는 이런 식으로 이어지는 자신에 대한 두 남 자들의 횡포로부터 하루도 자유로운 날이 없었다고 한다. 그러던 어느 날, 한 대학에 편입한 지 1년이 지나갈 무렵 제갈재이 씨는 그동안 쌓여온 불안증과 아버지와 오빠에게서 받은 정서적 상처, 그리고 성 정체성에 대한 혼란스러움이 한꺼번에 폭발하는 힘든 시기를 겪는다. 제갈재이 씨는 그대로는 버텨낼 수 없다고 판단을 했고 휴학 후 서울로 왔다. 휴학결정이 자신의 인생에서 내린 최초의 주체적 결정이었다고 했다.

가족 내에서 아버지에 의해 딸에게 (그리고 어머니인 여성에게) 가해지는 폭력은 단순한 폭력과 구분되어야 한다. 그것은 이러한 폭력이 친밀한 관계 안에서 발생한다는 점 때문만은 아니다. 송아영 씨, 진강희 씨, 제갈재이 씨의 구술은 아버지라는 남성의 폭력이 딸이라는 여성에 대한 폭력인 동시에 딸을 끊임없이 여성의 위치에 강제시키는 방식으로 일어난다는 것을 보여준다. 따라서 아버지라는 남성에 의해 딸에게 가해지는 폭력은 단순한 가족간 폭력이 아니며 한 개인 주체를 '여성화'시키는 가부장체제적 폭력으로 바라볼 필요가 있다.

차별

한 소도시에서 태어나 어렸을 때 서울로 이주해 지금까지 서울에서 거주하고 있는 김경희 씨는 평생 가부장에 저항하는 것이 자기 삶의 지향점이었다고 이야기할 만큼 가부장적 가족 안에서 큰딸이라는 위치로 인해 구성된 자신의 삶에 대해 깊은 문제의식을 가지고 있다. 부잣집 막내아들로 태어난 김경희 씨의 아버지는 결혼 후에도 경제적 책임이나 의무를 위해 별로 노력하지 않은 사람이었다고 한다. 그러면서도 아버지는 매우 가부장적인 사람이었다. 김경희 씨는 초등학교 때부터 공부뿐만 아니라 운동도 잘했는데 김경희 씨가 자신이 좋아하는 농구부나 탁구부 등에 들어갈 수 있는 기회를 애써 잡을 때마다 아버지의 반대로 번번이 무산되고는 했다. 한편, 아버지가 방기한 집안 경제를 챙겼던 어머니는 그럼에도 집안일에 대한 결정에 있어 남편(김경희 씨의 아버지)의 의사에 크게 반대하지 못하는 사람이었다. 어머니 본인도 어떤 면에서 가부장적 권력관계의 피해자였던 것이다. 그러면서 생계를 책임지느라 자신이 미처 혼자 다 감당하지 못한 가사노동과 돌봄노동을 큰아들 등의 다른 자식은 제쳐두고 큰딸인 김경희 씨가 도맡도록 했다. 또한, 어머니는 어떤 결정 사안 앞에서든 항상 아버지의 편에 섰고 아들들과 딸들, 특히 맏아들인 김경희 씨의 오빠와 큰딸인 김경희 씨를 차별대우했다.

다같이 앉아서 밥을 먹는데, 그렇게 못사는 집도 아닌데 생선이나 이런 거에 내 젓가락이 가면 엄마가 툭 쳐냈던 기억. (중략) 초등학교 1학년 들어갈 때도 (중략) 그때 OO국민학교라고 노란색 교복을 입는 괜찮은 사립학교가 있었는데 그 학교에 오빠를 넣으려고 시험을 보고 이랬어요. 초등학교시험을 봤는데 오빠가 떨어진 거예요. (중략) 나도 그때 막연하게 OO국민학교에 대한 환상이 좀 있었던 거 같은데. 왜 나한테는 시험을 보라는 소리를 안 하는지, 나는 붙었을 텐데, 나는 오빠보다 잘하니까. 오빠한테는 보라 그러고 나한테는 그런 말을 전혀 안하는지. (중략) 그때 오빠가 시험을 보는 세대여서 초등학교 5, 6학년 때 굉장히 열심히 공부를 했는데 아침마다 자기 도시락 싸가는 거를 안 싸가고 항상 울엄마가 나한테 오빠 갖다 줘라 그랬는데. 그 도시락을 갖다 주면 (중략) 오빠네 반 아이들이 (중략) 나와서 놀리기도 하고 막 이러는 거라. (중략) 내가 큰딸이다 보니까 동생들을 챙기는 일, 밥을 챙겨 주거나 하여튼 집안일과 관련해서는 어렸을 때부터 했던 거죠. (중략) 한 번은 내 여동생 친구가 와갖고, 내 바로 밑에 여동생이랑 나하고 다섯 살 차이가 나는데 (중략) 얘의 친구들이 우리 집에 왔다가 얘한테 날 보고 니네집 식모냐 이런 말을 했대. 그게 너무너무 화가 났던 거야. (김경희, 53세)

김경희 씨의 어머니는 큰딸의 학교생활에 그다지 신경을 쓰지 않았다. 그렇지만 김경희 씨는 내성적인 오빠와 달리 활달하고 활동적이었으며 운동과 공부를 모두 잘했는데 유독 가정과목 성적은 늘 나빴다고 한다. 다른 친구들은 가정과목 과제물을 어머니들이 대신 해주거나 세탁소에 맡겨서라도 도와주었기 때문에 성적을 잘 받았지만 김경희 씨의 어머니는 그런 일에 전혀 신경 써주지 않았다. 어머니는 김경희 씨가 학교 백일장에서 선생님들에게 큰 칭찬을 받으며 시 장원을 해 왔을 때도 별스럽게 여기지 않았다고 한다. 당시 중학생이었던 김경희 씨의 시는 심사위원들에 따르면 다른 학생들의 시와는 남달랐고 학교에서는 김경희 씨가 큰 상을 받은 학생들이 해왔던 관행에 따라 학교에 크게 한턱 내주기를 기대하기까지 했다. 그렇지만 김경희 씨의 어머니와 아버지는 그 일을 중요하게 여기지 않았고 어머니는 선생님을 포함한 모두에게 사탕 하나씩을 돌리는 것으로 한턱에 대한 기대를 일단락시켰다고 한다.

대학입시를 준비하면서 김경희 씨는 전공을 살려 졸업 후에 취직

할 수 있는 공부를 하고 싶어 했다. 하지만 아버지는 김경희 씨가 원하는 학교와 전공에 지원하는 것을 반대했다. 아버지는 김경희 씨가 대학 졸업 후 곧 바로 '좋은 혼처'로 시집가기를 바랐고 그렇게 하도록 만들기 위해 한 여대의 문리대 입시원서를 직접 사서 집으로 들고 오기까지 했다. 김경희 씨는 아버지의 말을 따르지 않았고 아버지의 뜻에 대한 저항의 의미로 시험 당일 백지답안지를 내고 집으로 돌아왔다. 그러나 결국 학교 선생님의 설득을 받아들여 장학생으로 입학할 수 있는 한 다른 여대의 가정학과에 원서를 냈고 4년 동안 장학금을 받으며 대학을 다녔다. 대학 졸업 후 김경희 씨는 대학원 진학을 하려했는데 학부재학 중에는 장학금을 받아서 부모님이 학비를 대줄 필요가 없었기 때문에 대학원 입학금 정도는 부모님이 내줄 것이라 기대도 했다. 그러나 아버지는 김경희 씨의 진학 계획에 반대했고 졸업을 하자마자 결혼하기를 바랐다.

대학원 입학금 납부 마지막 날까지 등록을 하지 못하자 바로 다음 날 김경희 씨는 가출을 감행한다. 그러나 갈 곳도 없고 돈도 없었던 김경희 씨는 대학 4년 동안 사귀었던 남자친구가 지내고 있는 곳으로 찾아갔고 그곳에서 한 달 반 정도를 머물렀다. 그렇지만 김경희 씨는 그곳에서도 마음이 편하지 않았다. 남자친구는 틈틈이 집으로 돌아가라며 충고를 했고 김경희 씨는 그런 남자친구의 성화에 못 이겨 다시 서울로 돌아왔다. 그러나 그 길로 곧장 집으로 들어가지 않았다. 또 다시 한 달 반 정도의 시간을, 이번에는 어느 교수의 집에서 기숙가정부 일을 하면서 보냈다. 어느 날, 김경희 씨의 사정을 알게 된 교수

내외의 설득 끝에 집으로 돌아가겠다는 약속을 한 후 가정부 일을 그만두었지만 김경희 씨는 그 뒤에도 몇 날을 더 방황했다고 한다.

그러던 어느 날 불쑥 집으로 돌아가자는 생각이 들어 집으로 들어갔다. 그 뒤 작은 회사에 취직해 다니던 중 김경희 씨는 대학 4년 동안 사귀었던 남자친구 대신 직장에서 만난 남자동료와 결혼하기로 결심한다. 오랫동안 사귀고 있던 전 남자친구는 집안, 학벌, 외모 등 소위 '완벽한 조건'을 가진 신랑감이었기 때문에 보수적인 아버지조차 교제를 반대하지 않았던 사람이었다. 반면, 김경희 씨가 결혼하기로 결심한 직장동료 남성은 모든 조건이 전 남자친구와 비교할 수가 없을 만큼 나빴다. 그러나 김경희 씨는 결혼을 강행했고 남자가 집으로 인사 온 날 인사도 제대로 못하고 쫓겨나는 남자를 따라 부모님 집을 아예 나와 그 길로 남자와의 신혼살림을 시작했다. 거적때기로 비를 막아 부엌을 만든 한 달동네 셋방에서 동거를 시작한 후 오랫동안 김경희 씨는 무척 가난하게 살았다. 그러나 아버지의 집을 나온 것을 후회하지 않았다.

김경희 씨보다 14년 뒤에 출생한 송아영 씨도 한 소도시에서 태어났다. 송아영 씨의 아버지는 시골에서 맏아들로 태어나 전문대를 졸업하고 공무원으로 일하던 중에 자신보다 더 가난한 시골에서 태어나 공무원으로 일하고 있던 동료인 어머니와 결혼했다. 어머니는 초, 중, 고등학교 선생님들이 이구동성으로 칭찬을 아끼지 않으며 공부할 것을 독려했을 만큼 똑똑하고 총명한 사람이었다고 한다. 상업고등학교를 다니고 있던 어머니는 학교를 졸업하기도 전에 우수한 성적으로 공무원이 되었다. '데이트 강간'을 당한 후 혼전 임신을 하게 된 어머니는 양가의 반대를 무릅쓰고 아버지와 결혼식을 올렸으며 7개월 뒤 송아영 씨가 태어났다. 이후 남동생들이 연이어 태어났고 부모님은 당시 대여섯 살 남짓 된 송아영 씨를 외할머니와 친할머니 집에 번갈아 맡겨가며 위탁 양육을 했다.

> 바로 밑에 동생이 일 년 반 터울인 해에 태어나고 또 바로 밑에 동생이 태어나고 이러면서 외가댁에 보내졌다가 할머니댁에 보내졌다가 이동을 많이 했어요 내가. (중략) 그 시골집에 할머니, 할아버지, 막내 삼촌 사는 집에 엄마가 나를 데려가서 할머니한테 이렇게 맡기고 대문을 나서는 모습인데. 내가 가지 말라고 막 소리를 지르고 엄마, 엄마 그러는데 엄마가 뒤 한 번 안 돌아 봤어요. 엄마 표정은 뭐 어떨지 상상할 수 없지만 암튼 엄마가 한 번도 돌아보지 않았다는 게 나한테 되게 중요했던 거 같애. 그리고 너무 할머니가 날 꽉 붙잡고 있었는데 할머니 젖가슴을 잡아 뜯었어, 너무 화가 나서. 놓으란 말이야 이러면서. (중략) 할머니 댁에서 맨날 빨래했어요. 삼촌, 할아버지 양말, 속옷 이런 건 항상 내가 빨았어요, 찬물에, 겨울에도. (중략) 그런 게 내가 되게 싫어했던 거 같애. 그래도 그걸 티내거나 하진 않았던 거 같애요. (송아영, 39세)

동생들이 웬만큼 자라자 부모님은 송아영 씨를 집으로 데려왔다. 하지만 이후 송아영 씨의 마음속에는 항상 '고아의식'이 자리잡게 되었다고 한다. 그리고 그런 감성은 가족 안에서 계속되는 차별대우를 통해 강화되었다.

바로 밑에 동생이 유치원에 다녔고 난 집에서 계속 놀았어. 난 유치원에 보내질 않았어. 집안이 어려워서 그랬는지 너무 시골이라서 그랬는지 난 유치원에 보내질 않았는데. 바로 밑에 동생은 너무나 예쁜 유치원 옷을 입고 예쁜 유치원 가방을 메고 매일 어딜 갔다 와. 그리고 걔가 그 유치원에 다녀올 때 쯤 되면 엄마가 나를 데리고 막내를 업고 이렇게 산 밑에 있는 집이었는데 꼬불꼬불 내려와서 큰 길에서 애를 기다려요. 그리고선 아이구 우리 아들 갔다 왔어! 맞이해서 산길을 또 올라가서 집에 같이 가는 게 매일매일 일관데. (송아영)

이런 가운데, 고아의식과 함께 송아영 씨의 정서에 자리잡은 것은 열등감이었다. 송아영 씨는 그것이 남동생들 대신 자신 혼자만 할머니들 집으로 보내져 키워졌던 경험, 집으로 돌아와서도 늘 좋은 것은 남동생들 차지로 돌아가는 상황을 겪으면서 형성된 감정이라고 말한다.

그날은, 두 살 터울이니까 내가 아마 여섯 살에서 일곱 살 고쯤일거야, 일곱 살이었겠다, 근데 동생이 가방을 이렇게 메고 딱 나타났고 저쪽에서 너무너무 세련된 모녀가 내 동생 또래의 여자애가 역시 유치원 가방을 너무나 예쁘게 매고 예쁜, 너무나 예쁜 옷을 입고. 그 아줌마는 우리 엄마랑 다르게 이렇게 스카프를 맸더라구. 스카프를 매고 냄새도 좋은 거 같애. 너무너무 세련된 외모에 하얀 피부에 그리고 딸도 너무너무 예쁘고. 정말 저 사람들은 서울에서 왔나봐 할 정도로. 서울에 대한 환타지가 있잖아. 그런 너무 세련된 그 모녀가 확 지나가는데. 내가 왜 그랬는지는 모르겠는데. 안집에서 키우던 캐리라는 개가 있는데 그 개한테 내 동생이 갖고 다니던 노란 가방을, ○○유치원 가방을 캐리 목에다 걸었어요. 근데 캐리는 나이가 많이 올드하신 분이었는데 이 캐리가 갑자기 목에 딱 뭐가 걸리니까 애가 흥분을 해서 이걸 막 빼려고 고개를 흔들다가 차가 오고 있는데 차 밑에 캐리가 낀 거야. 다행히 죽진 않았어. 근데 난 엄청나게 혼났지. 나는 거기서 나의 열등감이라든가 열패감이 거기서부터 많이 생겼을지도 모른다는 생각이 들어. 나랑 다른 수준의 사람이 있다는 걸 느꼈으니까. (송아영)

초등학교에 들어간 후 2학년이 될 때까지도 송아영 씨는 주로 혼자 놀았다. 선생님에게 화장실에 가고 싶다는 말을 못해서 교실에 그냥 앉아 오줌을 싸기도 했다. 학년이 올라가면서 사회성이 조금씩 자라났지만 고아의식과 열등감은 풀지 못한 속앓이가 되어 스트레스로 쌓였고 그것은 다시 개와 같은 자신보다 약한 동물이나 자신보다 약한 또래 친구들을 괴롭히는 것으로 나타났다. 그럴 즈음 송아영 씨의 어머니는 사업을 시작했고 일 때문에 집을 비우는 날이 잦아졌다. 그래서 종종 외할머니가 집으로 와서 손자들을 돌봐주고는 했다. 그러나 송아영 씨는 외할머니가 오는 것이 싫었다고 한다. 외할머니가 송아영 씨에게만 집안일을 거들게 했고 늘 '여자는 이래야 한다, 여자는 저래야 한다'는 말을 입버릇처럼 뱉고는 했기 때문이었다.

고등학교를 졸업한 후 몇 달 뒤 송아영 씨는 집에서 독립해 나왔고 얼마 지나지 않아 어머니도 아버지와 별거를 시작했다. 그리고 얼마의 시간이 흐른 후 부모님은 이혼을 했고 그로부터 15여 년이 흐른 뒤인 몇 년 전 송아영 씨의 어머니는 병으로 돌아가셨다. 어머니는 돌아가시기 직전까지도 송아영 씨보다 송아영 씨의 남동생을 더 챙겼다.

동생들이 특히 막내가 많이 노릇을 하는 집이었는데 우리 집이. 바로 밑 동생이 우리 엄마랑 관계가 안 좋아지고 막내가 엄마를 또 보살피고 이랬던 그런 것도 있고. 엄마가 편애를 좀 많이 했어요. 내가 엄마 가슴이라도 만질라고 치면 내 손을 탁 치면서 막내동생 꺼다, ○○이 꺼다 딱 이렇게 얘길 할 정도로. 내가 너무너무 서운할 정도로. (중략) 그러다가 돌아가시고 내가 너무너무 많이 헤매고 죄책감에 시달렸다가 분노에 시달렸다가 엄마 영정 사진을 가슴에 안았다가 확 집어던졌다가 다시 울면서 가지고 왔다가 이거를 꽤 오랫동안 했던 거 같애. 그리고 매일 밤 엄마 꿈을 꾸고 울면서 일어나고 울면서 자고. 정말 가슴에 슬픈 가스가 가득 차서 언제 터질지 모르는 그런 상황이었던 거 같애요. (송아영)

어머니의 장례식과 제사는 어머니의 말처럼 이루어졌다. 막내 남동생은 장례식과 제사에서 당연하다는 듯 모든 의례와 접대의 주체가 되었다. 송아영 씨는 어머니 장례식과 제사에서 자신에게 요구되고 기대되는 지위나 역할이 없다는 것을 그때 깊이 깨달았다고 한다.

김경희 씨보다 24년, 송아영 씨보다 10년 뒤에 출생한 유윤서 씨는 서울의 한 부촌에서 공무원인 아버지와 부잣집에서 태어나 자란 어머니 사이에서 태어났다. 유윤서 씨에게 부모님은 보수적인 사람들이었고 어머니는 특히 모순적인 사람이었다.

어렸을 때부터 (제가) 되게 기가 세다는 얘기를 되게 많이 들었어요. 그래서 맨날 오빠 잡아먹는다고 그런 얘길 되게 많이 들었었고. 저희 엄마가 되게 분열적인 사람인데. 겉보기엔 되게 개방적일 거 같은데 속은 굉장히 보수적인 그런 사람이에요. 그게 되게 부딪히는 사람으로 보여요. 잘 나가는 커리

양성애: 열두 개의 퀴어 이야기

어우먼이거든요. 근데 속으론 굉장히 보수적인 생각이 많은. 제가 오빠를 이겨먹거나 이런 거에 굉장히 분노했어요. 어렸을 때부터 그런 거 많이 느끼고 살았어요. 그런 박탈감 같은 거. 오빠한테만 항상 뭔가 잘해주는 거 같고 사람들이. 외모적인 것도 오빠는 예쁜데 너는 어렸을 때부터 어디 나가면 못생겼다 그래서 얘는 대체 누구냐, 그런 얘기들 많이 들었었고. (중략) 근데 그 와중에서 제가 실수를 많이 했어요. 항상 일을 저지르고. 아주 어렸을 때는 항상 말썽을 부리고. 어디 가서 물이라도 한 잔 엎고 이런 분위기였고. 그런 와중에 오빠는 항상 잘 하는 사람 같았어요. 그게 지금 생각하면 엄마가 오빠한테 항상 종교적인 가치를 부여했기 때문에 제가 상대적으로 그렇게 느꼈던 거 같긴 해요. 근데 어렸을 때는 하여간 뭔가 엄마하고 오빠는 서로 되게 잘 어울리고 나는 낄 데가 없고 그런 느낌이었던 거 같아요. (유윤서, 29세)

유윤서 씨의 오빠는 고등학교를 졸업한 뒤 미국으로 소위 '도피유학'을 떠났다. 그러나 첫 대학시험에 낙방한 유윤서 씨는 오빠와 달리 한국에서 재수생활을 해야 했다. 그 일로 유윤서 씨는 더욱 깊어진 상대적 박탈감을 느꼈다.

유윤서 씨가 초등학교 1학년 때부터 사업을 시작한 어머니가 유윤서 씨가 6학년이 되었을 즈음 아버지보다 더 많은 돈을 벌어들이기 시작하면서 부모님의 불화가 본격화되었고 유윤서 씨가 대학생활을 시작할 무렵 불화는 폭력적이 되었다. 부모님이 싸우는 소리에 잠이 깨서 싸움을 말렸던 적이 한두 번이 아니었는데 어느 날은 아버지가 어머니의 목을 조르고 있는 장면을 보기도 했다. 부모님의 잦은 싸움을 말려야 하는 위치에 있게 되면서 유윤서 씨는 이 모든 상황에서 혼자 자유롭게 떨어져 유학생활을 하고 있을 오빠에 대해 큰 분노를 느꼈다. 부모님은 유윤서 씨가 대학을 졸업할 즈음 이혼했다. 유윤서 씨는 그런 어머니의 선택을 지지하고 응원했지만 이혼한 어머니와 단둘이 살았던 시간은 더욱 고통스러운 시간이었다고 말한다. 어머니는 이혼 후의 불안과 분노를 유윤서 씨에게 언어폭력을 가하는 것으로 풀었고 그런 상황에서 유윤서 씨는 어머니로부터 독립해 이사 나오는 날까지 심한 무력감과 우울증을 앓아야 했다고 한다.

김경희 씨, 송아영 씨, 유윤서 씨의 구술은 가부장적인 가족과 친족이라는 사적 관계구조의 맥락 안에서 개인이 '딸'이라는 사회적 위치를 부여받고 차별대우를 받으면서 성차화되는 과정을 잘 보여준다. 이러한 경험은 형제자매들과의 관계에서 어떤 서열에 있는가와 무관하게 세대를 가로질러 나타난다. 앞에서도 볼 수 있었듯 '여성'이라는 성차 형성 이전에 무엇보다도 먼저 '딸'이라는 성차화된 위치로 호명되고 그 역할을 강제받게 되는 것이다.

물론, 딸이라는 위치에 기대되고 부여되는 역할은 '여성'의 위치를 점하고 있는 이들의 사회적 위치와 관계되어 있다. 근대화 이후 한국 사회에서 '여성'의 위치는 '여성'에게 기대되고 부여되는 역할이라는 맥락 속에서 지속적으로 변화해 왔다. 앞으로 '여성'이 될 것이라 간주되는 '딸'의 위치와 역할은 당시의 성별 관계와 성별 질서라는 사회상을 반영한다. 구술자들은 한편에서는 '여성'의 사회적 위치가 여전히 아내/주부/어머니 등 남성과의 사적/가족 관계 안에서의 위치와 역할로 이어지고 있지만 또 한편에서 '여성'이 '공무원', '사업가' 등 이전

세대들에게는 접근 가능하지 않았고 남성과의 사적/가족 관계에 한 정되지 않는 '사회인'으로서의 위치와 역할이 혼종되어 있는 가운데 에서 성별 관계를 경험했다. 그런 가운데 경험하는 '딸'이 처해 있는 상황은 모순될 수밖에 없고 이는 '딸', 즉, 이미 성차화되어 호명되고 위치 지어진 개인에 대한 '모순된 기대', 즉, 성차화된 역할과 성차화 되지 않은(남성과 같은 혹은 동등한 혹은 남성이 비교의 기준이 되지 않는) 역할에 대한 기대가 동시에 존재하는 것으로 나타난다. 다음에 서 그 부분을 좀 더 자세히 살펴보겠다.

모순된 기대

성차화는 비단 차별화된 위치와 대우를 통해서만 일어나는 것이 아니다. 가부장제적 이성애 관계구조 안에서 모순된 역할을 기대받고 요구받는 것을 통해서도 경험된다. 구희정 씨와 진강희 씨, 그리고 제갈재이 씨의 구술은 이를 잘 보여준다.

한 소도시의 중산층 가정에서 태어나 자란 구희정 씨는 이혼이나 사업실패로 인해 가족이 해체될 수도 있다는 이야기를 대학에 입학한 후에야 다른 이들을 통해 들었을 정도로 부모님의 부부싸움이나 가정 불화에 대한 직접 경험이 없다. 화목한 가정이라고 주위 누구든 입을 모으는 가족 안에서 살면서 구희정 씨는 초, 중, 고교 12년 동안 개근 을 했고 우수한 학교 성적을 유지하면서 학교생활을 했다. 소위 한 번의 '일탈'을 해 본 적이 없는 '모범생'이었던 것이다.

그러나 구희정 씨는 그런 안정된 가정이 사실은 부모님이 다툴 일도 없이 화목했기 때문이 아니라 다툴 일이 생길 때마다 어머니가 슬그머니 아버지의 눈치를 보며 자리를 피했기 때문이라는 것을 나중에야 알게 되었다고 한다. 그런 어머니의 태도에는 딸만 둘 낳은 것에 대해 어머니가 아버지에게 느끼는 미안함이 작용하고 있었다. 구희정 씨의 어머니가 두 번째 임신을 하고 있었을 때 사람들은 저마다 이번에는 아들을 낳을 것이라고 확신을 했다고 한다. 구희정 씨는 모두가 아들일 것이라 기대하는 가운데 태어난 '두 번째 딸'이었다. 한 직장을 30년 이상 다녔을 만큼 '안정지향적이고 보수적'인 구희정 씨의 아버지는 자신이 셋째 자식까지 부양할 능력은 없다고 판단했고 둘째가 태어난 뒤 철저하게 피임을 했다. 그런데 그렇게 철저하게 피임을 하면서도 아버지는 은근히 아들이 없다는 것을 아쉬워했고 어머니는 아버지에게 '아들을 낳아주지 못한 것'을 두고두고 미안해했다. 그런 미안함으로 인해 아버지와 싸울 일이 생길 때마다 항상 슬그머니 먼저 자리를 피했던 것이었고 그러니 사실상 한 번도 분쟁이 없었던 것이 아니라 해결되지 않은 채 봉합되었을 뿐이었다고 구희정 씨는 말한다. 아버지는 아들을 갖지 못한 아쉬움을 '곧 남녀평등 사회가 올 것이고 여자라고 못하면 안 된다', '남자 못지않게 해야 한다'는 말을 딸들에게 하는 것으로 달래고는 했다.

> 학교가 이렇게 있으면 바로 옆에 아파트가 이렇게 있었거든요. 그래서 베란다에서 보면 학교 운동장이 다 보였어요. 그러니까 아버지가 이렇게 나와서 이렇게 보면은 딸내미가 요렇게 철봉 못하는 게 다 보여. 그러면 밤에 운동장으로 가자 이렇게 해서 그런 거, 자전거도 뒤에서 아버지가 운동장에서

잡아주면서 탈 수 있어야 된다. 그때도 하는 말이 남자들과 경쟁하기 위해서 자전거를 탈 수 있어야 된다 라는. 지금 생각하면 되게 웃긴데 나는 그때 아 (그렇구나) 이렇게 생각했어요. 그리고 롤러스케이트를 사주면서 엄마는 롤러스케이트 위험한데 왜 사주냐 그러면 이런 걸 할 줄 알아야 남자애들과 경쟁에서 뒤지지 않는다. (중략) 저뿐만 아니라 언니랑 저한테 늘 둘 다 똑같은 말씀을 하셨는데 늘 몇 가지 패턴이 있어요. 남자와 경쟁하기 위해서 지면 안 된다, 스무 살 전엔 연애하면 안 된다, 배울 수 있는 건 뭐든 배워라, 그리고 우리는 너희한테 똑같이 해준다. 아버지 생각엔 모든 걸 똑같이 해주고 모토는 그거였는데 사실은 저한테 더 많이 해주셨죠. 제가 둘째기도 하고 그냥 아버지를 더 많이 닮기도 했고 더 아들처럼 생각하시는 부분이 있기도 한데. (구희정, 29세)

그러나 구희정 씨는 늘 '남자한테 지면 안 된다'라고 말하던 아버지의 모습에서 진정성을 느낄 수가 없었다고 한다. 예를 들어, 아버지는 늘 대화의 소중함을 안다고 말했지만 동시에 딸들이 하려는 말을 못하게 막거나 말대답을 한다고 혼내기 일쑤였던 매우 엄하고 권위적인 사람이었다. 아버지와 부딪힐 때마다 구희정 씨는 자신이 벽이 되고 아버지는 그런 벽을 향해 방백을 한다고 느꼈다. 그리고 구희정 씨가 그런 구도를 깨려고 할 때마다 결국은 아버지와 싸우게 된다는 것을 알게 되었다.

(아버지는) 뭐 듣기로는 이제는 남녀평등사회가 온다니까 너희도 남자랑 대적해야 된다, 여자라고 해서 못하거나 그러면 안 된다, 말은 그렇게 하지만 가장 가부장적인 모습을 또 가지고 있는 거예요. 명절만 되면 싸움이

나는 거예요. 왜냐면 친가에 가잖아요. 그럼 외가에 가면 30분도 안 되서 일어나는 거예요. 불편하니까. 당신이 불편했던 거예요. 그럼 내가 이렇게 해서 아빠 왜 외가엔 안 가기도 하고 30분만 있다 오기도 하고 이게 뭐냐, 우리 나중에 다 시집가면 그때는 어떡할 거냐, 그런 소리가 싫으셨던 거예요. 계속 매사 그런 식이었던 거죠. (구희정)

어머니에 대해서도 불만스럽기는 마찬가지였다. 어머니는 구희정 씨가 아버지와 싸움을 시작 할 때마다 늘 중간에서 말리는 역할을 했다. 또한, 어렸을 때부터 늘 구희정 씨에게 '여자다워야 한다'고 말해 왔다. 그리고 틈날 때마다 어른들에게 말대꾸하면 안 되고 늘 공손해야 하며 알고 있다고 해서 너무 나서는 것도 안 된다고 타일렀다. 구희정 씨는 무엇보다도 어머니가 자신에게 '쓸데없이 생각이 많다'며 자신의 생각과 고민을 무가치한 것으로 여겨버리는 것이 참을 수 없었다고 한다.

인신매매에 대한 사회적 공포가 있을 무렵에 저희 엄마가 언니랑 날 이렇게 앉혀 놓고 만약에 너희가 혹시라도 그런 일을 겪게 되면 무슨 일이 있어도 포기하지 말고 결사항전해야 된다. 그 얘기를 정말 결연하게 하신 거예요 저희를 앉혀놓고. 그냥 끊임없이 집에서도 너희는 여자니까, 딸이니까 그 얘기를 들어왔는데. 그 이야기가 저한테 되게 강렬한 거예요. (중략) 그때 근데 피해의식에 젖어서 벌벌 떨고 이게 아니고 만약에 그런 사람이 나타나면 내가 발로 차버릴 거야. 난 그렇게 할 수 있어. 괜찮아 엄마. 난 그렇게 할 수 있어. 울 엄마는 너무 답답해하면서 (중략) 제가 생리를, 한 6학년 쯤 됐겠구나 그게. 생리를 5학년 때 했으니까. 나이에 비해서 생리를 일찍 시작했는데. (중략) 나에게 생리라는 건 어떤 임신할 수 있는 여자가 되었다는 그런 즐거움보다는 번거로움. 그리고 난 아일 안 낳을 건데 또 생리통이 되게 심하거든요. 이런 고통을 내가 겪어야 된다는 게 되게 불합리하다 그러면 나는 일단 빨리 시작했으니까 빨리 끝났으면 좋겠다. 그럼 울엄마는 또 그 여자한테 폐경이 어떤 의미이며 폐경하고 나면 늙고 폐경하고 나면 아프고 그런 얘길 막 하는 거예요. (구희정)

구희정 씨의 아버지는 가부장적이고 남성중심적이면서 동시에 자신의 딸에게는 남자보다 더 잘 하기를 바랐다. 구희정 씨의 어머니는 구희정 씨에게 끊임없이 여자의 위치를 받아들이고 그에 걸맞는 태도를 취할 것을 요구했다. 아버지의 모순된 태도와 아버지와 어머니의 서로 다른 기대와 요구 앞에서 보냈던 오랜 시간을 구희정 씨는 '재미없고 지루한 채 마음에 불만이 가득했던 시절'이라고 회상했다.

현재 직장을 다니며 혼자 살고 있는 구희정 씨에게 부모님은 힘들면 쉬러 오라는 말을 자주 한다. 그렇지만 구희정 씨에게 부모님의 집은 쉴 수 있는 곳이 아니라 부모님의 마음에 드는 언행을 '해 줘야' 하는 '과제 혹은 프로젝트'를 수행하는 곳, 따라서, 자신을 힘들게 하는 곳이다.

진강희 씨는 어렸을 때부터 총명해서 신동이라는 소리를 듣고 자랐다. 맏딸이었기 때문에 부모님의 기대를 한몸에 받았다. 특히, 어머니는 결혼 후 전업주부가 되면서 자신이 포기했던 것들을 진강희 씨를 통해서 대신 이루고자 했는데 진강희 씨는 그런 어머니가 부담스럽고 불편했다고 한다.

엄마가 집안에 계셔서, 맞벌이 안 하셔서 저랑 항상 같이 있었구. 저한테 욕심이 되게 많으셨어요. 기댈 되게 많이 하셨는데. 엄마가 되게 똑똑하신 분이라 막 퀴즈 나가구. 엄마가 상 타오는 게 되게 여러 번이었어요. 근데 그렇게 똑똑하신 머리를 썩히니까 아깝잖아요. 저를 통해서 대리만족하시려는 마음이 많았던 것 같아요. (중략) 음... 되게 어렸을 땐 거 같은데. 엄마랑 나랑 다른 사람이다라는 게 되게 가슴 아프게 든 적이 있어요. 엄마가 나를 그때 안고 자는데 막 나오고 싶은 거예요. 저 사람은 나랑 다른 사람이다 싶어서. 저 사람이 느끼는 대로 느끼고 싶진 않다는 마음이. (중략) 되게 도망가고 싶은 게 많았어요. 그런 도망가고 싶은 만큼 또 기대에 충족시키고 뛰어나야 한다는 마음도 많았고. (중략) 엄만 내가 아니고 난 엄마가 아닌데 엄만 날 왜 이렇게 답답하게 가두려고 할까라는 생각을 많이 했어요. 그게 제 기본 바탕이라서. 엄마랑 저랑 지금 사이가 좋긴 한데 엄마는 기본적으로 넌 되게 차가운 애다라는 말은 해요. (진강희, 24세)

진강희 씨에게 어머니는 아내이자 전업주부의 삶을 사는 여성이면서도 딸에게는 자신과는 다른 삶, 자신이 못 이룬 삶을 대신 살아주기를 기대하는 여성이다. 그리고 그런 기대를 이루기 위해 진강희 씨의 일상을 관리하고 통제하는 존재이기도 했다. 한편, 진강희 씨에게 어머니는 당시 어리고 힘없던 진강희 씨가 아버지에게 부모의 훈육행위를 벗어나는 수준의 폭력을 당할 때 공포에 떨고 있던 진강희 씨의 편에 서주지 않았고 아버지를 말리지 않았던 존재, 자신이 갇혀있던 잠긴 문 밖에 서서 아버지가 모든 체벌을 끝낼 때까지 기다렸을 뿐이었던 존재, 남성인 아버지 앞에서 진강희 씨의 편에 서주지 않고 오히려 아버지를 보조하거나 아버지의 힘 앞에서 무력했던 존재다. 진강희 씨에게 그런 존재인 어머니는 딸인 진강희 씨에게 자신이 하지 못했던 선택과 역할을 요구하고 기대하고 일상을 통제하는 힘과 권력을 휘두르는 존재이기도 했다. 어머니의 이러한 위치와 태도는 모순되게 인식될 수밖에 없는 것이기도 하다.

구희정 씨와 진강희 씨의 구술에서 보여지는 딸에 대한 부모의 모순된 기대와 태도는 우진희 씨, 양민지 씨, 제갈재이 씨의 구술에서도 찾아볼 수 있다. 우진희 씨와 양민지 씨는 딸 둘 중에서 맏이이고 제갈재이 씨는 맏이인 언니와 둘째인 오빠 다음에 태어난 늦둥이다. 가족구성의 측면에서 다소 차이가 있기는 하지만 이들은 모두 '여자가 되어야 한다' 혹은 '여성다워야 한다'는 기대와 요구와 함께 '남자 못지않아야 한다'는 기대와 요구를 동시에 받아왔다.

그런데 1981년 이후 출생한 구술자들이 이야기하고 있는 '딸자식에 대한 기대'는 1957년생인 김경희 씨, 1971년생인 송아영 씨, 그리고 1972년생인 박소희 씨 등은 경험해 보지 못했던 지점들이 많아 보인다. 이는 구희정 씨(29세), 우진희 씨(29세), 양민지 씨(23세), 제갈재이 씨(22세) 등 1981년 이후에 출생한 이들이 이전 세대에서는 겪어보지 못한 시대적 변화를 공통되게 경험했기 때문이라고 할 수 있을 것이다. 이들은 1980년대의 민주화운동과 여성운동의 태동기를 거쳐 일상에서의 민주주의에 대한 요구와 성평등 담론이 확장되어가고 있던 1990년대와 2000년대 초반에 초·중고등학교를 다니면서 십대시기를 보냈다는 공통점을 가지고 있다. 이는 이들이 겪은 가족관계 내에서의 모순된 기대와 요구가 갖는 공통점에서 지역과 계층의 차이보다는 시대적 차이가 더 크게 작용했다고 볼 수 있게 해 준다.

그러나 계층에 따라 이러한 기대와 요구에 대한 물적 지원에는 분명한 차이가 있다. 예를 들어, 양민지 씨의 경우 아버지의 외도와 폭력, 부모님의 이혼, 어머니의 재혼, 외조부모에 의한 양육 등을 겪었는데 이런 상황은 맏딸이고 총명하며 학교성적도 좋았던 양민지 씨에 대한 어른들의 기대 부재로 이어진다. 빈농이었던 외조부모도 이혼한 아버지와 어머니도 양민지 씨에게 경제적, 사회적 지원을 해줄 형편이 아니다. 이런 가운데 양민지 씨는 중학교 선생님들의 만류를 뒤로 하고 실업계 고등학교에 자원 입학했고 2학년 때 자퇴를 결행한다. 그런 후 지금까지 스스로 생계를 꾸려오고 있다.

지금까지 구술참여자들이 가족 내에서 경험해 온 폭력, 차별, 모순된 기대 등에 대해 살펴보았다. 참여자들이 출생한 시기가 다르기 때문에 생애 출발시간이라는 측면에서는 시차가 있지만 태어나고 성장하고 살아온 시/공간은 모두 1950년대 말부터 2009년까지라는 약 반세기 동안의 한국사회다. 이 시기는 물론 지금까지도 이어지고 있다고 할 수 있는 이성애적이고 가부장제적인 한국사회의 가족구조가 강력하게 작동해온 시기다. 가부장적 이성애 가족영역은 때로는 딸에 대한 노골적인 차별이 일어나는 곳이었지만 점차 모순된 기대가 경험되는 곳으로 변화해 왔다. 여성들이 소위 사적 영역에서 공적 영역으로 사회활동의 반경을 넓혀 가면서 장차 여성이 될 딸에 대한 부모, 특히, 아버지의 기대와 요구 또한 변화한 것이다. 많은 딸들에게 이제 아버지와 어머니는 '남자 못지않기'를 바란다. 그렇지만 정작 아버지 자신이 남성의 위치에서 여성의 위치에 있는 어머니나 딸과 관계하는 방식은 여전히 남성중심적이다. 이러한 모습은 구술참여자들로 하여금 이중적이고 모순된 자의식을 갖게 한 것으로 보인다. 남성인 아버지의 위치보다 권위적으로나 위계적으로 열등한 위치에 있는 어머니인 여성의 위치를 점할 것을 끊임없이 요구받는 동시에 아버지와 같은 남성의 위치에 있는 다른 남성들과의 관계에서는 결코 열등한 여성의 위치를 점하지 말라는 이중적이고 모순된 요구를 받아왔기 때문이다. 이것은 또한 여성의 위치에 놓여졌기 때문에 아버지의 위치와 자신을 동일시할 수도 없고 아버지와 동일시할 수 없기 때문에 항상 열등한 위치에 남아있을 수밖에 없다는 인식과 결부된 것이기도 하다. 딸에게 열등한 위치에 있지 말 것을 요구하고 강요하는 아버지는 어머니에 대한 폭력을 통해 혹은 딸에 대한 직접적인 폭력, 차별, 혹은 모순된 태도를 통해 끊임없이 여성이 남성보다 열등한 위치에 있음을 반복적으로 각인시킨다. 이와 함께 어머니인 여성이 이성애적 가족 영역 안에서 남편과의 관계를 협상하는 과정에서 딸에 대한 아버지의 강제를 규제하지 못하는 힘없는 존재로서, 아버지의 강제를 지지하는 옹호자로서, 혹은 남편이라는 가부장의 횡포를 자식들에게 반사시키는 희생-가해자로서 가부장적 질서의 적극적인 혹은 간접적인 동조자이자 옹호자가 되어 딸들이 성차화되는 과정에 개입하는 경우가 공존한다.

지금까지 가부장적 권력은 딸에 대한 폭력, 차별, 모순된 기대라는 기제를 통해 구술참여자들로 하여금 '여성'의 위치에서 삶을 경험하고 이로써 '여성'이 되어 갈 것을 기대하고 요구하는 방식으로 작동해왔음을 보았다. 이성애적이고 가부장적인 가족이라는 사적 영역은 성차화, 즉, '여성화'가 일어나는 일차적 성장치*로서의 역할을 충실히 하고 있는 것이다. 참여자들의 구술은 가족 내에서 딸의 위치에 놓인 개인에게 특정하게 가해지는 폭력, 차별, 모순된 기대 등이 성차화된 훈육인 동시에 성차화를 강제하는 훈육이며 이것이 이성애/남성중심적 체제에 개인들을 포섭하는 과정이기도 함을 보여주고 있다.

2. '여/학생'화 Feminization of studentship

성차화 과정은 소위 공적 영역에서도 계속된다. 가족 안에서 '딸'의 위치에 한정되어 있던 구술자들이 가족 밖의 영역인 학교에서 '학생'이라는 위치를 획득하게 될 때 가족 밖의 영역에서 성차화의 과정을 경험하게 되는 것이다.

초도로우가 필립 아리에스(Aries, 1962:61)의 연구결과를 빌어와 이야기하고 있듯이 여아에게 학교는 아동기에 대한 요구와 여성에 대한 요구가 동시에 제기되는 모순된 영역이다. 아리에스의 말처럼 현대 자본주의 사회에서 아동기에 대한 관념은 성별화되어 전개되어

---

* 고정갑희(2011)의 『성이론: 성관계, 성노동, 성장치』에서 언급되고 있는 '성장치'와 함께 참조할 수 있겠다.

양성애: 열두 개의 퀴어 이야기

왔다. 남자아이가 '어린이'가 되는 동안 여자아이는 '작은 여성'으로 있어 왔다는 것이다. 이 말은 남자아이들이 아동기라는 관념에 의해 인식되기 시작하는 동안 여자아이들은 남아들에 비해 여아와 성인 여성의 구분을 명확히 하지 않는 전통적인 삶의 방식에 더 오랫동안 머물러 있었다는 말이다. 물론 초도로우의 지적처럼 현대 사회에서 여자아이의 성역할 발달은 보다 복잡하게 전개된다. 남아와 마찬가지로 이제 여아도 학교에서 기술적, 사회적으로 복잡한 사회에서 살아가기 위한 준비를 하기 때문이다. 그러나 학교교육은 남아들에게는 성숙하고 독립적인 사회성원이 될 수 있는 훈련의 장이 되는 반면 여아들에게는 '여성다운' 존재가 되고 아내와 어머니가 되는 '더 중요한 훈련'에 방해가 되지 않을 만큼만 훈련될 수 있는 의사擬似-훈련의 장이 되기도 한다(초도로우, 2008:110-11). 다음에서 구술참여자들이 학교라는 공간을 어떻게 경험하였는지 구체적으로 살펴보도록 하겠다.

학생 되기

동생 친구들로부터 '식모'냐는 오해를 받을 정도로 집안일을 도맡아야 했고 오빠에 비해 항상 차별대우를 받았던 '딸'인 김경희 씨는 초등학교 3학년 때 학생으로서 자신에 대한 새로운 인식을 갖게 된다.

> 초등학교 3학년 이 시기가 나한테는 나라는 존재가 느껴지기 시작했던 때였거든. 집안에서는 계속 그렇게 2남3여에 그 중에 오빠가 있고 그 중에

딸, 온갖 집안일을 가장 열심히 도와야 되는 위치에 있는 큰딸 이런 위치로서 취급되는 나였다면 학교에서 내가 저 선생님이 나를 알아주는 구나라고 느낀 게 초등학교 3학년 때였어. 그 선생님을 굉장히 좋아했다고. (중략) 그 사람은 나를 알아준 거야. 너가 똑똑한 아이구나, 이런 아이구나를 알아주면서 내가 정말 괜찮은 사람이다라고 느끼기 시작했고. (김경희, 53세)

초등학교 3학년 때, 아버지가 아닌 또 다른 권위적 위치에 있는 학교 선생님에 의해 총명한 학생이라고 인정받고 칭찬받은 경험을 계기로 김경희 씨는 새로운 자의식을 형성하게 된다. 또한 이 경험을 계기로 아버지의 권위 하에 있는 가족들이 자신에게 강제하는 '큰딸'이라는 위치를 비판적으로 보기 시작한다. 이 과정에서 김경희 씨가 가지게 된 최초의 문제의식은 초등학교 3학년인 자신에게 초등학교 6학년인 오빠의 도시락을 매일 배달하도록 시키는 어머니와 자신보다 나이가 더 많으면서도 자기의 도시락을 스스로 챙겨가지 않는 오빠에 대한 것이었다.

자신이 겪는 일에 대한 문제의식을 갖기 시작하면서 김경희 씨에게 형성된 서로 다른 두 위치에서의 서로 다른 자의식은 이후 아버지가 김경희 씨의 삶에 미치는 영향에 대한 문제의식과 갈등으로 이어진다. 자신이 주체적으로 하고 싶었던 일들이 남성인 아버지의 의지에 의해 번번이 좌절되는 경험이 반복되면서 점차 심화되었다. 아버지가 집에 있는 시간이 잦아지고 길어지면서 김경희 씨는 아버지와 한 공간에 있는 시간을 피해 최대한 일찍 집을 나와 등굣길과 학교에서 자신만의 시간을 보내기 위해 많은 노력을 한다.

그때 통금시간이 있을 때거든. 12시부터 4시까지 통금시간이 있었는데. (중략) 첫 버스가 한 4시 35분이면 오는데. 새벽에 일어나서 대강 청소도 하고 부엌에 설거지도 하고 치워놓고 이러고. 4시 35분 버스를 타러 나오는 거야. (중략) 근데 그것보다 더 일찍 나와서 버스정류장에 쪼그리고 앉아서 기다리고 있어 그 버스를. 그리고 나가서 버스를 타고 학교를 가면 학교 교문이 아직 잠겨져 있어. (중략) 벨을 누르고 서 있으면 아저씨가 나와서 아휴, 왜 이렇게 일찍 오냐며. 그런데 그렇게 교문을 열고 들어가는 그 길이 너무 좋았어. (김경희)

고등학교 2학년이 되었을 무렵 김경희 씨는 '내가 누구인지'를 고민하기 시작했고 심한 내적 갈등을 겪기 시작한다. 그때를 김경희 씨는 '파열할 거 같은' 때라고 회상했다. 대학입학 후에도 김경희 씨의 내적 갈등은 계속 되었고 새벽에 집을 나서는 일 또한 계속되었다. 대학을 다니는 동안에는 새벽 4시 50분 정도에 기차역에서 출발하는 교외선을 타고 2시간 10여 분 동안 시외곽을 돌아온 후 아침 8시에 이미 등교를 했다. 그것이 멀리 여행을 가거나 외박하는 것을 절대 허용하지 않았던 아버지를 피해 김경희 씨가 집 밖을 나와 내적 방황을 할 수 있었던 유일한 시간이고 방법이었다고 한다. 그런 방황 속에서 김경희 씨는 늘 자신이 다른 사람들과는 뭔가 다르다는 어떤 느낌을 지울 수가 없었다고 한다. 그러나 그것이 무엇인지를 알 수가 없었고 그렇기 때문에 늘 마음이 괴로웠다.

세상은 저렇게 저렇게 굴러가고 있고 나는 적당히 적당히 하고 애들이랑 잘 놀고 적당히 적당히 했지만 내 근본적인 존재 자체가 도대체 뭐냐 이거에 대한 고민은 나한테 정말 고2때부터는 굉장히 심각한. (중략) 성격 자체는 낙천적이고 이런저런 사람과 놀고 관계를 잘 만들고 하니까 굉장히 그 외향적이고. 이런 것과 함께 굉장히 이중적인, 어떤 자기 속으로 또아리를 틀고 들어가는 일이 굉장히 심각했던 거 같고. 이런 두 가지의 나를 소화가 안 됐던 거 같애. 내가 도대체 이중적인 인간인가, 남들 앞에서 좋고 잘하고 할 때 그럼 좋은 척을 했던 건가. (김경희)

한편, 학교라는 영역이 항상 김경희 씨의 경험에서처럼 가족이라는 봉건적이고 가부장적인 영역의 대항영역의 역할을 하는 것은 아니다. 구희정 씨가 들려주는 '일기검사'에 관한 이야기는 이런 맥락 안에서 학교가 가족이라는 영역과 공모하거나 그 영역의 역할을 강제하는 공적 가부장의 역할을 하기도 한다는 것을 보여준다.

초등학교 5학년 때는 일기검사를 하는데 일기검사가 너무 싫어서 일부러 일기장에다가 나는 훗날 우리 담임선생님이 일기장을 검사한 걸 반성할 수 있도록 훌륭한 사람이 되어야겠다, 일부러 써 논 거예요. 선생님이 그걸 볼 거라고 생각을 하고. 담임이 집에 전화를 한 거죠. 웃으면서 이렇게 얘길 하면서, 일기를 읽었는데 일기검사가 되게 싫었나보다, 그래서 나에 대해서 직접적으로 언급을 해 놓은 걸 보고 자긴 되게 웃었다. 되게 능구렁이처럼 말씀을 하셨어요. 50대의 여자분이었는데. 그래서 엄마가 일기장을 가져와 보라 그래서 2차 검열을 받고. 왜 일기장에 이렇게 썼냐. 선생님 보라고 썼다. 근데 그래서 선생님한테 무슨 얘기를 들었냐. 선생님 별 말하지 않았다. 그래도 이런 건 옳지 않다. 계속 이렇게 된 거예요. (중략) 초등학교 6학년 때 그때도 일기를 써서 검사를 받고 그랬었는데 애들이 일기장을 본 거죠. 남자애들이 짓궂게 일기장을 보고 야! 너 일기에 뭐 써 놨더라 그러면서 그런 거 있잖아요. 공책을 이렇게 던지면서 주고받고 내놓으라고 그런 과정을 이렇게 거치면서. 걔들을 이렇게 때려주고. 집에 와서 이 일기장을 누가 봤기 때문에 훼손됐다, 그래서 이걸 태워야겠다 이렇게 생각을 하는데. (중략) 누가 내 것을 보거나 만지거나 그런 게 너무너무 싫었던 거예요. (구희정, 29세)

구희정 씨의 구술에서 볼 수 있듯이 일기쓰기란 개인이 자신의 일상을 기록하고 성찰함으로써 서사와 정체성을 다듬어 가는 매우 사적이며 따라서 매우 근대적인 행위다. 성찰하는 개인의 등장이라는 역사적 조건을 전제로 하는 역사적이고 사회적으로 구성된 행위인 것이다. 그것은 현재적 시점에서 자신의 내면과 자신이 관여되었던 일상의 사건들에 대한 의미를 성찰하고 재구성하여 주체적으로 자의식을 확립하고 자아에 대한 의미, 즉, 정체성을 재구성하는 행위다.

한국사회에서는 초등학교에서 글씨 쓰는 법과 기초 작문법을 익히는 것 등을 목적으로 일기쓰기가 교육방법론적으로 장려된다. 이에 따라 초등학생들은 일기쓰기를 하나의 과제로 수행한다. 그런데 교육목표를 이루기 위해 수행되는 일기쓰기이기 때문에 일기는 '검사'받고 구희정 씨의 경우처럼 때로는 '검열'받으며 심지어 '희롱'당하는 경험을 안겨주기도 한다. 당시 초등학생인 구희정 씨에게 일기는 자신의 내밀한 생각과 이야기를 기록하면서 자신이 재구성해 낸 자기 고유의 세계, 즉, 자기 주체성의 발현물이었다. 그렇기 때문에 일기가 선생님이나 어머니에 의해 검사되고 검열된다는 것 그리고 또래 남자 아이들에 의해 희롱의 대상이 된다는 것은 곧 자신의 주체성과 정체성이 검사받고 검열되며 희롱당하는 것과 같은 일이었을 것이다. 누가 몰래 봄으로써 '훼손'되었다고 느낀 일기장을 불에 태워 아예 없애버리려고 했던 장면도 이런 맥락에서 이해할 수 있다.

1957년생인 김경희 씨와 1981년생인 구희정 씨가 경험한 초등학교는 물론 서로 다른 시공간이다. 김경희 씨가 초등학교를 억압적인 가부장의 영역인 집에서 벗어나 자신의 고유한 주체성을 발견한 장소로 경험했던 반면 구희정 씨는 부모님이 통치하는 영역인 집과 결탁하거나 압력을 넣는 방식으로 자신의 고유한 세계를 검열하고 억압하는 장소로 경험하였다. 이 차이는 두 구술자가 거의 30여 년이라는 시간적 거리를 두고 초등학교라는 영역을 경험했기 때문이라고 볼 수 있을 것이다. 구희정 씨는 1980년대 후반과 1990년대 초반에 초등학교를 다녔는데 이 시기는 이미 가정과 학교 이외에 청소년들이 접근할 수 있는 영역과 활동의 장이 생겨나기 시작한 뒤였다. 또한 1980년대 이후 한국사회가 민주화 운동과 여성운동을 통해 사회 전반적으로 제도적이고 문화적인 개혁을 어느 정도는 이루었고 이를 통해 함부로 침범할 수 없는 개인의 고유한 영역으로서의 몸과 인권이라는 근대적 가치관이 자리잡기 시작했던 점도 서로 다른 경험의 배경이라 할 수 있다. 1981년생인 구희정 씨가 자신의 고유 영역에 대한 인식과 이에 대한 권리의식을 강하게 가지고 있는 것도 이러한 맥락에서 이해할 수 있다. 김경희 씨가 집에서 나와 있는 시간을 최대화함으로써, 즉, 자신의 주체성을 억압하는 권력으로부터 물리적으로 최대한 멀리 있음으로써 자신의 주체성을 추구하고 보존하려고 노력했던 반면, 김경희 씨보다 30여 년 후의 세대인 구희정 씨는 자신의 주체성을 억압하려는 권위와 권력에 정면으로 질문함으로써 권위에 나름대로 직접 도전하는 방식으로 개인으로서의 자신의 주체성을 추구하고 보존하고자 노력했다고 볼 수 있다.

'여/학생' 되기

구희정 씨와 같은 해에 출생해 동일한 사회적, 역사적 맥락에서 생애 서사를 구성해 온 우진희 씨의 유치원을 포함한 학교경험은 앞에서 짚어본 점을 다시 확인하게 해준다. 유치원시절 우진희 씨는 자폐아로 오해받을 만큼 조용하고 얌전한 아이였다. 당시 자신이 어지간한 경우가 아니면 '권위에 순종하는' 아이였기 때문이었다고 한다.

유치원에 자폐증 아들을 가진 아줌마가 있었는데 그 아줌마가 우리 엄마한테 와가지고 얘 어떡하냐고, 얘도 자폐증인 거 같다고 그렇게 말을 할 정도로 거의 권위에 복종이라고 해야 되나 그 정도 수준이었던 거 같고, 순했었던 거 같아요. 그리고 하나 생각나는 거는 그럼에도 가끔씩 한 번 반항을 했었던 거 같아요. 되게 어린데, 유치원 땐데 엄마한테 화가 나서 밤늦게까지 집에 안 들어가고 밖에 놀이터에 가만 있는다거나. 엄마가 뭘 했는데 엄마가 저한테 했던 행위들이 제가 마음에 안 들어가지고 집에를 안 들어갔어요. 여섯 살 땐가, 일곱 살 때. 집에를 안 들어가고 밤 여덟시 아홉시까진가 (중략) 집 앞에 주차장 건너편에 화단이 있었는데 거기 혼자서 가만히

앉아 있었어요. 그래서 엄마가 조그만 게 건방지다 그랬대요. (우진희, 29세)

초등학교를 다니던 어느 날, 우진희 씨는 학교라는 영역에서 권위의 상징처럼 간주되는 나이든 남자교사에 의해 성추행을 당하게 된다.

초등학교 때 제가 5학년 때 6학년 땐가 어떤 남자선생님이 제 담임선생님 친구였었는데 한 50 후반 정도 됐던 선생님인데. 학교에 보면 여러 가지 방이 있잖아요. 교무실, 예절실 같은 것도 있고. 어디를 청소를 하러 갔었는데 제 친구랑. 그 선생님이 이제 갑자기 뒤에서 딱 저를 이렇게 끌어안고서는 가슴을 만졌었거든요. 그때 정말 저는 애고 하니까는 어떻게 반항을 못하잖아요. 힘을 꽉 주고 있으니까. 진짜 너무 답답한데 전혀 빠져나갈 수 없는 그런 상황, 힘으로 나를 이렇게 누르는. 그때 그 선생님이 그러고서는 그때 한창 학교에 소문이 돌고. 저 선생님은 몇 학년 몇 반 애들 가슴을 다 만졌다더라 이러고. (중략) 근데 그게 요즘처럼 이렇게 그런 문제가 이슈화된다거나 그럴 때가 아니었고 그러기 전이었고 엄마도 어떻게 대응을 해야될런지 잘 몰라서 그랬던 거 같긴 한데. 제가 엄마한테 얘길 했는데 엄마가 별 대응을 안 하셨어요. (중략) 제가 겉으로는 되게 그냥 얌전하고 되게 선생님들 좋아하고 이랬거든요. 모범생. (중략) 되게 좀 표현을 어떻게 해야 될지 몰라서 표현을 그때 당시 못했던 거 같은데 되게 힘들었던 거 같아요, 되게 답답하게. (중략) 표현을 좀 했어야 되는데. 운다거나 좀 일탈적인 행동을 한다거나 그랬어야 되는데 전혀 그러지 않고 오히려 더 그런 제도 속으로 거기에 나를 맞추려고 노력하고. 팍팍했던 거 같아요 그때의 그런 삶이. (우진희)

양성애: 열두 개의 퀴어 이야기

김경희 씨의 경험에서 개별 주체의 주체성이 각성되고 향유되는 공간이었던 학교는 구희정 씨의 경험에서는 가부장적 가족 질서와 공모하여 개인을 검열하고 억압하는 공간이었고 우진희 씨의 경험에서는 폭력적인 방식으로 학생을 '성애화'하고 희롱하는 공간이 된다. 다음에서 보여지듯이 한국사회 학교는 한국사회가 승인해 온 이성애/남성중심적 권위와 권력 문화가 폭력적으로 답습되는 공간이기도 하다.

되게 답답했던 거 같아요. 그런, 맨 날 열시, 열한시까지 자습해야 되고. 선생님들의 그런 모욕적인 체벌. 애를 몇 십 대씩 패는 거는 아니지만 모욕적인 체벌. 그런 거로 괴로워했었고. (중략) 중학교 때도 그런 일이 한 번 있긴 했는데. 안 째려봤는데 째려봤다고 그래서 저를 벌을 세우고 그랬었는데. 고등학교 때는 선생님이 자습시간에 조용히 해라 했는데 저는 조용히 의자를 잡아서 끌었더니 그걸 가지고서 너 나한테 반항하는 거냐, 가정선생님이. 불려나가 가지고 아니라고 말을 비굴하게 했었던 거 같아요. 태도가 되게 비굴했던 거 같아요. 그리고 조회를 그때까지만 해도 맨날맨날 운동장에 모아놓고 했었는데 조회시간에 애들이 떠들잖아요 당연히. 무슨 부하 대하듯 집단적으로 벌을 주는 거예요. 한 번은 강당에 모여서 조회를 하는데 애들이 너무 떠들어가지고 거기 모인 전교생한테 바닥에 이마를 대고 엎드리라고 했거든요. 저는 그 동작이, 내 몸을 그렇게 해야 된다는 게 너무 싫어가지고 진짜 많이 울었었던 거 같아요. 그리고 보면 선생님들이 수업을 하기 싫었는지 한 시간 내내 너네는 공부도 못하는 것들이(라며) 욕을 하고. 쌍욕을 막 해요 진짜. 미친년 어쩌구저쩌구 하면서. (중략) 그리고 한 번은 제가 주번을 하는데 지각을 해서 선생님한테 맞았는데, 저만 맞은 건 아니었는데, 지각한 애들이 몽땅 맞았거든요. 어떻게 맞았냐면

출석부 모서리로 머리를 맞았어요. 전 당연히 맞고 나서 바로 울었거든요. (중략) 그때 한창 체벌을, 학교에서 선생님들의 무식한 체벌이 이슈가 돼서 난리가 났던 때여 가지고 제가 막 우니까 때린 선생님이 이렇게 진짜 미안했는지, 그런 거 같진 않은데, 다음날 저를 따로 불러가지고 미안했다고 사과하고. (우진희)

때로 권위적이고 폭력적이며 여/학생을 성/차화하는 학교 문화는 남성/교사와 여/학생 사이의 묵시적인 '전선'을 형성시키기도 한다. 폭력적 학교문화에 대한 우진희 씨의 구술에 이어 진강희 씨의 구술은 남성/교사가 남성으로서 가지는 성적 주체로서의 위치와 교사로서 가지는 위계 구조에서의 위치를 여/학생의 위치에 있는 이들이 어떻게 인식하고 경험하였는가를 보다 자세히 보여준다.

중1때 담임이 좀 변태 같았는데 (중략) 여자애들 귓볼을 막 만져요. 교무실에서 가슴 만졌다는 소문도 있었는데 진짠진 모르겠어요. (중략) 어느 날은, 그 선생님 과학선생님이었는데 시험을 봤는데 제가 그 문제가 이해가 안 되는 거예요. 틀렸는데. 그래서 모르니까 가르쳐 달라고 했는데 그 선생님이 에이 그것도 모르냐 하면서 칠판지우개로 머리를 툭 건드리는 거예요. 근데 저는 그 순간에 시험은 당연히 모르는 걸 알기 위해서 보는 거고 그러면 저 교사의 의무는 모르는 걸, 틀린 걸 가르쳐 주는 건데 근데 저렇게 성의없이 그것도 분필가루가 묻은 지우개로 애 머릴 때릴 수가 있느냐는 생각이 확 스치더라구요. 그게 제 정의 기준에 어긋나잖아요. 그때 전 빡 돌아가지고. 그때 잘 생각은 안 나는데 확 뜨거워졌다가 목덜미가 서늘해지면서 (중략) 책상을 확 그 선생님한테 찼어요. 차고, 선생님! 왜 그러냐고 그랬는데 그게 좀 파괴적으로, 좀 되게, 되게 충격이었던 행동이었던 거죠. (중략) 순간 되게 조용해졌고 선생님이 완전 여기까지 열이 받아서 칠판지우개를 그거를 이만큼 분필을 묻혀서 머리를 팍 내리쳤어요, 제 머리를. 완전히 다 하얘져 버렸는데. 그러면서 네가 어떻게 니 애비뻘 되는 나한테 어떻게 그럴 수가 있냐, 공부만 잘 한다고 대학 잘 갈 줄 아냐, 자기가 생활기록부에 어떻게 쓰는지 두고 보라고 막 그랬어요. 그러고 선생님이 나갔는데 애들이 막 박수를 쳤어요. 그리구 쉬는 시간에 선생님이 불러서 미안하다고 막 나한테. 그랬던 기억이 나요. (진강희, 25세)

학교라는 공간은 '딸'로 호명되는 봉건적인 신분 위치에서 '학생'이라는 근대적 주체로 호명되는 경험을 하는 공간이고 이러한 경험을 통해 근대적인 주체성을 형성해 가는 공간이다. 동시에 학생으로서만이 아니라 여/학생이라는 성차화된 위치에서 특정한 방식으로 규율당하고 통제받아 특정한 방식의 주체성을 가지도록 훈육되는 공간이기도 하다. 이러한 훈육의 내용에는 희롱과 추행 등을 통한 성적 대상화의 경험이 포함되어 있다. 성적 주체로 공인받지 못하는 상황에서 겪게 되는 성적 대상화의 경험은 특정한 방식의 성적 긴장을 형성시키고 이러한 성적 긴장은 이 시기에 성/차화와 이/성애화를 경험하도록 만드는 중요한 기제가 된다.

소녀 되기

성/차화, 무성적 주체화와 성적 대상화 사이에서의 성적 긴장, 그리고 이러한 맥락 안에서 경험되는 이/성애화가 교묘하게 얽혀있는 십대 시기는 '소녀' 담론이라는 또 하나의 성/차화된 연령담론에 의해 영향을 받는다. 한국사회에서 스무 살 이전의 생물학적 여성은 '소녀'라는 기호로 상징된다. 소녀는 근대 이후 전개된 인구 분류 개념의 맥락 안에서 부정의 위치, 즉 정해지지 않은, 결정되지 않은 위치를 점해 왔다. 소녀는 남성도 아니고 소년도 아니고 그렇다고 아직 여성도 아닌 위치, 즉, 삼중으로 부정되어 의미화되는 매우 불안정한 기호(박이은실, 2015)이기 때문에 해당 시기의 사회적 관계와 담론에 의해 그 기의가 임의적이고 유동적으로 형성되게 된다. 대중문화에서 재현되는 소녀 기호에는 당시의 사회적 관계 및 대중의 의식적이고 무의식적인 심리가 근간에 깔려있기도 하다(김예란, 2006). 또한 소녀라는 기호의 외현인 소녀의 육체는 경험 현실과 무의식을 드러내는 사회적 산물이다.

근대 초기부터 소녀는 연령화되고 성차화된 기호인 동시에 또한 성적 존재가 되어서는 안 되는 기호로서 담론화되어 왔다. 예를 들어, 소녀를 상징하는 '불그레한 뺨'은 소위 '성장'을 드러내기 시작한 여아의 몸이 드디어 성차화되어 성적 존재가 되었음을 재현하는 기호이지만 동시에 금욕적인 순결성의 코드로 그것을 봉합하는 기호이기도 하다. 그렇기 때문에 '소녀의 불그레한 뺨'은 소녀에 대한 양가적인 근대의 시선을 드러내는 기호가 된다.* 한편, '까닭 모를 웃음'으로 표상되는 '감상적인 소녀' 담론은 소녀의 육체가 '성적으로 발육하고'

---

* 2008년 십대 소녀들의 사회적 저항과 참여를 상징하는 기호로서 '촛불소녀' 이미지가 등장했을 때에도 그 이미지로 재현된 얼굴에는 '불그레한 뺨'이 그려져 있었다.

양성애: 열두 개의 퀴어 이야기

있는 민감한 상태이고 신체적 변화에 따라 정신도 함께 변화한다는 인식에 근거해 있다. 소녀의 웃음은 불안정하고 까닭을 알 수 없는 것이기 때문에 소녀가 비이성적이고 비합리적인 상태에 있다는 것을 의미하는 것이기도 하다. '성장 중인 아이'의 범주 안에서 구성되는 '소녀'는 '여성'과 마찬가지로 성차화된 기표다. '소녀'는 아름다울 수는 있지만 아이처럼 순진무구한 비성적인 존재로 남아 있어야 한다 (박숙자, 2007).

소녀는 삼중부정을 통해 규정되고 타자화된 개념이기 때문에 실제로는 그 중심에 아무것도 가지고 있지 않은 판타지, 즉, 가공된 허구이다. 여/성이 되어 갈 딸로서 그리고 여/학생으로서 여성의 위치에 붙들린 주체들은 십대라는 시기 동안 딸, 여/학생이라는 호명과 함께 바로 이 '소녀'라는 특정한 기호로서 사회적 호명을 받는다. 소녀라는 허구적 가공물은 가족, 학교, 기숙사 등의 제도적 격리와 배제 혹은 이데올로기적 장치들을 통해 특정한 방식으로 체화되어 마치 어떤 본질적인 내용이 들어차 있는 것처럼 보여지게 된다. 이에 대해 김예란(2006)은 특히 '소녀 연예인'의 이미지가 대중문화에서 재현되는 과정에서 관습적으로 이루어지는 여성적 사회화 과정에 과장된 능동성이 부여되고 소녀시기가 자연적인 성장단계인 것처럼 규정되고 재현되고 있는 점을 지적하기도 하였다. 덧붙여, 워커다인은 소녀 연예인의 이미지에는 가부장적 권력 체제의 규범과 무의식적 환상이 투영되고 있음을 지적하였다(Walkerdine, 1998, 김예란, 2006 재인용).

박숙자(위의 글)가 논하고 있듯이, 그럼에도 불구하고 소녀가 본질적인 내용을 가진 특정 시기의 존재로 인식되는 주된 이유는 '성징' 혹은 '2차 성징'이라 의미화되는 몸의 변화다. 소녀는 월경, 젖가슴 변화, 엉덩이의 형태 변화 등 소위 '2차 성징'이라는 '자연스러운 여성화' 과정을 겪는 몸으로 재현되어 성차의 기호와 여/성화의 기호가 몸으로 체현되고 있는 존재로 읽혀진다. 그리고 여/성화의 성징이 발달해 가고 있는 것으로 읽혀지는 소녀의 몸은 '여성으로 발육하고 있음/여성이 되어가고 있음'이라는 상태로 인해 '여/성화된' 섹슈얼리티를 가장 극명하게 드러내는 존재로 인식되게 된다. 소녀의 몸은 아직 성장하고 있는 몸, 즉 어린이다운 몸이 가지는 순수함과 2차 성징이라는 기호를 통해 여성화되고 있는 몸, 즉 여성적 유혹을 잠재적으로 품고 있는 몸으로서 가부장적 시각을 끊임없이 유혹하는 불가항력적 존재로 읽혀지게 되는 것이다(김예란, 2006). 초도로우(2008)가 지적하였듯 십대시기에 일어나는, 소위 성징을 나타내는 신체적 변화는 그러한 성징에 '적합한', 즉, 무엇이 성적인 것인지를 인지하고 인식할 수 있게 해 주는 언어들을 제공해 주는 '규범화된 사회—성적 각본'을 익히는 근거로 인식되게 된다. 이런 가운데 몸의 '변화'가 왜 '성장'으로 읽혀지는지, 어떤 맥락에서 무엇을 위한 성장으로 읽혀지는지, 그리고 왜 그러한 변화가 '성징화'로 읽혀지는지, '성징화'가 전제하고 또 강제하고 있는 인식론적인 틀이 무엇인지 등에 대한 질문은 '자연스럽다'는 인식에 가려져 간과된다.*

---

* 그동안 소녀를 '완전한 여성이 될 작은 여성'으로 규정하는 규범성 자체와 이 규범성을 작동시키는 남근중심적이고 이성애중심적인 틀을 비판적으로 고찰하는 작업들이 간간이 있었다. 예를 들어, 민가영(2007)의 논문은 버틀러의 수행성 이론을 기반으로 소녀들의 성차가 어떻게 계급적으로

이런 맥락 안에서 십대 시기 학교라는 공간에서 여/학생의 위치에 있는 이들은 자신에게 주어지고 기대되는 불안정하고 모순된 일상적 요구들과 매순간 협상하는 주체가 되어야 한다. 그 협상의 방식은 '소녀'와 '여/학생'이라는 의미의 경계를 넘나드는 것이다. 십대 시기의 경험에 대한 참여자들의 구술은 '소녀'와 '여/학생'이라는 위치에 강제되는 관념이 구술자들에 의해 갈등적으로 인식됨을 보여준다.

초등학교 때 제가 노래를 되게 잘했는데 저랑 같이 전교에서 노래를 잘한다고 알려진 여자애 한 명이 있었는데 걔랑 저랑 되게 친했어요. 3년 동안 친했는데. 그 친구가 되게 예뻤거든요. 되게 예뻤는데. (중략) 저는 걔랑, 걔만 있으면 괜찮다고 생각했어요. 다른 사람이 별로 통하지 않아도. 그런데 걔가 저보다 훨씬 더 빨리 성숙했구. 남자애들이랑 막 놀더니 남자친구들도 사귀고 그러는 거예요. 근데 저는 맨날 책 펼쳐 놓고 쉬는 시간에 교실에 혼자 앉아서 걔가 그렇게 노는 모습을 바라보던 기억이 나요. 되게, 뭔가 되게 씁쓸했어요. 되게 씁쓸했어요. 쟤는 왜 저러고 놀까. 뭔가 나한테 더 소홀해진 거 같기도 하고, 그 남자애들이랑 노느라... 그리고 한 번은 이제 가슴이 나오잖아요, 여자애들이 크면. 전 사실 생리도 고등학교 올라와서 해가지고 되게 느린 애였거든요... 근데... 되게 무심결에 걔가 이렇게, 걔가 브래지어를 안 해 가지고 이런 (가슴이 넓게 파여 있는) 옷을 입고

수행되는지 혹은 계급이 어떻게 성차와 상호역동적 관계를 맺는지를 계급적 위치에 따른 성차수행에 대한 보상의 정도를 통해 설명한다. 그러나 민가영의 설명은 수행성 이론의 핵심 테제인 '원본 없는 모방'이라는 급진적 비판을 전면화시키지 못했고 이로써 소녀들을 이성애적 매트릭스 안에서 보상의 정도에 따라 자유자재로 성차를 수행하며 협상하는 이성애적 주체로 상정하는 한계를 가지고 있다. 이 논문은 소녀들이 놓여있는 성차 수행의 구조자체에 대한 비판을 전면적으로 드러내지 못한 채 소녀들을 여성성이라는 성차전략을 의식적으로 저울질하며 조정하는 '작은 여성'으로 상정하는 한계를 가지고 있다.

있었는데 걔가 이렇게 딱 숙였을 때 가슴골을 봤는데 그때 심정이 너무 이상하게 기억에 남는 게 되게 마음이 아프고 화가 났었어요 그게. 그게 두고두고 기억에 남아요. 이상하게 그 장면만. (중략) 그냥 쟤 혼자만 달려가고 나만 남겨진 느낌? 그런 거였구요. 저는 그런 세계를 아직 몰랐거든요. 연애하고 그런 세곌 잘 몰랐어요. (진강희, 24세)

소녀 시기는 김은하(2003)가 이야기하고 있듯이 자신을 둘러싼 세계에 적극적으로 참여하고자 하는 욕망과 용기를 발휘하는 전체성 wholeness의 시기로 보아야 한다. 그러나 '성징화'와 '성장'으로 읽혀지는 신체의 변화는 개인의 전체성을 부분화 혹은 파편화시키는 효과를 낳기도 하고 성/차화된 맥락 속에서 그 변화를 부정적으로 인식하게 만들기도 한다. 성차화라는 맥락 속에서 읽혀지는 신체의 변화와 태도 혹은 자질 등에 대한 평가는 때로 자신의 특정 부분만이 가치를 인정받는다는 것에 대한 인식으로 연결되기도 한다. 이 과정을 통해 십대시기에 많은 여/학생들이 갑자기 눈에 띄게 소극적인 주체로 변하기도 한다.

어린 시절 김경희 씨는 오빠를 위해 몸소 나서서 싸워 오빠를 보호해 줬을 만큼 활달하고 용감한 아이였지만 십대시기를 거치면서 집안에서의 성차별뿐만 아니라 자신의 겨드랑이에서 나는 냄새(액취증)로 인한 수치심 등으로 심한 내적 갈등을 겪었다. 그것은 이후 활달하고 외향적이었던 김경희 씨의 성격까지 바꾸어 놓았다.

나는 오히려 남자, 여자 섞여 갖고 잘 놀고 다마치기(구슬치기)라든지 딱지

먹기라든지 잘하고 하니까는 오빠가 모처럼 한 번씩 나가서 놀이 하다가 다 잃고 오면 내가 나가서 다 따오고. (중략) 오빠랑 누구랑 싸우다가 맞거나 억울하거나 그냥 참고 들어오면 내가 나가갖고 막 걔네들이랑 싸우고. (중략) 공부를 비교적 잘했으니까 시험이나 이런 데서 힘들지가 않았고. (중략) 중학교 2학년 때 내 인생에 중요한 어떤 상처고 자국이고 극복지점이기도 한데. 액취증이라고 겨드랑이에서 암내 나는 그게 나한테 있었거든. (중략) 그게 내 성격을 굉장히 이중적으로 만들었던 거 같애. (중략) 그 증상이 나한테는 그렇게 수렁이었고. (중략) 특히 여성으로서 자기 몸에 나는 냄새로 해서 남들과의 관계에서 소외된다고 느낀다거나 스스로를 소외한다거나 그것에 열등의식을 갖는다거나 이런 거는 이제 그때 내가 생각하기에 여성이라던가 이런 거로는 굉장히 큰 거였지. (김경희, 53세)

김경희 씨와 28세 정도 나이 차이가 있는 서마리 씨가 들려준 이야기는 십대시기에 일어나는 성격과 태도의 변화가 세대를 뛰어넘어 여전히 일어나고 있음을 보여 준다. 이런 현상은 성차화와 성징화에 대한 인식이 어느 정도 인과적인 관계를 가지고 있다는 것과 소녀에 대한 관념과 연관되는 인식의 습관이 그만큼 뿌리 깊이 확산되어 있다는 것을 보여주는 것이기도 하다.

초등학교 때까지는 활발하고 반장도 하고 회장도 하고 막 이랬었는데 중학교 가면서부터 이제 교복을 입고. 저 학교 다니던 그 OO라는 지역에서 남녀 합반이 두 학교가 있었어요. 둘 다 새로 생긴 학교였는데 들어가서 교복을 입고. 다른 친구들은 다 여고를, 여중, 남중을 다니거나 남녀가 분리된 반이었는데 우리학교는 굉장히 그게 특별하다는 걸 인식하고 있으니까

(중략) 그게 되게 이성적으로 느껴지도록 만들잖아요 그런 시스템 자체가. 너무 긴장이 되는 거죠. 일단 나의 외모에 대해서. 그것 땜에 그런 건지 뭔지 모르겠는데 그 이후 약간 주눅 든 삶을. 조용히 교실 뒤에서 이어폰 꼽고 자고. 혼자 좋아하는 가수가 있어서 그 가수 약간 쫓아다니고. 서울에서 언니, 오빠들 만나러 다니고. 또래 애들이랑 잘 안 놀았던 거 같애요. (서마리, 25세)

성징화와 여/성화 그리고 이/성애화되는 과정에서 자신에게 기대되는 역할과 특징에 부여되는 가치가 상대적으로 사회적 인정을 받지 못하거나 덜 받음에도 불구하고 그러한 역할과 특징을 강제받게 될 때 그것은 혹은 그것에 대한 태도나 소질은 부정적으로 인식되기도 한다. 박소희 씨의 구술은 특정한 방식의 성차화를 강제받는 속에서 오히려 특정한 성차를 폄하하게 되는 경험이 구술자들의 십대 시기의 경험과 주체성을 부분화하고 파편화시킨 측면도 있음을 보여준다.

뜨개질, 자수 왜 이런 거 중학교 때 배우잖아요. 그걸 제가 잘하는 거예요. (중략) 근데 그런 거 잘하는 게 부끄러운 거예요. 그니까 그런 걸 잘하지 않아야 한다고 생각한 거죠. 나름의 여성적인 가치에 대해서 내가 평가하지 않은 부분이 있었던 거고. 그게 내 스스로 아니었으면 했던 게 있었던 거고. 선머슴이 나한테는 선망의 대상이었고. (중략) 그 당시에 뭐 하다가 선생님이 칭찬해서 이거 전시해야겠다 이랬는데 그 사실이 부끄럽고 거를 잘 안하고 싶은 거죠. 그래서 완성을 안 했구. 그리구 옷을 일부러 터프하게 아이, 남자아이처럼 입거나 그런 거를 좋아하게 되거나. (박소희, 38세)

양성애: 열두 개의 퀴어 이야기

십대시기에 수줍은 십대라는 규범적 성차를 수행하면서도 동시에 그 규범성 밖의 자신을 드러내는 방식으로서 '남자아이'같은 '터프'한 옷차림을 선호하고 '선머슴'이라는 자신이 이상화한 자아를 추구한 박소희 씨의 구술은 이/성애화를 강제하기 위한 특정한 방식의 성/차화가 규범적 외모수행과 직접적으로 연관되어 있음도 보여준다.

이상에서 볼 수 있듯이 십대 시기는 '딸', '여/학생', '소녀' 담론을 통해 성차 규범성이 강력하게 작동하는 시기다. 특히, 외모와 태도 등을 통해 성차화를 위한 훈육이 집중적으로 가해지는 시기다. 이러한 성차 규범의 강제와 인식 체계 안에서 십대 시기는 '여성'이 되어가는 시기로 인식되고 무성적인 존재여야 하는 동시에 또한 이/성애적인 존재가 되어가기를 요구받는 모순적 시기이기도 하다.

그러나 이러한 요구와 규범성에 대한 강제가 항상 성공하는 것은 아니다. 모순된 요구와 기대가 공존하기 때문이기도 하고 이와 맞물려 이 시기에 성차 규범성의 강제로 모두 묶어낼 수 없는 다양한 고민과 갈등, 그리고 경험이 실험되고 추구되기도 하기 때문이다. 그리고 그 시험의 매우 중요한 부분으로서 섹슈얼리티가 위치해 있다.

금지된 유희

한국사회에서 대다수의 개인들이 십대 시기 대부분의 시간을 보내게 되는 학교라는 공간은 십대의 여/학생에게 성적으로 모순된 장소다. 그런 가운데 독립적 개인으로서의 주체성을 형성해 가는 여/학생들에게 다양한 방식으로 자신의 주체성을 실험하고 발휘하는 공간이 되어주기도 한다. 구술참여자들 중 다수가 초등학교시절에는 활발하고 거침없는 성격이었고 중, 고등학교 시절에는 딸로서 그리고 여/학생으로서 외모와 행동 등에 규제를 받기 시작했다고 말한다. 그리고 소위 '2차 성징'이라고 말해지는 몸의 변화가 의미하는 '성적 존재'로서의 자신의 사회적 위치와 의미를 인식하기 시작하면서 성격과 태도에 변화가 일어났다고 말한다. 동시에 때로 소녀 혹은 여/학생이라는 성차 규범성은 주체성을 실험하는 장이 되기도 한다.

십대 시기는 '성징화'를 통해 성적 존재가 되기 시작한다고 여겨지는 시기인 동시에 여전히 온전한 성적 존재가 아닌 주체 혹은 무성적 주체로 인식되고 그러도록 기대받는 시기이기도 하다. 또한 이런 모순이 존재하기 때문에 오히려 특정한 방식의 '협상력'이 행사될 수 있는 여지가 공존하는 시기이기도 하다. 그 협상력은 때로 소녀 담론이나 규범적 여/학생 담론에서 이야기되지 않는 방식으로 실행된다. 유윤서 씨의 구술은 이 시기에 무성적 주체로 인식되는 소녀라는 위치와 성적으로 대상화되는 소녀라는 모순성이 오히려 자신의 쾌락을 시도하고 향유하는 자원으로 활용되기도 하였음을 보여준다.

> 고등학교 때 중학교 때 국민학교 때도 그랬고 되게 애가 좀 … 되게 부치 같앴어요 사실은. 근데 그러면서도 되게 사랑받고 싶었어요 남자애들한테. 그리고 여자들한테는 뭔가 영웅이고 싶고. (중략) 초등학교 때까진 되게 뭔가 내가 여자애들을 지켜줘야 된다는 그런 게 있어서 맨날 남자애들하고 싸우고. (중략) 근데 저는 중학교 때까진 그렇게 공부를 잘하진 않았는데. 고등학교 1학년 때 약간 왕따 비슷한 걸 한 번 당했어요. 근데 갑자기 그때

양성애: 열두 개의 퀴어 이야기

그냥 제 모든 게 싫어졌어요. 그래서 나는 다이어트도 하고 공부도 잘하게 돼야지 그렇게 모진 결심을 하고 진짜 그렇게 했어요. (중략) 근데도 여전히 그냥 뭔가 항상 부족한 느낌이 들었어요. (중략) 중학교 땐 되게 외모콤플렉스가 심했어요. (중략) 그랬다가 고등학교 때 제가 사춘기가 되게 심했다 그랬잖아요. 그게 고등학교 2학년 때 쯤인가 팍 터진 거예요. 그래가지고 그때 막 인터넷으로 약간 나이든 남자들한테 접근해서 자고 다니고 그랬었어요. 그게 저만 아는 일탈처럼. (중략) 그때도 되게 좀 그런 생각을 했어요. 나는 너무 안 예쁘니까 보통은 안 좋아하겠지만 좀 나이가 있는 사람들은 내 나이가 있으니까 그걸로 좀 먹히지 않을까. (유윤서, 29세)

유윤서 씨의 이런 시도는 임시적이고 일회적으로 그쳤지만 송아영 씨는 고등학교 시절 여덟 살 연상의 남성과 2년여 동안 연애관계를 가졌다.

(친구와) 교회를 다녔고 그 교회에 남자청년이 둘이 있었는데 그 두 사람하고 (친구와) 각각 사귀었어요. 우리보다 여덟 살 많은 사람들하고. (중략) 나는 사랑을 해야겠다고 생각을 했던 거 같애. 특히나 가정이 불안정하고 학교에, 학업에 관심이 별로 없다 보니까 외적인 활동에 되게 관심이 있는 거예요. 연극이나 교회활동이나 연애. (중략) 이제 이 남자한테 내가 관심이 가기 시작했는데 이 사람도 나한테 특별한 관심을 보이기 시작했고 순식간에 둘이 불이 붙었어요. (중략) 교회 예배가 끝나면 이 사람이 항상 차로 우리 집에 바래다줬어. 그리고 이제 뭐 그러다가 어디 뭐 저수지에도 놀러가고 어디도 가고 어디도 가고 차도 마시고. 고등학생이 기껏해야 뭐 빵집에 가서 고로케나 먹는 이런 건데. 나는 이 사람이랑 파르페를 먹는 거지

그 시골에서. 아, 이거 괜찮다, 좋다는 생각이 계속 커질 즘에 이제 육체적 접촉이 일어났어요. (중략) 봉고차 안에서 키스를 하고 성행위까지 가게 된 거야. (중략) 물리적인 압력이 좀 있었고. 그리고 내가 그걸 거부할 준비도 안 돼 있었고. 나쁘게 말하면 거의 반강제였고 좋게 말하면 어 그렇게 좀 그런 식으로 처녀성을 쉽게 던진 개운한 이런 것도 좀 있어요. (중략) 힘들었던 거는 내가 학생이었기 때문에 내 집도 없고 그 사람 집도 없고 이런 상태였기 때문에 주로 모텔을 가야 했었고 (중략) 누구에게도 말할 수 없는, 심지어는 내 단짝 OO에게도 말할 수 없는 외로운 비밀이 되었어요. (송아영, 39세)

일시적인 관계가 아닌 지속적인 관계 안에서 '연애'로서 행해진 '소녀' 송아영 씨의 금기파기는 연령 위계, 성별 권력, 계층 권력 등의 문제로 인해 이후 자살시도라는 매우 심각한 갈등과 상처를 남긴 채 종결되었다. 그러한 귀결은 십대 시기의 여성이 성적 대상으로 '전락' 할 수는 있을지언정 성적 주체로서 긍정적으로 호명되지는 못하는 한계가 분명히 작동하고 있기 때문이라 볼 수도 있다. 무성적 주체여야 하지만 동시에 매력적인 성적 대상이라는 모순된 위치는 때로 적극적인 육체적 성관계의 경험을 통해 일탈적이고 전복적인 쾌락을 경험할 수 있는 정황을 만들어 주지만 동시에 그것을 일탈적 경험으로만 남겨놓기 때문에 관계 안에서 당사자가 주체가 될 수 있는 범위를 처음부터 제한하는 한계가 전제되어 있기도 하기 때문이다.

한편, 학교는 성별화된 공간으로서 혹은 성별화된 대우를 통해 다른 여/학생들과 집중적으로 동성사회적 경험을 할 수 있는 공간이다.

그렇기 때문에 남성의 성적 대상으로서 혹은 남성을 욕망하는 성적 주체로서의 위치와 역할에 대한 기대가 유예된 시/공간을 경험하는 공간이기도 하다. 이로써 여/학생들끼리의 혹은 여학생들 사이의 문화는 어느 정도는 이성애적 강제에서 벗어나 있을 수 있게 된다. 김경희 씨와 우진희 씨, 그리고 진강희 씨의 구술에서 이를 확인할 수 있다.

> 중3 때 한 아이가 굉장히 나를 좋아했던 기억이 있어. (중략) 다른 아이들이 나를 좋아하는 혹은 내가 다른 아이들을 좋아하는 것보다 훨씬 더 그 아이가 나를 더 배타적으로 생각했었던 거 같고. (중략) 고등학교 때 한 여자애는 나를 굉장히 집착해서 좋아했어. (중략) 아버지가 무슨 고위직까지 갔다가 예편하고 공무원하고 이런 식이었고 얘는 그 집의 공주 같은 딸이었고. (중략) 내 도시락도 걔가 싸오고 저녁 때 간식도 싸오고. (중략) 나 있는 교실만 쫓아 오는 거야. 내가 거기서 공부하는 줄 알고. 가방 싸들고 딴 방으로 가면 또 쫓아오고. (중략) 나랑 같은 공간에만 있게 해 달라, 네가 공부하는 모습을 보면은 그럼 나도 공부가 된다, 그렇게만 해달라 그랬는데. 그건 네가 알아서 하고 그러면서 걔한테 참 매몰차게 했던 거 같애. (중략) 어... 그리고 걔랑 그런 관계에 있는데 내가 또 딴 아이와 각별한 관계가 계속 진행됐었거든. 한 고2, 고3 땐데 한 친구랑 상당한 정도의 동성애적인 그런 관계가 있었거든. 근데 걔랑은 이렇게 집착의 관계가 아니었어. 서로 적당한 거리를 항상 두고 그런데 아주 철저하게 잘 관리되는. 공부도 잘하는 아이였고. (김경희, 53세)

김경희 씨가 관심을 받는 쪽에서의 경험을 했다면 우진희 씨는 적극적으로 자신의 관심을 표현했던 경우다.

저희 반에서 약간 소문이 났었어요. 그랬는데 그게 선생님 귀에는 안 들어 갔는지 들어갔는지 잘 모르겠는데 일단 저나 그 친구나 일단 공부를 잘 했기 때문에 애들이 그렇게 말을 하고 다녀도 걔네들이 저나 그 친구에 대해서 못 건드렸어요. 그렇다고 둘이 성질이 있다거나 (한 건 아니고). 그냥 평범한 여학생이었는데 그랬었죠. (중략) 중학교 때는 안 그랬는데 고등 학교 입학하면서 보면 좋아하는 여학생이 있었어요. 근데 그 친구를 바로 좋아하진 않았거든요. 1학년 때는 다른 친구를 좋아했었고. 그리고 보니까 3학년 때 또 다른 사람을 좋아했었는데. 그래서 저는 좋아하는 사람이 생기 면 이렇게 나름대로 표현을 막 했던 거 같아요. 먼저 가서 말 걸고. 낯을 가리거나 그런 성격이 아니라서 먼저 가서 말 걸고. 기억에 남는 건. 그때는 사실 돈도 없고 줄 선물도 별로 없으니까 맨날 과자 같은 거 사서 주고. 꼭 그런 건 아니었지만 보호해 주려는 그런 게 좀 있었던 거 같고. 되게 푹 빠졌었어요, 누구를 좋아하면. (중략) (그때 우리가) 자리를 바꾸는 데 좀 개입할 수가 있거든요. 그래서 되게 짝꿍을 자주 했어요. 기억이 많이 나는 게 짝꿍을 해서 수업을 들으면 손잡고 수업을 들었어요. (중략) 주말이 면 떨어져 있잖아요. 학교 안가니까. 그러면 진짜 집 밖에 있는 공중전화로 가서 거의 한 시간 정도를 통화를 했던 거 같아요. (중략) 애랑 연애를 했던 거예요, 지금 생각해 보면. 그때도 느꼈지만. 연인들이 주고받는 것처럼 선물도 정성스럽게 만든 선물과 편지들을 수차례 교환하고 그랬고. 그래서 아까 말했던 거처럼 질투도 심하게 하고. (중략) 한 번 싸우면 진짜 심하게 싸웠거든요. 교과서를 집어던지고 막 교실에서. 그때 인제 한창 팔토시를 하고 다녔는데 그걸 막 찢고 그렇게 싸웠어요. 피터지게. 그만큼 이렇게 애증이 막 이렇게 오고갔던 사이였고. 그리고 고3 때는 급하니까 주말에도 도서관에 나와서 공부를 했는데 도서관도 같이 다녔는데. 예를 들어 도서관 에 5시간을 있으면 3시간은 놀고 그 친구랑 놀고. 그냥 막 도서관 근처를

배회하면서 연애하고. 3년 내내 그랬던 거 같아요. 대학을 오면서 갈라지게 된. (우진희, 29세)

우진희 씨가 어렸을 때 매우 조용하고 '순종적인 아이'였다는 것을 생각해보면 가장 억압적이었던 때여서 뒤돌아보기조차 싫다고 스스로 말하고 있는 고등학교 시절이 오히려 자신의 감정에 솔직했고 적극적으로 관계를 맺고 풀었던 때였다는 점은 흥미롭다. 우진희 씨는 '폭력적이고 위계적이며 오로지 성적과 대학입시를 위주로 일상생활이 구성되는 인문계 고등학교'에서 학교성적도 우수하고 이렇다 할 문제나 말썽을 일으키지도 않는 '모범생'이었다. 우진희 씨가 자신의 관계에 대해 학교 학생들 사이에 조용히 퍼져 있던 소문에도 불구하고 그런 관계를 향유하고 유지할 수 있었던 것은 한편에서 우진희 씨가 좋은 성적이라는 결과물로서 학교의 요구에 화답하였기 때문이었고 다른 한편에서는 우진희 씨의 행위가 이성애가 유예된 상태를 벗어나지 않는 것이었기 때문이었다고 할 수 있을 것이다. 진강희 씨의 구술에서 이 점을 더 들여다 볼 수 있다.

중2, 중3 때 한창 채팅을 많이 했는데. 세이클럽에서 그때 연예방이 있었어요. 연예팬클럽방이 있었는데. 거기에 처음에는 이제 HOT팬, 잭키팬들이 오는 곳이었어요. (중략) 되게 이상한 방향으로 변질이 됐어요. 어떻게 됐냐면 일단은 HOT가 인기가 많구. 근데 팬들은 그걸로만 만족 못하죠. 자기들만의 하위문화를 자기들이 만들어야 하는 거잖아요. 근데 처음에는 팬픽이 자기들을 주인공으로 해서 여자, 남자 역할을 했는데. 나중에는 그게 아니라 일본 야오이도 같이 접했으니까 동성팬픽으로 바뀐 거예요. 근데 동성팬픽이 창궐하다보니까 인제 애들이 거기에 동일시를 하게 된 거죠. 그래서 HOT를 좋아한다는 것은 남자가수를 좋아하는 여자임에도 불구하고 걔네들이 점점 그런 식의 동성애 정체성을 가지게 된 거예요. 동일시를 하면서. 그래서 채팅창을 봐도 대화명이 쫌 붉은 달빛 희준이라든가 그러면서 자기 이름에 문희준 씨 이름을 사용하게 되지만 그런 식의 이름을 넣었고. 쫌 염세적이고 아웃사이더 같은 자기들이 보기에는 간지가 나는 대화명을 넣었던 거죠. 그런 식으로 해서 자기들끼리 유사연애를 했던 거예요, 팬들이. 그게 참 지금 생각하면 이상한데 그땐 당연한 거였어요. 그리고 그게 한 걸음 더 발전하니까 걔네들이 실제로 만나게 된 거죠. 실제로 만나니까 정말 실제로 사귀게 되구. 그리고 사귀는, 사귀는 모임들이 그룹을 형성해서 패밀리가 되고. 그 패밀리들이 신촌에 저기 산타페라든가 신촌공원 같은 곳에서 집결을 했어요. 부산에는 서면이구. 대구는 동성로, 광주는 충정로 같이 그런 식으루 되게 재밌게 그게 변화가, 양상이 이뤄졌거든요. 저도 그 안에 있었어요. 사실 HOT는 저한테 어떤 단서였어요. 문이었구. 걔가 날 좋아하든 말든 사실 상관은 없었거든요. 처음에는 그냥 친구가 되고 싶어가지구 좋아했던 거니까. 근데 그 문화에 완전히 빠진 거죠 제가. 그래서 중학교 때 그렇게 밤새서 채팅을 한 거구. 그리구 대화를 할 때 제가 이미지가 되게 좋았어요, 다른 사람들한테 보이는 게. 중학교 때 친구보다 거기서 채팅으로 만난 뭐 몇 살 터울의, 다 열여섯, 열일곱, 열여덟 그 사람들과의 관계, 친구가 저한텐 훨씬 더 중요했어요. 그니까 마치 학교는 꿈 같구 밤의 그 세계가 현실 같은 그런 식이었죠. 진짜 저한텐 되게 소중했던 거 같애요. 대화방에 가면 항상 그 친구들이 안 오나 기다리구. 그 친구관계라는 것두 그냥 우정이 아니라 마치 여자의, 남자의 성을 제거한 거 같은. 우정, 사랑 이름 붙이지 않구 그냥 진짜 사람끼리 끌리는 거 같은 그런.

　　　　　　　　　양성애: 열두 개의 퀴어 이야기

거기서 자매애도 되게 많이 싹텄었구. (중략) 저한테 그게 되게 소화하기 힘든 기억들이예요. 내가 왜 그랬을까. 그 사람들은 어떻게 갑자기 그렇게 한 방향으로 몰려갈 수 있었을까. 어떻게 팬문화가 그렇게 갔을까. 사실 그때 팬이라는 게 좁은 범위가 아니라 거의 십대의 50, 70퍼센트가 그 팬문화에 포섭되어 있었기 때문에 그냥 그게 우리였던 거 같아요. (중략) 중3 때 제가 좋아하는 애를 만났어요. 처음엔 대화명이 좋았어요. 그 여자애를 되게 좋아했는데. 현실 속의 애 같지 않았죠. 근데 핸드폰이 생기고 전화를 하게 된 거예요. 그때부터 점점 걔가 현실화가 됐어요. 전 진짜 걔를 좋아하게 됐어요, 그 여자애를. 그래서 그 여자애를 좋아하는 채 고등학교를 갔구. 그래서 좋아하는 채 3년을 보냈어요. (중략) 그게 우리한테는 이성, 동성애라는 개념조차 없었어요. 왜냐하면 처음 대화명을 뭐 희준, 혁 이런 걸로 만났기 때문에 성이 제거된 상태 같은 거였거든요. 고등학교 때 사람들이, 애들이 되게 용감할 수 있는 것은 자각이 확실히 없기 때문인 것 같아요. 다들 그렇게 하니까. 그리고 솔직히 자기들이 평생 이렇지 않을 거라는 확신도 있었을지 몰라요. 대학교 가면 난 바뀔거야 하는. 지금 우리 이렇게 질러보자 하는 그런 게 있었을 거예요. (중략) 우리(고등)학교가 되게 유명했거든요 그런 일로. (중략) 학교에서 그래서 손잡고 가면 남자 선생님이 딱 길 한복판에 서서 몽둥이로 애들 손잡은 걸 갈라요. 웃기죠. 그리고 수업시간에도 아무렇지 않게 니네 좀 남자 좀 만나라, 니들끼리 좀 사귀지 마라 이런 식으로 농담 칠 정도였으니까. (중략) 티를 내요 나보다 좀 용감한 부류들은. 커트머리하고 막 자기들끼리 목 감고 옥상에서 키스하고 일부러 걸리고 (중략) 화장실에서 키스하고 막 난리를 설치죠. (중략) 그때는 별로 아웃팅에 대한 신경 별로 쓰지 않았던 것 같아요. 주변에 그런 애들 많으니까. (중략) 고1 때 그래서 되게 여고괴담 찍는 것 같은 기억이 되게 많아요. 되게 학교에 밤까지 남아서 (중략) 거기서 여자들끼리 이렇게 앉아서 얘기를 하는데 그게 그냥 우정만이 아니었던 거죠. 되게 뭐라고 말할 수 없는 감정들. 그때 생각하면 진짜 눈물 날 것 같애요. 되게되게 우리한텐 되게 애절했어요. 간절했던 것 같애요 그 세계가. 그 세계를 버텨나가는 것도 그렇구. (진강희, 24세)

유예된 시간이었기 때문에 다른 방식의 관계를 과감하게 시도하고 향유할 수 있었지만 동시에 그것이 유예된 시간이기 때문에 그리고 학교가 요구하는 바를 이행했을 때에야 비로소 가능하다고 생각하고 있었던 진강희 씨는 현재 한국사회의 학교제도가 요구하는 궁극적인 요구사항인 우수한 성적을 유지하기 위해 최선을 다했다고 한다. 그렇게 '항상 공부를 놓치지 않은 이유'는 '다른 생각을 하고 있다는 것을 들키지 않기 위해서'였다. 한편, 진강희 씨의 구술은 2000년대 들어와 당시 십대 여/학생들을 중심으로 새롭게 형성되어 광범위하게 향유되었던 '팬픽문화'와 '팬픽이반문화'*에 대한 상세한 경험을 담고 있다. 이는 팬픽문화와 팬픽이반문화가 진강희 씨를 비롯한 당시의 많은 십대 여성들에게 규범적인 이성애 관계 외의 '다른 방식의 관계'를 시도하고 이를 통해 자신의 성적 주체성을 구성할 수 있도록 하는 데에 큰 영향을 끼쳤음을 알 수 있게 해준다.

구술참여자들이 들려주는 십대의 자화상은 대중매체나 이성애적 지배담론을 통해 생산되고 유통되는 규범화된 모습이 아니다. 앞에서 보았듯이 구술자들은 이성애적 매트릭스 안에서 성/차화된 규범성으

---

* 십대이반의 커뮤니티 경험에 관해서는 이지은(2005)의 석사학위청구논문인 「십대여성이반의 커뮤니티 경험과 정체성에 관한 연구」에서 자세히 다뤄지고 있다.

양성애: 열두 개의 퀴어 이야기

로 재단되고 삭제되지 않은 주체의식, 즉, 자신의 전체성wholeness을 구현하기 위해 다양한 방식으로 스스로를 해석하고 세상과 소통하고자 했으며 때로 가족과 학교를 통해 강제되는 규범에 저항하기도 하였다. 그리고 이런 갈등과 시도들이 실험되는 가운데 겪는 내적 갈등은 항상 현재진행형으로 존재해 왔다.

지금까지 가족과 학교라는 두 영역에서의 경험을 통해 구술자들이 성/차화되어 온 과정과 이 과정에서 공식적으로 의미화되지 못한 채 남겨진 경험들에 대해 살펴보았다. 구술참여자들이 들려준 이야기는 학교라는 공간이 가족이라는 사적 영역에서의 '딸'의 위치에서 벗어나 '학생'이라는 개별적인 근대주체로서 자신을 경험하는 영역인 동시에 성차화 과정의 연장선상에 있는 영역이라는 것을 말해주고 있다. 즉, 학교라는 공간이 한편에서는 개별 주체화 과정을 경험하는 공간으로 경험되는 동시에 다른 한편에서는 성차화(여성화)가 지속되는 가부장적 공간으로 경험되기도 하는 것이다. 따라서 학교는 주체화와 성차화가 동시에 진행되는 다중적이고 상호모순적인 특성들이 경합하는 영역이라고 할 수 있다. 구술자들의 이야기는 한 개인이 가족 안에서 '딸'이라는 성차화된 위치를 부여받고 이에 따라 성차화된 역할과 여성성이라는 특정한 성향과 기질을 수행할 것을 요구받고 있음을 보여준다. 그리고 여성의 위치와 역할, 그리고 여성성 수행이 동일시와 모방을 통해서만이 아니라 금지와 검열을 통해서도 강제되며 때로는 폭력을 통해 강제되기도 한다는 것을 말해주고 있다.*

---

* 구술자들의 여성성과 여성역할을 강제하고 성차화된 주체성을 형성하도록 만드는 기제로 작동했던

이러한 강제는 가족이라는 사적인 가부장적 영역에서만 일어나는 것은 아니다. 공적 공간인 학교는 사적인 가부장의 권위를 상대화시켜주는 교사의 권위라는 대항 권위가 행사되는 영역이기도 하지만 동시에 사적인 가부장 영역과 공조하거나 혹은 강제하는 영역이기도 하다. 학교라는 공적 공간은 구술자들에게 학생이라는 근대적 신분을 획득하게 하는 공간이면서도 또한 여/학생이라는 성차화된 위치에 놓이게 하기 때문에 성차화된 위치로부터 자유로울 수 있는 공간은 아닌 것이다. 즉, 학교는 가족이라는 사적인 가부장의 영역과 충돌하는 경험을 주체에게 부여하면서도 사적 가부장제가 보다 강력하게 작동하도록 검열하고 강제하거나 가부장제가 허용하는 특권적인 남성의 위치가 폭력적인 방식으로 수행되는 공간이기도 하다.

이런 가운데 구술자들은 가정이라는 봉건적 공간과 학교라는 근대적 공간에서 때로는 상충되는 상이한 방식의 역할과 성차화를 요구받아 왔고 이러한 모순된 기대와 요구들에 순응하기도 하고 저항하기도 하고 또 그것과 협상하기도 하면서 자신의 주체성을 형성하고 실험한다. '딸'과 '여/학생' 상태에서 요구되는 수준의 성차화는 구술자들을 성적 대상화하기도 하지만 성적 주체로 위치시키지는 않기 때문에 이 맥락 안에서 주체들은 공식적으로는 성적 주체로서 인식되지 않고

금지와 검열, 폭력 등의 체험은 구술자들의 가족이 소위 특별히 '문제적'이거나 '일탈적' 가족이어서가 아니다. 많은 구술자들은 한국사회 가족을 구성하고 유지하는 핵심적 요소 중 하나인 탄탄한 경제력을 가진 중산층 가정에서 나고 자랐고 부모님이 한 번도 다투는 것을 본 적이 없고 누구나 화목한 가정이라고 입을 모아 칭찬하는 가정에서 나고 자란 이도 있다. 즉, 대부분의 참여자들의 원가족은 남성 가장이 생계부양을 일차적으로 담당하고 가정사의 최종 결정권을 행사하는 권위를 가지고 있는 이성애적 부부로 구성된 가족, 즉, 그야말로 한국사회의 이상적인 '평균 가족'이라고 인식되고 장려되는 가족들이다.

따라서 이/성애화될 것을 공식적으로는 요구받거나 강제받지 않는 측면이 있다. 이 맥락 안에서 구술자들은 이성애적 질서에 순응하지 않아도 되는 유예적이고 예외적인 시기를 경험한다. 이러한 유예기는 이 기간이 끝나는 시점에서 경험하게 될 것 혹은 경험해야 할 것이 무엇인지가 사실은 사회적으로 또 문화적으로 이미 전제되고 상정되어 있기 때문에 가능한 것이다. '평생 이렇지 않을 거'라는 생각과 '대학교 가면 난 바뀔 거'라는 진강희 씨가 당시 했던 생각은 이후의 삶에서 어떤 규범적 성차성과 규범적 성이 수행되어야 할 것인지를 이 시기에 이미 잘 인식하고 있다는 것을 보여준다.

한편, 참여자들의 구술은 성별 분리 교육이 이뤄지는 중·고등학교는 이성애적 긴장과 기대 혹은 낭만화가 극대화되는 장인 동시에 동성애적 관계가 가장 빈번하게 시도되고 심지어 어느 정도 용인되는 영역이기도 하다는 것을 보여준다.

이러한 다층적인 경험을 통해 참여자들은 '딸'이라는 '봉건적 관계' 안에서 성차화된 위치와 여/학생이라는 근대적 개별 주체로 성/차화된 위치 사이의 간극을 체험하게 되고 이러한 서로 다른 호명 체계가 자신에게 서로 다른 주체성을 요구하고 기대한다는 것을 경험하게 된다. 이처럼 자신을 '다르게' 의미화하는 경험은 가족 관계 안에서 자신에게 부여된 딸이라는 성차화된 위치를 비판적으로 성찰할 수 있는 계기를 마련해 주기도 하고 이후 이성애/남성중심적 체계 안에서 여성이라는 성/차화된 위치를 비판적으로 성찰할 수 있는 토대가 되어주기도 한다.

소녀시기에 대한 김은하(2003)의 지적처럼 세상과 전면적으로 대면하고자 하는 이 시기 구술자들의 욕망은 성/차화와 이성애화하는 과정에서의 순응, 저항, 협상 등의 경험을 겪는 가운데 자주 포기되거나 일그러진다. 그 사회의 성원권을 갖는 성인(여/성)의 육체와 위치를 얻기 위해서는 탐험과 성취에 필요한 자유의 감각이 구속되어야 한다는 사실을 발견하기 때문이다. 그리하여 많은 소녀들이 보봐르의 말처럼 '존재하기를 멈추고 보여지는 삶을 택하게 되는'(김은하 재인용) 것과 마찬가지로 구술자들도 그러한 갈등을 경험하였다. 그리고 이 변화와 순응, 그리고 갈등은 '소녀' 시기와 십대 '여/학생'의 시기가 끝나고 '여/성화'가 본격적으로 시작되는 특정 연령의 시기, 즉, '스무 살'에 본격화된다.

3. '스무 살' 되기

한국사회에서 '스무 살'이란 규범적 성차화와 규범적 여/성화가 본격적으로 수행되기 시작하는 시기를 상징한다. 이는 스무 살이 되어야 이러한 변화가 일어나기 시작한다는 말이 아니라 스무 살이라는 특정 연령에서 집단적이고 집중적으로 '성차화'가 수행된다는 말이며 이 시기부터 본격적으로 성차 수행이 이성애를 중심으로 하는 사회적 관계형성에 절대적인 기준이 되기 시작한다는 말이다. 이 시기에 수많은 성차화된 기대와 요구가 그것과 짝지어진 이성애적 섹슈얼리티에 대한 기대와 요구와 함께 유통되고 소비된다. 따라서 '성차화'의 본격적 수행은 '여자'라는 기호를 입고 적극적이고 본격적으로 '이성 애적 관계'를 위한 코드와 각본으로 실행된다. '스무 살'에 대해 송아영 씨, 유윤서 씨, 주가영 씨는 다음과 같이 이야기한다.

어른으로서 내가 뭐 할 수 있을까 보니까 파마, 귀 뚫기, 힐 신어보기 이런 거밖에 없더라고. 다 해봤어. 다리 삐면서 힐 신고 만원버스 타고 막. 치마 때문에 계단도 못 올라가고. 들뜬 화장 해가지고 욕먹고. (중략) 해보고 싶었어요, 그렇게 자유롭게. 옷도 유행하는 건 다 한 번씩 다 해보고. 배꼽 티, 무슨 바지 이런 거 다 입어보고. 또 잘 어울렸어. (중략) 내가 어디 나이트를 가야 된다던지, 직장에 가야 된다던지 특히나 나의 여성성을 요구하는 사회생활을 할 때 정말 변장하듯이. (송아영, 39세)

대학 가고 스무 살, 해방 그런 게 되게 컸던 거 같아요. 이뻐질 거고 이런 거 있잖아요. (고등학교 때까지는) 워낙 통제가 많으니까. (중략) 아무래도 한국 사회에선 되게 여자의 외모가 굉장히 중요하게 그렇잖아요. 그러니까 내가 고3 때까진 내가 이렇지만 스무 살이 되면 피어날 것이다. (유윤서, 29세)

스무 살 때 대학을 왔는데 예쁘게 꾸미고 싶은 거예요. 화장하고 구두 신고 처음 이제 그렇게 하는데. 남자들은 (중략) 걔네들은 다리 아플 일도 없고 꾸밀 그런 필요도 없으니까. 옷이 불편한 것도 아니잖아요. 저희는 막 꽉 끼는 옷이던지 뭐 하면 신경 쓰이고 막 이런 게 있는데. 되게 조신하게 될 수밖에 없는 그런 상황이 되는데. 걔들은 전혀 신경 안 쓰고. 그게 너무 편해 보이는 거예요. (중략) 아, 남자들 되게 부럽다 생각을 하면서도 또 한편으로는 그런 편한 것만 부러운 거지 (중략) 다리 설령 아플지라도 내가 예쁘게 보이고 싶으니까 구두를 이 정도는 감수하면서 난 구두 신을 거야. 불편하지만, 세수도 못하지만 난 예쁘게 보이고 싶어서 화장하고 싶어. 이런 식으로. (주가영, 23세)

대다수가 고등학교 졸업 이후 어떤 형태로든 대학 문화를 접하게 된다고 해도 과언이 아닌 한국사회에서는 '대학 입학 후'라는 말과 '스무 살'이라는 말이 거의 동의어 수준으로 쓰이고 있다고 해도 과언은 아니다. 따라서 '스무 살' 이후의 인간관계와 스무 살에 대한 담론은 대학에서 맺게 되는 인간관계와 이 시기에 대한 담론을 통해 형성되고 공유되며 이 시기의 일상도 이에 의해 영향을 받는다. 대학 내 인간관계는 '스무 살'이라는 통과의례를 '제대로' 거치는지 아닌지에 대한 즉각적인 평가집단이 되며 또한 이에 대한 일상적인 제재와 강제를 하는 집단이 되기도 한다. 즉, 이 시기는 본격적으로 '성차화'됨으로써 '이성애화'되는 시기로 이를 따르지 않고 규범적 성/차 수행을 하지 않으면 사회적 관계망 안에서 어려움을 겪게 된다. 대학에 들어와서도 외모를 통한 성차 수행에 적극적이지 않았던 우진희 씨는 대학에서 중요한 사회적 관계망인 동료학생들, 특히 남학생들로부터 자주 놀림과 비난을 받았다.

여중, 여고 다닐 때는 거의 저보다 훨씬 더 남자 같은, 보이시한 애들이 많았기 때문에 그렇지 않았는데 대학에 딱 오고 나니까 하나부터 열까지 말투가 상냥하지 않다 이런 얘기도 진짜 많이 들었고, 옷 입고 다니는 거, 치마 안 입는 거, 덩치 큰 거, 성격, 그런 거를 다 거의 일일이 지적을 받았던 거 같아요. (중략) 유독 그렇게 놀리는 애들이 있었어요. 동기라던가 선배라던가. (중략) 그런데 그렇게 1, 2학년 정도 그렇게 하고 다니다가 뭐가 계기였는진 잘 모르겠는데 3학년 4학년 올라가면서 조금씩 스타일이 바뀌면서 거의 졸업할 때 쯤 돼서는 그냥 완전 그냥 일반, 지금 다니는 여자대학생들처럼 치마에 하늘하늘한 그런 옷들 입고 다니고. (중략) 그때 진짜 편안함을 느꼈거든요. 내가 이렇게 하고 다니니까 사람들이 예쁘다고 해주고 가치를 쳐주는구나. 그게 좋다기보다는 누가 남들이 뭐라고 얘길 안하니까 그냥 그게 편한 거예요. (우진희, 29세)

대학 초년기에 겪게 되는 이러한 경험은 남학생들을 일상적으로 접할 기회가 상대적으로 훨씬 적은 여대에서도 마찬가지다. 여대에서의 성차 수행 또한 이성애적 매트릭스 안에서 작동하기 때문이다. 스무 살에 이뤄지는 이런 모든 '강제'들은 스무 살은 '자연스럽게' 남자를 만날 때, 즉, 이성애를 시작할 때라는 인식과 함께 작동한다.

대학교 가서는 (중략) 어느 순간 되게 너무 짜증이 나는 거예요. 주변에서 계속 소개팅하고 미팅하고 이러는 것들, 이런 작태들과 소개팅 미팅하기 위해서 이렇게 외모를 꾸미고 이러는 것들이 너무 싫고. 나에 대해서 그런 걸 친구들이 요구를 하거나 물어보거나 하는 게 너무 스트레스고. (서마리, 25세)

한편, 제갈재이 씨처럼 중고등학교를 미국에서 다녔고 외모를 꾸미는 것과 이성과 교제하는 것이 한국보다 훨씬 더 일찍 수행되는 문화 속에서 살았던 경우 화장이나 '여성스러운' 옷 입기 등과 같은 성/차화된 외모 수행이 스무 살보다 훨씬 일찍 시작되고 또 권장된다.

> 미국에서는 그게 훨씬 일찍이에요. (중략) 이사를 했어요 그때. 근데 그쪽이
> 애들이 굉장히 그런 쪽에 예민하더라구요. 그런 시기이기도 하고. 그때부터
> 남자애들이랑 자연스럽게 못 놀았어요. (중략) 그때부터 계속 여성화하려고
> 정말 많이 노력하(고). 저는 처음 표현매체가 옷이라고 생각했거든요. 스타
> 일. 정말 여성화시켰어요 계속. (중략) 사람들이 보고 싶어 하는 그런 거를
> 되게 추구했고 되게 잘 실현시켰다고 생각해요. 계속 하다 보니까 정말
> 굉장히 조그만 것들이 아 이런 여성성이나 사람들이 보고 싶어 하는 거는
> 정말 미세한 것들이 뭉쳐져서 생겨나는 거구나 그런 생각이 들더라구요.
> 화장하고 옷, 냄새, 굉장히 디테일한 것들. (제갈재이, 22세)

'스무 살'로 상징되는 이십대 초기는 한국사회에서는 십대시기에
유예된 성/차화, 즉, 여/성화가 본격적으로 수행되고 또 강제되는 시
기다. 그리고 앞에서 살펴보았듯이 이 시기에 완성될 것이 기대되는
성/차화는 본격적인 이성애화와 맞물려 있다. 여/성적 외모로 성차를
수행하라는 요구는 결국 이성애 수행과 직결되는 것이기도 하다. 즉,
여/성적 외모라는 성차 코드는 성적 분리와 성차화된 코드를 통해
이성애적 관계를 구성해 내기 위한 일종의 외현화된 언어다. 서머리
씨의 말처럼 스무 살은 이성애라는 매트릭스 안에서 '성적인 존재로
거듭나도록 강제되는' 때인 것이다.

'소녀', '십대', 혹은 '청소녀'라는 기호로서 표상되는 중고등학교
시기는 성적 주체가 될 수 없는 존재로 규정당했기 때문에 그만큼의

양성애: 열두 개의 퀴어 이야기

억눌린 에너지가 있었다고 볼 수 있다. 그리고 이 억눌렸던 에너지는 억눌렸던 힘의 크기만큼 억눌려졌던 방향으로 나아가려는 힘으로 작용한다. 즉, 스무 살은 성적 주체가 되는 것을 허용하지 않았던 에너지의 압력만큼 성적 주체가 되려고 하는 에너지가 방출되는 시기이기도 한 것이다. 그리고 특정한 방식의 성적 주체만을 인지하고 승인하는 이성애 중심적 문화에서 성적 주체가 되려는 에너지는 이성애적 주체가 되어야 한다는 요구에 쉽게 순응하기도 한다. 그리하여 십대의 경험, 특히, 십대에 경험하는 여/성으로 규정되지 않는 경험들, 이성애 규범적으로 규정되지 않는 경험들은 의식적으로 혹은 무의식적으로 이성애적 매트릭스에 의해 의미화된 경험과 인식 영역 밖으로 배제되고 소외되게 된다.

'스무 살'은 단순히 생물학적인 시기가 아니라 성/차 수행에 대한 강제를 통해 궁극적으로는 이성애적 관계를 강제하고 결혼제도 안으로 견인하고 포섭하는 언어이기도 하다. 이 시기 외모에 대한 평가는 항상 소위 '이상적 외모'를 기준으로 하고 있고 그 이상적 외모의 기준은 결국 '결혼 가능한 여성성의 수행'과 연결된 것이다. '스무 살'에 대한 구술자들의 이야기에서 '남자친구', '정상성', '외모' 등의 용어들이 일관되게 묘사되고 있는 것도 이 점을 잘 드러낸다.

물론, 대학입시 위주의 중고등학교 교육제도와 대학생을 중심으로 한 청년문화로 인해 대학이라는 공간에 인입되지 못한 이들이 경험하는 스무 살은 다른 결을 가지고 있을 수 있다. 송아영 씨의 경우에서처럼 스무 살이 '여/학생'이라는 귀속된 지위를 해제당하고 아무도 돌봐주지 않는 사회로 나와 생계 해결의 벽 앞에 서서 대학에 들어간 친구들을 부러워하면서 열등감에 시달렸던 시간'으로서 경험되거나 '여고생으로서 누리던 그나마 있던 자원마저 해체된 암울, 절망, 암흑, 인생의 끝, 일막의 끝으로 경험될 때 스무 살은 '미팅'과 '소개팅' 등을 통해 '유희적'으로 '여/성화'를 실험하고 여/성화가 견인하는 제도 안으로 안착하는 시기가 아닐 수도 있다. 이때 원가족의 지원 등 자신이 활용할 수 있는 어떠한 삶의 자원도 없이 학교 밖 생활전선으로 보내진, 더 이상 '소녀'도 아니고 '여/학생'도 아닌 이들에게 스무 살은 이성애/남성중심적인 삶의 물적 조건과 즉각적으로 협상해야 하는 시기가 되기도 한다.

그러므로 '스무 살'은 단순히 생물학적 연령을 지칭하는 기호가 아니다. 그것은 사적 공간인 가족 내에서는 '딸'의 위치를, 공적 공간인 학교에서는 '여/학생'의 위치를 점했던 이들이 아들이 아니고 남/학생이 아닌 존재로 성차화되면서 동시에 '남성'의 타자로서, 즉, 남성의 쌍대적 위치에 놓인 존재로서 확정되게 되는 매우 문화적인 연령을 지칭하는 용어이며 이데올로기화된 기호다. 따라서 여성의 '스무 살'과 이에 대한 다양한 문화적 해석들은 단순히 담론에 그치는 것이 아니라 이데올로기화된 통과의례로서 일상생활 안에 체화되어 있다. 이 이데올로기화된 통과의례는 여성들을 정확하게 '여성의 위치', 즉, '남성의 대상'으로 확정짓는 것에 궁극적인 목적이 있다. 본격적인 성/차화 프로젝트의 효과는 바로 이성애/남성중심체제의 강화이기 때문이다. 따라서 '스무 살'은 이성애 규범으로 해석될 수 없는 경험들에 대한 삭제가 적극적으로 시도되는 시기이기도 하다.

한국사회에서 '스무 살'은 스무 살 이전에 어떠한 주체성을 발휘하던 존재였는가와는 무관하게, 이전 시기에 얼마나 '남성의 대상'이 아닌 위치에서 자신의 주체성을 발휘하였는가와는 무관하게 일률적이고도 즉각적으로 '남성의 대상'이라는 위치에 있을 것을 호명하고 지시하는 하나의 이데올로기이다. 그리고 이 이데올로기는 스무 살이전의 모든 인간관계를 예비적이고 임시적이며 미성숙하고 따라서 사소하고 중요하지 않은 것으로 치부하게 만든다. 그리하여 스무 살이전과 스무 살 이후의 관계들, 특히, 성적 관계 혹은 친밀한 관계들에 부여되는 의미의 무게는 결코 동일하지 않게 된다.

'스무 살'이라는 이데올로기는 출생 직후 '여성'의 위치를 부여받기는 하였지만 확정적으로 강제받지는 않기 때문에 상대적으로 자유로울 수 있는 '여/학생' 혹은 '소녀' 주체들을 성/차화되고 이/성애화된 '여/성'의 위치로 강제하고 이것은 대체로 한시적으로라도 성공을 거두게 된다. '스무 살 이데올로기'는 여성 주체에게 자신의 원가족 혹은 가정과 그것의 기반이 되는 이성애 프로젝트, 여성성 수행 프로젝트, 그리고 이를 이은 결혼프로젝트를 수행할 것에 대한 끊임없는 장려 그리고 강제를 그 핵심으로 한다.

4. 결혼 압력

이성애적 매트릭스 안에서 시작된 생애 과정을 통해 궁극적으로 강제받게 되는 '여/성'의 위치는 '결혼'과 이어져 인식된다. 한국사회에서 현재 성적인 사적 관계가 공식적인 사회적 관계로 확장될 수 있는 유일한 통로는 이성애/결혼제도로의 인입이다. 사실 결혼이라는 제도는 문화적 구성물(조한혜정, 1988)이기 때문에 절대적인 삶의 조건이 아니라 역사적 맥락에서 이해되어야 하는 하나의 사회 제도일 뿐이다. 예를 들어, 근대 이전의 결혼이란 경제적 상황과 요구에 의해 시행된 제도였다. 그렇기 때문에 결혼 당사자들의 성적 관계는 고려할 것이 아니었다. 결혼은 재생산을 위해 존재하는 제도였고 따라서 결혼은 성적인 것이 사회적인 것으로 확장되는 제도라고 할 수도 없었다. 그러나 근대화 이후, 개인이라는 개념의 등장과 자본주의적 산업사회의 등장, 임금노동자의 등장이라는 역사적 변화와 함께 결혼은 성적 주체로서의 자유로운 개인들 사이의 낭만적 사랑의 결과물로서 인식되기 시작했다(기든스, 1992). 이런 역사적 맥락 속에서 성은 두 남녀가 결혼 관계 안에서 향유하는 것이라는 인식도 함께 자리 잡았다.

그러나 조한혜정(같은 글)에 따르면 서구산업국가들과 달리 산업화와 근대화가 압축적으로 진행된 한국사회에서는 낭만적 사랑이나 낭만적 연애도 서구의 근대화 과정에서 나타난 형태와는 다르게 인식되며 자리를 잡았다. 한국사회에서 (이성애적) 연애는 '위기상황 혹은

양성애: 열두 개의 퀴어 이야기

자기 존재의 의미를 달리 찾을 수 없는 절망적 상황에서의 하나의 도피처'로서 기능해왔다는 것이다. 조주현(2000)은 특히, 사회경제적으로 자립할 수 있는 가능성이 남성에 비해 현저히 제한된 여성들에게 결혼은 하나의 강력한 이데올로기로서 작동해 왔음을 지적하고 있다. 지난 수십여 년 동안 한국사회의 많은 '딸들'은 아버지가 관장하는 가부장적 공간에서 남자 형제에 비해 차별 대우를 받으며 큰 기대나 주목을 받지 못한 채 어머니라는 여성이 담당하는 가사노동을 보조하는 보조 가사노동자의 역할을 수행할 것을 요구받아왔다. 그리고 자신을 그런 위치에 한정시키는 아버지의 공간에서 벗어날 수 있는 방법을 경제적 주체로서 독립하는 길을 통해서가 아니라 또 다른 가부장이 될 남자와의 결혼을 통해 실현하려는 경우가 많았다. 그리고 이성과의 결혼을 낭만적 사랑의 대상과의 결합으로 인식하려는 경향이 함께 있어 왔다.

그렇지만 낭만적 사랑이라는 이데올로기가 가부장의 영역으로 상징되는 원가족으로부터 독립해 결혼을 통해 구성가족 관계를 만들도록 하는 제도를 강력하게 뒷받침해 주지만 현재 한국사회에서는 이것이 결혼 관계를 유지하는 힘으로 작동하지는 않는 것은 흥미로운 일이다. 구성가족인 부부들은 서로 간의 관계에 대해 만족하는 이유를 서로에 대한 사랑이나 친밀감이 아니라 가사노동과 양육노동, 생계부양능력 등에서 찾는 경우가 사실상 더 많다. 더욱이 이성애 부부가 한국사회에서 합법적 성을 향유할 수 있도록 사회적 용인을 받은 유일한 관계임에도 불구하고 성적 친밀함이 이들의 관계를 구성하고 유지시키는 중요도에서 매우 낮은 비중을 차지한다는 것도 흥미로운 일이다. 심지어 성적 친밀함은 부부 관계의 만족도를 측정하는 순서에서 가장 나중의 순으로 꼽히기도 한다(나임윤경 외, 2009).

이성은(2005)은 한국사회에서 결혼제도를 통해 구성되는 구성가족인 이성 부부 사이를 유지하는 요소는 이성 부부간의 사랑이나 성이라는 것과 무관한 것으로 이해해야 한다고 말한다. 이것은 결혼을 통해 국가에 동거인으로서 법적 등록함으로써 비로소 사적 성이 사회적 성으로 인정받게 되지만 서로에 대한 불성실한 성생활이 이혼사유가 될 수 있다거나 배우자에 대한 배타적인 성적 권리가 부부관계를 유지하는 데에 중요한 요소로 인식되고 있다는 사실과는 매우 모순된다. 혼인관계에 있는 남성과 여성들 중 81퍼센트가 '결혼했더라도 배우자 외의 애인이 필요할 때도 있다'라고 답하고 있고(전국가족조사, 2003) 20~30대 중반의 기혼여성 중 43.3퍼센트가 남편 이외에 사귀는 애인이 있다고 답하고 있는(인터넷 한겨레, 2005, 나임윤경 외, 2009 재인용) 현실은 보편적으로 성이 주요한 요소라고 인식되는 이성부부관계가 오히려 무성적인 관계라는 것을 보여주고 있다(이성은, 2005; 조주은, 2008, 나임윤경 외, 2009 재인용).

결혼관계 내에서의 성에 대한 인식과 현실의 괴리가 큼에도 불구하고 결혼관계 내의 이성애적 성만을 합법적이고 승인되어야 할 성이라고 보는 인식은 한국사회에 팽배해 있다. 그리고 이러한 인식은 현실적으로 결혼제도 밖에서 행해지고 있는 모든 성적 행위를 근본적으로 비도덕적이거나 비정상적인 성으로 인식하도록 만드는 효과를 낳는다. 한국사회의 규범적 성 인식은 결혼을 통한 성적 결합에 사회적 승인을 부여하고, 결혼관계에 있는 배우자에 대한 독점적인 성적 권리가 부부관계 유지에 절대적으로 중요한 요소라는 인식을 유지시키며 결혼관계 밖에서의 성행위에는 어떠한 도덕적 정당성도 부여할 수 없다는 인식을 재생산하고 있다. 그렇기 때문에 결혼관계 내의 성이 실질적으로 향유되고 있기 때문이 아니라 결혼 밖의 성이 사회적 승인을 받지 못하고 있기 때문에 성과 결혼관계에 대한 인식이 유지되고 있다고 보는 것이 더 타당할 것이다.

이런 맥락에서 볼 때 한국사회의 이성애는 실질적인 성애의 한 종류이기보다는 '지위적 섹슈얼리티positional sexuality'*에 가깝다고 해야 할 것이다. 즉, 성적 감수성과 친밀성 등의 성적 요소 자체의 향유가 궁극적인 목적이기보다는 해당 섹슈얼리티에 차별적으로 독점허용된 사회적 승인과 그것을 기반으로 한 사회적 자원 접근성의 용이함 등 때문에 그 섹슈얼리티를 향유하는 개인에게 사회적 지위 혹은 계층이 보장되는 섹슈얼리티인 것이다. '지위적 섹슈얼리티'의 가장 대표적인 예가 규범적인 성 역할을 수행함으로써 사회적 인정과 경제적 안정을 도모할 수 있는 기반을 획득하고 향유하는 중산층 이성애 결혼 혹은 중산층 기혼 이성애라고 할 수 있다. 특히, 소위 섹스리스sexless 부부, 별거부부, 기러기부부, 대화 없는 부부, 자녀중심

---

* '지위적 섹슈얼리티(positional sexuality)' 개념은 섹슈얼리티 담론에서 다뤄지는 문헌이 아니라 경제 영역을 다루고 있는 책인 로버트 프랭크(2009)의 『부자 아빠의 몰락』에서 사용된 개념인 '지위적 소비재(지위재)'를 전유해 착안한 개념이기는 하지만 이런 맥락에서 사용해 볼 수 있을 것이라 생각된다. 프랭크에 따르면 '지위적 소비재'는 해당 소비재가 가지는 실용적이거나 교환적인 가치 이외에 사회적 지위를 상징하는 기능을 하는 소비재이다.

부부 등의 국가등록 이성관계에서 추정할 수 있듯이 한국사회에서 이성애는 개인들 사이의 관계성을 보여주는 섹슈얼리티라기보다는 사회적 자원과 지위를 확보하기 위한 일종의 상징으로서 추구되고 있다고 할 수 있다. 또한, 이 관계를 통해 누릴 수 있는 사회적 인정 그리고 그 관계를 통해 진입한 사회적 관계망과 자원에 대한 접근성 때문에 유지되는 경향이 강하다. 즉, 관계 안에 있는 이성들 간의 성적 친밀함이나 성적 매력이라는 '이성애' 자체의 성애적 가치는 부차적이거나 전혀 중요하지 않은 요소인 것이다.

> (결혼은) 그냥 인정받기 위해서 하는 거요. 독립적인 어른으로. 왜냐면 그 전까지는 계속 부모님이 간섭을 하던가. 부모님, 부모님이 제일 큰 거 같다는 생각이 들어요. (중략) 엮이게 되잖아요. 그쪽 가족들하고도 엮이게 되고 우리 가족들하고도 이 사람이 엮이게 되고. (우진희, 29세)

> 아이들, 가정, 사회, 그 담에 나의 이거를 균형을 맞추기 위해서 칼날 위에 올라서 바들바들 떠는데 균형은 언제나 안 맞아. 내가 요기에 가 있으면 아이들은 비어있고 내가 집에 가 있으면 이쪽에서 나한테 요구하는 어떤 걸 내가 못하겠는 거야. 균형은 언제나 안 맞아서 매번 이쪽에서 이쪽으로 이동할 때 어떤 불안감. 저녁 늦게까지 사람들이랑 회의를 하고 집에 갈 때 오늘도 남편이 나한테 시비를 걸고 한바탕 싸우겠구나. 오늘 집에 가면 상황이 또 이렇게 돼 있겠구나 그런 불안감, 실망스러움. (중략) 10년 정도는 서로 사랑한다고 생각을 했을까? 그 이후에는 정말 그것이 없다는 확인이 됐으면서도 여전히 그 관계를 유지하면서 구태여 끝내지 않은, 구태여 이혼하겠다고 생각을 안 한 거는 경제인 거 같애 역시 나한테는. (중략)

경제적으로 무능한 사람이 아니고 돈을 잘 버는 시기든 못 버는 시기든 책임을 지려는 사람일 거라는 신뢰가 결혼관계를 계속 유지하려고 한 거에 굉장히 중요한 거였고. (김경희, 53세)

혼인 내 이성애적 관계를 강제하는 사회적 기제에 의해 보호되고 조장되는 이성애/남성중심 체제는 '출생→교육→취업→결혼→출산→자녀결혼→은퇴→사망'이라는 도식으로 연결되는 '생애주기'라는 관념에 의해서도 조장되고 강제된다. 그리고 이러한 도식적인 생애 관념은 다시 '평범한 삶'이라는 이데올로기적 관념과 연결되어 있다. 한국사회에서 '평범한 삶'이란 소위 '이성애적 생애주기'를 말하는 것에 다름 아닌 것이다. '적정' 연령에 있는 혼인관계의 남녀 사이에서 임신되어 출산된 후 유치원 3~4년, 초등학교 6년, 중학교 3년, 고등학교 3년, 대학교 4년, 취직, 결혼, 출산, 노후준비, 은퇴, 사망이라는 수순으로 사회가 제도화해 놓은 규범적 생애수순을 거치는 삶이야말로 '평범한 삶'이라고 인식된다.

사실 가족이 구성되는 방식과 실재하는 가족의 유형은 시대를 달리하면서 변화해 왔다. '이성애적 결혼에 의해 출발한 남녀로 구성되는 부부와 그들의 결혼에 의해 출생한 자녀로서 구성되고 이 핵집단에 다른 근친자가 포함될 수도 있는 집단으로서 상호간의 제도적이고 정서적인 권리와 의무를 수행하는 집단'이라는 레비-스트로스(1956) 식의 가족개념은 '자신들 스스로가 가족으로 생각하면서 전형적인 가족 임무를 수행하는 2인 이상의 사람들'(Miller, 1994)이라는 보다 개방적인 가족개념으로 변화해 온 것이다. 생산력과 생산양식, 그리고 노동환경의 변화와 가치관의 변화, 생태계의 변화, 종교관의 변화, 인구의 변화 등으로 가족형태가 지속적으로 변화하고 있기 때문이다.* 사회적 계층, 성, 연령 등에 따라 가족생활의 물질적, 심리적 기반이 다르고 이로써 상이한 가족상과 가족가치를 지니게 되며 일상생활의 경험도 달라지기 때문에 가족은 전형적 것도 보편적인 것도 자연적인 것도 아닌, 오히려 가변적이고 다양하며 유연한 개념이라고 봐야 한다는 지적이 많다. 따라서 '가족'이라는 단수개념이 아니라 '가족들'이라는 복수개념으로 칭해야 더 적절하다는 주장이 있다.

한편, 해체와 혼종이 일상적으로 경험되고 점점 더 탈구조화되고 있는 현대 사회에서 가족의 공동주거양식도 그만큼 변화하고 있다. 이에 더해, 교통 및 통신 기술의 발달로 과거와는 현저하게 다른 시공간적 감수성을 가지고 살게 되면서 가족을 구성하는 방식과 가족을 구성해야 한다는 관념 자체도 해체되거나 재구성되고 있다. 그럼에도 불구하고 한국 사회에서는 특정 유형의 구성가족만을 정상적 가족으로 승인하는 관념이 유지되고 있는데 이러한 특정 가족개념은 그 시

---

* 2008년 현재 한국사회에서 전통적인 개념의 가족비율은 도시에서는 56.9퍼센트, 농어촌에서는 34.6퍼센트로서 평균 45.8퍼센트에 불과하다(통계청, 2008). 절반이 넘는 54.2퍼센트가 오히려 다른 다양한 형태의 가족을 구성하고 있다는 말이다. 벨기에, 덴마크, 노르웨이, 네덜란드, 캐나다에서는 제도적으로 인정하고 있고 호주에서는 관습적으로 그리고 사회적으로 인정하고 있으면서 행정적 지원을 하고 있으며 미국의 메사추세츠와 샌프란시스코에서는 시민결합(civil union)이라는 이름으로 인정하고 있는 동성가족(same-sex family), 즉, 성인 여성과 여성, 남성과 남성이 동거하는 가족도 이런 맥락 안에서 점점 더 많이 등장하고 있다. 한국에서도 1995년 11월 27일에 한국 최초의 레즈비언 결혼식이 있었고 2013년에는 영화감독 김조광수 씨와 그의 배우자 이승환 씨의 공개 결혼식도 있었다. 그러나 한국에서 동성결혼이 법적으로 금지되어 있는 것은 아니지만 제도적, 행정적 지원은 전무한 상태다(윤가현, 1997). 즉, 동성간 혼인을 지원하고 보호하지 않는 방식으로 행해지는 배제와 방치의 강제적 이성애 정치학이 작동하고 있는 것이다.

대를 지배하는 특정집단의 이데올로기가 반영된 것에 불과하다고 비판받는다.

한국사회의 특정한 가족형태 이데올로기에 부합하지 않는 가족형태들, 즉, 트랜스젠더 성인이 구성한 구성가족, 이성애 동거 커플가족, 동성애 동거 커플가족, 혈연을 중심으로 하지 않은 다수로 이루어진 공동체 가족 등 다양한 다른 형태의 가족들은 '비정상적'인 것으로 분류되어 가족 개념 안에서 아예 제외되는 경우가 대부분이다. 그리고 이러한 규범외적 가족들에 대해 조세, 고용, 재산, 의료, 보험, 입양, 주택 등 다양한 경제적, 제도적, 문화적, 사회적 측면에서 불이익이 주어져 왔다(대안적가족제도 마련을 위한 기초자료집, 2009).

사회는 이제 유례없이 유동적이 되었고 그런 상황 안에서 누구나 태어나면 살아가게 되는 삶의 전철이라는 의미에서의 '생애주기'도 각 개인의 독특하고 고유한 삶의 서사라는 의미로서의 '생애사'로 변화하고 있다. 그럼에도 불구하고 특정 유형의 구성가족만을 정상적 가족으로 승인하는 한국사회에서 '생애주기' 혹은 '평범한 삶'이라는 관념이 발휘하는 이데올로기적 효력은 여전히 강력하고 광범위하다. 이 점은 구술자들의 구술내용에서도 잘 드러난다. '남들처럼' 혹은 '남들만큼' 사는 것이 곧 '평범한 삶'이고 이것은 곧 '적정 연령'에 적정 연령의 이성과 '결혼'하여 결혼식을 통해 해당 이성과의 동거를 사회적 관계망 안에 들어와 있는 사람들에게 공식화하고 국가에 등록하여 서로 구성된 가족으로서의 권리와 의무에 대해 법적인 상호구속력을 강제받는 삶을 사는 것이다. 이를 벗어나는 삶은 어떤 형태가 되었든

'평범한 삶'의 자격을 얻을 수가 없다.

　인생계획을 세울 때 일보다도 가장 먼저 누구와 함께 살 것인가를 생각하게 된다는 진강희 씨는 누구와 함께 살 것인가의 문제에서 성이라는 요소가 매우 중요하다고 말한다. 중고등학교 때 '팬픽이반'이었던 진강희 씨는 대학 입학 후 남학생들로부터 관심을 받고 이성과 연애를 시작한 후부터는 자신이 더 이상 여자를 좋아하지 않는 것 같았고 중고등학교 때의 경험은 그냥 '한때'의 감정이었다는 생각이 들기도 했다. 여자를 사귀다가 남자를 사귀게 되자 마치 자신이 '사회적으로 유리한 삶을 살 수 있는 유혹에 빠져서 험난한 운명에 맞서는 공동체를 이탈하여 배신한 것' 같은 죄책감이 들기도 했지만 결혼, 부부동반모임, 출산 등 '다른 사람들처럼' 살 수 있게 되었다는 생각에 '제자리로 돌아온 것 같은 다행스러움'을 느끼기도 했다. 그리고 서서히 이성애자가 되어 영원히 '탈반'*하게 되는 것이라는 생각을 하기도 했다. 부모님으로부터 직접적으로 결혼압박을 받거나 하지는 않았지만 진강희 씨는 이성애관계가 보장해 주는 안전을 포기하고 싶지 않았다. 또한, 어차피 남자를 만나 '알려진 체제'에서 살 것이라면 키, 학벌 등 사회적 잣대로도 인정받는 상대를 만나고 싶다는 생각이 절로 들기도 했다. 같은 학교를 다니고 있던 큰 키에 체격이 좋은 남자 후배는 부모님도 마음에 들어 했던 연애상대였다. 진강희 씨는 그런 남자와 결혼하면 웬만큼 살겠다고 생각했다. 그러나 그런 남자

＊ '탈이반'의 준말이며 '이반'은 '일반(straight)'의 상대어로서 이성애가 아닌 성애, 대체로는 동성애를 가리킨다. 따라서, '탈이반'은 동성애 사회를 떠나 이성애자로 살아간다는 의미를 담고 있다.

양성애: 열두 개의 퀴어 이야기

와 헤어진 후 다시 여자 애인을 만나게 되면서 진강희 씨는 어느 때보다 마음이 편해졌고 행복해 했는데 동시에 '휴대폰 커플요금제'를 신청하지 못하는 것에서 상징적으로 드러나듯 '세상이 인정하는 연애'를 두 번 다시는 할 수 없다는 좌절감 때문에 두려워지기도 했다. 진강희 씨에게 동성 관계는 결혼도, 부모님의 인정도, 친구들에게 하는 애인 자랑도, 커플 요금제도 누릴 수 없는 관계였고 따라서 그런 것들과는 관계없는 삶을 살아가는 것을 의미했다. 그것은 곧 세상이 인정하는 삶을 다시 살지 못하게 되는 선고를 받는 것이라는 생각이 들었다. 무엇보다도 결혼이 '정상인의 궤도로 간주되고, 결혼을 해야지만 부모님의 인정을 받을 수 있다는 생각이 들 때마다 진강희 씨는 저절로 결혼압박에 시달렸다. 게다가 대학원 졸업 후 직장을 잡을 때도 진강희 씨의 전문 영역에서는 결혼을 한 육아경험자가 선호되는 경우가 많기 때문에 결혼은 단순히 결혼 자체가 아니라 고임금의 안정된 직장으로 향한 길을 열어주는 열쇠이기도 했다. 더욱이 결혼이란 애정이 식으면 공유할 부분이 적어지게 되는 불안정한 동성커플과 달리 이혼절차라는 복잡한 제도적 장치 덕분에 일단 법적으로 맺어진 관계가 되면 쉽게 깨어지지 않을 수 있다는 점 또한 매력으로 느껴졌다고 한다. 국가에 등록함으로써 사회적 승인을 얻고 법적 구속력을 통해 관계의 지속성을 강제받는 이성애적 결혼 관계에 비해 비혼인 상태의 관계는 개인들 사이의 관계의 질이 관계 유지의 가장 핵심적 요소다. 게다가 동성관계는 사적 관계에 한정되거나 매우 협소한 사회적 관계망을 가질 수밖에 없기 때문에 결혼관계와 비교해 관계의

지속성이 강제되는 기제가 없다는 것에 대한 불안으로 인한 갈등이
항시적으로 있다.

> 코칭 프로그램 같은 걸 하면 꼭 십년 후, 이십년 후 일상을 그려보라 그러는
> 데 그럴 땐 너무 힘들어요. 다들 딸, 아내 얘길하는데 저는 애인이라고
> 쓰니까 결혼 안 하냐고, 그때까지 결혼 안 하고 뭐 할 거냐고 물어 보죠.
> (중략) 저한테 처음으로 선이 들어왔는데요. 참 내 나이가 벌써. 딱 K대
> 레지던트라고 소개시켜 주시는 거예요. 애인있냐고 그래서, 남자친구도
> 아니고 애인있냐고 물어서 있다고 당당히 말하고. (중략) 유혹이 들더라구
> 요 이상하게. 갑자기 내 미래가 그려지면서 내가 만약에 이 사람이랑 어떻
> 게 고분고분하게 잘 되가지고 결혼을 한다면 의대생이니까 돈도 많이 벌
> 테고 집안도 좀 괜찮았고 그러면 (내) 유학자금을 대줄 수도 있고 엄마,
> 아빠 좋아하실 거고. 사회적으로 되게 딱 사람들이 선망하는 그런 게 되는
> 거구나라는 생각을 했죠. (진강희, 24세)
> 여자랑 미래를 장담한다는 자체가 많이 무섭다고 해야 되나. (중략) 지금
> 이 사람하고도 점점 깊어져 가는데, 좀 더 오래 갔으면 좋겠는데. 이렇게
> 하다가보면 그런 거는 생각도 못하게 되고. 좀 바깥에서는 정말 난 독신이
> 라고 말하게 될 거 같고. 집에서는 애인이랑 잘 산다고 해도 그런 부모님
> 모신다던지 아이들 뒷바라지 이런 거에 바쁘다든지 이런 생활도 없어질
> 거 같고. 그리고 솔직히 말하면 거의 결혼이라는, 여자랑 같이 산다는 자체
> 가 결혼이라는 느낌보다 약간 연애, 동거라는 느낌과 같아서 혹시 만약에
> 나중에 내가 이렇게 해서 사십대나 오십대까지는 아니더라도 잘 모르겠지
> 만 나이가 들면 남자랑 결혼 안 한 상태로 여자랑 같이 사는 상태로 이런
> 식으로 가면 나중에 어떻게 마음이 안 맞던지 이래서 떨어지게 된다면 그럼

나는 어떻게 되지 이런 생각 있잖아요. 연애하다가, 오래 연애하다가 몇 십 년 연애를 하다가 헤어진 상태면, 그 나이 되면 난 또 남자랑 결혼도 못할 텐데 이런 생각이 든다고 해야 되나. (중략) 부부동반 한다든지 그런 모임이 많잖아요 사람들끼리. 우리는 우리 쪽, 같은 사람들 아니면 그런 쪽에 끼기도 불편하고 그런 얘기나 자식 얘기 이런 것도 잘 교류가 없고 이러면 되게 외로움 느끼고. 내가 그러면 싫증이 난다든지 그런 삶을 동경하 게 되고 이래서 그렇게 되지 않을까, 되게 외로워 하다가. (중략) (남자와는) 시부모님한테 잘한다든지 이렇게 나의 가정뿐만 아니라 그런 시댁 쪽에 신경써야 되는 그런 것도 생기는 거고. 또 주변 사람들도 넌 이제 유부녀야 라는 식으로 해서. 뭐 만약에 유부녀가 바람을 필 때 간통이 되고 이런 식인 거잖아요 우리나라에서는. 그런 식이니까 이제 좀 그런 배제하는 느낌 이런 게 있을 텐데. 그런 것 때문에 더 그렇게 생각하고. 그리고 아이 낳다보 면 또 정신없이 아이한테 쏟고 이렇게 되니까. (중략) 엄마들이 아이 때문에 이혼 안 하는 거야 이런 식으로 말하는 거처럼 전 아이가 정말 결혼 생활에 중요한 매개체라고 생각을 했거든요. 그래서 계속 둘만 사는 거보다 제가 생각하는 결혼은 아이가 분명히 있는 가정이었거든요. 근데 여자랑 생각하 면 그게 깨지면서. (중략) 정말 막 같이 못 있을 정도면 어쩔 수 없는 거지만 그게 아니면 웬만하면 같이, 마음은 좀 사그라들고 설령 다른 사람한테 마음이 갔다든지 그래도 그런 안정적인 그런 틀은 있다고 해야 되나. 그런 게 있었으면 좋겠다는 제 그 가정에 대한 그게 있어서. 그냥 정말 내가 이 사람이 꼭 아니어도 정이라든지 뭐든 좀 엮여있었으면 하는 생각을 하는 거 같아요 저는. (주가영, 23세)

결혼을 통해 이뤄지는 구성가족에 대한 기대는 주가영 씨의 구술에서와 같이 지나치게 낭만화되어 있는 측면도 있다. 아버지의 혼외관계로 인한 불화 때문에 이혼한 부모님의 영향으로 남자와의 결혼에 큰 기대는 없다고 말하면서도 주가영 씨는 가족이란 없어서는 안 되는 보금자리라고 생각한다. 자신의 원가족은 화목하게 지내지 못했지만 본인은 화목한 가정을 꾸리고 싶은 마음이 크다. 남자와 사는 것을 구체적으로 생각해 본 적은 없지만 '보통' 사람들이 '다들' 그렇게 하듯이 '시부모 모시고 살'게 될 것이라는 생각도 늘 해왔다. 그래서 초등학교 때부터 지금까지 누구를 좋아하게 되거나 사귀게 되면 곧장 그 사람과 함께 사는 미래를 꿈꿔 보고는 했다. 주가영 씨는 자신의 자식들과 <길모어 걸스> 같은 미국드라마에서 보여지는 친구 같은 모녀관계를 가지며 살아가는 모습을 꿈꾼다. 검사가 되려고 법대에 진학했지만 무엇보다 졸업하면 남자와 결혼을 하고 사회적 지위를 갖추고 살겠다고 생각했고 그런 생각 때문에 한때는 결혼과 출산을 위해 꼭 남자만 만나겠다고 결심하기도 했다.

그렇지만 현재의 여자친구를 만나면서 주가영 씨는 내적 갈등을 겪고 있다. 만약 여자친구와 함께 살 수 있게 된다고 해도 그것은 '결혼의 느낌보다는 동거의 느낌'일 것이기 때문이다. 여자와의 동거는 남자와의 결혼과는 다를 것이라고 생각한다. 남자와의 결혼도 이혼으로 끝날 수 있지만 여자와의 동거는 '의식이나 충실에 대한 맹세'도 없이, 관계에 대한 다짐도 없이 그냥 같이 살게 되는 것이기 때문에 그런 다짐을 여러 사람 앞에서 공표하고 사는 남자와의 결혼관계보다

양성애: 열두 개의 퀴어 이야기

관계 안에서의 책임감도 그만큼 덜 할 것 같다고 생각한다. 또한, 애정이란 어차피 시간과 함께 식거나 변할 것이기 때문에 설령 상대방이 다른 사람에게 마음이 가는 경우가 될 때에도 기존의 관계를 계속 유지하기 위해서는 결혼이라는 제도적인 강제가 필요하다고 생각한다. 남성과의 결혼은 결혼이라는 제도 자체의 강력력이 있는데다가 '시댁사람'과 주변 사람들의 '유부녀에 대한 규제적 시선'이 그 강제력을 더해 줄 것이고 아이를 낳아서 키우느라 정신없이 시간을 보내다보면 아이 덕분에 권태기를 극복하게도 되고 아이 때문에 쉽게 이혼을 생각하지 않기도 할 것이라는 것이다. 그런 생각 탓에 주가영 씨는 여자애인과 만나고 있는 와중에도 이 관계로 인해 결혼할 수 있는 나이를 훌쩍 넘긴 후에 혼자가 될지도 모른다는 두려움을 가지고 있다. 현재의 관계가 깊어지면서 점점 더 자신이 꿈꾸어 왔던 결혼이 '낯선 일'이 되고 있다고 느끼게 되면서 주가영 씨는 자신의 미래 또한 '불명확해지는 느낌'이 든다고 말한다. 이런 여러 가지 우려로 인해 주가영 씨는 여자와 같이 사는 미래는 기대나 설렘보다는 무서움이 앞선다고 한다. 그리고 결국은 그런 삶에 싫증을 느끼게 되면서 '일반'의 삶을 동경하게 될까 걱정하고 있다.

한편, 우진희 씨는 20대 후반에 자신의 성 정체성에 대해 집중적으로 고민하게 되었고 남자친구가 있지만 동시에 자신이 한 여자후배를 좋아하고 있다는 것을 깨달았다. 그럼에도 멀지 않은 미래의 자기 모습을 그릴 때 현재 만나고 있는 남자친구와의 결혼생활을 생각한다. 남자친구와는 자신의 양성애 정체성에 대해서도 이야기를 나누었다. 결혼생활이 그렇게 탐탁한 생활이 되지 않을 수 있을지 모르지만 여자와 함께 사는 것은 더 불안할 것 같기 때문에 우진희 씨는 남자와의 결혼을 생각한다.

(여자) 둘이 사는 것보단 혼자 사는 게 덜 위험할 거 같아요. 잘 모르는 것도 있긴 한데. 둘이 살면, 물론 혼자 살아도 그렇겠지만 둘이 살면 어쨌든 설명해야 되는 부분, 때로는 거짓말을 해야 되는 부분 그런 것도 있고. 사람들이 혼자 살아도 막 대하려고 하고 우습게 보려고 하고 그런 게 있을 수 있고. 둘이 살아도 그럴 수 있지만 사람들이 혼자 산다고 손가락질 하진 않을 거 같은데 둘이 살면 손가락질을 받을 거 같다는 생각이 들어요. 근데 둘 다 힘들 거 같긴 해요. 경제적으로 좀 안정이 되어 있으면 좀 덜 불편하려나. 경제적인 문제가 되게 중요해 지겠죠, 혼자 살거나 둘이 살면. 얼마 전에 그『3XFTM』그 책을 읽었는데 거기 보니까 김명진 씨라는 분이 성전환 수술을 하고 주민등록번호까지 바꿨는데 그러고 나서 자기가 똑같은 이력을 갖고 있는데, 똑같은 경험을 갖고 있는데 여자로 일할 때보다 남자로 일할 때 훨씬 더 돈을 많이 벌었대요. 그런 걸 봤을 때 경제적으로 많이 어렵지 않을까 그런 생각도 들고. 많은 용기가 필요할 거 같고. (중략) (남자와 살면) 안전할 거 같아요 무엇보다. 그게 가장 큰 메리트가 아닐까 싶은데. 저는 사실 성폭력에 대한 것도 좀 겁내 하는 게 많구요. 여자 혼자 살다가, 물론 성폭력은 굉장히 많이 일어나긴 하지만 여자 혼자 살다가 TV나 이런데 서 많이 나오는 그런 얘기들 때문에도 있고. 그리고 엄마가 그런 얘기를 많이 했던 거 같아요. 항상 아빠는 주로 집에 있고 저랑 동생이랑 엄마랑 주로 밖에 놀러 다니거든요. 그러면 예를 들어서 누구랑 싸움이 붙었다 그러면 엄마가 항상 저것들이 여기 남자가 없으니까 우리를 무시하는 거다

이런 얘기를 많이 들어서 그렇게 생각하는 것도 있는 거 같고. 일단 같이 살면 이웃들도 알고 있을 거 아니에요. 저 집엔 남자가 있다 그러면 좀 덜 접근하지 않을까 그런 생각. 그런 위험성. (우진희, 29세)

앞에서 보았던 주가영 씨와 달리 구희정 씨는 어렸을 때부터 가정을 가진다거나 웨딩드레스를 입는 것을 한 번도 꿈꿔 본 적이 없다. 중학생 때부터 독신으로 사는 것이 '선구자적인 삶의 방식'이라 생각했고 늘 입양과 독신을 생각해 왔다. 그러나 당시에 이미 여자가 독신으로 살기 위해서는 고학력 전문가가 되어야지만 가능하다는 생각을 했고 고등학교 3학년 어느 날에는 모의고사 성적이 잘 나오지 않자 결혼을 해야 될 지도 모른다는 생각이 들어 우울해하기도 했다. 소위 명문대에 가지 못해서 고학력 전문가가 될 수 없다면 생존을 위해 어쩔 수 없이 결혼을 선택해야 될 것이라는 생각이 들었기 때문이었다.

뭔가 어렸을 때부터 한 번도 내가 흔히 얘기하는 행복한 가정을 일구는 그런 상상을 해 본적이 없는 거 같아요. 그냥 어떤 결혼식을 하겠다, 뭐 예쁜 웨딩드레스를 입어야지 그런 생각을 해 본적도 없고. 근데 연애를, 여자친구와 연애를 할 때는 정말 아주 추상적이지만 우린 외국에 가서 결혼을 하자. 또 본 거는 있잖아요. 정원에다가 친구들을 부르는 거야. 밴드하는 사람도 부르고. 이렇게 해서 아주 자유롭게 우리끼리 서약서를 준비를 해서 편지를 읽고 파티처럼 즐기자. 그런 상상을 하면 즐겁잖아요. 그런 거 말고는 내가 결혼을 해서 아이를 낳아서 그 아이를 예쁘게 키우고 그런 꿈, 그런 상상 그런 거는 해본 적이 없어요 정말. (중략) 주변에서는 너희 집이 너무 안정적이고 편안하니까 네가 그걸 경험을 해봐서 너는 다른 걸 원하는 게 아니냐. 그 말도 일면 맞다는 생각이 드는 게. 부모님이 한 분이 안 계신다거나 아니면 굉장히 불화가 많다거나 형제간에 사이가 안 좋다거나 그런 친구들 같은 경우는 되게 뭐 결혼에 대한, 나중에 결혼해서 안정적이고 따뜻한 가정을 이루고 싶다고 생각하는 친구들도 있는데. 별로 그러고 싶은 마음이 없는 거죠. 그게 재미없다는 생각이 나한테 너무 강한 거 같기도 하고. 근데 고등학교 3학년 때 처음으로 결혼을 해야겠다는, 난 결혼을 할 수, 해야 할지도 모른다는 생각을 했던 건 지금 생각하면 너무나 귀엽고도 슬픈 현실이. (중략) 그때는 또 어렴풋하게 뭔가 고학력 전문직 여성이 되어야만 독신주의자가 될 수 있다고 생각했기 때문에. 그건 또 엄마의 영향도 있어요. 여자가 혼자 살려고 하면 엄마는 교수쯤 돼야 혼자 살 수 있다고 생각하신 거예요. 내가 듣기에도 일단 나 혼자 살려면 일단 지위와 경제력이 돼야 되는데 모의고사 성적이 내가 이거밖에 안 나와. 그러면 난 결혼해야겠다. 결혼이 막 이렇게 샤방한 이런 느낌이 아니고 정말 생존을 위해 어쩔 수 없이 선택해야하는. (구희정, 29세)

한편, 25년 동안 한 남자와 결혼생활을 했고 결혼 관계 내에서의 갈등이 심해지던 와중에 한 여자와 사랑에 빠져 결국 이혼을 강행하고 그 여자와 함께 살다가 헤어진 후 지금은 혼자 살고 있는 김경희 씨가 들려주는 이야기는 우진희 씨나 구희정 씨, 주정화 씨 등이 말하는 것들에 우회적이나마 어느 정도의 대답을 주는 것이기도 하다.

가정 안에서의 나는 계속 번민하며 살았다고 한다면 이제 그거에 질려버린 거 같애. 그리고 나서 그 다음 번인 파트너와의 관계에서 결국 일상의 문제 때문에 그렇게 되어가지고. 그래서 혼자 살자. 이게 나한테 굉장히 중요한 원칙이야. (중략) 나는 이혼할 때 여성들이 준비를 잘하고 이혼을 해야 된다고 다른 사람들한텐 얘기를 하지. 근데 나한테는 아마 그때 (과외로) 번 돈으로 내 명의로 샀던 집 그게 나한테는 내가 이미 준비돼 있다, 내가 지금 아무것도 안 들고 나가지만 일단 내 현금카드를 가지고 가고 그 집이 내 명의로 돼 있다는 어떤 안심 때문에 그때 무모하게 그런 상황에서 나올 수 있었던 거고. 그때 내가 챙길 수 있는 현금은 진짜 거의 없었던 거 같애. (중략) 돈의 문제가 깔끔하게 서로 처리되지 않으면서 나머지 일상의 문제들에서 날이 서기 시작을 한 거지. (중략) 그 친구가 살아온 이야기들을 들으면서 나는 우리 사회에서 결혼하지 않은, 결혼을 선택하지 않은 한 여성이 경제적으로 살아가는 게 얼마나 힘든가를 많이 느꼈던 거 같애. 나는 어쨌든 결혼을 선택했던 사람으로서 그리고 지금은 결혼, 탈결혼을 했지만 어쨌든 결혼 시절에 물론 내가 벌었다고는 하지만 이래저래 애초에 나는 비교적 부유했고. (중략) 집에서 돈 받은 것도 그런 식으로 결혼하고 나왔기 때문에 한 푼도 받은 게 없거든. 그랬는데 그렇다 하더라도 그런 한 여성이 소위 부유한 (원가족)집에서 혹은 25년간의 결혼관계 그리고 그때 벌어 놓은 경제적인 주체가 되겠다고 해서 벌어놓은 그 돈, 그 돈을 내가 완전하게 저축을 할 수가 있었거든. 생활비는 남편 돈으로 썼기 때문이지. 그때 과외를 해서 번 돈은 완전하게 저축을 할 수가 있었고. 그거를 제대로 챙겼기 때문에 물론 그 돈을 지금까지 빼먹고 살 수 있는 거라면. 그렇지 않은 정말 하루 벌어 하루살이를 하고 혹은 일자리의 안정성에서 계속 불안한, 떠돌아야 하는 (중략) 그런 정도의 한 여성이 계속 경제적인 주체가 되겠다고, 경제적으로 제대로 서보려고 노력은 하지만 힘들었던. (중략) 이 친구가 막내딸인데. 이렇게 세 딸이 그 늙은 부모를 모시고 어쨌든 살아보려고 하는 그런 과정에서 계속 힘들게 살아가는 모습을 이 친구를 통해서 봤고. (김경희, 53세)

한편, 앞서 언급되었던 구희정 씨가 자신과 가치관을 함께 나누던 선배가 결혼 후 변해가는 모습을 보면서 깨닫게 된 것 중 또 하나는 자신 안에도 남들과 다르게 살고자 하는 욕망과 동시에 남들과 비슷하게 살고자 하는 욕망이 비등하게 공존하고 있다는 것이다. 특히 관계의 연속성과 견고함에 대한 욕구 그리고 공동체에 대한 욕구가 있었다. 최근에 여자 애인과 헤어지면서 많이 힘들었기 때문에 결혼한 친구들을 보면 그런 마음이 더욱 커진다고 했다. 최근의 이별 후 관계의 연속성과 견고함에 대해 어느 때보다 절실한 욕구가 생겨났고 그만큼 동성 관계에 대한 불안 또한 커졌기 때문에 그런 자신이 결혼 제도 안으로 편입될지도 모른다는 불안을 동시에 갖고 있다고 말한다. 회사일로 힘들어질 때면 종종 '취집'을 생각해 보기도 하지만 여성이라는 이유로 일터와 집이 한 공간이 되어 24시간 풀가동이 되어 살아야 할 것을 생각하면 그런 삶을 견뎌내지 못할 것 같다는 생각도 한다. 그럼에도 불구하고 구희정 씨는 한국사회에서 결혼은 생존하기 위해 택할 수밖에 없는 전략이라는 느낌을 강하게 갖고 있다. 한국사회는 개인들이 서로에 대한 끌림이나 존경심 혹은 공동체라는 개념과 가치의 공유를 아예 생각할 수 없게 하기 때문이다. 구희정 씨는 회사 동료들이 건물주가 되어 세를 받으며 살고 싶다는 희망을 종종 얘기할 때마다 실현가능성이 현저히 낮아 보이는 그런 바람보다도 결혼 제도 밖에서 자신이 좋아하는 파트너와 결혼관계에서와는 다르게 살고 싶어하는 자신의 희망이 더 비현실적으로 느껴지는 것이 한국사회라고 말한다. 그렇기 때문에 누군가가 '때가 돼서 결혼한다고 할 때

양성애: 열두 개의 퀴어 이야기

그 때란 바로 결혼을 안 하면 살아가기 힘든 때'일 것이라고 생각한다. 직장생활을 함으로써 많은 것을 희생하고 강제받아야 하지만 월급을 받는 것으로써 보상과 위로를 받듯이 결혼이나 기존의 가족제도 등을 생각할 때도 행복한 느낌이 생기지 않지만 그와 비슷한 어떤 보상과 위로가 있기 때문에 하는 것이 아니겠냐는 것이다.

몸이 아프면서는 어떤 생각이 들었냐면은 이게 나한테 너무나 당연한 과정들이었는데 이런 부분들이 몸이 아프고 나서 사치스럽게 느껴지는 거죠. 일단 살아야 되겠다. 나는 몸도 아프고 너무너무 힘도 딸리는데 회사도 가야 되고. 내가 생각했던 것처럼 내가 겪어 왔던 이런이런 부분들이 다분히 배부르고 몽상적이었던 게 아니었을까라는 생각이 드니까 정말 너무너무 내적으로 힘들어지는 거예요. 뭔가 한편으로는 꿔선 안 되는 꿈을 꾸는 것처럼 마음이 두근두근할 때도 있고. 제가 아까 결혼이 타협이라고 얘기를 했잖아요. 그 타협이란 느낌이 정말 가장 부정적인 느낌으로는 한국사회라는 이 내에서 살아가기 위해서 가장 생존의 전략으로 택할 수밖에 없는. 전략적인 면에서의 결혼의 느낌이 강한 거죠. 그냥 그게 서로에 대한 어떤 끌림과 존경과 공동체적인 개념을 아예 생각할 수 없는 구조에서 살아남기 위해서, 어떤 삶을 꾸려가기 위해서 선택하는 구조라는 게 분명히 있어요. 그냥 피상적으로 얘기하는, 때가 돼서 결혼을 한다라는 건 그냥 적당하게 포장된 거라고 생각을 하고. (중략) 내가 이렇게 아플지 몰랐는데 아프잖아요. 아프면 앞으로도 아플 일들이 막 생길 거 같은데 어떡하지 이런 느낌이 확 있잖아요. 그러면 누가 그러더라구요. 보험을 안 드는 배짱을 위해서는 심신이 건강해야 된다. 안 아파야 된다. 우리는 병도 걸리면 안 되고 사고도 나면 안 되고 그래서 길을 걸을 때도 잘 보고 다녀야 되고 벼락이 치는지 잘 봐야 되고 음식을 먹을 때도 왜냐, 우리는 식중독에 걸리면 안 되니까. 그냥 농담처럼 이런 얘기를 막 하는데. 같은 맥락인 거 같아요 사실. (중략) 계속 끊임없이 불안이랑 같이 가야 되는 거 같아요. 그런데 불안하기 위해서 그 삶을 선택하는 사람은 없잖아요. (구희정, 29세)

구희정 씨는 자신이 가진 삶에 대한 불안감이 한국사회의 이반 커뮤니티에서 '건강하고 건설적인 삶'을 사는 사람들을 만날 수 있는 기회를 주변에서 찾기가 힘들기 때문인 것 같다고 말한다. 그렇기 때문에 남들과 다르게 사는 것, 즉, 퀴어하게 사는 것은 곧 남들만큼 못사는 것이 되어 버리고 만다는 느낌이 강하다는 것이다. 그런 중첩된 고민들 속에서 구희정 씨는 '무언가 계속 충족되지 않는, 대안없이 혼란스러운 상태'에 있다는 느낌을 지속적으로 가지고 살아왔다. 그리고 '삶이 생기있게 충족된 적이 없다는 느낌, 뭔가 있는데 그걸 찾지 못한다는 느낌, 자신의 삶이 늘 다른 사람의 삶보다 못해 보이는 느낌'이 들어서 늘 '자신감이 부족'하고 '자기 안의 힘을 확신하지 못하는 상태'에 있다. 다른 사람들이 추구하는 것을 좇지 않는 대신 자신의 인생을 채우는 것이 무엇인지, 자신이 실체가 있는 것을 추구하고 있는 것인지 아니면 그저 남들처럼 때 되면 해야 할 일을 하지 않은 채 게으르게 살고 있는 것일 뿐인지에 대한 불안이 끊임없이 계속되고 있다고 말한다. 송아영 씨가 말하는 결혼한 '바이 친구'에 대해 가졌던 복잡한 심정도 구희정 씨의 이런 갈등과 상당부분 맞닿아 있다.

걔가 비혼주의자였어. (중략) (그런데) 안정된 직장을 갖고 있는 사람을 결국 선택했고. 자기가 마음대로 핸들링 할 수 있고. 얘가 시댁 눈치를 보지 않아도 되는 그런 완벽한 조건을 찾느라고 그렇게 여러 명의 남자를 거쳤더라고 알고 보니까. (중략) 걔가 이렇게 목공이니 뭐 이쪽에 관심이 많은 앤데 목공을 배우는 곳이 바로 집 앞에 있는데도 안 다니는 거야. 이유가 뭐냐면 결혼을 해서 살림이 다 갖춰지니까 더 이상 만들 게 없는 거야. (중략) 그리고 결혼이 또 큰일이니까, 자기는 큰 대사를 치렀으니까 자기는 몇 년 동안 쉴 거라고 그러면서. (중략) 물질적인 것도 그렇고 일단 걔가 너무 여유있는 삶을 사는 거야. 경제적으로, 물질적으로, 정서적으로. 따분할 만큼. 왜냐면 걔가 돈 벌지 않아도 되고 또 혼자가 아니라는 생각에 마음도 좀 든든하고 그런 게 있는 거지. (중략) 내가 동거나 하지 결혼은 왜 해 그렇게 얘기했을 때 동거하는 것도 너무 귀찮대. 왜냐면 너무나 가리거나 아니면 전체를 얘기하지 않고 부분만 얘기하거나 아니면 누구의 동의를 얻고 이래야 되는 일이 너무 많다는 거야. 동거를 해도 가족들이 왕래를 안 하는 것도 아니고 차라리 결혼하는 게 속 편하다는 거야 내 친구는. (중략) 다른 형태가 인정이 되지 않기 때문에 결국은 외로움에 찔거나 결혼해 보는 거지 뭐. (중략) 결혼...을 했더라면 굉장히 다른 결과가 있었겠죠. 결혼을 했으면 오히려, 내가 남자랑 결혼을 했다면 내 파트너가 상주 노릇을 했겠지. 그리고 동생들보다 내가 권력이 더 높았겠지. 물론 나보다 남편이 더 권력이 높았겠지만. 웃긴 상황이었겠죠 아무튼 것도. 어쨌거나 결혼하지 않았기 때문에 나는 친척들 사이에서도 천덕꾸러기가 됐어요. 어떡하냐, 엄마가 너를 시집 안보내고 죽었다 이러면서 나를 붙잡고 많이 울었는데. (송아영, 39세)

송아영 씨는 남자 애인과 6년간 동거를 했지만 결혼에는 생각이 없었다. 그렇지만 어머니는 본인의 결혼생활이 남편의 폭력으로 얼룩져 있었기 때문에 결혼생활에 대해 부정적이었으면서도 병으로 사망하기 직전까지 송아영 씨가 결혼하지 않은 사실에 대해 마음 아파하며 '그래도 결혼을 하는 것이 좋다'는 말을 하고는 했다고 한다. 어머니의 장례식에 조문 온 친척들도 송아영 씨가 비혼상태에 있는 것에 대해 저마다 한마디씩을 던졌다. 어머니의 장례식 당시 송아영 씨는 서른여덟이라는 적지 않은 나이였음에도 단지 결혼을 하지 않았다는 사실 때문에 '천덕꾸러기 대접을 받는 느낌'이 들었다고 말했다.

이처럼 많은 구술자들이 결혼제도 밖에서의 삶과 관계를 가치있게 생각하고 그것을 추구하고자 하지만 동시에 결혼이 보장하고 있는 듯한 미래와 그것이 가져다 줄 보상에 대한 기대에서 완전히 자유롭지는 못하다. 그것은 한국사회가 그만큼이나 이성애 결혼을 중심으로 구조화되어 있고 이 틀을 벗어나는 다른 방식의 삶에 응징적인 구조와 문화를 가지고 있기 때문이다.

물론, 구술참여자들 중에서 유일하게 25년이라는 긴 시간 동안 남성과 결혼생활을 했던 김경희 씨는 결혼하지 않았을 경우에 닥칠지도 모를 앞으로의 삶에 대해 여러 가지 고민과 걱정을 하고 있는 구술자들과 달리 비혼상태의 현재 삶을 매우 긍정적으로 생각한다. 물론, 결혼 경험이 없지만 비혼상태의 삶에서 누릴 수 있는 것들에 대해 김경희 씨와 같은 생각을 하고 있는 구술자들도 있다.

그럼에도 불구하고, 결혼은 낭만화되고, 김경희 씨도 이야기하고 있듯이 한국사회의 가부장적 자본주의 체제는 삶의 물적 조건과 사회적 관계에 대한 보장을 결혼제도에 독점적으로 보장해 줌으로써 사회적으로 남성들보다 상대적으로 불리한 위치에 놓여있는 많은 여성들이 생계와 생애계획을 위해 '취집'을 선택하지 않을 수 없게 만든다. 또한, 이에 더해 동성관계, 특히, 여성들 사이의 동성애적 가족관계를 바라보는 사회적 시선이 결코 우호적이지 않음으로 인해 누구와 함께 살 것인가라는 고민에서 '누구'의 문제는 결코 공평한 상황에서의 고민이나 선택이 될 수 없다. 그렇기 때문에 한국 사회에서 결혼이란 이성애 여성들이나 양성애 여성들뿐만 아니라 여성의 위치에 있게 된 이들이면 거의 모두에게, 심지어 레즈비언이라 할지라도 불가피한 선택사항으로 간주되기도 한다.*

구희정 씨가 자신이 아프고 어머니가 아프면서 돌봄의 절대적 필요를 느꼈을 때처럼 그리고 양민지 씨가 고등학교를 자퇴한 후 십대의 나이에 노동권을 제대로 보호받지도 못하는 노동현장에서 모든 것을 혼자 감당해야 했을 때처럼 가족에 의한 사적 복지가 아니라 국가와 사회에 의한 공적 복지가 제대로 구축되지 않은 한국 사회와 같은 곳에서 결혼은 여전히 이런 문제를 해결할 하나의 돌파구로서 혹은 도피처로서 고려될 수밖에 없게 되는 상황이 벌어진다. 공적 복지가 부재한 사회에서 사적 복지를 기대할 수 있는 '가족을 구성할 수 있는 권리'가 결혼한 이성애자들에게 특권처럼 주어지고 있는 것

---

* '편의상 결혼(marriage of convenience)'은 동성애자 여성과 동성애자 남성이 동의와 합의 하에 겉보기에 이성애 부부로 보이는 결혼을 하는 것을 가리킨다.

은 매우 문제적이다. 기존의 이성애적 결혼을 선택하지 않으려는 많은 이들은 삶 자체에 대한 불안감을 피하기 어렵다. 그렇기 때문에 결혼은 부모를 비롯한 원가족에게 승인되고 그 관계망에 포함되는 방편으로서 그리고 사회적으로 안정된 삶을 기획할 가능성을 부여받는 방편으로서 저항하고 싶어도 끊임없이 유혹적인 선택지로 남게 된다. 그리하여 결혼은 많은 이들이 그것의 문제점을 끊임없이 이야기하고 있음에도 불구하고 여전히 강력한 포섭력을 발휘하고 있는 제도이자 가부장체제적 문화장치로 작동하고 있다.

5. 이성애/남성중심적 직장문화

사람들을 성/차화된 이성애적 틀 안에 위치시키는 강제력은 가부장제를 구성하고 유지하는 기혼/이성애 중심의 관습과 제도뿐만 아니라 이성애/남성중심적인 '직장문화'를 통해서도 작동한다.* 노동

---

* 혼인상태에 있는 기혼여성의 상당수가 해당 가구의 가구주로 인식되지 않지만 주부라는 부불노동자 외에도 임노동 시장에 진입해 있는 기혼여성들이 많다는 것을 감안하면 이성애/남성 가부장을 축으로 한 핵가족을 근간으로 하는 남성생계부양자 중심의 직장문화는 현실을 반영하지 않은 일종의 이데올로기라 할 수 있다. 가족 성원의 구조는 계속 변화하고 있고 동거형태도 점점 더 다양해지고 있다. 그런 가운데 노동현장과의 관련 속에서 두드러지는 변화는 여성가구주의 증가다. 이는 남성생계 부양자를 중심으로 한 임금노동구조를 가지고 있는 한국사회의 자본주의 경제체제 안에서 여성이 점하고 있는 위치가 달라지고 있음을 보여주는 지표다. 2008년 통계청 자료에 의하면 2007년 현재 여성인구는 2,411.2만 명으로 전체 인구 4,845.6만 명의 49.8퍼센트를 차지한다. 이중 여성가구 주수는 조사가 시작된 1975년의 85만 명(12.8퍼센트)에 비해 2007년 현재 321.7만 명(19.9퍼센트)으로 약 3.8배 증가한 것으로 나타났다. 그리고 가구주가 아니라 하더라도 전체 여성 중 경제활동에 참여하고 있는 비율은 2007년 현재 50.3퍼센트에 달했다. 이 중 취업자수만을 봐도 1963년의 34.8퍼센트에서 2007년에는 41.9퍼센트로 7.1퍼센트 증가했고 여성이 창업한 기업도 2007년에

현장에서의 이성애/남성중심성은 이성애자에게 주어진 결혼 및 가족 구성의 특권과 강제를 측면으로 지원하고 강화하는 또 하나의 가부장 체제적 기제라고 할 수 있다. 이는 여성이 절대다수를 차지하고 있는 업종에서도 마찬가지다. 한국사회 직장문화는 기본적으로 이성애 중심성과 남성중심성, '생애주기 이데올로기'가 강력하게 작동하는 영역이다. 한국 사회의 직장문화가 어떻게 이성애/남성에게 특권을 누리도록 형성되어 있으며 어떻게 비이성애/여성들을 주변화시키는지 구술자들의 이야기를 들어보자.

> OOO 같은 데는 기획자들 중에서 한 7,80프로가 여자(인데). (중략) 남자동기는 기획자지만 영업자들이랑 계속 술을 먹고 (그 사람들이) 그냥 함부로 대하지만 그 사람들한테 인(in) 되는 부분이 있는 거잖아요. (중략) 나는 비혼여성이면서 내가 양성애자니까 맨살로 만날 수 없는 거죠. 동료로 만나기 힘든 거예요 밑바닥까지. 그런 느낌이 직업적인 성취도도 굉장히 떨어뜨린다는 생각이 들어요. 단순히 그냥 업무만 하는 게 아니고 그 사람을 인격적으로 이해하고 그렇게 내 인간관계로 보는 부분이 부족하기 때문에 미래를 그려내는 힘이 부족해지는 거 같거든요. 축적되는 인간 관계층을 통해서 내가 도움도 받고 조언도 받고 혹은 내가 줄 수 있는 부분은 주면서 좀 이렇게 확장돼야 될 텐데 그게 아니니까 되게 불안하죠. (구희정, 29세) 여기가 드러나지 않게. 그렇지 않아도 손님 중에 OOO(가게이름)라는 사람이 누구예요? 이렇게 농담을 한 적이 있어서 약간 부담스러움.... 나는 솔직히 내 혼자만 있으면 별로 부담 안 되는데, (예전에 주변 동료들에게)

이미 국내 전 기업의 40퍼센트에 달했다.

나는 양성애자예요 얘기해 왔기 때문에 별로 부담이 없는 편인데. 지금은 나의 파트너가 너무 부담스러워하고, 아웃팅되는 거 이제 부담스러워하고. 그담에 여기 자체도 그런 거를 받아들이기 힘드니까. 그래서 이름을 잘못 지었네 이런 얘기도 하고 그랬어요. (박소희, 39세)

학원도 굉장히 개인적인, 강사 개인기업 같이 가기 때문에 그렇게 심하지 않거든요. 근데 일반 직장엘 다녔다면 굉장히 큰 문제가 될 거 같아요. 어떤 사람들끼리는 그렇게 얘기하잖아요. 뭐 니네 침대에서 일어나는 일까지 운동으로 하려 그러냐. 근데 그렇게 단순한 문제는 아닌 거 같아요. 생각하는 거 보다 성이라는 걸로 너무 갈리는 것도 많고. 저도 완전 대기업 이런 기업은 아니지만 학원 다닐 때도 뭐 누구 결혼하면 축의금 내야 되고 되게 싫었거든요. 그래서 제가 결혼에 반대해서 못 내겠다고 이러고. 그냥 굳이 그때도 제가 뭐 CNN뉴스 리스닝하는 클래스를 했었거든요. 제가 어느 날 퀴어뉴스를 가져갔었어요. 그런 거 때문에도 그렇고 단순히 어떤 기사지만 그런 걸 쵸이스(선택)하는 데도 되게 영향을 미치는 거고. 그리고 사람들이 정말 은근히 진짜 그런 얘기 많이 해요 안 그런 거 같지만. 연애 얘기부터 시작해서 가족 얘기나. 근데 우리나라에선 가족을 구성하려면 이성애여야 되잖아요. 엄마는 당연히 여자여야 되고. 아빠는 남자여야 되고. 그러다보니까 그게 그렇게 성의 문제랑 딱 나눠질 수 없는 거 같고. 여러 가지 레이어(층위)가 깔려져 있는 거 같고. (중략) 옛날에는 저도 그런 생각했었거든요. 여잔데 여자 좋아하는 게 그게 그렇게 대단한가 그랬는데. 지금 생각해보면 그게 단순히 그 사실뿐만이 아니라 그걸로 파생되는 효과들이 너무 많은 거예요. 제대로 못 들어가는 거부터 시작을 해서. 그걸 생각하면 되게 중요한 문젠거 같애요 저한테도. (유윤서, 29세)

양성애: 열두 개의 퀴어 이야기

이제 저도 커리어를 잡아야 되잖아요. 근데 나중에 취직을 할 때에 상담가들을 구하는 요건 중에 결혼도 하고 애도 낳아본 경험이 있고 그런 사람들을 선호하는 직장들이 많단 말이에요. 특히 기업상담실 같은 경우는. 그래서 그런 거 들으니까 나는 제약을 받을 수 있는 게 아닐까하는 두려움이 쪼금 들었구요. 물론 결혼하지 않고도 괜찮은, 잘 하시는 분들이 많다고 했는데. 그래도 좀 리미트(한계)가 생기는 게 약간 좀 무서웠달까. (진강희, 24세)

직장생활을 하는 사람들은 대개는 일상의 많은 시간을 직장동료들과 함께 보내게 된다. 이런 경우 거리낌없이 자신의 사생활과 그에 기반한 가치관을 동료들에게 이야기하고 자신의 삶에 중요한 일들을 회사의 업무기획에 반영되도록 영향을 미치는 동료들과 달리 그렇게 할 수 없는 경우를 자주 겪을 수 있고 그럴 때마다 큰 좌절감을 느낄 수 있다. 그렇기 때문에 종종 '그들의 세계'에 들어가거나 아니면 그들이 누리는 직장생활의 일상을 포기하는 '양자택일' 갈등을 하게 된다. 이성애적 통과의례를 중심으로 한 동질한 삶의 방식을 기대하는 직장동료들 사이에서 '퀴어'인 자신이 동료들에게 '이질감'을 줄 때 그것이 바로 업무로 연결되기도 하기 때문이다. 이런 상황에서 겪게 되는 고민과 갈등은 직장생활에서 스스로가 '섬' 같다는 느낌으로 이어진다고 구희정 씨는 말한다.

직장생활을 할 때는 일단 내가 퀴어라는 것이 내 삶을 다 오픈할 수 없고 그 사람들의 삶이 나와 다른 부분이 크기 때문에 내가 내 삶을 신비주의전략을 펴거나 혹은 지어내거나 그러면서 그 사람들의 삶에 대해선 내가 일방적으로 이해하려고 해야 되는 요소들이, 수용해야 되는 부분들인 거예요. 그렇기 때문에 불화하는 지점들이 있거든요. 왜냐하면 사람들은 굉장히 동질감을 원하는데 그게 섞이지가 않으니까. 더 그런 사람과, 그게 잘 되는 사람과 내가 비교되고. 그게 관계가 업무로 연결될 때 그게 굉장한 불안요소가 된다는 생각이 들어요. 그게 뭐 결혼이나 가정 같은 경우에도 그 사람들은 다 결혼에 대해서 긍정적이고. 자녀 양육도 굉장히 큰 문제고. 모든 인생의 계획이 그 위주로 돌아가는 사람들이잖아요. 그 안에 있으니까 구체적으로 내가 내 미래를 설계하는 게 되게 방해를 받는 느낌이 있어요. 또 그 사람들도 내가 자기들과 다르기 때문에 공유할 수 없는 부분이 많잖아요. 그런 이질감들이 별로 긍정적으로 소화되지 않는 거죠. (중략) 저는 사실 일 시작하기 전에는 내가 여자고 내가 퀴어이기 때문에 내가 가지고 있는 이 부분들이 이 일을 하는 데 굉장히 도움이 될 거라고 생각을 하는 편이 훨씬 컸어요. 근데 실질적으로 업무를 했을 때는 그게 업무를 넘어서 구조의 문제와 걸리니까 방해요인이 되는 게 더 큰 거 같아요. (중략) 정말 에너지가 떨어지는 날에는 정말 내가 섬 같은 거야. 내 역사도 섬 같고 관계도 섬 같은 거죠. 그래서 그런 생각을 할 때도 있어요. 예를 들어 회사에서는 연애얘기를 하거나 할 때 기본적으로 그 사람들은 내가 말하는 모든 연애가 다 남자일거다 생각을 하고 있는 부분이고 내가 연애를 한다거나 혹은 누군가랑 같이 살 때, 만약에 나중에 파트너랑 같이 살 때 그 삶에 대해서 나는 그 사람들한테 얘기할 수 있을까? 얘기 안 하는 부분이 더 크겠죠. 그냥 뭐 친구랑 산다 이렇게 얘기되어지지 않을까. 그니까 그게 결국은 두 가지인 거 같아요. 하나는 내가 개인적으로 느끼는 소속감이나 성취감이나 안정감이 부족해서 내가 힘든 면이 있고. 실질적으로 위치적으로 내가 그런 사람이기 때문에, 쟨 좀 달라, 쟨 좀 잘 모르겠어, 이해가 안돼 이렇게 얘기가 되어지는 부분 때문에 업무적으로도 뭐랄까 불이익을 받을 수가 있는 거죠.

양성애: 열두 개의 퀴어 이야기

쉽게 얘기해서 단적인 걸로 주로 동갑인 남자동기랑 비교대상이 되는 거예요. 그 친구는 졸업하고 바로 입사를 해서 거의 3년차가 돼가고 저는 이제 1년차잖아요. 근데 나이가 똑같고 전공도 똑같고. 근데 일단 물론 사람들이 기본적으로 그 친구는 3년차라는 걸 늘상 얘기를 하곤 하지만. 눈앞에 보이는 거니까 일대일로 비교되는 경우가 많잖아요. 되게 그 부분이 알게 모르게 스트레스가 되는데. (중략) 그 친구 같은 경우는 생물학적 남성에, 이성애자에 정체성이 되게 명확한 거죠. 교회를 되게 열심히 다니고 거기다 아버지가 무슨 일을 하시는가까지 회사에 다 오픈된 상태. 어떻게 형성이 돼있냐면 모두가 모여서 이야기의 화제가 그 사람 중심이 되는 거예요. 한 번씩 회자되는 거죠. 회자되기 좋은 거죠. 왜냐면 자기 정보를 많이 오픈하니까. 저는 이번 주 일요일에 교회사람들이랑 축구를 했는데 라고 오픈될 수 있는 정보들이 있는 거예요. 혹은 이사를 했으니까 놀러오세요라고 얘기를 해도, 자기 공간을 오픈해도 걸리는 부분이 없는 거죠. 그리고 누구씨 소개팅 시켜줄게, 소개팅해라, 해주세요, 계속 그런 식으로 관계들이 오픈되고 회자되고 오픈되고 엮임이 가능한 거잖아요. 근데 대응되는 부분에서 저한테 이렇게 묻는 거죠. 너는 뭐하고 지내? 이렇게 되는 거야. 그러면 나의 생활은 안개 속에 뭔가 베일에 쌓여있는 거처럼 되는 거예요. 그게 나의 일상이건 과거건 미래건. 그러니까 이건 뭐 사생활을 창작하는 데도 한계가 있고 별로 창작하고 싶지도 않고. 그냥 말하지 않아지다 보니까 없거나 희미한 것이 되는 거잖아요. 근데 신기한 건 그 사람들한테 없거나 희미해지는 게 내가 내 스스로를 정체화하는 데도 영향을 미치더라구요. (중략) 나는 계속 그 공간에서 의미나 위치에 대한 욕구가 있는 상태고 하지만 사람들한텐 내가 희미한 상태고. 그 희미한 상태를 뚜렷하게 만들기 위해서는 내가 계속 나를 오픈해야 되는데 나는 날 오픈할 수 없고. 그러면 내가 내 미래에 대해서 상을 그리는 건 내 의지나 능력이나 공력의 영향력이 너무 큰 거예요. 내가 감당해야 하는 영역이 너무 커지잖아요. 근데 별로 내가 그걸 해소하기에는 아직 힘이 부족하니까. 그렇기 때문에 제가 제일 처음 만났을 때 나는 흡수될까봐 두렵다라고 했던 기억이 나는데. 어디에 흡수될까봐 두려운 거예요라고 얘기를 했을 때 특히나 내가 있는 공간이 가장 일반적이고 평범한 이성애자들의 공간이기 때문에 그 공간에서 나는 계속 희미해지고 내가 끊임없이 내 자신에 대해서 돌아보고 이런 부분에 대해서 자극받고 그렇지 않으면 내가 이성애자가 되는 건 아닌데 그냥 내가 희미해질 거 같은 거예요. 그니까 희미한 얼룩처럼 될 거 같은 거야. 그런 불안이 계속 있어요. 그래서 나는 이러고 집에 혼자 앉아서 난 바이섹슈얼이야 이렇게 나 혼자 얘길 한다고 해서 혹은 나한테 남자애인이든 여자애인이든 있었다고 한다고 해서 지금 당장에 그럼 나는 뭐지 한다면 희미한 얼룩 같은 거지. (구희정, 29세)

가부장체제 하의 모든 공간들에서는 여/성화와 이/성애화는 서로 맞물려 작동한다. 가족, 학교, 직장 문화 등 모든 곳이 이성애/남성중심적인 공간이기 때문이다. 여/성화와 이/성애화는 결코 생물학적인 조건에 따라 주어진 개인의 본질적인 성향이 '자연스럽게' 발현되는 문제가 아니다. 구술자들의 구술에서 보여지듯이 그것은 이성애/남성중심적인 사회구조 안에서 특정한 형태의 이성애를 전제하는 특정한 방식의 성/차화와 여/성화를 출생 후부터 지속적으로 강제받는 과정을 통해 구성되고 구조화된다. 그 과정에서 각 개인들은 지속적인 모방과 협상을 통해 젠더와 섹슈얼리티를 형성해 가게 된다. 그리고 이 과정에서 성적 주체화가 곧 이성애적 주체화로 이어지도록 만드는 다양한 방식의 강제가 일어난다. 이를 위해 규범적 이성애로 설명될 수 없는 경험에 대한 인식불능화와 삭제, 간과 혹은 사소화 등이 일어나며 물적, 사회적 기반이 구축되지 못하도록 다양한 측면과 층위에서 사회적 제재가 일어난다.

4부 가부장체제와 강제적 단성애화

성/차화, 즉, 여/성화와 이/성애화가 연계되어 이루어지는 과정은 규범적 이성애로 설명될 수 없는 경험에 대한 삭제 혹은 이에 대한 적극적인 간과와 함께 일어난다. 규범적 이성애의 틀 안에서 설명될 수 없는 경험에 대한 삭제와 간과는 규범적 이성애의 토대가 되는 여성 혹은 남성, 여성성 혹은 남성성이라는 분명한 성/차 경계에 대한 강제와 이 경계를 흐리는 것들에 대한 무의미화와 탄압을 통해 이뤄진다.

이러한 여/성화와 이/성애화는 섹슈얼리티의 강제적 단성애화와 함께 일어난다. 여성/남성이라는 규범적 젠더 이항이 강제적 이성애화를 떠받쳐주는 토대가 되듯이 섹슈얼리티의 강제적 단성애화는 이/동성애라는 이항적 섹슈얼리티에 의해 떠받쳐지고 궁극적으로는 이성애를 자연적인 것으로서 인식하는 인식체제를 재강화시키는 결과를 낳는다.

구술자들은 성/차 정체성에서의 경계를 질문한다. 그것은 때로는 구술자 본인의 성차 정체성을 구성하는 경계(여성/남성)를 질문하는 방식으로, 때로는 성적 욕망 혹은 친밀한 관계의 욕망 대상과의 관계를 구성하는 경계(이성애/동성애)를 질문하는 방식으로 이뤄진다. 구술자들은 '여아'가 '여성'이 되어 이성을 욕망하는 '이성애자'로 살게 된다는 이성애 강제적 각본 자체에, 즉, 이성애 규범적인 생애사 hetero-normative sexual life story적 인식틀 자체에 질문을 던지고 있다.

그런데 이러한 질문은 이항적 인식론을 근본적으로 흔들어 놓기 때문에 이성애적 질서에서뿐만 아니라 동성애적 질서에서도 환영받지 못한다. 나아가 이로 인해 비정상이라는 낙인과 혐오가 주체 밖에서 그리고 주체의 내면에서 동시에 체험되도록 만든다. 이를 통해 양성애와 같은 다항적 성애의 실현을 불가능한 것으로 만들고 이로써 단성애적 각본은 더욱 견고해 진다. 단성애화의 가장 큰 수혜자는 물론 지위적 성애인 이성애이고 이성애적 체제의 궁극적 수혜자는 기혼이성애자남성일 것이다. 강제적 이성애체제는 가부장체제와 시암쌍둥이와 같은 관계에 있기 때문이다.

1. 모호성 혐오

여성/남성, 여성성/남성성, 이성애/동성애의 경계를 모호하게 만드는 행위는 비정상화되고 억압받기 쉽다. 모호성을 드러내게 되면 손쉽게 낙인, 혐오, 위협 등에 노출되게 된다. 여성성/남성성이라는 이분화된 구도를 넘어 성/차의 경계를 모호하게 하는 양성성, 이성애라는 경계를 넘어 동성애/이성애라는 이분화된 구도를 모호하게 하는 양성애 등을 비정상화하고 혐오하는 태도는 양성성과 양성애가 드러내는 경계 흐리기에 기인한다. 구술자들 스스로도 때로 유동적인 자아 정체성을 갈등적이고 부정적으로 인식하고 있다. 모호함에 대한 두려움은 획일화되고 이분법화된 사고체계와 결코 무관한 것이 아니다. 분명한 경계를 추구하는 사고틀은 성/차의 측면에서 특히 몸에 대한 규제를 통해 드러난다. 구술자들은 한국사회에 만연한 이분법적인 사고방식과 문화가 타인의 몸에 대한 과도한 관심과 규제로 이어지고 있다고 토로한다.

> 나는 공산당이 싫어요. 그게 우리가 회로가 있는 거 같애. 탁 이분법 해가지고. 나와 다른 거 혐오하면서 가려내는. 자기 취향이 아니라고 밝히는 데서 끝나는 게 아니라 반드시 적으로 만들어서 혐오하고 그 사람들을 두렵게 만들어야 되고 쫓아내고 완전 망가뜨려야지만 자기들이 안전하다고 느끼는. (중략) 외세도 있었고 전쟁도 있었고 그래서 그렇게, 특히나 반공 이데올로기 이게 아주 여러 곳에 계속 영향을 미치는데 섹슈얼리티도 다르지 않을 거 같아. (송아영, 39세)

> 한국에 있으면서 되게 힘들어진 거 같구요 dysphoria가. 왜냐면 이분법적인 사회고 개인의 몸, 개인의 범위, 영역을 굉장히 침범하는 사회잖아요. 그게 되게 힘들었던 거 같애요. (중략) 동아시아에서 FTM들이 bottom surgery*가 굉장히 위험한 건데도 하는 이유가 정상적인 남성으로 일하고 이러려면 같이 사우나도 가고 거길 굉장히 많이 만진단 말이에요 남성들끼리도. 그런 문화의 차이도 있고. (중략) 여기서 상담했을 때 솔직히 너무너무 힘들었고 솔직히 폭력적인 면도 있었어요. (제갈재이, 22세)

구술자들이 말하고 있는 것처럼 한국사회는 획일화된 규범성을 요구하는 정도가 매우 심한 곳이다. 조금이라도 규범성에서 벗어나는

---

* 생식기 변형시술

양성애: 열두 개의 퀴어 이야기

경우가 생기면 즉각적으로 비정상화라는 낙인과 규제가 가해진다. 이와 같은 사회에서 이성애 규범성을 벗어날 때 주어지는 낙인과 혐오는 동성애에나 양성애에나 공통적이지만 양성애는 정상/비정상의 경계 자체를 모호하게 만든다는 측면에서 부가적인 낙인과 혐오에 노출되게 된다.

양민지 씨는 자신이 '양성성'이 강한 사람이라고 말한다. 여성성과 남성성을 모두 강하게 수행한다고 할 수 있다는 것이다. 어렸을 때부터 그런 특징을 보였기 때문에 오랫동안 내적 갈등을 해왔다고 했다. 많은 사람들이 자신의 '양성성'을 받아들이기 힘들어 했고 그렇기 때문에 한때 성전환 수술을 받으려는 생각을 하기도 했다. 또한, 남성과 결혼생활을 해보기도 했다. 그러나 이 모든 나름의 시도들이 도움이 되지 않자 양민지 씨는 자해와 자살이라는 극단적 선택을 하기도 했다.

그 고민을 시작하고 난 뒤로 계산을 해보니까 이천일이 넘더라구요. (중략) 잠 못 이루면서 고민하고. 불면증 때문에 아직도 아침 해 뜨는 거 보면서 그러고 자니까. (중략) 동생은 천상여자거든요. 저 같은 경우는 아니니까. (중략) 내가 만든 게 아니라 아주 오래전부터 만들어졌던 거 같아요. 남들 인형 갖고 놀 때 저는 로봇 갖고 놀고. 기계 이런 거 막 풀어놓고 노는 게 저한텐 재밌었고. 그거에 남성성을 부여하고 이러니까. 그걸 여자도 할 수 있는데 남자가 하는 일, 여자가 하는 일 막 따로따로 해갖고. (중략) 그게 너무 싫었어요. 내가 하는 모든 걸 다 그런 식으로 배열하고 기대하고 이러니까. (중략) 사람들 속에 섞여 살 때 가장 힘들었던 거 하나가 나는 다르다고 사람들이 손가락질 할 때. (중략) 화가 나는 거는 내가 이제 양성을 갖고 있다 이런 거를 사람들한테 더 얘길 하고 싶고. 단도직입적으로 얘기 하고 싶은 게 이 사회는 여자는 항상 여자다워야 하고 남자는 항상 남자다워 야 한다는 그런 고정관념 있죠. 제가 생각했을 때 너무 심하다고 생각을 해요. (중략) 사람들이 흔히 얘기하는 정상이라는 범주 있잖아요. 그게 참 누가 만들었는지도 모르겠고. 누굴 위해서 만들어졌는지도 잘 모르겠고. 그리고 도대체 어떠한 기준에 의해서 만들어졌는지도 전 모르겠어요. 그거 에 화가 나는 거예요. 나는 항상 어딜 가면은 너는 약간은 정상은 아닌 것 같애, 좀 노멀하지는 않아라고 얘길 하더라구요. (중략) 가면 갈수록 시간이 지나면 지날수록 화가 나는 거예요. 내가 속하지 못한다는 그런 사실 때문에. (중략) 죽을려고 안 해본 게 없어요. 막 고층 아파트에 갔었는 데 경비원 아저씨 쫓아와 가지고 어이 아가씨 죽을려 그러죠 막 이러니까. (중략) 새벽에 신호등, 신호 무시하고 이런 거 아니까 뛰어들면은 항상 거기 서 탁 멈추고. 게다가 막 지금은 이제 손목 긋는다고 해도 안 죽는 거 아니 까. 여기 막 꼬맨 자국 있고 그래요. 상처가 얼마나 많은지. (중략) 근데 아직도 주변 사람들은 저의 그런... 양면성에 대해서 안 좋게 생각하는 사람 이 많아요. (중략) 저는 그 성정체성...도 그렇지만 모든 부분에 있어서 다 양면성을 갖고 있어요. 말이 없는 게 나일 수도 있고 말이 많은 게 나일 수도 있고 활발한 게 나일 수도 있고 되게 소심하고 적극적이지도 못한... 면이 나일 수도 있고. (중략) 그게 나예요. (양민지, 23세)

양민지 씨가 여러 번 행했던 자해와 자살시도는 획일화된 성차와 성의 경계를 넘나드는 것을 비정상화하는 한국 사회에서 자신을 비정 상화하는 사회적 시선과 그로 인한 자신의 내적 갈등을 이겨내기 위 해 택한 일종의 비극적 혹은 자해적 저항행위라고 할 수 있을 것이다.

현재 양민지 씨는 자신을 위해 생존을 선택하면서 동시에 저항할 수 있는 방식을 모색 중이다.

2. 양성애 혐오

양성애에 대한 비양성애인들의 편견은 양성애 혐오와 관련이 있다. 특히, 무엇보다도 양성애를 성적 과잉 또는 항시 성적으로 발기된 상태에 있는 것처럼 여기고 대하려는 태도와 관련되어 있다. 이것은 물론 동성애를 대하는 이성애중심적 사회가 갖는 태도와 맞물려 있는 것이기도 하다. 이성애자가 이성애적 성행위나 이성애자라는 성적 정체성으로 모든 삶과 생활이 점철되고 영향을 받는 것이 아님에도 불구하고 동성애자는 그런 식으로 보려는 태도가 있다. 즉, 어떤 사람이 동성애자라고 하면 그 사람의 모든 면들이, 삶의 모든 것들이, 생활의 모든 것들이 동성애라는 창을 통해 투명하게 설명되는 경향이 있기 때문이다. 누군가가 이성애자라는 것을 안다고 해도 그 사람의 모든 것을 투명하게 알 수 있는 것이 아닌 것과 마찬가지로 누군가가 동성애자라는 것을 안다고 해도 역시 마찬가지다. 그러나 이성애중심적 사회에서 이런 사실은 매우 자주 간과되고는 한다.

한편, 양성애는 하나의 온전한 정체성이 아니라 동성애 정체성을 온전히 받아들이지 못하는 과도기적 심리로 봐야 한다거나 동성애자로서 받게 될 비난이나 차별 등을 피하기 위한 눈가림 전략으로 봐야 한다는 주장이 있어 왔다. 혹은 양성애는 에로틱한 경험을 위해 이성애자들이 한두 번 시도해보는 이기적이고 쾌락중심적인 동성애적 성행위라는 비난 섞인 편견도 있어왔다. 유사한 맥락에서, 양성애는 양쪽 세계의 '좋은 면'을 다 경험하려는 이기적인 행위라는 비난을 받기도 한다. 심지어 성적 만족을 위해서 이성의 상대와 동성의 상대를 동시에 필요로 하기 때문에 기본적으로 성적으로 과잉된 성애라는 생각도 존재한다. 이런 생각 하에서는 양성애란 필연적으로 '문란한' 성행위가 동반되는 성애라는 인식이 뒤따르게 된다(Eadie, 1993). 그런 한편, 양성애란 임시적이고 과도기적인 성애이기 때문에 양성애자란 존재할 수가 없다는 생각도 있다. 양성애에 대한 이런 모든 오해와 편견 그리고 이에 기반한 혐오는 양성애를 비가시적으로 만들어 왔고 양성애에 대한 공식적인 담론화나 연구 등을 가로막는 효과를 낳아왔다(MacDonald, 1983, Rust, 2000 재인용; Storr, 1999a).

이성애중심사회에서 일어나는 양성애 혐오 안에는 동성애 혐오가 주요한 축으로 놓여있다. 그러나 양성애 혐오가 동성애 혐오와 등치될 수 있는 것은 아니다. 이는 특히, 레즈비언 커뮤니티 안에서의 양성애/여성에 대한 혐오를 통해 잘 드러난다. 이렇게 여러 층위에서 경험되는 양성애 혐오는 양성애/여성들의 내면화된 자기혐오로 드러나기도 한다.

이성애 사회 안의 동성애 혐오와 양성애 혐오

가깝게 알고 지내는 이들에게 동성 파트너가 생겼다는 것을 알게

양성애: 열두 개의 퀴어 이야기

된 '이성애자'들이 흔하게 보이는 태도는 '동성(연)애를 그만두기'를 바라는 것일지 모른다. 이런 일들은 대체로 서로 가까운 관계에 있는 사람들 사이에서 자행된다. 그리고 가까운 관계에 있는 사람들에 의해 행해지기 때문에 그 여파도 더 심각할 수 있다.

> 남자랑 연애를 하게 됐다는 걸 친구들이 알게 됐을 때 친구가 문자가 왔어요. 연애한다는 소식 전해 들었다, 사실 나는 네가 혹시 레즈 뭐가 아닌가에 대해서 우리끼리 걱정하고 있었다, 천만다행이라고 생각한다, 정말 이제야 한시름을 놨다고 문자가 온 거예요. 그래서 내가 답장을 보내면서 나는 레즈 뭐도 아니고 나는 바이섹슈얼이다 문자를 보냈죠. (구희정, 39세)

배민재 씨는 고등학교 2학년 때, 평소에도 딸과 딸의 여자 친구의 관계를 의심해 오던 어머니에게 자신의 방에서 성행위를 나눈 흔적을 들킨 적이 있다. 어머니는 그날 손에 닿는 모든 물건을 동원해 배민재 씨를 때렸고 그때 맞아서 생긴 흉터가 아직도 남아 있다.

> 고등학교 때 엄마한테 걸려가지고 여자애를 사귀는 걸 걸려서 외출금지를 당했었어요. 외출금지를 당하고 집에서 투명인간 취급을 당했었거든요. 나는 분명 왔다갔다를 하는데 사람 없는 취급을 하는 거예요. 그렇게 한 몇 달을 살았었어요. 그리고나서 아빠가 나는 네가 시집을 갈 때까지 마음을 못 놓겠다 이렇게 얘기를 하셨거든요. (중략) 걔랑 고등학교 때 잠자리를 가졌었는데 그걸, 흔적을 본 거예요 엄마가. 그래가지고 완전 개 맞듯이 맞고. 엄마가 이렇게 주위에 있는 걸로 다 때렸어요. 경상도 아줌마들이 그렇잖아요. 잡히는 거 있으면 다 때리잖아요. 다 던지잖아요 막. 여기 흉터

도 있어요 엄마한테 맞아가지고. 손톱으로 까여 가지고. 참내, 따지지도 못하고 엄마한테. 엄마도 충격이 많이 컸겠죠 딸이 그랬으니. 그래서 엄마가 딱 그러는 거 보고 나서 되게 어른에 대한, 친구들한테 얘기하는 건 괜찮은데 어른한테 얘기하는 건 어려울 거 같다는 생각이 너무 많이 드는 거예요. (중략) 저는 고등학교 다닐 때도 애들한테 내가 굳이 여자만을 만나는 건 아니라고 얘길 했었어요. 근데 이제 대학 가서 남자를 만나면 아이들이 자기들끼리 그런 얘길 하는 거예요. 그럴 줄 알았다, 고등학교 때 여자 좋다고 난리더니 대학가서는 남자 끼고 다닌다 이렇게 얘길 하는 거예요. 근데 그게 말은 같지만 그 말 속에 있는 의미가 다르잖아요. 그게 너무 싫은 거예요. 그래서 진짜 그 말이 듣기 싫어서 일부러 처음엔 애들한테 남자 만난다는 얘길 안 했었어요. 동창들이 그런 말을 하는 게 너무 싫어서.

(배민재, 24세)

양민지 씨는 어머니가 동생을 데리고 재혼해 나간 후 고등학교 2학년이 되었을 때 학교를 자퇴하고 서울에 있는 아버지를 찾아갔다. 그러나 양민지 씨가 '다른 여자아이들과 다르다'는 것을 알게 된 아버지는 그런 양민지 씨를 조금도 이해해 보려는 시도도 하지 않고 폭력을 휘둘렀다. 결국 양민지 씨는 아버지를 피해 다시 집을 나왔다.

그때 여자 만나고 있었을 때였는데. 아버지한테 나 여자도 좋고 남자도 좋다 그러는데 아빠가 무척 화를 내시는 거예요. 고때 또 맞았어요 또. 그날 이렇게 털어놓고 나서. 맞는 동안에 아프다기보다는 이게 뭐가 잘못된 거지 이러고. 너는 왜 다른 애들은 다 멀쩡하게 사는데 너는 왜 그러냐. (중략) 아빠한테 이해시킬려고 했었던 것보다 더 큰 게 차라리 난 이러니까는 냅둬라 제발. 이해하지 않아도 되니까. (중략) 열여덟 살 때 서울에 온지 얼마 안 돼갖고 아버지한테 스킨로션병으로 (중략) 뒤통수를 맞은 뒤부터 이상하게 편두통을 달고 사는데. 그 사건 때문에 사실 쉼터에 간 거예요. 도저히 내가 여기 있으면 안 되겠다. 너무 심신이 정말 너무 다 지쳐서 진짜. (중략) 나는 기댈 곳이 없고 정말 비빌 언덕이 없다는 거를 내가 그때 알았어요. (양민지, 23세)

지인들에게 자신의 섹슈얼리티에 대해 알리는 것이 그들에게 부담을 지우는 일로 간주되기도 한다. 또한, 상황이 허락하여 상대에게 자신의 성적 성향에 대해 이야기할 기회가 온다 하더라도 이해 자체가 불가능하다는 대답이 돌아오기도 한다.

(전에 사귀던) 그 남자애한테 그 얘길 했더니 충격을 받더라구요. 자기랑 사귀면서 제가 모든 걸 얘기하는 줄 알았대요. 걔 좀 오만하지. (웃음) 그래서 서운하다구. 그런 거 왜 얘기 안 했냐구. 근데 걔가 그렇게 이해해줄 수 없는 부분인데 어쩔 수 없죠. 제 철칙이었어요. 누구랑 사귀든 간에 제가 바이인 걸 밝히고 사귀는 게. 근데 제 제일 친한 친구가 언젠가 그러더라구요. 너는 또 잘 모르겠지만 너 주변 사람들이 감내해야 될 몫이 있다구. 가끔 자기도 내가 그렇다는 걸 생각할 때 가끔 쪼끔 막막하구 어렵다는 말 하면서. 그 바이인 걸 알면서 사귀는 남자친구도 대단한 거라구 얘길 하더라구요. (진강희, 24세)

소위 이성애자들이 보이는 이런 태도는 동성애 혐오로 인한 것이기도 하지만 동시에 양성애에 대한 무지와 편견 때문이기도 하다.

양민지 씨는 이성애자들이 특히 양성애자들을 '더럽다'고 배척한다고 말한다. 양성애에 대한 편견과 혐오는 양성애자들이 성적으로 문란하다고 보는 태도와 연관되어 있다. 진강희 씨의 말처럼 양성애를 '여자랑도 하고 남자랑도 하는 포르노'와 같은 수준에서 인식하는 경향이 있기 때문이다. 구희정 씨는 다른 양성애자 여성으로부터 '청결에 주의하라'는 '조언'을 듣기도 했다고 한다. '성적 문란'이란 무엇을 의미하는지, 양성애자가 '성적으로 문란할 것이다'라는 인식이 왜 특별히 성소수자에 대한 인식으로 굳어졌는지 그리고 그것이 왜 특히 양성애자에 대한 인식으로 굳어졌는지에 대한 답은 통계학적으로 내려질 수 없는 무지와 편견의 산물이라 할 수 있다. 서마리 씨의 지적처럼, 양성애자들이 있다는 것을 알면서도 없는 존재처럼 여기는 현실도 문제지만 '성적 문란'이나 '섹스어필'을 위한 소재 등으로 가볍게 소비하기 위해 양성애를 언급하는 것도 문제적이다. 특히, 대중매체에서 양성애를 그런 식으로 다루기 때문에 양성애를 '성적 문란'과 연관시키는 경향은 강화된다.

한국사회에서 (양성애자는) 그냥 되게 있다고는 하지만 없는 존재의 사람들인 거 같아요. (중략) 뭐 일반 사회에나 매스컴에서 다루는 것도 동성애자에 대해서는 되게 흥미롭고 심도 깊게 탐구를 하면서 요즘엔 기사들을 쓰는데 양성애자라고 하는 거는 그냥 뭐 헐리우드 연예인이 난 양성애자라고 밝혔다, 그래서 문란하고 섹스어필에 도움이 되고 약간 이런 이미지 정도인거 같아서, 가볍게 받아들여지는 거 같아서 씁쓸하죠. (중략) 스캔들 많이 나는 연예인들이 그런 얘기 많이 하는 거 같아요. 아니면 섹시한 연예인. (중략)

양성애: 열두 개의 퀴어 이야기

메간 폭스. 〈트랜스포머〉에 나오는 좀 20대 초중반 정도의 여자 배우가 있는데 그 배우도 약간 섹스어필하는 그런 배우에요. 나왔더라구요. 근데 뭐 여자랑 사귀는 거 너무 좋은데 양성애자(상대)는 싫다, 다른 남자의 맛을 알아서 싫다 망언을 하고. 자기는 바이섹슈얼이면서. (서마리, 25세)

한편, 양성애에 대한 이성애자들의 혐오는 양성애를 심각하게 여기지 않는 태도로 드러나기도 한다. 진강희 씨는 레즈비언이라고 하면 놀라는 사람들이 '바이'라고 하면 진지하게 받아들이지 조차 않는다고 말한다. '그래 모든 여자들이 양성애자 성향이 있다더라. 니네 여자애들끼리 어렸을 때 화장실도 같이 갔잖아' 식의 반응을 보이며 아예 인정을 하지 않는다는 것이다. 진강희 씨가 전 남자친구에게 자신이 양성애자라고 커밍아웃을 했을 때도 그 친구는 그것을 농담으로 받아들였다고 한다. 그 후 진강희 씨가 자신과 헤어지고 여자친구를 사귈 때에도 그는 그 사실에 대해 '어떤 느낌을 가져야 할지 그 개념 자체가 없어서' 아무런 괴로움이나 박탈감을 느끼지 조차 못하는 것 같아 보였다고 한다.

양성애를 '성적 문란'과 연관시키거나 진정성이 없는 것이라고 보는 시각은 경계를 넘나드는 것을 인식하는 태도와도 무관하지 않다. 진강희 씨의 전 남자친구는 진강희 씨가 여자애인이 생긴 것 자체를 어떻게 이해해야 할지 모르는 인식론적 공황상태에서도 진강희 씨에게 '박쥐'라고 말하는 것은 잊지 않았다고 한다. 이것은 배민재 씨도 말하고 있듯 사람들이 양성애자를 '자기 편리에 따라' 사람을 만나는 이들이라고 보는 경향이 있기 때문이다. 이성애중심적 사회는 다른

삶의 방식을 이해할 능력은 없지만 비난할 능력은 있는 이들을 양성
하는 데에는 탁월하다.

레즈비언 커뮤니티 안의 양성애 혐오

양성애자가 '자기 편리에 따라' 사람을 만나는 이들이라는 시각은
이반 커뮤니티, 특히 레즈비언 커뮤니티 안에서의 양성애/여성 혐오
와 관련이 깊다. '자기 편리에 따라' 사람을 만난다는 말에는 양성애적
관계에는 진정성이 없으며 따라서 가시화시킬 무엇도 없다는 인식이
깔려 있다. 이런 인식과 이에 기반한 태도는 이반 커뮤니티 혹은 퀴어
커뮤니티 내에서 양성애자의 비가시화로 이어진다.

> 이번에도 계속 LGBT 얘길 하는데 퀴어문화축제* 이걸 했을 때도 OOO씨
> 인가 사회자분이 레즈비언 언니 손들어요, 게이 오빠 손들어요, 트랜스젠더
> 손들어요 이랬는데 없는 거예요. 바이 얘기는 또 안하는 거예요. 친구랑
> 또 에이구 LGBT 또 B는 없구나 이런 얘기하고. (서마리, 25세)

> 제가 굉장히 답답한 거는 그거예요. (중략) 동성애자 모임엘 가도 우린 항상
> 아웃사이더고. 정말 아웃사이더 아닌 아웃사이더가 되는 거예요. 정말 저는
> 원치 않았고. 동성애자들뿐만 아니라 성적 소수자 대부분들이 이거를 정말
> 열어서 사람들을 설득시킬 생각을 안 해요 절대로. 굉장히 폐쇄적인 사람들
> 이 많다구요. 그거에 화가 났어요. 우리가 뭐 죄진 것도 아니고 우리가

---

* 2009년 상황.

사회적으로 범죄를 일으키는 것도 아니고 특히나 바이들은 더 그렇지. 아니 여자도 만날 수 있고 남자도 만날 수 있는 건데 그거 가지고. 어떻게 보면은 동성애자랑 같은 맥락은 아니더라도 그래도 공통분모는 가지고 있잖아요. 그 사람들은 그게 아니라는 이유만으로 우릴 배척하고. 일반 사람들은 또 우릴 보고 더럽다고 그러고. 그게 정말 화가 났었거든요. (양민지, 23세)

그런 얘기를 또 많이 들었었거든요. 제가 양성애라는 거를 그 레즈비언 사이에서도 인정해 주지 않는 사람들도 있고 그런 걸 많이 느꼈고. 만약에 양성애라고 하면 쟤는 가겠네 이렇게 하는 그런 거 얘기도 들으면서 거기에 또 휩쓸려 갔었는데. (중략) 여자랑 다시 연애를 해보고 싶다는 생각이 드는 데 그게 너무 쉽지가 않은 거 같아요. 장벽이 너무 높은 거 같은 거예요. 내가 어디를 찾아가야 되고. 예를 들면 레즈비언 커뮤니티라던가. 근데 저는 이미 남자들하고 연애를 그렇게 해왔는데 새삼스럽게 거길 찾아가서 문을 두드리기도 용기가 안나고. 뭔가 되게 보다 더 다양하고 더 깊은 관계를 맺고 싶은데 장벽이 너무 높으니까 쉽지가 않은 거죠. 그렇다고 제가 또 되게 용기있게 가족한테도 다 알리고 그렇게까지 할 수 있을까, 내가 그렇게까지 자신감이 있는 상태인가는 물음표인데 어쨌든 뭔가 찾아갈 수 있는 루트가 되게 한정돼있고. 내가 정말 용기를 내서 정말 열심히 돌아다니고 열심히 찾지 않는 한은 되게 찾기 힘들다는 거. 그런 게 힘든 거 같아요. (중략) 어쩌다가 그래서 성폭력 상담소를 알게 돼서. 성폭력 상담소를 알게 된 계기가 거기 인제 기획상담을 하는데 낙태에 대해서 기획상담을 해가지고 제가 거기를 찾아갔거든요. 그렇게 정말 눈에 불을 켜고 이렇게 찾지 않는 한. (중략) 어쨌든 헤치고 가다가 인제 성소수자인권센터의 강의도 듣고. 언니네 싸이트에서도 보고. 제가 연락을 드리고. 책을 찾아서 읽고 그렇게. 힘들어요. 그게 힘들어요. 나의 욕망을 위해서 피눈물 나게 살아야 되는. 그래서 저는 이렇게 조금 뚫고 나가서 페미니즘, 여성운동하는 단체를 알게 되고 그럼 이제 그때부터 미친듯이 홈페이지 돌아다니고 책 읽고 그러고. 쪼금 더 나가서 성적 다양성, 동성애 또 막 거기에 또 빠지고. 그러고 있어요. (우진희, 29세)

우진희 씨는 레즈비언 사회에서 양성애를 '잠깐 스쳐가는 존재로 보는 경향'이 있고 '양성애가 하나의 독자적인 주체로서 얘기되어 질 수도 있다'는 것을 인정하지 않기 때문에 여자들을 만나기 위해 레즈비언 커뮤니티에 들어가 보려고 해도 장벽이 너무 높아 보여 자신감이 생기지 않는다고 한다. 이에 대해 김경희 씨는 레즈비언들이 특히 '순수 레즈비언'을 논하면서 '바이'를 바이 자체로 보지 않고 레즈비언의 입장에서 보는 것이 문제라고 말한다.

레즈비언 판에 있기는 해도 구태여 자기 정체성에 대해서 양성애자다 이렇게 말하지는 않지. (중략) 바이 문제에 대한 커뮤니티 안에서의 반응들을 먼저 이야기를 하면 세대별로 다른 거 같애. 대체로 40을 넘어선 이 세대층에서는 그들의 젊은 시대에 동성애라거나 레즈비언이라는 용어 이런 것들을 제대로 알지도 못했고 주변에서 찾지도 못하고 이런 속에서 많은 사람들이 그런 어떤 이성애적인 관계에 대한 갈등은 느꼈지만 동성애자로 살기는 어려웠던 거지. 여러 가지 정황 속에서 결혼을 한다거나 원하지도 않지만 주변의 권유에 의해서 아니면 자기 자신도 하는 거지 이렇게 생각하면서 결혼하고. 그래서 그러다가 이제 구체적으로 살면서 아니면은 나중에사 어떤 동성애자들의 존재들을 통해서 자기 정체성에 대한 성찰이나 다른 식의 선택이 가능하다는 이런 것들도 알게 되고 하면서. 그 사람들이 이혼을 했든, 대부분이 이혼을 하지 못하고 그런 커뮤니티에 나타나든 이런 층들이 40대 이상들에서. 지금은 한 50대까지. 하여튼 40대, 50대 이쯤에서 그런 사람들이 상당 정도 있다고 한다면. 대체로 그런 사람들이 모이는 온라인 커뮤니티는 별도로 있는 거지 따로. 이 사람들에 대해서 거부감을 갖지 않는. 50퍼센트 이상의 사람들이 기혼이거나 기혼이었던 사람들이거나 이러면서 커뮤니티에 모여있고 거기에 다른 동성애자들도 같이 하는. 이런 커뮤니티의 경우에는 주류가 이제 양성애자라고 볼 수 있죠. 그렇고 동성애자들이 있고 하니까 양성애자에 대한 거부감이나 이런 것들이 비교적 없다고 한다면. 그보다 젊은 층들에서는 어렸을 때부터 동성애자라는 용어나 자기 자신의 성정체성에 있어서 동성애로 규정하고 동성애로 정체화하고 그런 속에서 특히 동성애자들이 계속 사회적으로 소외당하고 이런 속에서 이성애, 양성애 이런 것들은 어떤 면에서는 소위 대척점인 거지. 어떤 대항항으로 보는 거지. 그러면서 그런 정체성의 사람들에 대한 어떤 경계선을 동성애자들 쪽에서 긋는 측면들이 있는 거지. 그런데 그 속에서 이성애자들이 너무나 주류이고 너무나 많고 그것이 정상으로 통용되고 있는 상황에서 이성애자들 자체를 미워하거나 그들을 소외시키거나 이럴 방법은 없으니까 상대적으로 약하다고 보여지는 혹은 소위 순수하지 않다고 보여질 수 있는 양성애자들에 대해서 거부반응들을 보이는 거지. 반발들을. 그런 것들이 상당히 있어서 실제로 양성애자라고 드러내기는 굉장히 어렵고. 혹은 커뮤니티 안에서 자기가 기혼인 상태라고 말하기 굉장히 어려운 일이고. 혹은 결혼했었다는 것을 말하는 것도 상당히 친해지고 나서 말할 수 있고. 구태여 그것을 말하지 않는 분위기 이런 것들이고. 그래서 그것은 이제 그런 다음이나 네이버 등의 카페에서 모이는 친목모임들에서도 그런 반응이 상당히 있고. 가끔 티지넷에서도 양성애에 대해서 한바탕 논쟁이 벌어지더라고. 그러면은 일부가 좀 제대로 된 주장을 하기도 하는데. 뭐 다양한 정체성이 있고 그것에 대해서 맞다 틀리다 할 문제가 아니다 이렇게 이야기하는데. 수적으로는 훨씬 더 많은 사람들이 이제 그런 사람들을 비난하는 거지. 지네 맘대로. 지네에게 이익이 되는 대로만 선택하고 한다. 결혼 제도 자체에서 얻을 수 있는 이익은 다 얻은 채로 이쪽에 와서 소위 바람핀다. 이쪽에 와서 단물만 빨아 먹는다 이런 식의 반감들을 드러내는 거지. (중략) 기혼의 관계를 그대로 유지하면서 엘과 동성애자적 관계를 갖는 것은 이 엘 입장에서 봤을 때는 자기는 일부만을 소유하는 거고. 상대방의 일부만을 나눌 수밖에 없는 거고. 나머지 일상이나 자녀의 문제, 결혼의 문제 등 남편의 문제 이런 것들이 상대편에서는 중요한 어떤 거고. 섹슈얼리티와 관련한 혹은 성적인 어떤 거와 관련한 그것을 통한 친밀감 요것만 이 엘과 나누는 거니까 단지 그냥 양성애자에 대한 거부감으로 표현하기에는 기혼 여성인 양성애자에 대한 감정이 다를 거라고 보여지는데. 하여튼 그런 반응도 있고. (중략) 이것이 어느 만큼 사실인지는 모르겠는데 OOOO상담소에서 활동하던 한 활동가는 자기가 활동하면서 그 안에서 활동가들끼리 자기는 양성애자다라고 이야기를 했는데 결국 그것 때문에 계속 따 당하면서 활동을 관둘 수밖에 없었다라고 이야기를 하더라고. (중략) 내 보기에 게이 진영보다 레즈비언 진영이 더 양성애자 혹은 기혼의 성소수자에 대한 거부는 더 강하다고 보여지고. 게이들의 경우에는 성에 대한 이중관념의 한 측면인 것 같애. 남성의 성이 어때야 하느냐 여성의 성이 어때야 하느냐에서 남성의 성은 훨씬 더 다양할 수 있다고. 결혼관계의 남자가 바람을 필 수 있다고 하는 문제랑 똑같은 거지. 그대로 패스되는 문제랑 똑같은 건데. (중략) 엘들의 경우는 굉장히 다르지. 양성애자 혹은 기혼인 엘들에 대한 반응은 상당히 다르고 특히 그렇게 엘들이 많이 모이는 그런 블록에 기혼인 혹은 양성애자인 사람들이 나와서 같이 어울려서 놀 수 있는가 이런 거에서. 물론 사회경제적으로 남성과 여성 차이 속에서 기혼을 유지하고 있는 여성

양성애: 열두 개의 퀴어 이야기

들이 주말이 그렇게 나와서 놀 수 있는 조건이냐. 대체로 기혼을 유지하고 있다면 남편과 아이들 이런 가정의 문제들도 있는데 주말에 나와서 놀 수 있느냐 이런 문제도 있겠지만. 그리고 경제적으로도 아무래도 어렵다 보니까 그럴 수 있겠지만. 혹은 이 커뮤니티에서도 혹은 홍대를 중심으로 주말 레즈비언 문화 속에서도 그런 양성애자나 혹은 기혼의 여성 성소수자들에 대해서는 상당한 거부감이 있는 거지. (중략) 대체로 이기적인 사람들, 자기 편의에 의해서 그렇게, 심하게 말하면 이리 붙었다 저리 붙었다 한다고 말하기도 하고. 자기 좋은 것만, 일종의 기회주의자라고 그렇게 표현되는 경우도 있고. (김경희, 53세)

주가영 씨는 사귀던 여자애인이 자신과 헤어지고 남자친구와 사귀는 것을 직간접적으로 경험한 레즈비언들일수록 '바이포비아'가 심한 경우가 많은 것 같다고 말한다. 이것은 한국사회에서 남성과 이성애자에게 주어지는 특권적 위치와 직결된 것이다. 2년여를 사귀었던 '레즈비언'인 전 애인이 자신의 어머니 때문에 결혼을 해야 한다고 해서 이별을 했던 서마리 씨가 자신은 한 번도 해 보지 못했지만 헤어진 애인이 새로 만난 상대 남자와는 '백주대낮에 손을 잡고 길을 걸을 수도 있을' 것을 생각하면 큰 배신감이 느껴졌다고 말하는 것도 이와 같은 맥락에 있다.

이런 측면에서 김경희 씨는 양성애의 비가시성과 레즈비언 커뮤니티에서의 양성애 혐오는 곧 동성애자들이 계속적인 사회적 소외를 당하고 있기 때문에 일어나는 것이라고 말한다.

가깝게 지내는 친구들이 거의 레즈비언들이라고 말하는 서마리 씨는 바이를 혐오하는 레즈비언들이 있고 그런 레즈비언들 속에서 말없이 있으면 자연스럽게 레즈비언으로 규정당하기도 하는 것이 불편하다고 말한다. 게다가 간혹 레즈비언으로 정체화하라는 종용을 받기도 하는데 그럴 때면 이성애 사회에서와 마찬가지로 누군가에 의해 또 다시 자신이 누구인지를 혹은 누구여야 하는지를 규정당하는 기분이 들어 씁쓸하다고 토로한다. 이런 분위기 때문에 송아영 씨는 레즈비언 커뮤니티에 소속되기 위해 한때 자신이 경험했던 동성애적 경험을 과장하고 이성애적 경험을 동성애적 경험으로 탈바꿈시켜 이야기한 적이 있다. 김경희 씨 또한 같은 이유 때문에 '레즈비언 판'에서는 굳이 자신이 양성애자라고 말하거나 남자친구와의 경험에 대해 말하지 않는다.

이런 분위기 속에서 T사이트나 M사이트와 같은 대표적인 이반 사이트에서는 양성애에 대한 혐오발언이 공공연하게 나타나고 있기도 하다. 주가영 씨에 따르면 많은 인터넷 기반의 이반커뮤니티에서 남자애인이 있는 양성애/여성들의 출입을 금지시키고 있고 게시판에서는 남자에 대한 이야기 자체를 꺼내지 못하게 한다. 진강희 씨는 남자를 사귄 경험이 있는 레즈비언들도 자신이 남자를 만날 가능성은 더 이상 없다고 생각하면서 바이를 비난하기도 한다고 말한다.

> T 사이트 OO나 익명게시판 보셨어요? 바이라 그러면 치를 떨잖아요. 바이라 그러면 무슨 진짜 박쥐보다 더 못한 존재 같아요. 전 그런 글도 봤어요. 남자가 들어갔던 더러운 구멍에 자기 손 넣고 싶지 않다는 이딴 식의 글을 써요. 지들은 참 순수한 레즈비언이라 좋겠다는 생각도 들구. (중략) T 사이

트에서 애인 구하려고 하면 글 쓰는 문항들이 있는데 그 중에 남자랑 결혼하거나 사귀었던 적이 있는가가 있어요. 거기에 참 예라고 대답하기 힘들어요. 그 질문을 왜 깔았는지 의도는 알겠어요. 피해가라구. 그런 사람 싫어하는 분들이 많으니까... 누가 날 받아줄 수 있을까라는 생각 가끔 하죠. (진강희, 24세)

'여성주의자들'이 모여 있는 안전한 여성주의 온라인 커뮤니티라고 알려진 Y사이트 같은 곳에서도 비슷한 일이 일어나기도 했다. 서마리 씨는 이 사이트에서 '바이혐오적 소통이 오가는 것'을 보고 큰 충격을 받았다고 했다.

레즈비언 커뮤니티 안에서 양성애/여성을 싫어하거나 혐오하는 의견이 자주 표출되는 것은 무엇보다도 한국사회가 이성애/남성에게 특권을 주는 사회라는 맥락 하에서 이해할 수 있다. 이런 측면에서 서마리 씨가 '바이 포비아(양성애혐오증)'는 곧 '헤테로 포비아(이성애혐오증)'라고 생각한다고 말하는 것도 무리는 아니다. 서마리 씨가 일상적으로 만나는 레즈비언 친구들이 서마리 씨에게 레즈비언으로 정체화하라는 종용을 자주 하는 이유도 그리고 남자를 싫어해서 친구들 앞에서 남자에 대한 이야기나 양성애에 대한 이야기를 할 수 없도록 분위기를 만드는 것도 같은 맥락에서 이해할 수 있을 것이다.

한국의 이반 커뮤니티에서는 미국 등 다른 사회와는 달리 양성애/여성들보다 트랜스젠더 여성들과 트랜스젠더 남성들이 더 쉽게 레즈비언 커뮤니티에 받아들여지고 있는 특징을 보인다. 이 점 또한 한국 사회가 그만큼 남성중심적이고 이성애 중심적인 사회이기 때문에 일어나고 있는 현상이라고 할 수 있다. 양성애 혐오가 이성애적 특권을 누리는 사람에 대한 분노와 관련이 있고 이런 맥락에서 레즈비언 커뮤니티 안에서 양성애/여성은 '살 길이 열려 있어 절박하지 않으면서 즐기러 오는 사람들', '여자 사귀다가 결국 남자와 결혼하는 박쥐보다 못한 존재'가 되고 그렇기 때문에 '바이라면 치를 떠는' 태도가 생겨나는 것이다. 그런 관점이 팽배하기 때문에 기혼 레즈비언에게는 동정 어린 태도를 보여도 기혼 양성애/여성에게는 이기적인 선택을 했다는 비난이 가해진다. 서마리 씨의 말처럼 레즈비언들은 '남자를 사귀거나 결혼하려고 남자한테 달려가는 바이들을 싫어'하고, 똑같이 남성과 결혼한 상태에 있을지라도 '기혼 양성애/여성'의 결혼은 '쉬운 선택'이고 '배신'이라고 보면서 그 사람의 동성애적 관계에 대한 진정성마저 의심을 하게 되는 경우가 많지만, 레즈비언의 결혼은 '어쩔 수 없는 선택'이라고 보는 경향이 있는 것이다.

주가영 씨는 그런 태도가 사회적 소수자인 동성애자들이 또 다른 사회적 소수자인 양성애/여성들에게 가하는 또 다른 차별이기도 하다고 소리를 높인다. 다양한 형태로 나타나지만 결국 모든 '포비아'는 곧 상대방의 '다름'을 인정하지 않으려는 서로 다른 위치에서 가해지는 유사한 폭력이라는 것이다. 송아영 씨가 우리사회는 '자기와 비슷하지 않으면 그것을 다르다고 말하는 데 그치는 것이 아니라 그 다름을 끝까지 쫓아가 망가뜨려야 끝을 내는' 습성이 있다고 말하고 있듯이 극단적인 이분법적 사고방식이 팽배한 한국 사회에서 경계를 넘나드는 이들, 특히, 경계 넘기가 정체성의 핵심요소인 이들은 '죄악시되는 경향이 있다. 한 레즈비언 친구에게 자신이 양성애자라고 말하자 자신을 마치 '오염된 인간을 다루듯' 보았다며 자신이 겪은 일화를 이야기하는 송아영 씨는 이런 식의 혐오가 상대의 상황과 형편을 알지 못하고 이해하지 못하기 때문에 일어나는 것 같다고 생각한다. 레즈비언들은 양성애/여성을 이해하는 데 어려움을 느끼기 때문에 자신이 사회적 주변인이면서도 다른 주변인들을 주변화시키는 일을 스스로도 자행한다는 것이다. 송아영 씨가 지적하듯 양성애/여성에 대한 이러한 태도는 성소수자 사안에 대한 강연에서도 자주 나타나고 있다. 레즈비언, 게이, 트랜스젠더 사안에 대해서는 상세하고도 공감 어리게 설명이 되지만 '바이는 둘 다 지향점을 갖고 있는 사람'이라고 정리될 뿐 양성애자들이 처한 특정한 입장 등에 대해서는 별다른 설명 없이 강연이 끝나버리기 일쑤라니 말이다.

이런 상황 때문에 서마리 씨는 자신이 만나는 사람들이 불편해하는 것이 불편해서 '헤테로와는 남자 얘기만 하고 레즈비언들과는 여자얘기만' 한다. 그러나 그럴 때마다 '자기 자신이 되어 말하고 있지 못하다는 불편함'이 있고 주체적으로 말할 기회를 일상적으로 박탈당하는 느낌을 갖는다고 했다. 서마리 씨는 한국사회에서 양성애자로 사는 것은 '이야기 할 데도 없고 소속감도 문화도 언어도 없고 인정해주는 사람도 없이 비난과 박탈감만 있는 불모지 땅에서의 삶'이라고 말한다. 그렇기 때문에 자신의 경험과 생각에 대해서 '누구와 이야기하고 어디에 발을 붙여야 할까'라는 질문을 지속적으로 하게 된다고 말한다. 또한, 그런 고민이 개인적 수준에서 그칠 수밖에 없는 상황을 답답해하고 있다.

이렇듯 양성애/여성들은 이성애 커뮤니티에서도 동성애 커뮤니티에서도 온전한 성원권을 인정받지 못한다. 그래서 어쩔 수 없이 침묵을 택하게 되는 경우가 많다. 그리고 말해지지 못한 양성애는 말해지지 않음으로써 다시 '비가시화'된 상태로 남게 된다. 진강희 씨의 말처럼 양성애자들은 어떤 커뮤니티에서도 받아준다는 것이 그야말로 말뿐임을 경험한다. '이도 저도 아닌' 상태라고 여겨져 대개는 경계의 대상이 되기 때문이다. 그 속에서 스스로를 이쪽에도 온전히 속할 수 없고 저쪽에도 마찬가지라고 느끼는 많은 이들은 '죄책감'과 '무소속감'이라는 이중의 고통을 받게 된다.

내면화된 양성애 혐오

'죄책감', '무소속감' 등 양성애/여성들이 겪는 갈등과 고통은 앞에서 살펴보았던 양민지 씨의 경우처럼 자학적으로 표출되기도 한다. 양민지 씨는 '양성애가 사람으로 할 일이 아니'라는 말을 듣고 소주병을 깨고 나온 적도 있고 누구에게서도 이해받지 못하는 고통을 참지 못해 '길거리에서 소주를 마시며 죽어버릴까'하는 생각을 여러 번 하기도 했다. 그것은 때로 자살시도라는 극단적인 선택으로 수차례 반복되기도 했다. 양민지 씨가 극단적으로 취했던 이러한 자학적 행위는 양성애/여성들 안에 내면화되어 있는 양성애 혐오와 관련이 있다. 구희정 씨는 자신을 부정하는 꿈을 꾸기도 한다.

한참 고민을 하면서 사람들한테 말을 하고 다녔다 그랬잖아요. 사실은 제가 바이섹슈얼이에요 이런 얘기를 하고 나면 꿈을 꾸는 거죠. 꿈에서 잠을 자는데 잠에서 깨면 사실 나는 이성애자였어 말을 하면서 잠에서 깨는 거예요. 내가 여기에 대해서 얼마나 압박을 가지고 있으면 그냥 눈을 떴을 때 그럼 내가 인구의 가장 많은 양을 차지하고 있는 이성애자이기를. 이성애자가 아니다라는 그런 사실을 얼마나 불안해하고 있나. 사실 다른 사람들은 내가 뭔가에 대해서 관심 없을 수도 있는데 왜 나는 계속 내가 뭔가에 대해서 이렇게 관심을 갖고 있나. 굉장히. 그런 느낌. 나도 모르게 내가 참 많이 애쓰기도 하고 불안해하기도 하는구나. (중략) 한때 되게 압박을 받을 때는 정말 많이, 동성애에 대한 책을 빌리는 것도 되게 조심스럽고. 이 사람이 동성애에 대한 책을 대출하는데 만약에 나를 쳐다보면 어떡해, 의심하면 어떡하지 이런 생각도 많이 하고. 옛날에는 이런 단어나 말 같은 것도 이런 데서 절대 말 안 하거든요. 어디 조용한 데 가서 사람들 없을 때 속삭이듯이 얘기하고 그랬는데. 지금은 좀 많이 달라지려고 하는 거라서. 이런 데서 옆자리에서 들으면 듣는 거지. 훨씬 마음이 편해진 거죠. 편하게 지내려고 하는 거죠. (구희정, 29세)

이런 정체성이 되게 불편할 때도, 그러니까 제 자신이 좀... 불편할 때가 있어요. 남녀에 대한 느낌이 갑자기 불편해지고. 그냥 혼자 있고 싶다는 생각을 자주 하고. 보통 여자 만나면 그냥 친구 만나는 건데 뭐 이런 식으로 생각할 수 있잖아요. 그러다가 내가 혹시라도 좋아하게 되면 어쩌지 이런 생각을 하니까 불편해지고 그런 생각도 있는 거 같아요. (인터넷) ○○카페에 있는 그 바이섹슈얼 카페에서 어떤 사람이 글 쓴 걸 보고 공감가는 게 있었는데. 남자친구 사귀면 아 내가 이성애자였으면 좋겠다라는 생각도 하고 여자친구를 사귀면 아 진짜 내가 레즈비언이었으면 좋겠다라는 생각을 하게 되더라고. 그 사람 글 보면서 아 나만 이런 생각을 하는 게 아니구나라는 생각을 했어요. (중략) 제가 요즘 갑자기 이번 주에 한 생각이 있는데. 제가 생각하는 정말 이상적인 관계가 남자 애인과 여자 애인이 있는, 동시에 갖는 게 아닐까 하는 생각이 드는 거예요. 근데 제가 되게 혐오스러운 거예요. (중략) 두 사람을 갖고 싶은 게 아니라 성별 자체, 이 두 성별을 갖고 싶어하는 게 아닌가라는 생각을 좀 하고. 그죠 근데 한쪽에서 보면 어느 쪽에서 보던지 싫어하는 게 당연하죠 만약에 그렇게 한다면. (중략) 끊임없이 합리화를... 해야죠. 그게 제일 힘들었던 거 같아요. 제 자신의 그런, 제 자신을 혐오했던 자신을 설득하는 거. 열일곱 살, 나이는 한 살 한 살 먹어 가는데 열일곱 살 그때의 제 자신을 설득을 못하겠는 거예요. 그때 워낙 완고하고 그 느낌이 강하니까. 그건 어릴 때 그런 거고 선입견이고 아직 그렇다는 것에 대해서 이해해야 되는데. 나이 들면 그건 이해 가는데. 그때 열일곱 살 때 제 자신이 박혀있긴 한데. 지금은 많이 괜찮아졌어요. 괜찮아졌기 때문에 정말 몰랐던 그런 것일 수도 있고. 어쩌면 당연한 감정일 수도 있고. 우리나라는 정말 이성애 중심의 사회에서 사는데 그런 느낌이 들 수도 있다는 건 당연한 거다라는 식의. (중략) 어릴 때 난 저런 어른 안 될 거야, 나는 저런 어른으로는 안 살 거야, 저렇게 어리석게 살진 않을 거야, 난 잘 될 거야, 나만 잘하고 잘 크면 되겠지 하는 생각이, 확고한 그 제 자신이 너무 확고해서. 지금은 합리화해 가면서 조절해 가면서 그게 다가 아니고 어쩔 수 없다는 걸 깨닫고 살아가는데 그때 제 자신이 자꾸만 마음에 걸리는 게 많아요. 그렇게 안 하겠다고 그렇게 다짐해놓고 결국 그 사람이 되나 이런 식의. 약간 비관적으로 생각하게 되고. 내가 그때 그렇게 싫어했던 사람이 난 결국 돼가네 이런 생각이 드니까. (주기영, 23세)

양성애: 열두 개의 퀴어 이야기

주가영 씨의 이런 걱정과 성적 상상 그리고 그런 상상에 대한 스스로가 갖는 혐오적 태도는 여러 대중매체들이나 포르노물을 통해 생산되고 유통되는 양성애에 대한 편견과 유사한 점이 많다. 이는 대중매체 등을 통해 생산, 유포되는 양성애에 관한 이미지들이 양성애/여성들에게도 어느 정도는 이미 내면화되어 있음을 보여주는 대목이라고 할 수도 있다.

한편, 진강희 씨는 무분별해지지 않고 생활의 질서와 방향성을 잡기 위해 성적 정체성에서도 '경계'를 제대로 세우는 것이 필요하다는 생각을 하게 될 때가 많다고 했다. 자신이 '남자와 여자를 시기별로 번갈아 사귀는 바이'이고 바이라는 용어 자체도 늘 다른 성, 다른 사람에게 갈 수 있다는 가능성, 즉, '배신'의 가능성을 내포하고 있는 것 같기 때문에 긍정적으로 느껴지지 않는다고 말한다. 양성애/여성은 '호기심 많은 바람둥이'거나 '갈 곳 없이 방황하는 청춘'이라 생각될 때가 많다고 여긴다. 그리고 그런 생각이 들 때마다 누군가를 만나는 것에 대해 스스로에 대한 믿음이 없어진다고 한다. 그런 스스로가 용납이 안 되기 때문이고 그런 까닭에 마음이 힘들 때가 많기 때문이다. 그런 이유로 자신을 레즈비언이라는 하나의 정체된 정체성으로 규정하고 싶어하기도 한다. 진강희 씨는 중고등학교 시기에 소위 '팬픽 이반'으로서의 삶을 살았다. 그러나 '치기 어린 한때'를 전제하는 것이기도 한 '팬픽 이반'이라고 생각했던 자신이 단지 그렇지만은 않다는 것을 알게 된 후 내적 갈등에 휩싸이게 되었고 이후의 삶이 사뭇 자학적이 된 적도 있다.

(대학 입학 후 남자와 연애를 하면서) 저는 제가 저 역시 청소년기에 호기심으로 튀고 싶어서, 아웃사이더연하고 싶어서 그런 식으로 별 생각도 없이 놀았는데 이제 어른 되니까 내 밥그릇 찾아먹을려구 배신한 거 같은 생각이 막 드는 거예요. (중략) 차라리 제가 레즈비언이면 참 좋겠어요. (중략) 차라리 내가 레즈비언이면, 백프로 레즈비언이면 자신한테 훨씬 더 당당하구 용감하구 떳떳하구 아군들을 많이 찾을 수 있을 것 같은데 바이는 갈 데가 없거든요. 갈 데가 없어요. (중략) 바이들은 거의 다 아마 나처럼 죄책감을 가지고 살구. 어느 커뮤니티를 들어가야 진짜 자기를 얘기할 수 있을지 모르겠구. 같은 바이라도 여자를 사귀는 사람, 남자를 사귀는 사람 말이 안 통할 수 있고. 남자를 사귀면 이미 자기는 혼자 구렁텅이에서 도망간 것 같은 느낌이 들기 때문에. 이중으로 고통받는... 징징거리자면 그래요. (중략) 죄인 취급당하긴 싫은데 왠지 내가, 나에 대한 이미지가 나만 좋게 생각하면 되는데 쫌 찌질해요, 바이 이미진 저에게 있어서. (중략) 왠지 항상 기죽어 있구. 의지할 곳 없고. 이쪽 연애할 때 저쪽에게 숨겨야 되고 저쪽 연애할 때 이쪽에게 숨겨야 되는. (중략) 사실 얘만 사랑할 거고 여자애만 사랑할 거라고 믿고 싶은데. 그리고 내 정체성을 레즈비언이라고 새기고 싶은데 사실 나는 바이라는 걸 알잖아요. 그런 걸 생각하면 스스로 쫌 괴로운 것 같아요. 내가 나에 대한 믿음이 없는 거 같아요. 그런 거 있잖아요. 어느 날 또 남자가 좋아져가지고. 또 막 얘랑 헤어지고 남자를 사귀었다가. 또 헤어지고 여자랑 사귀었다가. 그게 사실 바이들이 할 수 있는 건데. 저는 제가 그렇게 사는 게 용납이 안 되는 거 같아요. (진강희, 24세)

이처럼 분명한 경계를 갖는 정체성에 대한 욕구는 양성애가 그러한 정체성이 아니라는 인식과 함께 드물지 않게 토로된다. 이와 같이

양성애: 열두 개의 퀴어 이야기

인간이 '경계'에 대해 갖는 인식을 지리학 내에서의 경계 관련 연구에서의 논의를 통해 살펴보는 것은 의미있어 보인다. 지리학은 물리적인 실재를 다루는 학문이고 따라서 여기에서 다뤄지는 경계 또한 실제로 존재하는 것이라고 여겨지기 때문에 경계에 대한 인간의 인식을 보다 구체적인 대상에 관한 인식이라는 측면에서 살펴볼 수 있기 때문이다.

근대국가의 영토는 20세기 초에 고정되기 시작했으며 이때부터 상징적, 정치적, 지리적 경계는 '타자'로부터 스스로의 변별성을 구성하는 데에 중요한 기준이 되었다(김성경, 2015). 지상현(2016)에 따르면, 인적, 물적 교류가 활발한 경우와 통제되어 제한적인 경우의 경계 혹은 접경지역에 대한 지리학적 연구에서 국경, 접경, 접경지역, 변경 등의 용어는 혼재되어 사용된다. 영어권에서도 boundary(경계), border(접경), borderland(접경지대), frontier(국경) 등 다양한 용어들이 있다. 이때 경계boundary는 국가 혹은 정치적 단위 사이의 선line을 의미하고 이 선은 때로 자연지형을 기준으로 만들어지기도 하지만 정치적 협의에 의해서 새롭게 만들어지기도 한다. 경계가 만들어내는 접경지대 혹은 접경지역은 영어로는 border, border area, border region으로 표현된다. 또한, 이와 조금 다른 맥락에서 borderland라는 용어가 동시에 사용되는데 일반적으로 border는 주로 한 국가 내에서 다른 국가와의 국경선에 인접한 지역을 의미하는 용어로 쓰이고, borderland는 국경을 넘나드는 두 개의 "borders"를 하나로 바라보는 시각에 기초해 쓰이는 용어다. 이때 두 국가의 접경지역으로서의 접경지대는 국경 이쪽 혹은 저쪽의 국가와는 다른 독특한 또 하나의 정치·경제적 혹은 문화적 영역을 구성하게 되며 각 자국의 타 지역과는 다른 정체성을 구성하게 된다. 자신들의 생존과 번영이 자신들이 속해있는 국가의 정책이 아닌 다른 국가와의 공존과 공생에 기초하기 때문이다.

접경지대boderlands를 페미니스트적 인식론의 지평을 확장시키는 중요한 개념으로 형상화해 소개한 글로리아 안잘두아(Anzaldua, 1999)는 '접경지대'를 '새로운 메스티자 정체성', 즉, 경계의 어느 쪽에도 전적으로 속하지 않지만 어느 쪽의 특성이건 그것을 공유하며 동시에 독자적인 정체성을 갖는 특징으로 하는 개념으로 소개하면서 이를 정체성을 구성하는 중요한 정치지리학적 공간이자 인식론적 공간으로 해석하였다. 접경지대에 대한 안잘두아의 통찰은 국경의 어느 쪽에도 속하지 않은 제3지대 혹은 제3국a third nation 정체성으로서의 접경지대 정체성borderland identity을 구상할 수 있게 해준다.

국경과 같은 경계는 비록 물리적으로 존재하는 영토 위에 인위적으로 상정된 경계이기는 하지만 정체성을 구성하는 경계와 공통점을 가진다. 인위적으로 상정된 경계라는 측면에서 두 경계는 유사한 점이 많다.

한편, 엄격하게 한계가 그어지고 유지되는 경계에 대한 요구가 있는 상황과 유연하고 개방적인 경계에 대한 요구가 있는 상황은 다를 수밖에 없다. 또한, 엄격하게 통제된 경계지역과 개방적인 교류가 이뤄지는 경계지역은 그 성격에서나 그것이 만들어내는 효과에서도 다를 수밖에 없다.

양성애는 어떤 의미에서 동성애와 이성애 사이의 경계지대라고 볼 수 있을 것이다. 그리고 그 경계지대의 환경과 성격은 명확히 규정되어 있는 것도, 특정하게 고착되어 있는 것도 아니다. 경계의 양쪽 지역이 서로 어떤 관계를 갖느냐에 따라 경계지대가 갖는 성격도 달라질 수밖에 없기 때문이다. 또한, 접경지대의 거주자들은 '생존과 번영을 자신들이 속해있는 곳의 정책이 아닌 다른 곳과의 공존과 공생에 기초'하기 때문에 경계지대적 정체성 또한 접경한 다른 정체성의 생존과 번영에 영향받을 수밖에 없다.

어떤 면에서는 안잘두아가 '메스티자 정체성'이 어느 한 쪽의 유산도 부정하지 않으면서 어느 쪽에 있든 다른 쪽에서 획득한 유산을 유용하게 활용함으로써 삶의 가능성과 역량을 확장할 줄 아는 주체로 설정하고 있듯이 양성애적 정체성과 그것이 필연적으로 갖는 유동적 경계 또한 유사하게 인식해 볼 수 있을 것이다. 그럴 수 있을 때 그것은 불안의 원천이 아니라 가능성의 원천, 역능의 원천이 될 수도 있다.

물론, 이성애적 규범과 이항적 경계규범이 강력한 곳에서 이러한 가능성과 역능을 온전히 표출하고 향유하는 것이 녹록하지는 않다. 경계의 파수꾼들은 경계 유지를 통해 얻게 되는 것을 위해 기꺼이 수단과 방법을 가리지 않기 때문이다. 그러한 행위는 실재하는 일상적 위협으로 상존하면서 가능성의 원천을 부정의 언어로 오염시키기도 한다.

3. 고립

사회로부터 가해지는 혐오와 내면화된 혐오가 만드는 가장 위험한 결과가 고립일 것이다. 고립 속에서 스스로의 상황이 드러날까봐 불안해하고 또 고립되어 있기 때문에 관계가 확장되지 못하여 고립되는 상황은 악순환한다.

이중부정과 삼중고립

이성애/남성중심적 사회에서 양성애/여성이 특정하게 경험하는 억압은 실제 관계 안에서 상대방의 성의 위치에 따라 서로 다른 갈등을 겪게 하기도 한다. 이러한 갈등의 차이는 규범적 성차 수행과 규범적 관계에는 '당연한' 것으로 누릴 수 있는 보상이 주어지고 비규범적 성차 수행과 비규범적 관계에서는 그러한 것들을 누릴 수 없게 되는 일상에서 만들어 진다. 어떤 성의 상대와 관계맺기를 하느냐에 따라 관계 내의 경험은 여러 가지 관계 내 갈등과 내적인 갈등으로 귀결된다. 이는 또한 상대방의 성이 달라짐에 따라 사회적 관계망과 자원에 접속될 수 있는 가능성이 불균등하게 주어지는 것으로 드러나기도 한다.

양성애적 경험을 하게 된 여성들이 갖는 공통된 경험이 있다면 그것은 바로 이중의 고립과 삼중의 부정일 것이다. 이중의 고립은 '동성애적' 경험과 '이성애적' 경험이 자기 안에서조차 충돌 없이 체험되는 문제가 아닌 경우도 있고, 그것의 연장선에서 매끄러운 연애서

사로서 이야기 될 수 있는 사회적 망이 부재하거나 부실하기 때문에 비롯된다. 이성애 사회에서는 동성애적 관계에 대해 말하는 것이 여전히 매우 어렵고 동성애 사회에서는 그 사회의 소속원으로서 이성애적 관계에 대해 말하는 것이 지지받기 어렵다. 이것은 특히, 말하는 이가 스스로를 '이성애자'로서가 아니라 '양성애자'로 위치시킬 때 심해진다. 이런 까닭에 '양성애적' 경험을 유의미한 생애사로서 통합시키려는 여성들은 자기분열적 주체, 즉, 어느 상황에서는 자신의 일부를 부정해야만 하는 상태가 되거나 아니면 이성애 사회와 동성애 사회에서 모두 고립되는 현실을 받아들일 수밖에 없게 된다.

동성애에 관해서 알게 되면서 그 친구한테 얘기를 했죠. 나 이런이런 정확하게 기억은 안 나지만 책을 읽었는데, 영화를 봤는데 이렇더라. 그러면서 그때 우리는 뭐였을까 이런 질문들을 주고받았고. 그 친구도 인제 인정을 해야 된다고 해야 되나. 완전 연애한 거지, 사랑한 거지 그렇게 얘기를 했고. 그거는 둘이 그렇게 합의는 됐던 거 같아요. 그때 그 경험에 대해서. 그거를 걔도 그러고 나도 남자친구가 생기고 이랬지만 그거를 그 사람들한테 말하기는 되게, 말하지 않았던 거 같고. 그랬었어요. (우진희, 29세)

내가 속한 공간에 대해서 그 사람들의 인식 수준에서는 '남자친구 있어요'가 너무 자연스러운 거예요. 그때 나는 제발 애인있어요라고 물어봐주면 좋겠다. 가깝게 지내는 사람들이 애인 있어요? 남자친구예요 여자친구예요 물어 보는 걸 당연하게 여겨줬으면 좋겠다. (중략) 그런 느낌이 있기도 해요. 내가 굉장히 어딘가 끼여 있는 느낌이 드는 거예요. 내가 계속 어딘가엔 많지 않을까요라고 하는 부분들이 나와 같은 정체성을 가진 사람들을 나는 일상에서 만날 수 있기를 바라는데. 그렇게 모여 있는 공간에 많이 가보진 않았지만 있을 때 사실 그 문화에 익숙한 사람들이 나와 맞지 않을 수 있는 거잖아요. 근데 굉장히 만날 수 있는 루트는 정해져 있고. 그러면 이 사람들 과도 아니고 일반적인 이성애자들과도 불화한다면 그럼 나는 어느 쪽일까 라는, 어디 속해야 되나 이런 생각이 드는 거예요. 그거는 어떤 누구를 만나야 할지 모르는 상황인 거죠. 나는 어디에 속해 있는 거지, 어떤 사람을 만나느냐에 따라서 내가 만날 수 있는 사람이 나눠진다면 나는 어디로 가야 되지 그런 생각이 들기도 하고. (구희정, 29세)

구희정 씨의 이 같은 갈등은 특히, 자신의 본 모습을 드러낼 수 없어서 항상 불편한 두 개의 공간, 즉, '부모님의 집'과 '직장'에서의 갈등에서 잘 나타난다. 먼저, '부모님의 집'에 대한 이야기에서 보여지 는 내면의 갈등은 구희정 씨의 언니가 보여주는 태도와 비교했을 때 더욱 분명해 보인다.

연애 얘기를, 제일 처음 연애를 했을 때 그때 말고는 나이 들어서는 내가 누구를 만난다 그런 얘기를 안 하는 거예요. 일단은 우리의 관계를 설명하 기도 힘들고. 그 사람에 대해서 설명하기도 힘들고. 어떻게 만나는지 만남 의 과정이 부모님의 생활이랑은 완전히 분리된 생활인 거예요. 그래서 연애 를 할 때는 집에 갔다오면 갑자기 한 며칠은 (애인과) 사이가 안 좋아지죠. 왜냐면 나도 마음이 힘드니까. 내가 잘못을 하고 있는 건 아니지만 뭔가 사람이 괴리감을 느끼잖아요. 부모와 함께 하는 나의 세계와 애인과 함께 하는 나의 세계가 충돌하니까 괜히 화가 나고 짜증이 나고 혼란스럽기도 하고 그러니까. (부모님이) 남자들 좀 만나라 그럼 응, 얘기를 하는데. (중략)

여전히 힘들어요, 힘들죠 그게. 집에 갔다오거나 하면 막 영리하거나 영악하거나 그런 것과 거리가 멀어서 집에서, 내가 집에 가서 어떤 모습을 막 보여주고, 엄마가 원하는 거 같은 모습을 보여주고 엄마가 원하는 말을 해주고 엄마의 말을 들어주는 게 진심이라기보다는 좀 계획된 거나 내가 생각하는 모습을 보여야 된다라는 그런 게 있기 때문에 피곤하면 집에 와서, 너무 힘들고 지치면 집에 와서 쉬어라 이렇게 말을 하시는데 집에 가면 쉬는 게 아니고 나에겐 또 하나의 과제, 프로젝트인 거죠. (중략) 어떨 때는 정말 계획에 없었던, 속에 있던 나의 불안 같은 걸 얘길 해보기도 하고. 그럼 그걸 말하는 순간에는 뭔가 약간 해소되는 거 같지만 (중략) 내가 다시 내 생활로 돌아오면 부모님과 그런 부분을 공유를 했기 때문에 더 힘들어지는 부분이 있더라구요. 왜냐면 그냥 이렇게 거리를 유지할 때보다 내가 더 많은 부분을 오픈을 하고 부모님도 더 많이 이해를 하고 받아들이게 되지만 그것과는 별개로 또 다른 덩어리가 있는데 내가 그걸 공유하지 못하는 느낌, 거짓말은 아니지만 나의 비밀. 그래서 내가 나쁜 사람이 된 거 같은. (중략) 언니는, 우리가 이렇게 똑같은 환경에서 비슷하게 자랐는데, 나는 난 정말 중고등학교 때 생각하면 정말 우울했던 거 같애, 이렇게 얘길 하면 자기는 별로 그렇지 않았대요. 집에 오면 늘 편안해서 그게 되게 좋았대요. 편안함의 느낌. 그냥 쉴 수 있고 그런 느낌들이 편안해서 좋았는데 너는 그게 되게 답답하고 싫었구나(라고 해요). (구희정)

자신의 일상생활에 대해 온전히 공유할 수 있는 곳이 아니라는 점에서 '직장' 또한 '부모님의 집'과 유사한 공간이다. 부모님에게 큰 비밀이 없어서 집이 편안한 공간이었을 수 있는 언니와 달리 구희정 씨에게는 부모님의 집이 쉴 수 있는 곳이 아니라 프로젝트를 이행하는 공간, 노고가 필요한 감정노동의 공간이 되듯이 일요일에 무엇을 했는지까지 고스란히 공개할 수 있는 자신의 동료에게는 더 없이 편안한 일터일 수 있는 직장이 구희정 씨에게는 또 다른 감정노동의 공간인 것이다.

남들은 고민하지 않는 부분에 대해서 나는 많은 부분을 내가 선택해야 하는 구조를 가졌구나라는 부분. 이를테면 어떤 모임을 갈 때도 모임의 문제라기보다는 퀴어와 안퀴어가 있다 그랬을 때 이 두 집단의 성격이 굉장히 다르고 그 안에서 나올 수 있는 얘기가 다르고 나눌 수 있는 부분이 너무너무 다른데 나는 늘 이 부분에 대해서, 지금 현재의 나는 늘 상황에 따라서 선택해야 하는 구조 안에 내가 있는 거죠. 그렇다면 나는 어떤 요구를 받는다는 느낌이 드냐면 제도냐 아니냐를 선택해야 되는 그런 느낌을 늘 받는 거예요. 근데 그러면 그 사이에 살 수도 있잖아라고 생각할 수도 있겠지만. 그냥 그렇게 사는 사람도 굉장히 많잖아요. 근데 그 자체가 내가 내 인생을 생각해 봤을 때, 내가 계속계속 이렇게 앞으로도 쭉 이 경우에는 이렇게 이 경우에는 이렇게라는 부분을 가지고 가는 건 결국은 내가 큰 결단을 내려야 되는 부분이지 않을까라는 그런 생각이 들게 되는 거죠. (중략) 제가 회사를 다니고 있고 회사 외에 나의 일상이 있잖아요. 그러면 안퀴어들의 삶은 직장과 직장생활 아닌 것의 갭이 크지 않다라는 거죠. 그 사람들이 어떤 별도의 모임을 가진다거나 자기의 어떤 취미생활을 한다거나 그런 부분이 제도 내에서 어느 정도 이렇게 같이 갈 수 있는 부분이라면 나는 직장에서의 나와 직장이 아닌 곳에서의 나의 차이가 너무 크기 때문에. 그렇다면 일단은 내가 직장이라는 제도적인 구조를 선택했기 때문에 이 상황이 벌어지는 거잖아요. 그러면 이 상황에서 제도와 제도 아닌 것이 그게 나의 성정체성

양성애: 열두 개의 퀴어 이야기

이나 아니면 관계적인 부분에서든 같이 가고 있는 부분인데. 그렇다면 나는 이 부분과 이 부분 중에 하나를 언젠가는 포기해야 되지 않을까라는 그런 불안함을 느끼는 거죠. 이를테면 직장에 모든 걸 다 맞춰서 직장 사람들의 사고와 그 사람들의 그런 부분에 맞춘 그런 삶과 혹은 아예 이런 부분은 다 포기하고 내가 제도에 맞지 않음에 대해 수긍하고 버리고 그럼 이 부분에서 어떻게 생산적인 부분을 찾아낼 것인가 하는 그런 고민을 하고 있거든요. (중략) 근데 계속 이렇게 살면 안 될 것 같다는 느낌이 있는 거예요. 계속 뭔가를. 왜 그럴까. 이건 회사에서도 혹은 아닌 곳에서도 그냥 내가 하나의 내가 아니고 뭔가 한쪽을 속이는 거 같은 느낌이 계속 드는 거죠. (중략) 면접을 보는데 이 회사에 들어오기 전에 사장님이 이력서를 이렇게 보시더니 질문을 하시잖아요. 인생에 맥락이 없어. 이렇게 얘기하셨어요. 너무 충격 받았어요. 그러면서도 나를 뽑은 것에 대해서 또 충격 받았는데. 왜냐하면 난 별로 그렇게 생각해보지도 않았고. 사장님이 생각하시기엔 그런 거예요. (구희정)

개인적이고 사적인 일에 대해 이야기하는 일이 많은 직장생활에서 자신에 대해 전적으로 개방하지 못하는 상황은 구희정 씨로 하여금 잘 섞이지 못하고 겉돌고 있다는 느낌을 갖게 만든다. 자신의 삶이 공유되기 어렵고 자신의 그런 태도로 인해 이상한 사람이 되어 버리는 것 같은 직장 생활은 항시적인 내외면적 갈등을 만들어 낼 수밖에 없다. 다른 무엇도 아닌 바로 그 이유 때문에 직장생활의 지속가능성은 불안정해진다. 구희정 씨가 처음 이 회사에 취직하기 위해 면접을 봤을 때 사장은 구희정 씨의 삶에 맥락이 없다며 왜 그런지를 물어왔다고 한다. 이런 질문 자체가 구희정 씨에게는 큰 충격을 안겼다.

아웃팅의 위협

한국사회처럼 이분법적 사고와 경계짓기에 익숙한 문화이면서 이성애/남성중심적인 사회에서 양성애/여성으로서의 정체성을 드러낸다는 것은 결코 쉬운 일이 아니다. 게다가 커밍아웃의 결과가 즉각적인 배척과 차별로 귀결될 것이라는 것을 자명하게 아는 상태에서는 더더욱 쉬운 결정이 아니다. 비정상이라는 낙인과 노골적으로 표출되는 혐오는 자신에 대해 아무런 말을 하지 않으면 대체로 피할 수도 있는 것이다. 그렇기 때문에 구술자들은 관계의 성격에 따라 자신에 대해 어느 만큼을 드러내야 할지 매 순간 그리고 매 시기 협상하고 판단할 수밖에 없다.

커밍아웃은 하나의 정치적 판단인 동시에 사회적 저항으로 이해되기도 한다. 동시에 이성애자들과 같이 자신을 커밍아웃할 필요조차 없는 이들, 그런 요구에 대한 윤리적 갈등과 고민을 할 필요조차 없는 이들이 만들어내고 강제하는 일종의 차별적이고 경계중심적인 주류의 폭력으로 인식되기도 한다.

> 한때 되게 압박을 받을 때는 정말 많이, 동성애에 대한 책을 빌리는 것도 되게 조심스럽고. 이 사람이, 동성애에 대한 책을 대출하는데 만약에 나를 쳐다보면 어떡해, 의심하면 어떡하지 이런 생각도 많이 하고. 옛날에는 이런 단어나 말 같은 것도 이런 데서 절대 말 안하거든요. 어디 조용한 데 가서 사람들 없을 때 속삭이듯이 얘기하고 그랬는데. (주가영, 23세)

양성애: 열두 개의 퀴어 이야기

얘기를 하다보면 그런 얘기도 하잖아요. 내가 아는 사람 중에 게이가 있는데. 이렇게 얘기를 해요. 은밀하게. 유치한 수준이에요. 아는 사람 한 다리 건너서. 그러면 내가 만약에 내 친구한테 나 바이섹슈얼이야 얘기를 하면 얘도 아주 은밀하게 내가 아는 애 중에 바이섹슈얼이 있다고 할 수도 있겠죠. 지구 어딘가에서. 근데 그 부분이 나는 더 많아져야 된다고 생각을 한 거예요. 그래야 사람들이 덜 놀라잖아요. 이런 적이 있었어요. 제 언니랑 얘길 하는데, 제 언니의 친한 친구가 만나는 친구들이 다 레즈비언이에요. 이 친구만 레즈비언이 아니에요. 근데 자기한테 레즈비언들에 대한 얘기를 해 준대요. 그때 제가 여자친구랑 연애를 하고 있을 때예요. 제가 그래, 내가 아는 사람들 중에서도 있지. 그게 대수야 이렇게 하고 넘어갔어요. 나는 이해는 하지만 만나고 싶지는 않아 이렇게 얘길 하는 거예요. 이 사람아 지금 같이 있지 않는가 이런. 그런 게 많이 알려질 때, 사람들이 많이 있다는 걸 많이 알 때 인식이 변할 수 있다라는 걸 들었던 거 같아요. 그걸 위해 내가 내 한 몸을 이런 건 아니고. 그런 게 왜 필요하다고 생각하냐면 그냥 내가 나를 포장하지 않고 있는 그대로 내놓았을 때 그 자체가 보호받고 싶은 거예요. 보호라고 하는 건 이상한 취급을 받는다거나 그런 시선, 실질적인 어떤 것들, 언어적인 것들을 내가 혼자서 싸워야 될 문제가 아니다라고 생각을 하는 거예요. 그걸 내가 선택했다고 할 수도 있지만 내가 어느 세상을 선택하는 것이기도 하지만 내가 가지고 있는 기질들은 다 내가 만든 것도 아니고 이렇게 살아갈 수 있는 하나의 삶의 방식인데. 그리고 나 같은 사람들이 분명히 있다는 걸 알고 있는데 나는 다 만나보진 않았지만 분명히 있을 거라고 생각하고 나도 그렇게 살고 있는데 사람들이 자기들의 타성에 젖은 편한 방식들로 살아가면서 침해하고 있다고 생각하는 거죠. 그 사람들은 침해가 아니라고 생각할 지도 모르겠지만 나는 그게 침해라고 생각하고. (구희정)

인터뷰 당시 새로운 연애를 막 시작해 그 관계 덕분에 매우 행복해 보였던 진강희 씨는 주변 사람들에게 이 관계가 드러나지 않을까 불안해하며 하루하루 주위 사람들의 눈치를 보며 지내고 있다고 했다. 또한, 불안감이 들 때마다 이미 자신의 미래가 암울하게 결정되어 있는 것 같아서 다가올 미래가 무섭다고 했다.

하필 그날 제가 발표였어요. 프로이드였거든요. (중략) 프로이드는 동성애를 성적 도착으로 봤고 오이디푸스 컴플렉스를 제대로 못 거쳐서 그런 거라고 그 얘기를 하면서 진짜 미치겠는 거예요. 근데 나는 그래도 이 견해 싫다라고 말했더니 교수님이 왜 싫은데 (하며) 날, 절 꿰뚫어보는 것처럼 보는 거예요. 그래서 순간 탁 겁도 먹고. (중략) 너무 슬퍼요. 왜 내가 이럴까 싶기도 하고. 그치만 슬픔보다 행복이 훨씬 더 크기 때문에 사귀는 건데. 불안해요. 내가 다시 정상인의 궤도? 결혼하고 박사 받고 교수가 된다든지 아무튼 센터를 연다든지 그런 식으로 그 인맥 안에서 좁은 사회 속에서 그렇게 뻗어가는 그 길을 못 갈까봐. 내가 언제까지 속일 수 있을까. 제가 솔직한 편이라서 속이는 거 되게 못해요. (중략) 동성애에 대해서 그딴 식으로 얘기할 때 말하고 싶어서 입이 근질근질거리구. 누르고 누르고 누르다보면 그게 어디로 터져나갈지. (중략) 무서워요 진짜. 아웃팅 당하면 어떡하지. 되게 많이. (중략) 뭐가 젤 무섭냐면요. 제가 평생 나의 연애를 주변 사람들한테 말할 수 없다는 게 무서워요. 평생 거짓말해야 하는 게 있다는 거. 엄마, 아빠한테도 평생 거짓말해야 하구. 앞으로 닥쳐올 시련들이 너무 무서워요. 결혼의 압박, 것도 있을 거구. 일단 전화하면 누구랑 전화하냐 그러면 거짓말해야 할 것이구. 커플요금제도 못하겠고. (중략) 그냥 평생 이렇게 다른 사람이랑 놀이공원 가서 손잡거나, 손잡을 순 있겠지만 꼼지락 꼼지락 거릴 수도 없을 테구. 그렇게 나를 계속계속 눌러야하면서 음침한 곳에 숨어들어야 한다는 게 참... 당당하지 못할 거 같다는 것도 무섭구요. (진강희, 24세)

이처럼 아웃팅에 대한 불안이 항존하는 가운데 이 불안을 극복하는 방법으로 제시되는 하나의 방법이 커밍아웃이다. 그러나 앞에서도 언급하였듯 커밍아웃은 오히려 커밍아웃할 필요가 없는 이들에 의해 강제되는 것이기도 하다는 것, 한국과 같이 원가족중심적이고 친족중심적인 사회 안에서 하는 커밍아웃의 의미와 효과는 개인주의적 성향이 강한 서구사회와 동일할 수 없다는 점 등은 커밍아웃에 대한 다양한 이견들을 만들어낸다.

커밍아웃에 대해서도 사람들만의 각자 다른 입장들이 있는 거잖아요. 개인의 차이기도 하지만. 커밍아웃을 통해서 얻어질 수 있는 부분들에 집중을 하고 많이들 커밍아웃을 해야 된다 그런 입장을 가지고 있고 실제로 그렇게 하고 그렇게 살아가고 글을 그렇게 쓰고 그렇게 말을 하고. 그런 부분들에 대해서 좀 고민스러운 게 있는 거죠. 저는 사실 기본적으로 그게 물론 내가 나에게 떳떳한 부분이기 때문에 직장이든 가족이든 나의 정체성에 대해서 얘기할 수 있는 당당함 자체에 대해서는 물론 필요하다고 생각을 하는데 이해받을 수 없는 구조 속에서 그걸 해야 된다는 부분은 나에게 폭력일 수 있다는 생각이 드는 거예요. 이게 나의 입장이지만 그런 입장을 가진 사람들의 말과 글과 행동을 봤을 때는 고민이 되는 것도 사실이에요. 나는 좀 더, 이건 나의 힘의 문제인가, 내 안의 힘의 문제인가. 내가 만약에 좀 더 어떤 식으로의 힘이 있다면 이 부분이 좀 더 오픈되는 것에 대해서 지금과는 다른 입장을 취할 수도 있지 않을까. 그러니까 좀 이게 나한테는 자연스러운 방식인데도 한편으로는 움츠린다는 느낌이 있는 거죠. 그게 속인다는 느낌이랑 같이 오는 거 같애요. (구희정)

여러 가지 이유로 많은 성소수자들은 자신을 드러내는 것을 꺼린다. 이렇게 스스로를 드러내지 않겠다고 판단한 상황에서 그림자처럼 따라 붙게 되는 것이 바로 '아웃팅'의 위협이다. 이는 '커플링이나 호칭'과 같이 사소하지만 관계에서는 중요한 문제와 연결되어 아웃팅에 대한 일상적인 두려움으로 경험된다. 또한 진로문제, 즉, 미래를 기획할 수 있는 가능성과 연결되어 삶의 가능성 자체에 대한 공포로 경험되기도 한다.

한편, 가족들을 포함해 여러 지인들에게 커밍아웃을 한 김경희 씨는 자신이 그런 행동을 할 수 있었던 것은 이미 기혼이성애남성중심적 질서가 만들어 놓은 틀 밖의 다른 삶을 선택했기 때문에 가능했다고 말한다.

마흔일곱 살에 성소수자로 커밍아웃을 하고 또 계속 운동을 해온 사람이야. 이건 무슨 얘기냐면 내가 직업을 가질 욕망도 없었고 돈을 벌 욕망도 없었고 누구한테 잘 보여서 사회적으로 성공할 욕망이 이미 없었던 사람이야. 그런 식으로 아니고 다른 식으로 살겠다고 결정한 사람이어서. 다른 성소수자들이 커밍아웃해서 부닥치는 문제들, 직장에서의 문제, 지역에서의 문제, 가정 안에서의 문제 이런 것들을 나는 이미 그런 관계들을 맺을 일이 없는 사람인 거죠. 누가 그러더라고. 어떻게 그렇게 용기를 내서 커밍아웃을

    양성애: 열두 개의 퀴어 이야기

했냐고. 친구들끼리 농담으로 막장인생이어서 가능했다 그거거든. 내가 뭐 돈을 더 벌고 싶다거나 학위를 받아야 되는데 그쪽 판이 보수적인 판이어서 몰래 감춰야 된다거나 이럴 일이 내 나머지 인생에 없을 거라는 거지. (김경희, 53세)

김경희 씨의 말처럼 기존의 사회질서에서 탈주하게 될 경우 커밍아웃을 할 것인가 말 것인가의 선택은 보다 쉬운 문제가 될 수 있을 것이다. 그러나 기혼이성애남성중심적 질서를 이탈한 삶의 가능성을 발견하기 어려울 때, 그 질서 안에서 획득할 수도 있을 것들이 눈앞에 가까이 있는 듯 느껴질 때, 스스로 책임지고 살아가야 할 삶의 시간들이 길고 아득히 펼쳐져 있을 때, 그리고 혈연가족중심적 관계의 구심력이 강고할 때 한국사회에서 커밍아웃은 쉽게 택하기 어려운 문제다.

항시적 불안

불안은 단지 자기 자신의 정체성이 혹은 자신의 관계가 아웃팅을 당하는 것에 대한 것만은 아니다. 관계 자체에 대한 확신 혹은 자기 자신에 대한 확신을 할 수 없다는 생각이 불러오는 불안이 오히려 더 본질적인 불안일 수 있다. 관계 자체에 대한 불안은 결국 관계의 지속가능성에 대한 불안과 연결되어 있다. 또한, 이것은 동성애적 관계에 대한 사회적 차별과 탄압뿐만 아니라 양성애에 대한 오해 혹은 혐오와도 무관하지 않다.

그 친구 같은 경우는 연애 자체가 나랑 처음이었고 저는 그 친구를 만나기 전에 다른 남자애인이 있었는데. 그러니까 그 친구는 계속 끊임없이 불안한 거예요 내가. 언제라도 너는 남자도 만났고 남자랑도 자봤고 남자 자체를 싫어하는 게 아니니까라고 얘길 하는 거예요. 근데 저는 별로 남자들이랑 친화적으로 지내본 적이 없었거든요. 반면에 그 친구 같은 경우는 연애를 하지 않았을 뿐이지 모두와 잘 지내는 건 아니지만 보통은 남자애들이랑 되게 친구처럼 지내는 거예요. 그런 스타일이었고. 나는 기본적으로 남자를 싫어하지만 연애는 할 수 있는 사람이었고 어떤 순간에 어떤 접점 때문에. 근데 나는 그 아이가 남자랑 연애를 할 거라고 그런 생각에 대한 불안함이 전혀 없었고. 그 아이는 계속 너는 그럴 수 있지 않느냐라고 얘기를 하고 그랬었던 거죠. (구희정, 29세)

계속해서 이렇게 비주류로서 떳떳치 못하게 살아야 되는 게 참 무서워요. 왜냐하면 또 그런 것도 있나 봐요. 당당한 (이성과의) 연애를 한 번 해봤으니까. 그걸로 돌아갈 수 없다는 거. (중략) 애인이 제가 그런 마음 가진다고 불안해해요. 걔는 자기도 불안한데 나까지 불안하니까 우리 둘은 참 어떻게 하냐구. (중략) 어제도 데이트 했거든요. 그래서 어제 가면서 진짜 우리가 아무도 모르는 곳으로 가면 얼마나 좋을까 하는 생각 되게 많이 했어요. (진강희, 24세)

이러한 불안은 관계의 지속성에 대한 것이기도 하지만 일상생활에서 불편함을 불러오는 것 이상으로, 즉, 지속가능한 일상과 실존의 문제로 이어져 큰 영향력을 행사한다. 그것은 매일의 삶 속에서 부지불식간에 드러나 어떤 결정을 내리라고 재촉하기도 한다.

양성애: 열두 개의 퀴어 이야기

올해 같은 경우는 제가 봄에 되게 많이 아팠었거든요. 몸이 되게 아프고. 근데 몸이 아픈데 회사는 계속 가야 되고. 그런 것들을 계속 경험을 하면서 이제 정말 시작이다라는 느낌이 있는 거죠. 그래서 내가 쉬고 싶을 때 무조건 쉴 수 없고, 그건 정말 당연하지만. 근데 또 나에게 보살핌이 필요한 순간이 있고 보살펴야 되는 순간이 있을 수 있는데 내가 정말 여기서 말초적으로 내가 원하는 대로 할 수 없는. (중략) 내가 하고 싶은 대로 한다라는 게 나의 진짜 욕구인지 아니면 정말 말초적인 욕구인지 그런 부분에 대해서도 계속 판단을 해야 된다라는 생각이 드는 거죠. 그러니까 그 판단이라고 하는 건 물론 내가 원하는 대로 할 수 있는데, 거기에 대한 책임을 내가 지는 거잖아요. 내가 원하는 사람이랑 연애를 하는 것은 나의 판단이지만 그게 어떤 단순한 자극에 의한 것인지 아니면 그게 정말 나의 내적인 욕구와 맞닿아 있는 것인지는 차이가 분명히 있는 것이란 생각이 들고. (중략) 계속 끊임없이 불안이랑 같이 가야 되는 거 같아요. 그런데 불안하기 위해서 그 삶을 선택하는 사람은 없잖아요. (구희정)

구희정 씨의 불안과 고민은 사회복지가 체계적으로 잘 마련되어 있다면 하지 않아도 될 것들로 보인다. 이러한 불안은 한국사회가 가족에게 돌봄을 맡겨버리는 시스템, 소위 사적 복지체제 하에 있기 때문에 발생한다고 볼 수도 있다. 사적 복지의 핵심 조직이 가족이고 성인에게 자신의 돌봄을 요청할 가족이란 부모이기보다는 배우자인 경우가 많다. 한국사회에서 배우자는 행정적 신고를 통해 법적 부부로 등록된 이성애적 관계다. 그러므로 보편적 복지 시스템의 부재는 기혼이성애적 관계를 강제하는 효과를 낳게 된다. 복지의 부재는 강제적 단성애화 그리고 강제적 이성애화와 밀접히 연관되어 있다.

확장되지 못하는 관계

동성과의 관계에서도 이성과의 관계에서도 사랑이 혹은 친밀했던 관계가 파국으로 치달아 끝나는 경우가 자주 있다. 다만 동성 간의 파국은 이성과의 관계에서 이미 존재하는 이별 각본과 같은 것이 부재하기 때문에 그것을 충분히 참조하지 못한 채 각자 알아서 해야만 하는 차이는 있다고 할 수 있을 것이다. 친밀한 관계의 지인에게 호소하고 이해받고 격려받지 못하는 상태에서 겪게 되는 아픈 이별은 이별과 극복을 통해 한 걸음 성장하고 성숙하는 경험이 되기보다는 속을 곪게 만드는 심리적 종양이 되는 경우가 많다.

사랑하는 대상의 상실은 젠더와 섹슈얼리티를 분석할 때, 특히, 정신분석학에서 중요하게 다뤄져 왔다. 지그문트 프로이트는 모든 인간은 아동기에 자신에게 금기시되는 사랑의 대상을 포기하는 법을 배움으로써 온전한 성인이 된다고 보았다. 주디스 버틀러는 프로이트의 이성애적 금기론을 비판적으로 재해석하여 동성애적 금기론으로 대체하면서 누구에게나 첫 사랑의 대상은 여성인 어머니이며 동성애적 사랑을 인지할 수 없도록 폐제closure해 놓은 문화 안에서 여성이 최초의 상실을 애도할 수 없다는 점에 주목하였다. 여성은 애도할 수 없는 상실의 대상을 자신의 몸에 애착시킴으로써, 즉, 스스로 상실의 대상이 되어버림으로써 상실을 온전히 극복하지 못하고 봉합해버린 주체, 우울증적 주체가 된다고 말이다. 버틀러가 제시한 우울증적 주체는 '여성적 주체'를 일컫는 것이지만 말해질 수 없는 상실을 겪을 때 우울증은 하나의 증세로서 실제로 경험되는 것이기도 하다.

양성애: 열두 개의 퀴어 이야기

사랑하는 대상의 상실에 대해 '말할 수 없음' 상태에 있게 되는 경험은 '양성애적' 주체들에게는 낯선 것이 아니다. 강제적 이성애가 규범으로서 작동하는 사회에서 소위 상실 자체가 제대로 인지되기 어려운 '동성애적' 관계 안에 놓여 있을 때뿐만 아니라, '이성애적' 관계 안에 놓여 있을 때조차 정도는 다를 수 있다 할지라도 여전히 '말할 수 없음' 상태를 겪게 된다. 전자의 경우는 동성애를 비정상적인 것으로 낙인찍는 모든 공간에서 겪게 되는 경험이 되고 후자의 경우는 자신의 '동성애적' 관계를 '이성애적' 관계에 있는 상대방에게 이해시킬 수 없는 문제와 자신의 '이성애적' 관계를 자신이 '동성애적' 관계를 통해 구축하게 된 사회적 관계 또는 사회적 망에서 드러내기가 어렵다는 문제로 경험된다.*

> 옛날에 어떤 애가 저보고 그러더라구요. 너는 니 얘기를 잘 안 한다고. 말은 열 시간을 하는데 제 얘기는 한 시간밖에 안 된대요. 아홉 시간은 그냥 일상 이야기, 주변 이야기 이런 이야기만 한대요. 의도한 건 아닌데. (중략) 근데 그런 것도 좀 있나봐요. 어떤 행동으로 설명할 수 없는 그런, 마음의 그런 거 있잖아요. 그냥 차단을 시켜요. (배민재, 24세)

구희정 씨는 1년 전 4년 동안 연애를 하고 그 중 2년을 함께 살았던 동성애인과 헤어졌다. 동성애인과의 연애기간 동안 행복했지만 또한 힘들기도 했다. 이성애인에 비해 동성애인과의 심리적 거리와 생활세

---

* 물론, 이 상황은 최초의 상실과 우울증적 주체, 즉, 젠더화된 주체의 관계가 설명되는 맥락과는 차이가 있다.

계는 너무 가깝고 밀착되어 있어 분리가 잘 되지 않았다. 동성연인과 분리가 안 될 만큼 밀착된 관계가 어느 날 해소되는 과정에서 겪어야 했던 상실감과 충격은 감당하기 어려운 것이었다고 한다. 동성이기 때문에 공유되고 쌓이는 유대감이 더 강했던 만큼 관계가 깨어질 때는 일상이 '휘몰아치는' 아픔이 뒤따랐다는 것이다. 동성연인이 애인이자 친구이자 가족이었기 때문에 헤어진 후에 불어 닥친 공허, 허전함, 아픔은 '살을 찢어내는 듯'한 고통과 함께 구희정 씨의 생활을 통째로 휘저었다. 그런 상황에도 불구하고 그동안 동성연인과의 관계를 주변 사람들에게 알릴 수 없었기 때문에 헤어진 후에도 자신의 괴로움에 대해 주변 사람들에게 말할 수가 없었고 따라서 주변 누구에게서도 위로를 기대하는 것이 불가능했다.

여자애인을 굉장히 길게 만나고 헤어질 때 굉장히 이런 저런 일들과 여러 가지가 굉장히 휘몰아치면서 두 가지 생각이 들었던 거 같애요. 하나는 우리가 일반적이지 않기 때문에, 그렇다고 비슷한 상황의 사람들을 만나지도 않는 상황에서 관계가 딱 둘만의 문제가 됐을 때 여기에 대해서 조언을 구하거나 중재를 해 줄 사람이 주변에 없었다는 거. 그러니까 그거는 삶 자체가 분리되어 있던 것과 어떤 조력자나 그런 부분이 없었기 때문에 순전히 둘만의 문제로 딱 될 때 일반적인 연애에 비해서 더 특수하고 폐쇄적이다 보니까 너무 인생에 미칠 수 있는 영향력이 크다는 생각이 들었어요. (중략) 어디선가 읽었는데 레즈비언들의 연애에 있어서 (중략) 파트너를 만나는 거 자체가 더 어렵고 정서적인 유대감이나 그런 부분이 굉장히 크기 때문에 그래서 이 사람과의 관계가 끊어지면 다음 생에 대해서 이어나갈

양성애: 열두 개의 퀴어 이야기

수 있는 힘이 부족할 수밖에 없다, 다른 파트너를 어떻게 만날 것인가 혹은 이렇게 밀접하게 있던 사람을 떠나서 내가 어떻게 살아갈 것인가에 대해서 해결하기가 힘들다. (중략) 근데 그게 레즈비언이라서 유대감이 더 크다라 거나 아니면 다음에 이런 사람 어떻게 만나지라거나 그런 부분은 이성애나 마찬가지일 수 있다고 생각하거든요. 자기 연애에 대해서 굉장히 어떤 가치 나 그런 부분이 큰 사람들 같은 경우는 비슷한 과정을 겪을 수 있잖아요. 근데 가장 큰 차이라면 그걸 어떻게 해소해 나가고 그 다음 삶에 대해서 공유를 할 수 있는가라는 그런 주변에 어떤 그런 부분들, 그런 게 있느냐 없느냐의 문제인 거 같아요. (중략) 이건 단순히 연애가 끝나는 게 아니고 정말 내가 내 인생이 어디로 가는지도 모르겠고 모든 게 엉망진창이 됐는데 이 상황에서 내가 뭘 어떻게 해소해야 하는지 모르는 그런 정말 막막함. 거기다가 원가족과의 그런 물리적 거리가 원래는 이만큼이었다가 이만큼인 상황에서 말을 할 수도 없고 나 이것 때문에 이렇게 힘들고 뭐가 내 인생에 이렇게이렇게 되고라는 얘기를 못하는데 내 안에서는 막 그런 일들이 벌어 지고 있는 거잖아요. (중략) 제일 크게는 원가족을 떠나서 내가 디자인했던 내 모든 생활이 다 부정당하는 느낌. 그래서 고무줄의 탄성 같은 느낌이었 는데 내가. 탄성 한계를 벗어나서 이렇게 쫙 댕겼다가 이렇게 탁 놔지니까 다시 원래 자리로 돌아오면서 뭔가 이 행위 때문에 엄청난 고통을 겪어야 하는 게 내가 원래 속해있는 여기에서 벗어나려고 했던 나의 욕구와 행위 때문에 내가 이런 부분을 감당해야 되는 거구나라는 엄청난 고통과 자책감 그리고 절망감 있잖아요. (구희정, 29세)

동성연인과의 헤어짐은 구희정 씨에게 치명적인 상처로 남아 '산 후조리를 잘못하면 남는 통증처럼 때때로 올라왔다.' 실제로 애인과 헤어진 직후 구희정 씨는 심한 허리 통증을 앓기 시작했다.

구희정 씨가 동성연인과의 이별 과정에서 겪은 아픔에 대해 이야기하고 있다면 서마리 씨는 만나는 동안의 고통에 대한 이야기를 들려준다. 사회적 관계망 안으로 확장되지 못하는 사적 관계가 어떤 영향을 미칠 수 있는지를 보여주는 대목이다.

서마리 씨는 첫 연애를 대학시절 만난 여자후배와 2년여 동안 '아무도 모르게' 했다. 당시 애인이 자신들의 관계를 철저히 사적인 비밀로 유지하기를 원했던 까닭이었다. 이 관계에 대해 주변 누구에게도 말할 수가 없었기 때문에 애인을 만나러 갈 때마다 서마리 씨는 항상 있던 자리에서 말없이 몰래 빠져 나와야 했다. 그런 일이 반복되자 학교 동기들과의 사이가 점점 멀어졌다. 게다가 두 사람이 만날 수 있는 장소는 자취방밖에 없었고 다른 곳에서 만나는 것은 밤 시간에나 겨우 가능했다. 이에 더해 후배였던 애인은 서마리 씨에게 '어머니', '언니', '친구' 등의 역할을 모두 기대했고 그럴수록 서마리 씨가 감당해야 하는 심적인 부담감과 책임감은 더 했다. 연애하는 동안 두 사람은 점점 더 사회적 관계로부터 멀어져 고립되어 갔고 그것은 두 사람의 관계를 점점 '썩어'가게 했다고 한다.

> 포비아가 되게 심했죠 그 친구가. 근데 저는 그런 사람이 아니니까 거리낄 게 없다고 생각을 했으니까 그 상황이 너무 답답한 거죠. 저는 계속 말하고 싶은데 그 친구는 말을 못하게 하고. 그래서 방에서만 만나고 몰래 만나고. 그렇게 되면서 결국에는 되게 고립된 느낌인 거죠. (중략) 계속 친구들한테 거짓말 하고 학교 근처에도 잘 못 다니고. 들키니까. 그러면서 되게 힘들었

양성애: 열두 개의 퀴어 이야기

죠. (중략) 되게 너무 비밀이 겹겹이 있어서 그냥 되게 약간 죽고 싶다는 생각도 되게 많이 했던 거 같아요. (중략) 계속 남들을 신경을 써야 되고. 그러면서 이 친구한테 되게 잘 해줘야 되고 그게 되게 힘들었던 거 같아요. (중략) 그 친구랑 사귀고 한 일 년 반 쯤 됐을 때 그때쯤 다 돼서 MBTI를 하러 학교 심리센터에 갔어요. (중략) 자아에 대해서 체크하는 걸 했는데 거기서 우울증 판정이 되게 심하게 나왔던 거예요. (중략) 내가 입버릇처럼 우울하다 우울하다 그랬는데 진짜 되게 심각한 거구나를 알았고. (중략) 누구한테도 상담을 못하는데 둘만, 서로만 보면서 해결하려고 하니 얼마나 괴롭겠어요. (서마리, 25세)

졸업 즈음에 서마리 씨는 애인과 헤어졌다. 그러자 고립 상태에서 벗어나게는 되었지만 여전히 자신의 상황에 대해 깊은 이야기를 나누고 조언을 얻을 수 있는 사람들이 주변에 아무도 없다는 것을 다시금 깨달았다. 다행히 서마리 씨는 그런 사람들을 구할 때까지 적극적으로 찾아 다녔다고 한다. 그리고 결국 마음을 나눌 수 있는 사람들을 찾아냈고 그 후 우울증도 극복하게 되었다고 한다. 그 일을 계기로 서마리 씨는 마음을 나눌 수 있고 지지를 받을 수 있는 사람들이 주변에 있다는 것이 성적 주변인의 삶을 살아가는 데 매우 중요하다는 것을 알게 되었다고 말한다.

한편, 송아영 씨는 지금은 돌아가신 어머니가 입원해 있는 동안 당시 여자애인과 함께 어머니 병간호를 하러 병원에 들르고는 했다. 죽음을 앞둔 어머니는 송아영 씨가 결혼한 것을 보지 못하고 간다고 안타까워했고 그런 어머니 앞에서 송아영 씨는 바로 옆에 서 있는 동성연인이 자신의 파트너라고 소개하지 못해 괴로웠다고 한다.

> 내 파트너가 바로 옆에 있는데, 결혼만 안 할 뿐이지 파트너, 거의 뭐 살다시
> 피 하는데. 그리고 내 파트너가 엄마 돌아가시기 전에 몇 번 ○○에 내려가서
> 엄마 대소변 가리는 것도 옆에서 같이 지켜봐 주고 지혈이 안 됐을 때 피도
> 막아주고 엄마 슬리퍼 없다 그러면 슬리퍼도 갖다 주고 나름 뭔가를 했고.
> 엄마는 사실 내 파트너가 누군지 봤는데 얘기할 수도 없는, 커밍아웃을
> 할 수 없는 상태가 굉장히 답답하더라구요. 계속 엄마는 너를 결혼시키지
> 못하고 가는 게 너무 마음 아프다고 말을 하는데 그걸 듣고 있는 나와 내
> 파트너는 얼마나 답답하겠어. 죽는 거죠. (송아영, 39세)

그러나 가족들이 동성과의 관계를 알고 있다는 사실이 곧 사적인
친밀관계를 사회적 관계로 확장시킬 수 있는 길을 보장해 주는 것은
아니다. 김경희 씨는 모든 형제자매들에게 자신의 성 정체성에 대해
알렸다. 형제자매들은 적어도 한 달에 한 번씩은 가족모임을 갖는데
이때 자신들의 성적 파트너들도 함께 데리고 온다. 이들 파트너들은
결혼절차를 통해 법적 친인척이라는 사회적 관계망을 공유하게 된
이들이다. 김경희 씨도 자신이 각 형제자매들의 파트너들과 좋아하건
안 하건 상관없이 법적 가족이라는 관계망 안에서 법적이자 사회적인
관계로 연결되어 있다. 가족모임에 참석한 형제자매들과 그들의 파트
너들은 자주 각자의 관계에 대해 서로 이야기를 나눈다. 자신의 파트
너를 홍보기도 하고 각자 자신의 위치와 입장에 대해 다른 가족 성원
들로부터 이해와 지지를 받으려 호소하기도 한다. 형제자매들은 김경

희 씨에게도 파트너가 있다는 것을 모두 알고 있다. 그러면서도 가족 모임에서 누구도 김경희 씨의 관계나 파트너에 대해 언급하지 않는다. 형제자매들은 본인의 성적 파트너를 모임에 데리고 오는 것처럼 김경희 씨도 자신의 성적 파트너를 가족 모임에 데려올 수 있다는 것을 생각조차 하지 않는다. 평소 누구보다도 김경희 씨를 잘 이해하고 지지해 주는 남동생도 그 점에 있어서는 마찬가지다.

가족 모임이 나한텐 참 재미없는 자리야. (중략) 이 사람들은 지 새끼 데려오고 지 마누라 데려오고 와갖고 그렇게 하는 거에 나는 혼자 간다구. 혼자 가서 그들의 그 모든 관심사, 자식의 문제, 아이들 대학문제, 아이들 아픈 문제 혹은 남편의 어떤 문제 그런 문제들을 그냥 들어. 듣고 어떨 땐 끼어들어서 이야기도 하지. 그렇고 나는 그곳에서 아무것도 그들과 공유할 수 없다는 거 이것은 정말 갑갑하고 화도 나는 거지. 부당한 거지. (중략) 우리 형제들이 어쨌든 여기까지는 나름대로 잘 용인을 했어. 그 사람들 입장에서 용인은 했는데 형제들 모였을 때 나의 사생활에 관해서는 완전히 노코멘트 거든. 혹은 이제 더군다나 내가 내 파트너를 데리고 올 거라거나 그 관계에 대해서 얘기할 거라고는 전혀 기대를, 생각을 안 하는 거지. 그리고 제발 안 해줬으면 좋겠는 거지. 이런 식으로 둘의 관계에 대해서 내 주변의 공유할 수 있는 사람들의 폭이 굉장히 좁다는 거지. (중략) 이물감. 이 사람들한테 내가 이물이라는 거. 혹은 그것은 인제 뒤집어서 얘기하면 그 사람들이 나한테 이물일 수도 있는 건데. 일단 수적으로 나는 혼자고 이 사람들은 많으니까 내가 이물로 끼어 있구나라는 느낌이겠지. (중략) 이 관계를 내가 지금 알고 있는 내 어떤 네트워크, 가족도 되고, 그런 네트워크들과 얼만큼 공유할 수 있느냐. 사실 공유 안 해도 돼. 그런데 그것이 한 사회인으로서의

결격인 거지, 한계일 수밖에 없는 거지. (김경희, 53세)

김경희 씨는 형제자매들이 원해서 가족모임에 참석하기는 하지만 자신에게 가족모임은 늘 재미없는 자리라고 한다. 형제자매들과 그의 혼인 파트너들 그리고 그들의 자식들이 함께 참석하는 '중산층 기혼 이성애자들의 모임'인 이 가족모임에서는 주로 김경희 씨의 관심사가 아닌 주식이나 재산 또는 자식문제나 남편문제에 대한 이야기들이 오간다. 수년 전 남편과 이혼 후 혼자 살고 있는 김경희 씨는 이 모임에 자신의 자식들도 데려가지 않고 혼자 참석한다. 가족모임은 자신은 형제자매들이 하는 그런 이야기들을 다 들어줘야 하면서도 자신의 관계나 삶에 대해서는 아무것도 공유하지 못하고 돌아오는 곳이고 이런 일은 가족모임을 갈 때마다 반복된다. 김경희 씨는 형제자매들과의 관계에서 그들이 김경희 씨와 다른 형제자매들에게 하듯이 김경희 씨 자신의 사적인 영역을 이야기하고 공유할 수 없기 때문에 형제자매 모임에 갈 때마다 '갑갑하고 부당하다는 느낌, 자신이 이물로 끼어 있다는 느낌'을 받고 돌아오게 된다. 그렇기 때문에 그런 모임에 갈 필요가 없다는 생각을 자주 한다고 했다. 김경희 씨가 자신과 파트너와의 관계에 대해 이야기할 수 있다고 느끼는 곳은 여전히 오직 '성소수자 판'밖에 없다고 말한다.

사회적 존재인 인간에게 사회적 관계망은 개인을 사회적 존재로 존재할 수 있게 해주고 또한 사회적 자원에 접근할 수 있도록 해주기 때문에 사회적 생존을 위해 중요한 자원이다. 이성애자들은 주로 '결혼식'이라는 장치를 통해 자신의 사적 성적 관계를 사회적 성적 관계로 확장시키는 절차를 거치는 기회를 갖는다. 결혼식을 주관하는 주례가 사적인 관계를 '부부'라는 사회적인 관계로 '확언'짓고 두 사람의 사적 관계를 사회적 관계로서 '공표'함으로써 이 절차가 이루어진다. 그리고 사회적 관계화가 이루어지는 의식에 증인으로서 그리고 지지자와 조력자로서 참여한 하객들은 '부조금'이라는 물적 자원을 통해 이 사적 관계의 사회적 관계화를 승인하고 또 지지해 준다. 의례의 주인공인 두 사람과 가장 가까운 혈연관계에 있는 부모는 예단, 혼수 등의 이름으로 두 사람이 일상생활에 필요한 물적 자원을 공급해 줌으로써 이 절차를 승인하고 지지한다. 두 사람이 자신들의 관계를 '혼인신고'라는 절차를 통해 국가에 신고하면 국가도 주택청약가산제, 건강보험료 공동 납부 등의 제도를 통해 두 사람의 사회적, 법적 관계를 승인하고 이를 유지하도록 일상생활에 물적 자원을 공급해 준다. 이렇게 사적인 관계의 사회적 관계화에 대한 지지망이 유기적이고 총체적으로 작동한다. 심지어 사적 이윤 창출이 근본적인 목표이자 존재목적인 자본주의적 사기업조차도 이러한 물적 자원 공급에서 예외는 아니다. 가족 수당, 보험 수혜자 공동 등록, 사원아파트 기혼자 우선 공급 등의 제도를 통해 두 사람의 공동거주 생활에 물적 자원을 공급해 준다. 자본주의 사회에서 이성애 제도와 자본주의적 기업은 밀접히 관계 맺고 있는 것이다.

공, 사를 넘나들며 이성애자의 사적 관계가 사회적 관계화하는 데에 제공되는 이런 모든 혜택은 오로지 두 사람의 관계가 이성간일 때, 국가에 신고된 관계일 때 주어지는 것들이다. 즉, 관계를 사회화시키고자 하는 모든 사적 친밀관계가 아니라 기혼/이성애라는 '지위적 성애'에만 허용되는 혜택인 것이다. 높은 이혼율과 세계적 수준의 가정폭력 발생률, 부부강간 발생률 등 기혼/이성애라는 지위적 성애의 이면에는 여러 가지 심각한 문제들이 있다. 그럼에도 불구하고 지위적 성애에게만 주어지는 사회적, 물질적 혜택은 기혼/이성애가 갖는 지위적 성애로서의 위치를 지속적으로 유지시키는 기제로 작동한다.

양성애/여성의 이중의 고립은 이성애자도 아니고 동성애자고 아닌 상태, 즉, 이중부정의 상태를 경험하게 만드는데 이는 다시 스스로의 상태, 즉, '그냥 그러함'이라는 상태를 부정하고 스스로를 어떤 고정된 경향성으로 만들어가야만 한다는 정체성 지향 욕구를 만들기도 한다. 여기에서 스스로의 양성애적 성향을 부정하는 단계가 일어나며 이로써 삼중부정의 경험을 하게 된다.

이중고립과 삼중부정의 경험은 결코 긍정적인 경험이 될 수 없다. 인간은 심리적 안정감을 위해 자신이 동일시할 대상과 소속감을 느낄 집단을 필요로 하기 때문에 이것의 부재는 종종 자기학대와 같은 심각한 문제로 이어지기도 한다.

구술참여자들은 이성과의 관계와 동성과의 관계에 있어 너무나 다른 수위의 사회적 관계망을 경험해왔다. 일단 동성과의 관계는 다른 사회적 관계망으로 확장되는 기회조차 얻지 못하기 일쑤이고 두 사람만의 폐쇄된 관계 안에서 모든 것이 향유되기 쉽다. 이성과의 사적 관계가 사회적 관계로 확장되고 결혼이라는 제도에 들어가게 되는 순간 질적으로 다른 지지와 지원을 받게 되는 경우와 매우 다른 것이다. 그리고 이렇게 서로 다른 주위의 반응과 심적, 물질적 지원의 정도는 구술자들에게 일상적인 심적 갈등의 원인으로 작동한다.

이런 한계를 개인적인 수준에서나마 극복할 수 있는 방법은 의지할만한 수준의 물적 토대를 가지고 있고 사적 수준에서의 지지, 지원이나마 기꺼이 하려고 하는 가족 혹은 가족 수준의 관계가 접근가능한 범위에 있는 것이다. 21세 때 언니와 어머니에게 '젠더퀴어'로 그리고 '비이성애자'로 커밍아웃한 제갈재이 씨의 경우는 고소득전문직에 종사하는 어머니 그리고 제갈재이 씨와 함께 미국생활을 하고 있는 언니 덕분에 큰 도움을 받는다. 언니는 아직도 종종 제갈재이 씨가 걷는 모습이나 옷 입는 것 등에 대해 예전부터 해왔던 간섭을 하기도 하지만 제갈재이 씨를 이해해 주고 지지해 주는 가장 큰 버팀목이다. 또한, 어머니는 제갈재이 씨가 '남자를 만나 결혼해 가족을 이루고 아이를 낳고 사는 평범한 삶을 선택하지 않는 것에 대해 가장 큰 이해와 격려를 해주는 사람이다. 그리고 무엇보다 어머니는 제갈재이 씨에게 물질적인 자원을 가장 적극적으로 제공해 주는 삶의 지지자이자 물적 지원자다. 물론 이 경우조차 여전한 한계가 있다. 소위 사적 혹은 개인적 수준에서의 관계망의 확장과 물적, 심적 지지, 지원의 확보가 관계의 사회적 확장을 대신할 궁극적인 대안이 되기는 어렵다.

4. 문제적 이성애

구술자들이 말하는 이성애적 관계에서 앞에서 살펴 본 모든 문제가 드러나지 않거나 문제적이 되지 않은 것은 아니다. 무엇보다도 이성애적 관계의 두 주체들이 서로를 받아들이는 방식에 있어 큰 차이가 있기 때문이다. 이로 인해 발생하는 이성애적 관계 안에서의 문제는 이 관계 안의 두 주체가 가부장적이고 남성중심적인 한국사회에서 기혼이성애남성중심적 성적 질서에서 승인받고 강제받는 규범 밖의 삶을 경험하고 인식하는 정도가 차이가 날수록 커진다.

24세에 두 번째 이성연인을 만나 결혼하여 25년간의 결혼생활 후 이혼한 김경희 씨는 남성이라는 이성과의 관계에 대해 이렇게 말한다. 남자들은 자신의 남성성을 과시하고 대접받기를 원하기 때문에 본인이 그 관계를 지속하려 하는 한 그런 남성성 과시에 대해 어느 정도는 동조하고 타협해야 했다는 것이다. 전 남편은 어떤 경우에도 가사노동을 하지 않는 것이 자신의 남성성을 지키는 길이라고 생각했다. 김경희 씨가 봉사활동 등을 통해 사회생활을 시작한 이후 이 점은 갈등의 핵심 중 하나가 된다. 가사노동이란 일상생활을 유지시키는 노동이기 때문에 매일 하지 않으면 안 되는 노동이다. 불가피한 상황에서 김경희 씨가 집안일을 미룬 채 바깥일을 보고 돌아올 때마다 남편은 집안일을 한 치도 건드리지 않았고 그 일은 항상 김경희 씨 혼자의 몫이 되었다. 김경희 씨는 이 점에 대해 늘 화가 났고 큰 스트레스를 받았다.

김경희 씨는 그런 갈등이 가부장제 안에서 김경희 씨가 여자의 위치에 있다는 이유로 요구되는 일로 인해 비롯되는 것이기 때문에 자신과 남편이 개인 대 개인의 갈등으로 풀 수 없는 힘든 문제라고 생각했다. 즉, 결혼관계를 깨고 나오지 않는 이상 지속될 수밖에 없는 갈등이었던 것이다. 남성성을 과시하고 대접받기를 원했던 남편은 자신의 사업실패가 되풀이 될 때마다 채무자들의 독촉을 모면하기 위해 김경희 씨를 앞세워 거짓말을 하도록 시키고는 했다. 게다가 가장 책임감이 요구되는 순간에 그저 난처한 상황을 피하기 위해 집 안일이나 하는 게 당연한 것이라 주장해왔던 아내에게 뒤처리를 감당하게 만들었다. 김경희 씨는 그런 남편의 태도에 분노했다.

그러던 중 남편의 사업이 잘 풀리기 시작하면서 약간의 돈이 모이자 두 사람은 전셋집을 얻는다. 당시 전셋집은 김경희 씨의 이름으로 계약을 했는데 이후 돈이 더 모여서 집을 구입하게 되었을 때 남편은 본인 이름으로 집을 계약했다. 김경희 씨는 자신과 한 마디 의논도 없이 자신의 이름으로 집을 구매하는 남편을 용납하기가 힘들었다. 그리고 그런 남편의 모습을 보면서 김경희 씨 자신의 명의로 된 재산이 반드시 있어야 되겠다는 생각을 하기 시작했다. 자신이 하고 싶은 사회생활을 계속 하기 위해서 스스로 경제적 주체가 되어야겠다는 결심도 했다.

그때부터 김경희 씨는 직접 돈을 벌기 시작했고 남편은 계속해서 김경희 씨의 사회생활을 반대했다. 집안에서 전업주부의 역할만을 해주기를 바랐기 때문이다. 남편은 자신의 요구가 받아들여지지 않자 김경희 씨에게 물리적인 폭력을 가하기 시작했고 때로는 식칼을 들고 협박을 하는 등 폭력의 정도가 극심한 적도 있었다.

　남편과 이혼 후 두 번째 관계의 상대는 트랜스젠더 남성이었다. 김경희 씨는 이 트랜스남성연인과의 관계가 일반 남성과의 관계와 다르다는 점이 좋았다고 한다. 트랜스남성 연인은 김경희 씨와의 관계에서 무엇보다도 남자 대접을 바라지 않아야 한다는 김경희 씨의 강력한 요구를 적극 수용하고 실천해 주었다. 성관계를 가질 때에도 남성생식기 중심적인 일반 남성들의 흔한 태도와 달리 김경희 씨의 몸을 잘 이해하고 배려해 주었다. 또한, 무엇보다도 서로 가난하고 또 그것을 인정하고 불편해 하지 않았기 때문에 서로에게 경제적 기대를 하지 않는 것도 좋았다.

FTM들이 보이는 어떤 과잉된 남성성 이런 게 있잖아. 그런 게 없는 친구거든. 완전히 없다고는 할 수 없겠지만. 그 부분에 대해서 계속 성찰하면서 인정하고 받아들이고 노력하려고 하는 그런 측면이 있는 친구고 그래서 만난 거죠. (중략) 내가 옛날에 만났던 남자들 혹은 남편 이런 남자들 등. 그때와 지금의 내가 일단 다른 거야. 내가 상당히 무엇이 여성이냐 남자관계가 어때야 하느냐, 이성관계든 뭐 성이 어때야 되느냐 이거에 있어서 내가 상당히 변했기 때문에 지금 이 사람과의 관계에서는 뭐 네가 남자고 내가 여자고 이거는 전혀 없어. 물론 어떤 면에서 어떤 것들이 있냐면. 이래저래 하다 보니까 이 사람이 요리를 잘 못하니까 딱 요리 부분은 내가 하지만 나머지는 다 이 친구가 한다거나 이런 식의 것들은 있지만. 글쎄 이런 것도 있겠지. 하다못해 집에 못을 박거나 모기장을 쳐야 되거나 이런 거 있을 때 나는 워낙에 귀찮아하니까 그런 거 안 하고. 난 그냥 그대로 사는 사람이라, 모기 뜯기고 사는 그런 사람인데. 이 사람이 집에서 연장을 가지고 와서 그런 걸 해주는 거를 좋아해. 자기 자신이 좋아해. 내 보기에는 그런 것들을 통해서 자기가 그 사람 생각으로는 남성으로서의 역할을 해준다 그렇게 생각하는 것일 수 있지. 그런 것들을 내가 먼저 말하지 않아도 자기가 뭐뭐뭐를 해야되겠다고 미리 말하고 연장을 집에서 가져와서 그런 거를 한다고. 그럼 나는 오 잘하네, 잘하네 칭찬하고 그걸 누리는 거지. 그게 여자였더래도 자기가 그걸 하겠다고 하면 난 또 그렇게 했을 거야. 오 잘하네, 잘하네. 이 사람이 남자로 자기를 생각하는 사람이어서가 아니라 그냥 나한테 해주는 거기 때문에. 물론 이 사람 측에서는 자기가 남성이기 때문에 더 행복하게 그런 것을 해줘야 한다고 먼저 말을 꺼내고. 다른 일들은 자기가 먼저 찾아서 뭘 해주겠다고 하지 않는데 그런 일들은 그렇게 해주겠다고 하는 건 남성적인 습관이던지 사고방식이라던지 남성적인 배려라 생각하는 이런 측면이 있겠지. (중략) 이 친구랑의 관계에서 계속 어떤 의심했던 것들이 자기를 뭐로 대하느냐 였어. 나는 당신이 나한테 남자로 말했으니까 나는 남자로 안다. 그렇지만 당신이 남자든 여자든 나한테는 전혀 어떤 사람을 대하는 데서 차이가 있지는 않다. 그거는 분명히 해라. 남자 대접을, 소위 다른 사람들이 말하는 남자 대접을 받을 생각은 하지 마라. 나는 그 면에는 그걸 내가 계속 싸워오고 내 정치화했던 거다. 그런 거여서 그런 것들을 그 사람이 자기를 남자라고 확신하는 이것을 내가 인정하는 것과 그런데 보통의 남자다운 남자 대접 이것들은 아닌 관계로 만드는 것 이것에서 계속 나도 이건 그 친구와의 관계에서 굉장히 중요한 부분이니깐 이건 좀 계속 이야기를 하고. (김경희, 53세)

송아영 씨는 고등학교 2학년 때, 당시 다니던 교회 목사의 아들인 여덟 살 연상의 '교회오빠'와 일 년 동안 연애를 했다. 이 교회오빠는 송아영 씨를 만나는 와중에 송아영 씨에게 제대로 알리지도 않고 몰래 다른 여자와 결혼을 하고 결혼 후에까지 송아영 씨의 집을 몰래 찾아들어와 성행위를 강요해 결국 송아영 씨로 하여금 자살시도를 하게까지 만든 사람이다. 당시 송아영 씨는 고등학생 신분이었고 상대 남자에 비해 나이가 많이 어렸던 데다가 경제력에 있어서도 '교회오빠'와 월등히 차이가 났기 때문에 만나는 동안 두 사람의 관계는 결코 평등하지 않았다.

이제 열여덟하고... 스물여섯 살 남자랑 불꽃같은 연애를 한 거예요. 무서울 게 없는 나이잖아. 이 사람은 군대, 것도 해병대 아이구 진짜. 그땐 해병대가 멋있어 가지고. 해병대 제대하고 나는 이제 고등학교 2학년생인데. (중략) 자기가 일방적으로 어디 안내하고 이끌어가는 관계가 됐기 때문에 난 굉장히 종속적이었어요. (중략) 교회에서나 뭐 수련회장에 갔었을 때 다른 사람이 수련회장을 비우고 뭔가를 하러 갈 때 나 혼자 남겨져서 이 사람이랑 섹스를 하는 상황이라던지 자기 아버지가 하는 교회에서 섹스를 한다던지 이런 게 나한텐 정말 참을 수 없는 모멸감을 줬어요. 근데 그걸 또 거부하지 못해. 싫어 이런 말을 잘 못하는. 자기 성적 결정권이 없었지 사실은. 있긴 뭐가 있어 싫으면 싫다고 말해야 되는데 없었어요. 그냥 종속적인 그런 관계로 가고. (중략) 근데 이 새끼가 내가 고3이 되는 3월쯤에 교회에 갔는데 예배를 끝내고 우리집까지 바래다주는데 좀 기분이 이상해. 왜 그러냐 그랬더니 결혼을 한대. 것도 다음 달에 결혼을 한대. 참 어이가 없어갖고. 나는 졸업하면 결혼을 바로 해야 되나 이러고 있었는

양성애: 열두 개의 퀴어 이야기

데. 왜냐면 섹스를 하면 결혼을 해야 된다는 굉장히 순진무구한 그런 상태였기 때문에 나는. 그래야지 내 균열된 도덕성이 좀 무마가 되잖아요. 그랬기 때문에 그래 억울하긴 하지만 빨리 결혼하는 게 나한텐 낫겠다, 집안도 꼴이 이 지경인데 이러면서 생각을 하고 있었는데. 정말 하늘이 무너지는 거 같았어. 그 배신감은 정말 말로 할 수가 없었는데. 하여튼 그날 이후로 그 사람을 계속 거부했는데 이 사람은 왜 그랬는지 모르겠지만 자기는 정략결혼을 하는 것뿐이고 정말 사랑한 건 나였다 계속 이런 말을 하는데 소용이 없는 거예요 그런 말이. 더 기만적이잖아. 정말 기분이 나빴는데. 그 사람은 계속 애정을 구하는 거야 계속. 거의 스토커 수준이었어요. (중략) 가장 지금 상처가 되는 거는 이 사람이 우리집이 단층집에서 3층집으로 이사를 하고 난 3층으로 이사를 하고 가운데 방을 쓰고 있었는데. 동생들이 자는 방, 가운데방, 허드렛방이 있었는데 그 집을 이렇게 날림 공사를 해가지고 얇은 벽 하나를 사이에 두고 동생방이랑 내방이 있었기 때문에 소음이 다 들려요. 근데 이 사람이 대문을 통과하지 않고 어떻게 벽을 올라와가지고 내방을 들어오는 거야 아무 때나. 문을 잠그고 자도 두드려요. 그면 나는 동생이 깨잖아. 열어줄 수밖에 없어. 그럼 들어와서 성행위를 하는 거야. 거의 그 사람의 정액받이로 살았어요. 고2, 고3을... (중략) 거의 로리타인 거죠. 좋게 말하면 십대에 내가 아무런 죄책감 없이 연애를 했다면 아무런 문제가 없다. 나도 성행위 자체는 굉장히 좋아했으니까 섹스 자체는 그 사람하고의. 좋아했고. 또 나의 어떤 외로움이라든가 이런 것들을 그 사람을 통해서 어느 정도 이렇게 채워갈 수 있었는데. 오히려 그런 죄책감을 키우면서 나라는 사람 없이 그 사람에게 나를 그냥 맡기는 이런 식으로 오랜 시간 동안 함께 했던 것이 굉장히 마이너스였던 거죠. 그게 오랫동안 정체감으로 나한테 있었어요. (송아영, 39세)

진강희 씨는 고등학교를 졸업할 때까지 이성을 특별히 좋아했거나 관계를 가진 적이 없다. 그렇지만 이성애적 경험이 전무한 것은 아닌데 그 경험은 다음과 같다.

> 중1때 쯤 아마 인터넷 익스플로러가 나왔을 거예요. 그때 친구들끼리 일주일에 한 번씩 피씨방엘 가서 남자애들이랑 대화를 하고 거기서 어떻게 남자친구를 낚을까 그랬던 모임이 있었어요. 그래서 저도 그걸 해서 어떤 남자애를 만났단 말이에요. 오빠였어요. 그때가 중1이었으니까 중3이었지. 근데 저는 다른 사람이 하길래 한 거구. 그 오빠가 전혀 좋지 않았어요. 그래서 전화방이라구 무슨 사서함 같은, 그땐 핸드폰이 없으니까 그런 게 있을 때 그 번호만 줬는데. 저는 그 사람이 제 삶을 침탈하는 걸 원하지 않았거든요. 그랬는데 그 오빠가 내가 이 동네에 산다는 것만을 정보만으로 초등학교 때 앨범을 뒤진 거예요. 그래서 제 이름을 찾아내서 사진을 찾아내고. 우리집 번호도 뒤에 나오잖아요. 집으로 전화를 한 거예요. 아 그때 그 공포. (중략) 너무 무서웠어요. 진짜 내가 몹쓸 짓을 했구나. 진짜 남자랑 사귈 마음은 전혀 없는데 그냥 심심풀이로 한 건데. 그때 약간 스토킹이라고 느껴졌거든요. 근데 친구 도움 받아서 떼 내고 다신 그런 짓을 하지 않았죠. (진강희, 24세)

대학 입학 후 진강희 씨는 처음 남자와 연애를 하게 된다.

> 신환회(신입생환영회) 때 어떤 남자애가 저를 찍은 거죠. 걔가 되게 여성스럽고 곱상하게 생긴 남자애였는데. 공부를 일단 잘했고. 다 공부를 잘했지만 걔는 공부를 정말 잘했고. 노래를 정말 잘했고. 국문과 지망이라 글도 되게

잘 쓰고 트럼펫도 불고 막 그런 애였어요. 근데 저는 남자한테 관심이 없었죠 그 당시에는. 근데 여자애들이 많이 걔한테 호감을 보였어요. 그리고 아 이거 복잡한데 신환회 때 저랑 되게 친해진 친구가 지금도 베프예요. 그 베프 여자애랑 저랑 세 명이서 친하게 된 거죠. 근데 누구나 이 여자애랑 얘랑 사귈 거라고 생각했어요. 둘이 되게 마음이 잘 맞고 해서. 둘이 약간 스킨쉽 같은 것도 했고. 나는 그냥 별 관심이 없었고. 그랬는데 이 남자애가 수업도 처음엔 내가 듣는 수업 안 듣다가 내 수업에 오고 내가 동아리에 가입했는데 동아리도 같이 따라오고 내 블로그에 시뮬라크르에 대해 아냐면서 막 철학적인 덧글 달아놓고. 그런 식으로 쪼끔씩 쪼끔씩 공략을 하더니만 사귀자 그러는 거예요. 그게 다 전략, 접근이었던 거죠. 저는 솔직히 남자애한테 그렇게 정식적으로 사귀자는 말 들은 게 처음이었어요. 그리고 저도 걔가, 그렇게 말을 들으니까 저도 걔가 좋은 거.같은 거예요. 그래서 사귀었어요. 연애를 하고, 연애를 하면서 이 여자애는 되게 외로워했고. 다른 애들은 다, 의외다, OO랑 그러는 건 줄 몰랐다 했고. 그랬는데. 이 관계가 진짜 문제가 있었어요. 남자애가. 제가 되게 집착을 많이 하게 됐던 거 같아요 그 남자애한테. 그 남자가 너무 좋았어요. 너무너무 좋았고. 그래서 그 남자애랑 첫 키스였고, 첫 섹스였어요. 그전까진 여자애랑도 그런 관계를 안 맺었거든요. 무서웠으니까. 근데 제가 자취를 하고 걔가 기숙사에 있으니까 둘이 그렇게 하면서 그렇게 됐구요. 그 남자애가 되게.... 우수 어린, 우수 어린 거 같고. 딱 진짜 자기연민에 휩싸여서 말 한마디를 해도 신경숙처럼 촉촉하게 말하는 그런 스타일이었어요. 그리고 연락도 잘 안 되고 근데 연락 되면 또 강렬하게 하고. 항상 그리움과 애절함과 위험함을 주는 남자애였거든요. 언제는 약속시간을 네 시간을 어겼는데 저는 독을 품고 네 시간을 기다렸어요 걔가 오기를. 그래서 와 가지고, 걔가 꽃다발을 사왔더라구요 미안한지. 그래서 기어이 제가 걔 뺨을 때리고 커피를 던졌어

요. (웃음) 걔가 또 강렬하게 화해를 하고. 진짜 딱 열아홉 살다운 연애를
한 거죠 걔랑. 걔랑 그렇게 사귀면서 제 관계가 되게 좁아졌어요. 걔한테만
집중하고 항상 조마조마했고. 걔가 어떻게 변할지 모른다는 거. (진강희)

  첫 남자친구와 헤어지면서 깊은 정서적 혼란을 겪었다는 진강희
씨는 이별 후 심한 방황으로 엉망이 된 생활의 질서를 찾을 수 있기를
바랐고 그럴 수 있도록 도움을 줄 것이라고 생각했던 또 다른 남성과
연애를 시작했다. 전 연인만큼 사랑하지는 않았지만 큰 키에 운동으
로 다져진 건장한 몸, 술, 담배를 안 하는 철저한 생활규칙을 가지고
있던 남자였다. 그런데 이 남자는 진강희 씨의 생활에 '질서'를 찾아준
만큼이나 진강희 씨에게 '평범한 여자'이기를 요구해 왔다. 진강희
씨는 이 남자가 원하는 '보통 여자'의 역할을 즐길 때도 있었지만 남자
와 동등한 입장에서가 아니라 그 남자에게 '애교'나 '어리광'을 부려야
하는 상황을 견디기가 힘들었다. 시간이 지나면서 진강희 씨는 자신
에 대한 괴리감으로 점점 더 마음이 힘들어졌고 이 남자와 자신 사이
의 권력관계에 예민해졌다. 이 남자가 하는 간섭이 통제와 억압으로
느껴지기 시작했고 자유를 박탈당하는 느낌이 갈수록 커져갔다. 그런
감정을 참으며 관계를 이어가는 동안 진강희 씨는 '울컥'하며 참을
수 없는 분노가 갑자기 솟구쳐 나오는 '울컥증'을 갖게 되었다. 그러나
'이성애관계의 안전'을 포기하고 싶지 않았기 때문에 그 관계를 정리
하고 싶지가 않았다.

정말 괜찮은 애예요. 정말 건강하고 한데. 남자아이죠. 평범한 남자애고 저한테 평범한 여자애 역할을 원해요. 아... 근데 결국은 못 견디구. 걔는 끝까지 날 좋아하고 해줬는데. (중략) (전 남친인) ○○가 워낙 문제있는 애라서. 언제나 스릴 있었고 언제나 설렜어요. 정말 애를, 난 뼈 빠지게 돈 벌어서 얘를 먹여 살려야겠다 그런 적도 있었고. 정말 헌신했던 거 같애요. 그런 식의 사랑은 다신 못 해볼 걸요. 근데 또 약간 애매한 게 그 남자애도 완전 정상적인 남자애가 아니었고. (중략) 생긴 게 여자처럼 생겼어요. 여잔지 남잔지 물어보는 사람도 있고. (중략) 그 남자랑 사귀면서 제가 처음으로 나 자신으로 연애를 했던 거 같애요. 이 남자애랑 사귈 때는 권위고 뭐고 없었거든요. 오히려 제가 더. 얘가 더 여자애 같았고 그런 권위가 없었어요. 그래서 저도 진짜 여자애처럼 애교부리고 그러고 사귀었어요. 그 전까지는 제가 되게 여자애들이랑 연애를 하면서 내가 되게 부치고 꾸미면서 계속 연출하면서 사귀었던 거죠. 이 남자애랑 되게 아이러니하게 자유롭게 나로서 내 밑바닥을 보여 주며 진짜 찌질하게 연애했던 거예요. 두 번째 (남친인) 그 남자애랑은 그렇게 안 됐던 거죠. (진강희)

울컥증이 심해지면서 진강희 씨는 심리상담을 받았고 상황이 나아지지 않자 결국 남자와 헤어졌다. 앞에서 살펴보았듯 남성들과의 관계에서 겪는 성역할에 연루된 갈등들은 편재해 있다. 이런 갈등은 성적 태도와 외모 등 여러 측면에서 일어난다. 그렇기 때문에 남성과 만날 경우와 여성과 만날 경우 상대방에 대한 기대와 관계 자체에 대한 기대가 달라지기도 한다.

첫 번째 남자친구가 자연스럽게, 아, 문자로 먼저 고백을 했던 거 같애요. 그래서 사귀었어요. (중략) 뭐 당연한 절차겠거니, 대학 입학했으니까. 그랬던 거 같애요. (중략) 연기를 많이 하게 되는 거 같아요 남자랑 연애를 하면 연기. 연기를 많이 하는 것 중에, 하면서 좀 트러블이 생겼다 그래야 되나. (중략) 남자랑 연애를 하면서 느꼈던 거는 특히나 그 저의 과거의 남자친구 세 명 중에서 가장 사회적으로 남성에 가까운 남자친구는 왜 너는 밀고 댕기길 안 하냐 이런 얘길 했었거든요. 그러면 저는 거기에 맞춰서, 맞춰야 되는 거잖아요, 그 사람과 연애를 하려면. 그랬던 부분이 큰 거 같아요. 감정 표현을 하는 데 있어서 연기. 그리고 또 성관계를 할 때는 막 이것저것 꼬치꼬치 물어보고. 너는 왜 소리를 안 지르니 부터 시작해서. 소리를 안 내니 그런 것들. 그리고 옷도 막 좀 신경 안 쓰고 그러고 다니면 색깔이 너무 어둡다는 둥 칙칙하다는 둥 그러면 또 그런 취향에 맞춰서 옷을 고르고 그런 거. 그런 걸 좀 많이 했던 거 같애요. (중략) 그게 싫어요. 이성애 관계에서 여자가 처하게 되는, 있어야 되는 그 자리. 그 자리에 있으려면 성적으로도 되게 좀 싫었던 부분이 있고 그랬어요. 물론 개인적인 성격 탓이기도 한데. 남자친구가 예를 들어서 성관계 하길 원한다, 근데 저는 하기 싫, 별로 하고 싶지 않은데 거절을 하면 얘가 싫어하는 거죠. 그런 식의 관계들. 그런 게 싫은 거 같애요. 항상 당시에는 그걸 잘 모르고 있다가 이제 사후에 해석해 보면, 생각해 보면 그런 생각이 드는 거죠. 너무 폭력적 이었고. 또 이렇게 접근하면 위험한 거 같긴 한데. 여자들 중에도 그런 여자들이 많다고 하지만. 방금 딱 떠오르는 거는 욕망을 거세하는, 욕망을 거세해야 되는 그런 거. 그러니까 하고 싶은 게 있어도 드러내지 말아야 되고. 아니면 길들여지거나. 안 그렇게 살면 되게 피곤하죠. 피곤한 일이 많잖아요. 제일 충격을 받았던 건 제가 낙태수술을 했는데 남자친구가 뭐라고 해야 되나, 내뺐다고 해야 되나 그런 예가 하나 있었어요. 그때 되게 충격이 심했던 거 같고. 내가 그동안 쌓아왔던 모든 게 다 무너지는 듯한 그런 느낌이었거든요. (중략) 헤어진 남자친구를 몇 년 후에 만났는데 얘가 날 되게 우습게보고 자자고 하거나 그런 거. 그래서 그 제가 수술하고선, 수술했는데 내뺀 남자친구랑 제가 꽤 오래 싸웠거든요. 못 참겠어 가지고. 질기게 물고 늘어지고 주변 사람들한테 알리고. 그래서 걔를 쫓아내고 그런. (중략) 첫 번째는 보수적인 사람, 두 번째는 겉으로는 아니지만 속으로는 전형적인 마초였던 사람, 세 번째는 이제 좀 약간 그런 요즘에는 운동사회 내에서도 페미니즘에 대해서 완전 무시하면 배척을 받기 때문에, 손가락질을 받기 때문에 대놓고는 그렇게 못하거든요. 세 번째 남자친구도 자기가 책 몇 권 읽은 거 가지고 난 다 알아 이런 사람이었는데 처음에는. 그 두 번째 남자친구의 일을 지켜보면서 많이 바뀌고 그런 사람. 많이 바뀌지 않았다면 아마 안 사귀었을 텐데 많이 바뀌었거든요. (중략) (고교 때 사귄 동성애인이었던) 그 친구는 제가 진짜 안타까운 게 얘가 대학교 때 다이어트를 하다가 거의 기절할 정도까지 갔었거든요. 남자친구랑 사귀면서 남자친구한테서 끊임없이 외모에 대해서 살 빼라 이런 얘기를 들어서 되게 힘들어했고. 자기 스스로도 자기가 되게 못생겼다고 생각하고. (우진희, 29세)

이상에서 보듯이 여성과의 관계에서와 남성과의 관계에서 경험하는 정서적 체험과 일상적인 체험은 상이하다. 특히, 구술자들은 자신의 양성성과 이러한 양성성을 자유롭게 수행하지 못하게 만드는 관계 내에서 갈등을 겪어 왔던 것으로 보인다. 이것은 이성애와 동성애라는 이분화된 구도 안에서 여/성이라는 위치에 강제되는 특정한 방식의 성차 수행에 대한 요구 때문에 겪게 되는 갈등이라고 할 수 있다. 또한, 인간의 존재양식을 이항적 성별 구조와 이를 통해 그리고 이를 위해 유지되는 이성애적 틀 안에 끼워 맞추고 '여성'의 위치를 비대칭적 이항구조 안에 놓이도록 만드는 사회질서 속에서 존재한다는 것, 특히 사회적 관계 속에 존재한다는 것 자체가 이미 어떤 가능성들은 실현 불가능한 것으로 사전 처리된 상태에서 일어날 수밖에 없는 일로 만든다. 이성애적 관계의 내용이 아무리 문제적이라 하더라도 마치 그것이 가장 이상적이고 자연스러운 관계인 양 인식되고 그 인식 자체가 추호의 균열 없이 유지되는 것은 바로 이런 까닭에 가능하다. 그렇다면, 이 모든 문제적 상황의 궁극적 수혜자는 누구인가? 질문해 보지 않을 수 없다.

양성애: 열두 개의 퀴어 이야기

5 부 다른 세상은 가능하기

우리는 앞의 여러 장들에서 이 사회가 얼마나 기울어져 있는지, 얼마나 형편없이 불공정한지 살펴보았다. 그렇다면 그것으로 모든 것은 끝나게 되어 있는 것인가? 그럴 수도 있고 또 그렇지 않을 수도 있다. 그것은 그 불공정한 상황을 겪으며 그 속에서 스스로의 삶을 만들어가는 이들에 달려 있다.

다음은 구술에 참여한 이들이 들려주는 이야기다. 앞으로 이들이 유혹과 갈등에 항시적으로 노출되어 자신의 바람과는 어긋난 삶을 살지 어떨지는 알 수 없다. 그러나 중요한 것은 이미 기울어져 있는 세계가 가진 문제를 인식하는 것이다. 그리고 그것을 질문하는 것이다. 그리고 꿈꿔보고 크거나 작게 실천하는 것이다. 각자의 삶이 변할 때 그가 살고 있는 세상에는 이미 변화가 만들어지고 있는 것이다. 세상은 곧 각자가 모여 만드는 것이기 때문이다.

1. 퀴어의 행복조건

퀴어들이 가지는 특수성이라는 게 있잖아요. 그러니까 제가 생각했을 때는 가장 큰 게 예민함인 거 같애요. 어떤 식으로든, 감수성일 수도 있고, 육체적 자극에 대한 것일 수도 있고, 예민하다는 거죠. 근데 자기의 예민함에 대해서 예민하게 반응을 하는, 그렇기 때문에 더 쉽게 행복해 질 수 있고 더 쉽게 불행해 질 수도 있다는 생각이 들어요. 그리고 예민하지 않은 사람들이 봤을 때는 좀 너무 변덕스럽다거나 혹은 혼란스럽다거나 이해되지 않는 부분들을 가지고 있지 않은가. 어떤 불안정성 그런 것들이 있는데 사람들은 누구나 그런 게 다 있겠지만 퀴어들은 그게 좀 더 강하기도 하고 그 부분에 대해서 포기하지 않는 거 같애요. 그렇기 때문에 그게 예술적인 부분으로 많이 분출이 되고 제도권 내에서의 활동들이 진행이 될 수 있는 게 결국은 예민함이라고 생각이 드는데. 그게 분출돼야, 어떤 식으로든 분출이 돼야 행복해지는 건데. 나의 예민함의 분출구를 찾는 순간 그게 행복해 질 수 있는 건데. 그걸 못 찾거나 억누르거나 그랬을 때는 행복해지기 되게 힘들다는 생각이 들어요. (구희정, 29세)

한국성소수자인권문화센터 강의를 들으면서 거기서 인제 레즈비언 활동가들을 많이 보게 됐고 그 전에 그리고 또 제 주변에 또 그런 사람들이 조금씩 생기고. 그러면서 더 많이 고민했던 거 같애요. 뭐 후배들 중에 뭐 레즈비언 끼리 같이 사는, 동거하는 그런 사람들 보고 이러면서 많이 생각하고 그랬던 거 같애요. 그 후배가 둘이 같이 사는데. 그 중에 한 후배, 저랑 더 친한 후배가 있었는데 얘가 어느 날 얘랑 사귀고 같이 살게 됐다고 얘길 하는 거예요. 그 얘길 들었을 때 문득 들었던 생각이 어 나도 얘를 되게 좋아하고 있었는데. 그런 생각이 딱 들었었거든요. 그 얘길 하기도 했고. 그래서 인제 또 다시 아 나는 과연 뭘까? 앞으로 누구를 만나야 되나. 그런 생각도 많이 하게 됐고. 남자친구가 있긴 한데. 만약에 남자친구랑 오래 사귀다가 결혼을 하게 된다, 근데 그 후에 더 좋은 여자를 만나게 된다, 그럼 또 어떻게 될까, 어떻게 하지 그런 생각도 들고. (중략) 일주일, 이주일 전에 이종사촌언니가 갑자기 심장마비로 죽었어요. (중략) 이종사촌언닌 한데 저희 엄마가 막내여서 나이가 좀 있으셔요. 그래도 젊으시죠. 사십대 초반. 한창. 애들도 되게 어리고. 저한테 되게 잘해주셨거든요. (중략) 보면서 생각했던 게 진짜 언제 죽을지 모른다. 진짜 하고 싶은 거 하면서 살아야 겠다. (우진희, 29세)

2. 다른 방식의 관계 맺기

십 대, 이십 대, 삼십 대 요 얼마 전까지 관계를 통해서 나를 찾으려고 하는 시도가 끊임이 없었기 때문에. 그걸 일단 뗀 거 같애. 한 페이지를 넘긴 거 같애. 책 한 권을 뗀 거 같애. 그래서 그냥 나 혼자 있어도 충만하고 충족이 되는 이런 상태로 가면서 대신에 나의 비전에 대해서 생각을 하고. 나의 어떤 자아실현이나 가치 쪽에 좀 더 마음이 가면서 그야말로 그냥 이 삼사십대가 굉장히 사회적 활동을 왕성하게 하는 상황이잖아. 딱 그 모드에 내가 들어간 거 같애. 그래갖고 애인이 없어도 그냥 잘 살 거 같고 그런 기분이 들어. (송아영, 39세)

어떻게 살고 싶다라는 느낌은 있는데 같이 사는 사람이 있었으면 좋겠다, 그게 두 명이든 셋 이상의 공동체든 그런 느낌이 있는데. 그걸 구체적으로 어떻게 찾아가야 될까 그런 방법의 문제이기도 하고. 한편으로는 방금 말씀 하신 사람들이 그런 것들(결혼, 출산, 집 사기, 재테크하기 등)을 하면서 살아가 잖아요. 근데 나는 그게 별로 내 욕구가 아닌 거 같애서 난 그걸 하지 않는단 말이죠. (중략) 뭔가 행복한 가정이라는 로망은 그냥 기존에 있었던 거 보다 는 늘 내가 생각할 때는 지금 흔히들 얘기하는, 내가 뭐 초등학교 중학교 이때 느꼈던 불만이나 혼란 같은 것들이 지금 21세기에 들어서는 주로 '대안' 자가 붙어서 등장을 하는 거죠. 대안학교. (중략) 가족 같은 경우에도 그냥 남자, 여자 만나서 아이가 있고 이런 거 말고 그냥 좋은 사람들끼리 만나서 친구들끼리도 만나서 같이 살 수도 있고. 그러다가 그 친구가 아이 가 생길 수도 있고. 혹은 다른 아이를 데려와서 같이 키울 수도 있고. 그런 상상들을 되게 많이 했었어요. 그게 스무 살 넘어서 사회분위기도 그렇게 내가 좀 더 정보를 접할 수 있는 통로가 넓어지다 보니까 알게 되는 거죠. 사람들은 이미 그런 생각을 하고 있고, 그런 거를 시도를 하고 만들어가기도 하고, 제도화하기도 하고. 그런 것들을 알게 되니까 내가 생각하는 게 울엄마가 말하는 거처럼 개꿈이 아니었구나. 그런 욕구를 가지는 사람들이 있고 나도 그렇구나. (구희정, 29세)

3. 결혼이 정답은 아니기

남자친구가 지금은 돈이 없어서 못 하는데 한 2-3년 동안 돈을 모으면 결혼을 하자 이래요.(중략) 그냥 인정받기 위해서 하는 거요. 독립적인 어른으로. 왜냐면 그 전까지는 계속 부모님이 간섭을 하던가. 부모님, 부모님이 제일 큰 거 같다는 생각이 들어요. (중략) 일단 지금은 별 생각이 없는 거 같아요. 하겠다 안 하겠다 이런 생각도 별로 없는 거 같고. 일단은 집에서도 그렇게, 말로는 가끔씩 결혼을 해야 된다 그렇게 얘기는 하는데 그렇게 압박을 넣거나 그렇진 않거든요. 부모님도 사실 그렇게 원하지도 않고 그런데. 나이가 들면서 주변에서 사람들이 결혼을 하는 걸 보고 하면 좀 하기 싫어지는 거 같긴 해요. 너무 신경써야 되는 것들도 많고. 특히나 내가 만약에 결혼을 한다고 했을 때 주례가 뭐라고 뭐라고 설교하는 거 정말 싫은 거예요. 그런 식도 싫고. 그래서 정말 만약에 한다고 하더라도 남들이 하는 것처럼은 못할 거 같아요. 하기 싫은 건 못하는 성격이라서. 하게 되더라도 그냥 그거는 정말 식 이상도 이하도 아닌. 여건이 안 되면 깰 수도 있는 거고. (우진희, 29세)

올해 들어서 약간 어떤 사람을 되게 좋아했었어요. 그게 사실은 어떻게 좀 꼬셔서 자보려고. 되게 오랫동안 섹스리스였거든요. 우울증 때문에 그랬었는데. 남자였고 좀 나이가 많았어요. 마흔 살 정도 되는. 저하고 열 살 넘게 차이나는 거죠. 근데 친구들이 꼬셔서 자라 그러고 있었는데. 그래서 어쩌다가 제가 데이트 약속을 하루 잡았어요. 술을 한 번 먹자고 자리를 잡아서 만났는데. 근데 그날에, 제 친구들도 그 분을 알거든요, 근데 어쩌다 저랑 만나는 날에 걔네들을 만난 거예요 저랑 만나기 전에. 근데 저랑 만나는 얘기를 끝까지 안하더래요. 그래서 좀 특별하게 생각하나보다 그랬는데. 문제는 그 사람이 제 친구들한테 내가 요새 결혼을 하고 싶다, 너무 외롭고 자기는 자식도 기르고 싶고 그런 얘길 했다는 거예요. 근데 그 얘길 듣고 너무 쇼킹한 거예요. 한 번도 제가 결혼할 거라는 생각은 한 번도 안 해봤거든요. 진짜 단 한번도. 너무 그게 쇼킹한 거예요. 제 친구들이 저를 너무 어이없이 쳐다보는 거예요. 너는 한국사회에서 남자가 서른 살 넘고 누구랑 연애하거나 그러면 당연히 그렇지 바보 아니냐고. 근데 난 한 번도 그렇게 생각해 본 적이 없는 거예요. 그래서 미친 거 아니냐고. 어떻게 그런 말도 안 되는 생각을 할 수가 있냐고. 그 친구들이 그러니까 이제 연하를 만나야 된다. 그게 근데 저한테는 쇼킹했어요. 사람들은 결혼을 생각하면서 사는구나. (중략) 왜냐면 결혼하면 한국에서는, 외국에서도 사실 그렇다고 생각하는데 둘 만의 관계가 아니니까. 얽히는 게 많고. 그런 걸 제가 견딜 수 있을 것 같지가 않구요. 부모를 봐서도 별로 좋아보이지 않았구요. 결혼해서 행복해질 거라는 그 전제가 너무 와닿지가 않았었어요. 그래서 결혼에 대해서 굉장히 부정적이었는데. 요새는 오히려 그냥 그전에는 내 인생에서 한 번도 그거를 넣어본 적이 없었거든요 결혼이란 이 문제를. 근데 그때 하여간 쇼크를 먹고서는 갑자기 결혼 생각을 하게 된 거예요. 그리고 나서 오히려 그 주제에 대해서 편안해진 거 같아요. 그럴 수도 있겠구나. (중략)

양성애: 열두 개의 퀴어 이야기

인생에서 뭐든지 일어날 수 있구나. 그러다보니 아 결혼도 할 수도 있겠구나. 한 번도 생각 안 해 봤어요 진짜 이상하게. 동거를 하고 이런 거는 생각을 했어요. (유윤서, 29세)

저는 결혼이라는 게 결혼을 해서 갖는 그런 연속성과 견고함에 대한 욕구라고 생각해요. (중략) 남자 만나 갖고 결혼해라 얘길 하잖아요 사람들이. 근데 저는 그러고 싶지는 않은 거예요. 내가 그런 삶을 살고 싶다고 해서 왜 내가 결혼이라는 걸 선택해야만 되는지는 잘 모르겠고. (중략) 내가 생각하는 식으로 사는 결혼한 사람들을 만나 본 적도 없을 뿐더러 정말 상상력이 발휘가 안 되는 거예요. (중략) 그게 나의 모토인 거니까. 결혼하지 않고도. 그 가족이라고 하는 게 제도와 섞여서의 문제가 아니라 서로가 원해서 만나고 그러다 보면 제도에서 얘기를 하는 그런 가족들과 다를 바 없는 더 좋은 관계가 될 거라고 생각을 하는 거죠. (구희정, 29세)

(인생)계획에서는 양성애성이 아니라 결혼을 하냐 안 하느냐가 중요한 거 같아요. 결혼을 할 것이냐 안 할 것이냐. 양성애라도 결혼을 하면 남들 사는 대로 살 수 있잖아요. 집 사고 애 낳고. 그게 아니라 파트너랑 같이 살 것이다 까지의 막연한 생각만 있고 그 다음 계획을 세울 때는 달라지죠. 그런 거 같아요. 파트너도 남자랑 살 것이냐 여자랑 살 것이냐는 별로 중요하지 않고 어쨌든 결혼하지 않고 혼자 혹은 누군가와 사는 거죠. (중략) (가족을 구성한다는 것은) 그 사람들 말로 하면 안정감 이런 거고 제가 생각하기로는 보험 들어 놓는 거 같죠. 노후대비. 결혼을 해서 애 안 낳고 우리끼리 살겠다하면 모르겠는데 보통은 애를 낳고 자식이 있어야 가족이 온전하게 형성이 됐다고 생각을 하잖아요, 우리 사회에서는. 그런 걸 봤을 때 투자하고 되돌려 받고, 못 받으면 서운해 하고 이런 관계들이 결국에는 노후 걱정

해서. 안정감이라는 게 그런 거 아닌가 생각해요. (중략) 근데 저는 그런 가족은 싫은 거죠. 그냥 불안한 채로 계속 사는 거예요. 아무도 나를 보장해 주고 보호해 주지 않는 데서. (중략) 그냥 어렸을 때부터 선택지가 없었어요. 결혼을 한다는 거에 대한. 한 번도 생각해 본 적도 없고. 너무 저는 그게 자연스러웠고. 주변 사람들한테 결혼을 왜 해야 되냐 물었을 때도 딱히 시원한 대답이 나오지 않고. 근데 주변에 또 찾아보니 결혼 안 하고 잘 사는 언니들도 많다고 하고. 우연히 제 주변에 언니가 여성주의자든 아니든 간에 나이 많은데 서른 이런데 남자친구를 안 사귀고 잘 혼자서 생활하면서 사는 언니들이 많았거든요. 그런 거 보면 아 나도 저렇게 살 수 있겠구나 그런 생각을 하는 거죠. (서마리, 25세)

4. 혼자? 같이?

혼자 살자. 이게 나한테 굉장히 중요한 원칙이야. (중략) 같이 살지 않는 거, 일단 따로 떨어져 사는 거. 그리고 앞으로 누군가와의 내 관계와 관련해서 절대로 국가에 등록하지 않는 관계. (중략) 나는 혼자 사는 게 제일 편한 거 같아. 절대 누구랑도 안 살고 특히 관계에 대해서 국가에 등록하는 일은 절대 안한다. (중략) 내가 한 50정도까지 계속 같이 누군가와 같이 살았으니까. 비교적 많은 친척들 속에서 한 25년을 살았고 그리고 내가 만든 이 가족과 부대낌 속에서 한 또 25년을 살았고 이랬다고 한다면 나머진 그냥 혼자 살아도 좋지 않을까 이렇게 생각을 하는데. (중략) 어떤 친구들 보면 혼자 있는 거 너무 싫어하더라고. 집에 불 꺼져 있는데 혼자 문 열고 들어가면 그 외로움을 아느냐 어쩌구 그러는데. 나는 그때마다 너무 행복하거든.

항상 나한테는 가족, 집은 들어가서 내가 뭔가를 해야 하는 그거였어. 어렸을 때부터 큰딸로서 집, 아버지로 대표되는 이거는 내가 들어가서 뭘 해야 되고 간섭받아야 되고 잔소리 들어야 되고 나는 그것에 대해서 부글부글 끓어야 되는 이거였고. 그 다음에 내가 만든 그 가족도 뭐 연애하면서 그때야 좋았지만 특히 남편과의 갈등이 시작되고 내가 사회활동을 시작하고 아이들이 커가고 이러는 과정에서는 내가 항상 정말 얘기했지만 칼날 위에서 바들바들 떨면서 이쪽으로 흔들리고 저쪽으로 흔들리고 안 떨어지려고 하는데 매번 어느 쪽으로는 떨어지고. 그럼 매번 저쪽은 빵꾸고. 이거의 연속이었어서. 그 집, 가족 이거는 나한테 그런 것들, 해야 되는 의무들 이걸로 떠오르는 거지. (중략) 요즘 집에 들어가서 혼자라는 게, 집에 가서 혼자 있는 게 그게 너무나 행복하고. (중략) 나한테는 이제 집은 휴식이고 쉬는 곳이고 내 마음대로 할 수 있는 곳이고 그런 거지. (김경희, 53세)

혼자 말고 둘이 살았으면 좋겠어요. 둘이. (중략) 난 혼자 사는 게 너무 싫어요. (중략) 내가 혼자 사는 게 싫은 부분 중에 하나가 나 혼자 있으면 너무 무기력하거나 방만해지니까 누군가가 같이 있으면 밥을 같이 먹는다거나 혹은 그 사람이 있으니까 내가 좀 더 청결에 신경을 쓰는 게. 혼자 있으면 안 해도 상관없잖아요. 그런 부분이 어느 정도 컨트롤되는 거잖아요. (중략) 지금 만나는 친구 같은 경우에도 되게 편한 사이가 되면 그 사람이 집에 온다고 해도 내가 나 하고 있던 대로 있을 수 있잖아요. 근데 그 사람이 온다고 하니까 늘어진 옷가지를 좀 치우고 좀 쓸고 그렇게 되는 거. 매번 그러지 못하는데 사실 내가 좀 몸과 마음에 여유가 있을 때는 그 사람이 집에 들어왔을 때 뭔가 깨끗하고 아늑한 느낌이 들었으면 좋겠다는 생각을 하게 되더라구요. (구희정, 29세)

친구든 애인이든 좀 같이 아니면 한 동네 아니면 같은 집안에서 살면서
서로 어떤 친밀감을 느끼면서 왜 아무런 목적 없이도 편하고 아무 말이나
하고 싸웠다가도 금방 풀어지는 그런 관계, 친밀한 관계 그런 관계가 나는
가족이면 좋겠어. 그게 가족. 그리고 입양이든 아니면 내가 결혼하지 않고
애를 낳든 그런 일이 생겨도 그냥 그거 있는 그대로 수용하고 그거 참 좋네
같이 축하해주고 이런 공동체. (중략) 나도 좀 싱글의 삶이 너무 재미있는데
함께 살아도 싱글일 수 있으니까 좀 그런 것들을 공유하고 같이 고민하는
사람을 만나고 싶지. 먼 훗날의 얘기가 아니라 지금 하고 싶은 사람들.
그런 거. 나의 가족 개념은 그거야. (송아영, 39세)

5. 가족? 혈연집단보다 친밀공동체 되기

(가족이란) 환상 공동체. 허구. 전 근데 이게 그 친구(고교 때 여친)가 진지하
게 한 말인지 모르겠지만, 그 친구는 절대 결혼 안 하겠다고. 남자친구가
있긴 한데 그랬어요. 늘 그렇게 얘기하고 다녀요. 일단 그 남자친구가 좀
부실한 측면이 있는 거 같고. 미덥지 못한 측면이 있는 거 같고. 그리고
걔가 되게 잘났거든요. 뭐 지금 혼자 살아도 별 무리가 없어요. 혼자 사는
게 편하고 하니까 그런 게 있는 거 같고. 최근 들어서 자기 가족한테 실망한
게 되게 많고. 가족이 어떻게 그럴 수 있느냐를 걔는 되게 비교적 최근에
깨닫고 마음에 상처를 많이 받았죠. 저는 근데 그거를 대학 거의 입학 할
때쯤에 돈 때문에 이렇게 진짜 빠그러지는 그거를 탁 봐서. 그때는 되게
맘고생이 심했는데 그냥 그런 게 가족인 거 같아요. 어거지로 행복하게
만들고 싶어하지만 모두들 그냥 이렇게 마지못해 사는. 그래도 아무도 없는
것 보다는 좀 위안이 된다고 해야 되는. (우진희, 29세)

혈연과의 관계에서 정말 객관적으로 올바르게 처신하는 것이 가장 어려운 문제인 거 같애. 그래서 가족은, 요즘은 조금 나아졌지만, 내가 가족이라는 족쇄에서 이미 상당히 벗어난지 오래됐기 때문에 나아졌지만, 가족은 딱 떠오르는 인상이 내 발목을 쥐고 있는 느낌. (그것이) 항상 제일 먼저 가족이라는. 그래서 나는 족 이거를 뺄려고 하는데 그거를 붙들고 나를 꼼짝 못하게 하는 그 영상이 딱 떠오르는데. 그러더라고, 가족은 징그러운 거라고. 이승에서 잘 풀어야 저승에서 안 만난대. 그래서 나는 다양한 새로운 친밀함들의 관계들이 있잖아. 친밀함의 관계들이 그 가족과의 차이는 혈연의 문제랑의 관계가. 뭐 부부간도 가족이니까 그거는 혈연은 아니지만 성적인 관계다, 섹스를 하는 관계라는, 특히 이성애. 그런 의미에서의 가족이 되는 건데. 이것에서 나는 중요한 게 우리가 새로운 대안가족공동체들을 계속 추구하거나 모색하거나 시도해보려고 하는데. 물론 계속 실패하고 있지만. 여기에서의 차이는 이제 혈연인지의 여부, 그 담에 성애적 관계인지의 여부가 차이인 거 같애. 그것을 묻지 않고 그 친밀감의 관계로 이 공동체성을 인정해라, 가족이든 가족이 아니든. 이것이 인제 새로운 가족공동체 운동을 하는 사람들의 대체로의 입장이라고 한다면 그게 기본적으로 맞다고 생각이 들고. (중략) 가장 대안적이라면 사회제도까지도 얘길 한다면 개인과 국가의 관계가 개인이 국가에게 세금을 내고 국가가 개인에게 복지혜택을 주고 요것만 얘길 한다면 개인과 국가는 개인별로 맺는 거지, 가족이라는 단위로 맺지 말고. 구성원 각각에게. (중략) 애인도 가족이었으면 좋겠고. 근데 오히려 혈연하고는 좀 거리두기를 하면서 살고싶어 나는. 왜냐면 무슨 계속 전해져 내려오는 어떤 당위성들이 너무 많이 우리 뼛속까지 부여돼 있어가지고. 그런 걸로부터 자유로와져야 될 거 같은데 그게 안 되니깐 일단 물리적으로라도 좀 이렇게 공간으로 멀어지길 바라고. (김경희, 53세)

애인을 가족이라고 하기엔 힘들 때도 있는 거 같애요. 어떤 사람을 만나느
냐에 따라서 다르긴 할 텐데. 내밀하게 소통을 한다 하더라도 평소에 친구
랑 하는 소통이랑 애인이랑 맺는 소통이랑은 또 되게 다른 게 있잖아요.
근데 친구 같은 경우는 애인보다 좀 느슨할 수 있기 때문에 되게 오래 가는
거고. 일반적으로 봤을 때, 내 경우를 봤을 때도. 애인 같은 경우는 어쨌거
나 헤어질 수 있지 않을까하는 생각을 항상 해서, 연애를 할 때 그런 상황들
이 너무 많을 거 같아요. 이 사람을 내가 가족이라고 할 수 있을까. (중략)
한 건물에서 친구들이랑 사는 게 소원이에요. 집은 따로따로 있어야 돼요.
화장실과 내 방과 내 거실은 따로. 그니까 초인종을 누르고 들어가야 되죠.
같은 현관 안에서 두 사람 이상 사는. 서로 각자의 집이 있고 근데 그 집이
옹기종기 모여있는 형태. 건물은 약간 현실적으로 다섯 명의 월세로 그
집에서 다 살자 이런 개념인 거고. 크게 보면 마을이 있겠죠. 예를 들어
단체로 귀농을 해서 단체로 개인 집을 하나씩 짓고 산다거나. 굉장히 훌륭
한 마을이 되겠죠.(중략) 제가 약간 롤모델이라고 생각하는 언닌데. 단체에
서 일을 하다가 자기가 하고 싶은 게 생겨서 접고 지금은 어떤 분이랑 사업
체를 같이 하고 있는데 30대 초반이에요. 그런데 항상 그 언니는 지금이
되게 중요하고. 어떻게 사느냐가 중요하고. 개인 공간에 대해서 되게 소중
하게 생각하고. 인적자원 굉장히 많고. 네트워크 잘 하는 사람이라. 항상
사람들이랑 적당히 지내면서 관계를 잃지 않는 그런 사람이 있거든요. 그런
언니를 보고 제가 따라하기도 했고 그렇게 살고 싶다고 생각하기도 했고.
만약에 내가 생각하는 삶과 비슷한 사람을 꼽자면 그 언니인거 같고. 만약
에 같이 산다는 상을 그려봤을 때 그나마 그 언니랑 조금 살 수 있지 않을까.
만나면 비슷한 얘기를 하니까. 그 언니도 결혼을 안 한다고 하고. 그 정도
언니인거 같아요. 취미도 비슷하고. 여성주의자고. (서마리, 25세)

양성애: 열두 개의 퀴어 이야기

피가족도 당연히 가족이고. 그건 정말 끊을래야 끊을 수, 있지만 힘든. 왜냐면 정말 내 안에 있거든요 계속. 지니고 있거든요. 피도 섞였지만 어렸을 때 경험도 같이 했으니까. 굉장히 중요한 경험들을 같이 했으니까. (중략) 언니랑 엄마랑 나쁜 경험도 하고 그랬지만 점점 좋은 경험들이 쌓여져 가는. 그리고 더 큰 가능성이 보이는. (중략) 그리고 저의 가족, 굉장히 친한 친구 둘. 정말 그 사람들은 좋은 경험도 많이 했고 솔직히 하나는 계속 쉽게 멀리 살거든요. 그렇지만 나를 이해를 굉장히 잘 해주고. 전화를 한 번 하면은 정말 걔가 안정을 시켜줘요. 그냥 목소리 듣는 것만으로도. 그런 가족이 있고. 그리고 그런 가족이 계속 늘어날 거고. 늘어나기보다 더 생길. 기회가 생기면 좀 더. 그렇게 생각해요. 그리고 제비. 이제 점점 더 내가 키워 갈. 그리고 애를 낳고 싶으니까 걔도 지금 내 가족인 거 같아요. 준비하고 있기 때문에. (중략) 가족이라는 게. 밥을 같이 먹으면 가족이잖아요. 식구잖아요 식구. 가족보다는 식구가 맞는 말인 거 같아요. 에너지의 원천을 같이 share(공유)하는. 친구는 정말 큰 가족이죠. (중략) 뭔가 이렇게 찾아야 되니까 발 디딜 데를. 전에는 발 딛는다는 걸 싫어했거든요. 지금도 싫어하지만. 근데 너무 힘들어지니까 그게 필요할 거 같더라구요. 막 무너지니까. (중략) 거기서 제가 제일 친한 친구들은 정말 너무 자연스럽게 받아줘요. 그리고 자기네들도 소외된 그런 경험을 했기 때문에 알아요. 그냥 자연스럽게 받아줘요. 너무나. 목소리만 들어도 그냥 이해가 되요. 그게 너무 편한 거죠. (제갈재이, 22세)

6. 가난한 연애도 괜찮아

레즈비언 중에서 되게 부자들의 모임. 그래서 되게 만나서 무슨 시조 같은 거 읊으면서 논다던가, 지적 유희로서, 그런 거랑. 있어 보인다고 막. 우린 거리문화. 그리고 게이들 중에서도 그렇고. (중략) 물론 그게 이성애자 커플보다 훨씬 더 적은 숫자고 그렇긴 한데. 그래서 정말 기계적으로 놓고 봤을 때는 당연히 파트너가 남성이 아닌 이상 힘들 거는 자명한데 케이스 바이 케이스인 거 같애요. (일했던 곳) 원장 같은 경우에도 분명 그 사람이 삶이 순탄치 않았을 거잖아요. 근데 집 자체가 워낙 부자인 거예요. 태어난 집 자체가. 그래서 FTM인데도 불구하고 원장까지 하는 거죠. 그니까 그 사람이 이런 식인 거예요. 예를 들어서 위에 상사한테 싸바싸바를 해야 된다 그러면 이런 식인 거예요. 그 사람이 만약 골프를 좋아한다. 자기 친구랑 연결해서 골프선수랑 골프를 치게 해주는 거예요. 그래서 결국엔 저는 저렇게도 되는구나, 되게 쇼킹했어요. 제 주변에 트랜스젠더는 어디서 듣도 보도 못한 병원 가서 호르몬 맞아오고, 처음 수술하는 의사한테 수술해서 부작용 나고 막 이런 건데 (그 사람들은) 아니에요. 그리고 그 사람은 연애도 되게 잘했어요. 쩐이 되니까. 계속 룸살롱 다니고 맨날. 모르겠어요. 그 사람 주변에 진짜 친구라고 할 수 있는 사람은 한 명도 없어 보이긴 했어요. 그런데 그런 물질적인 자원이라면 정말 뒤지지 않죠 그 사람은. 그때 되게 쇼킹했거든요. 저런 사람도 있구나. (유윤서, 29세)

그 친구가 살아온 이야기들을 들으면서 나는 우리 사회에서 결혼하지 않은, 결혼을 선택하지 않은 한 여성이 경제적으로 살아가는 게 얼마나 힘든가를 많이 느꼈던 거 같애. 나는 어쨌든 결혼을 선택했던 사람으로서 그리고

양성애: 열두 개의 퀴어 이야기

지금은 결혼, 탈결혼을 했지만 어쨌든 결혼 시절에 물론 내가 벌었다고는 하지만 이래저래 애초에 나는 비교적 부유했었고. (중략) 그런 한 여성이 소위 부유한 집에서 혹은 25년간의 결혼관계 그리고 그때 벌어놓은, 경제 적인 주체가 되겠다고 해서 벌어놓은 그 돈, 그 돈을 내가 완전하게 저축을 할 수가 있었거든. 생활비는 남편 돈으로 썼기 때문이지. 그때 과외를 해서 번 돈은 완전하게 저축을 할 수가 있었고. 그거를 제대로 챙겼기 때문에 물론 그 돈을 지금까지 빼먹고 살 수 있는 거라면. 그렇지 않은 정말 하루 벌어 하루살이를 하고 혹은 일자리의 안정성에서 계속 불안한, 떠돌아야 하는, 그리고 이 친구는 (중략) 고등학교를 졸업하고 방송통신대를 통해서 대학을 학사과정을 하다가 중퇴를 한 요 정돈데. 그런 정도의 한 여성이 계속 경제적인 주체가 되겠다고, 경제적으로 제대로 서보려고 노력은 하지 만 힘들었던. 그리고 이 집에 딸만 셋이거든. 딸만 셋이어서 딸들이 부모에 대한 부담도 계속 져야 했던 그런 건데. 고런 가구에서 큰언니는 결혼해서 남편이랑 살면서 그렇게 잘 살지 못하고 허덕이고 있고. 작은 언닌 결혼 안했고 이 친구가 막내딸인데. 이렇게 세 딸이 그 늙은 부모를 모시고 어쨌 든 살아보려고 하는 그런 과정에서 계속 힘들게 살아가는 모습을 이 친구를 통해서 봤고. (중략) 가난 자체가 올바르다라는 거랑. 또 가난을 비교적 편해하고 이런 거. 또 가난한 사람들과 같이 내가 잘 살고 있다고, 올바르게 살고 있고, 잘 살고 있고 그렇다고 느껴지는 그게 있기 때문에. (중략) 상대 가 누구였느냐 이거랑 상관없이 내가 지향하는 가난이었다는 거야. (중략) 기본적으로 사람을 선택할 때에, 파트너로서의 사람을 선택할 때 돈은 나한 테 전혀 문제가 안 됐어서. 그리고 그 내가 누구랑 살거나 사랑하거나 할 때 그것이 누구든 어 그거랑 오히려 경제적인 문제는 별거라고 생각을 했던 그런 거여서. (중략) 나한테는 가난은 자긍심이고 나는 자본주의 체제에서 가장 잘 사는 방법은 일단 가난이 최선의 방법이다, 자본주의에 기여하지 않으면서 가장 생태적으로 사는 방법의 첫 번째 조건은 가난이라고 생각하는데. (중략) 이 친구랑의 관계에서는 그래서 같이 살지조차 않으니까 경제적으로 시비가 붙을 게 없지. 주로 이 친구가 일주일에 한두 번 씩 우리집에 오는데 그때 인제 얼만큼 상대에 대한 최소한의 배려를 보이느냐가 그 친구의. 나도 워낙에 가난하게 살고 하니까 그리고 그 친구도 가난하고 그러다보니까 뭐를 경제적으로 잘 해, 여유롭게 쓰지 못하고 혹은 쓰지 않는 그런 게 있는데. (중략) 나한테 가난은 자긍심이고 그 친구한테는 자긍심까지는 아니라 하더라도 그냥 뭐 부자가 되고 싶지도 않고 이 정도면 좋은 그런 거여서 경제적인 문제와 관련해서는 그럭저럭 서로 쓰는 부분이 반반이 되는 이런 거가 최선인 거고. 또 그게 별로 요구가 없으니까 그게 만족스럽고 별로 문제가 안 되고. (중략) 주로 우리 집에서 만나니까 바깥에서 만나는 게 아니라 집에 갈 때 우리 집으로 들어오니까 이 친구가 그럴 때 뭘 좀 사오고. 그런 정도이고. 그것 말고는 다른 어떤 돈 문제를 서로 얽히거나 이런 것도 없고. (김경희, 53세)

사람들이 모두가 깊이 있는 관계에 대한 열망이 있다고 생각하거든요. 근데 그걸 어떻게 끌어내는 거냐에 대해서 그 힘이라는 게 어떤 개인의 기질일 수도 있고, 경제력일 수도 있고, 그럴 수도 있겠다, 왜냐면 살 여유가 없으면, 먹고 살기 바쁜데 얘기가 제일 먼저 나오잖아요. (중략) 그래서 건강하고 지속적인 관계를 가지려면 얼마만큼의 경제력과 내공이 필요할까 하는 게 최근 고민이고 계속 하고 있는 고민이죠. (구희정, 29세)

정말 희한해. 내가 서울 한복판에서, 직업도 없는 사람이, 그것도 공부하면서 서울 한복판에서 사는 게 참 신기해. 나 같은 빈민이. (송아영, 39세)

7. 살림의 구성

이사 다닐 때마다 그런 소리 많이 들어서 짜증났어. 혼자 사는 여자가 왜 이렇게 짐이 많아요? 혼자 살아도 농은 필요하고 혼자 살아도 식탁은 필요하고 혼자 살아도 접시는 필요하잖아. (송아영, 39세)

침대랑 장롱은 엄연히 다른 거 같아요. 자취도 침대는 있을 수 있잖아요. 근데 그런 게 있는 거 같아요. 저 같은 경우에는 농을 산다라고 하는 건 이 농을 책임지는. 공간을 옮긴다고 했을 때도 이 농과 같이 가는, 이 농이 들어갈 수 있는 공간에 대한 계획이라거나 그런 부분이 같이 오는 거 같아요. 사람들이 논리적으로 그 생각을 하는지 모르겠지만 딱 봤을 때 장롱이 있고 없고, 자취생들이 행거, 거기 있는 붙박이장 그런 것들을 쓰잖아요. 그거를 쓸 때 나는 어느 정도 미래에 대한 불확실성이 늘 있는 거 같아요. 왜냐면 내가 이런 것들이 다 갖춰져 있는, 붙박이장이 있는 방에 갈 수도 있고 아닌 집에 갈 수도 있고 혹은 내가 장롱을 샀는데 장롱이 안 들어가는 집으로 갈 수도 있고 그런 마음이 있거든요. (구희정, 29세)

살림을 안 늘리는 게 굉장히 중요한 목표야. 더 갖고 살고 싶지가 않은 거지. 가능하면 간단하게 살고 싶은 건데. 내가 소위 그 가부장에서 탈출할 때 별거하고 나올 때 들고 나온 게 고정도라 그랬잖아. 그 이후에 이제 파트너와 사는데, 살림을 사는데 그게 싫더라고. 그때 뭐 농도 사고. 그런 거 샀는데. 그게 싫기는 했는데 그래도 뭐 그것도 살림이니까 필요해서 샀는데. 그 친구랑 헤어지는 과정에서 그것들을 그 친구한테 줬어. 그 친구도 살림을 다시 살 상황이 아니어서. 그러구선 가능하면 내가 그게 딸려있는 오피스텔이나 원룸 이런 거를 선택을 하는데. 집에서 빠져 나올 때 이사 나올 때 간단하게 나오는 게 좋은데. 지금 여기에 한 1년 6개월 정도 살다보니까 별수 없이 이제 생기는 것들이 있어. 파트너가 이게 필요하겠다 그래서 갖고 오는 것들. 좀 갖고 오지 말라고 그래도 이것저것 생기는 것들. 살림은 거의 안 늘었는데 그 친구가 요만한 서랍장 하나 갖고 온 게 있고 그건데. (중략) 부엌살림이나 이런 것도 나는 정말 뭐 하나를 살래도 이게 정말 필요한 건가, 뭐로 대체할 수 없나 이게 굉장히 중요한. 가능한 안 사는 거, 살림을 안 늘리는 거. 간단하게 살고 싶어. (중략) 농이던지 그런 살림이 나한테는 짐으로 느껴지는 거지. 내가 인생을 살면서 짊어지는 쓸데 없는 짐. 그냥 달랑 몸 하나로 처리되는 어떤 간단한 짐 짊어지고 다니는 그런 정도면 가장 좋겠는데 그건 거의 불가능한 것 같고. (중략) 냉장고나 세탁기는 필요에 의해서 사는 건데 농은 들어앉아 있는. 그래서 주저앉히는 이런 게 있는 거지. 난 그냥 빌려 쓰는 거는 족하다고 생각해. (김경희, 53세)

필요한 것도 크게 없구. 이것도(가게 앉는 자리에 놓인 오래된 텔레비전을 가리키며) 사실 주워 쓴 거거든요. 그 당시에 제 집엔 다 주워다 쓴 거구. 근데 전 주워다 쓰는 게 좋아요. 어려서부터 받는 물건, 남 쓰던 거 받는 거 좋아했구. 새것도 좋지만. (박소희, 39세)

8. 심리적 지지대로서의 커뮤니티

그게 젤 중요할 거 같은데 지지집단을 만드는 거. 그런 커뮤니티 이런 걸 만들어야 좀 잘 살 수 있지 않을까 그런 생각이 들어요. 혼자 살거나 둘이

양성애: 열두 개의 퀴어 이야기

살거나. 둘이 오래 같이 살려면. (우진희, 29세)

제가 처음 여자 애인이 생겼을 때 그 친구한테 제가 메일을 보냈다고 그랬잖
아요. (중략) 인사를 시키고 같이 만났던 유일한 사람이었어요 그 친구가.
제일 좋아해주고. 그 친구가 그때 뭐라고 했었냐면 너희는 참 똑똑하구나
그 얘길 한 거예요. 그게 자기도 어느 순간에는 인생에서 그런그런 부분들
이 분명히 있어왔다고 생각하고 그런 기회들이 있었지만 용기가 없었고
잘 몰랐기 때문에 놓쳐버린 부분이 많았다. 그런데 너희는 그런 면에서
굉장히 진짜 부럽다. 정말 잘 지냈으면 좋겠다고 얘기를 했던 게 되게 컸죠
진짜. 그게 그 이후에 힘든 순간에도 그 말이 되게 큰 힘이 되더라구요.
왜냐면 연애를 시작을 할 때 커뮤니티라거나 그런 데에서 이반문화라거나
그런 부분은 전혀. 저 같은 경우는 언니네에 자방이 있었고 알고는 있었지
만 그게 내 문제라고 생각해보진 않았고. 그 친구는 더 그랬거든요. (중략)
연애 때 계속 채워지지 않는 공백 같은 게 있었거든요. 근데 나도 그랬고
그 친구도 그랬고 내 친구가 그렇게 얘기를 해 준 게 되게 크게 의지가
됐어요. (중략) 언니, 언니 이렇게 같이 만나고. 근데 그걸 굉장히 크게
생각해서 동성커플 뭐니뭐니라고 생각하지 않고 그냥 아주 편하게 여자
셋이 앉아서 수다 떠는 것처럼 앉아서 그냥 얘기하고. 고민 있으면 얘기하
고 맛있는 거 먹고. (구희정, 29세)

레즈비언 인권상담소에서 인터넷 상담을 받았어요. 정말 동아리 하는 여자
애가 있는데 걔가 너무 좋다. 근데 난 남자친구가 있다. 그리고 이 여자애는
아무리 봐도 동성애자가 아닌 것 같다. 어떻게 하면 좋을까. 나는 내가
진짜 팬픽이반일 줄 알았고 탈반을 한 줄 알았다. 근데 왜 이런지 모르겠다.
죄책감이 든다. 그렇다고 이 이성애관계에서의 안전한 걸 포기하고 싶지는

않다. 하 별 잡소리를, 개소리 같은 걸 썼더니만 너무 잘 다뤄주신 거예요 그 분께서, 상담원분께서. 학교 상담소랑 차원이 달랐어요. 스펙트럼이구. 변한다는 거죠, 정체성이. 계속 이성애자도 아니고 계속 동성애자도 아니고 순간순간. 굳이 따지면 60, 70, 10퍼센트 그럴 수도 있는 건데. 그걸 니 속으로, 억압으로 가져가지 말라구. 그리고 자기가 동성애 기질이 있으면서 이성애자의 삶을 택한 사람도 평생 감내해야 할 몫이 있구. 삶의, 그 사회의 위험을 감수하면서 동성애 길을 가는 사람도 감수할 몫이 있는 거다. 그 말을 듣구 그 상담 하나로 진짜 1년을 버틴 거 같애요. (중략) (지금) 내 애인을 너무 자랑을 하고 싶은데 누구한테 자랑을 해야 할지 모르겠어요. 그래도 제가 참 복이 많아서 이 연애를 자랑할 수 있는 친구가 한 세네 명은 돼요. 걔네한테 다 퍼부으면서 또 대학원에서 날 이렇게 괴롭혔다. 이것들이 꼴통이냐 다 쏟아내면 좀 기분이 풀려져요. 풀리지만. 걔네가 근데 저한테 그러는 거예요. 그 중에 한 명이, 그 처음에 좀 질투했다는. 일학년 때. 그 친군데. 지금 베프거든요. 정말 너무 좋아요 걔가. 걔가 있어 서 제가 버틴 것 되게 많은데. 그 친구가 나한테 그러더라구요. 참 이상하 지. 내가 니가 남자랑 연애하는 걸 한 3년 넘게 봤는데 난 항상 그걸 볼 때마다 네가 참 많이 누르고 있구나 해서 참 답답했다, 근데 지금 이렇게 네가 진짜 여자랑 사귀는 거 자기는 처음 보는데 훨씬 더 자연스럽고 편안해 보인다. 자기 보기에 참 기분좋다라고 말하더라구요. 그때 되게 행복했어 요. (중략) 제가 진짜 소중해하는 친구들이랑 얘랑 같이 보니까 우리 연애가 진짜 삶 속으로 들어오는 느낌도 있었구, 인정받는 느낌이 있었어요. (진강 희, 24세)

아주아주 많은 사람들이 귀농부터 얘기해서 뭐 별 공동체에 대한 얘기를 되게 많이 하는데. 다들 나중에 나이 먹어서, 언젠가는 이렇게 말하지 지금

양성애: 열두 개의 퀴어 이야기

하겠다는 사람은 없는 거라. 지금 당장 친밀감이 필요하고 가족이 필요하고 심리적 안정이 필요하고 주거공간을 나눌 사람이 필요함에도 불구하고 지금은 그냥 좀 버티다가 돈 좀 벌어서 나중에 하겠다 다 그렇게 얘기하잖아. 지금 하겠다는 사람이 없는 거라. 그나마 '정착과 유목사이' 그 팀은 막 부지도 알아보고 막 돌아다니잖아. 그건 신선하고 좋아. (중략) 일 년에 정기적으로 모여가지고 함께 살아갈 귀농할 땅을 알아봐. 몇박 몇일을 함께 걸어 다니면서. 거의 국토순례 수준으로 다니면서 알아보고 다시 도시로 돌아와서 거기에 대한 준비를 하고. 이런 식으로 살아가는 친구들이야. 그리고 온라인이나 오프라인에서 계속 논의를 해 나가면서 우리가 함께 공동체를 이루고 살기 위해서 어떻게 오픈 마인드를 하고 어떤 걸 함께 준비해야 되는지 계속 논의를 하는 팀이 있거든. '정착과 유목사이'랑 또 우리가 알게 모르게 레즈비언들이 그 조그만한 커뮤니티, 자기들만 공유하는 비밀 커뮤니티를 갖고 그 안에서 준비하는 것도 좀 있는 거 같고. (중략) 친구가 혼성으로 집을 얻어서 살고 있는데 좋더라. 우리가 꿈꾸는 삶인 거지. (송아영, 39세)

섹슈얼리티와 관련해서 그 사회가, 그 국가가, 혹은 대부분의 정치세력들이 전혀 아무것도 안 해주는데 이 사람들은 딴 건 모르겠지만 섹슈얼리티가 굉장히 문제가 되고 있는 거 아냐. (중략) 섹슈얼리티가 과장되고 이런 속에서 그들이 모이는 주말이나 정모나 이런 것들이 굉장히 소비적이고 낭비적일 수밖에 없는 거죠. (중략) 얼굴을 드러낸다 하더라도 거의 익명으로나 그런 걸로 존재하고 나머지 다른 어떤 사실들은 전혀 질문되어지지도 않고 하는 속에서 섹슈얼리티만 가지고 모이다보니까 이제 (성적 부분이) 과잉될 수밖에 없는 그런 게 있는데. 그 이상의 뭐로 나가야 한다는 어떤 다양한 방식으로 경로들을 만들어서 확장되어져야 한다 이렇게 생각하고. 그루터

기라고 알아요? 시작은 30대인데 이제 40대가 된 거지. 그쪽이 상당히 공동체성을 지향을 하면서 지금 뭐 대부분 40대 이상의 엘들이 그리고 상당히 거기는 커플중심으로 모이지. 하여튼 끼리끼리에서 시작된. 그때 끼리끼리에서 30대면 비교적 나이가 많으니까 끼리끼리 노장들이 모여갖고 그렇게 했던 건데. (중략) 나름대로 굉장히 탄탄하고 어떤 공동체를 지향하면서 굴러가고 있는 친목을 넘어선 단순히 친목이 아닌. 일부 어떤 친구는 나중에 주거공간에서의 공동체까지도 지향을 하면서 같이 지금은 이제 밭가꾸기를 하던가 그런 걸 해요. 고구마 생산해서 나눠먹기도 하고 일부 팔기도 하고 이런 시도들을 하는 건데. 단순히 섹슈얼리티 식성으로만 모여서 식성에 대한 이야기만 하다가 그렇게 가는 것이 아니라 거기는 오히려 식성이 이야기됐다가는 따 되는 분위기야. 왜냐하면 거기는 다들 파트너 관계들인 거고. 그 안에서 어떤 사고가 날까봐 철저하게 관계들에 대해서 규제하고 규율을 가지고 있고 그런. 그렇다보니까 솔로인 한 친구가 거기에 들어가면 굉장히 어울리기 힘들고. 혹은 그 커뮤니티 안에서 그 물을 본다던가 이런 식의 발언을 하거나 글을 쓰거나 하면 굉장히 혼나고 이렇고. 소위 멤버를 승인하는 단계도 다른 커뮤니티보다 굉장히 엄격한 거지. 그런 면에서 바깥에서 보기에 굉장히 폐쇄적이다 이런 이야기가 되어지기도 하는데. 뭐 어느 정도는 그런 거지 그만큼 공동체성이 탄탄하다보니까 그럴 수 있는 건데. 어쨌든 그 그루터기 모임이 작년(2008년)이 아마 10주년이었을 거예요. 그렇게 십 년 되어져오면서 더 높은 단계의 공동체성을 지향하려고 하는 거는 하나의 사례로서 굉장히 중요하고. 그렇게 해서 주거공간까지 일상공간까지 공동으로 그렇게 하는 것이 어떤 것이냐에 대해선 다양한 시각들이 있는 거 같애. (중략) 계속 사회에서 배척되고 있는 이런 마당에서 그런 지지그룹들이 만들어져서 서로의 노후의 문제나 그런 문제들을 같이 해결해 나가는 지금 단계에선 필요한 거다라고 하는데. 소위 성소수자

양성애: 열두 개의 퀴어 이야기

들이 사회와 어떤 관계맺기를 할 것이냐에서 나는 궁극적으로 따로 모이는 이거는 아니라고 생각되는데. 어떤 식으로든 섞여 들어가서 그것이 질문되어지지 않는 사회를 만드는 게 필요하다고 생각되는데. (김경희, 53세)

9. 사회적 주체되기

예전에 KSCRC에서 레즈비언 가족, 친구들을 불러서 포럼을 한 적이 있어. 일본의 그 국회의원인데 레즈비언이야. 그분 초청해서 그의 어머니와 함께 와서 레즈비언이 혼자 이렇게 뚝 있는 게 아니라 이 사람들도 관계맺는 사람들이 있다라는 걸 보여주는 이런 의도도 좀 있었던. 그리고 부모들끼리의 네트워킹도 좀 하라, 여러 가지의 의미와 취지를 갖고 있었던 행사가 있었는데. 그 OO가 레즈비언 친구로 나갔어요. 내 친구로. 그래서 인제 걔가 내 상황을 잘 얘기해 줘서 그게 되게 고마웠거든. 남자잖아. 레즈비언 친군데 남잔 것도 되게 신선했던 거지. (송아영, 39세)

솔직히 이게 양성애 그런 주제로 만나긴 했지만. 그런 거 이외에 그런 건 어디까지나 솔직히 제 일부일 뿐이잖아요. 그게 전부일 순 없잖아. 어디까지나 그런 내 성향의 일부이고. 다른 성향이 너무나도 복합적으로 있는 게 나인데. 저는 그렇게 생각해요. (중략) 저는 사회활동 같은 걸 하고 싶고. 노출이 되더라도 저는 상관이 없어요. 어차피 사람들 앞에 나서고 그럴 거기 때문에. 앞으로 활동을 할 거고 그런 커뮤니티를 만들 거예요. (양민지, 23세)

성소수자판에서 지나치게 성애적인, 섹슈얼리티적인 것만 이야기되어지거나 이런 것이, 한편으로는 자연스러운 것이지. 왜냐하면 그것 때문에 여기 모인 것이니까. 그런데 오히려 다른 문제들이 거의 이야기되어지지 않는. (중략) 삶의 문제나 인간 사이의 갈등의 문제나 어떤 자기들의 일하는 사람들로서의 문제나 이런 것들이 주제로 되어지지 않는 그런 문제들이 있어서. 어떤 면에서는 섹슈얼리티가 과잉되고 있다는 문제가 보여져. 그리고 어떤 면에서는 과잉하자고 모인 거고 주말에는. 그 게토에는 과잉하자고 모인 거고. 그러다보니까 좀 오바되어지는 이런 것도 있고. 그 오바는 언어에서든 감정에서든 관계에서든 실제보다 오바되어지는 이런 것들도 있는 거고. (중략) 이렇게 계속 술만 먹고 담배 피고 떠들고 놀고 이거 지겹대는 거지. 한두 번 하고 나서는 다들 지겨운 거야. 그래서 그 다음에는 뭔가 무거운 이런 건 아니라 하더라도 뭔가 자기가 뭔가 새로운 어떤 새로운 재미든 새로운 어떤 의미든 새로운 보람이든 뭐든 얻어가거나 추구해 나가는 이런 거였으면 좋겠다고 생각되는데. (중략) 일부 사람들이 인제 그런 고민들 속에서 새로운 카페들을 만들면서 사회봉사하는 모임이라던가 아니면 그때 인제 무지개숲을 만드는 과정에서도 성소수자들의 사회경제적인 네트워크를 하려고 했었어요. (중략) 그냥 내가 행복하게 생각하면서 이웃과 나눌 수 있고. 그리고 그게 사회구조적인 것과 맞물려 들어가는. (중략) 내가 행복하게 할 수 있는 일이 있고 그 일을 통해서 이웃과 나누고. 내가 뭐 돈을 주거나 이런 일은 없을 테니까. 일을 통해서 이웃과 나누고. (중략) 한 마흔쯤의 나이에 소설에 한바탕 매달렸어. (중략) 글을 쓰는 게 습관이 되다보니까. 한창 방황하는 시기에도 그랬고. 얼마나 쓸 게 많았겠어 고 시기에 고런 여자애가. (웃음) 그러다보니까 굉장히 많이 쓰기도 했고 한데. (중략) 마흔 넘어서 글 쓰자. 그때 생각도 그랬던 거지. (김경희, 53세) 예전부터 원래 꿈은 아 난 멋진 여검사가 될 거야 이런 꿈이 있어서 법대를 갔는데. 이런 일 좀 많이 겪고 해서 검사보다는 변호사를 해서 인권을 많이 보장을 해주고 싶어요. 옛날에는 남자랑 결혼을 해서 사회적으로 그런 사람이다 그런 거를 먼저 보여주고 일적으로 약간 동성애자 인권에 대해서 많이 보장을 하고 지지해주는 사람이 돼야지 생각을 했는데. (중략) 지금도 많이 십대들이 많이 친구들한테 말도 못하고 힘들어하는 십대들이 많을 거 같아서. 저도 십대 때 많이 고민을 하고 힘들어 한 사람이라서 그런 걸 좀 많이 지원해주고. 내가 직접은 못하더라도 지지하고 도움을 주고 싶다는 생각을 많이 해요. (주가영, 23세)

제가 사범대를 나와서 선생님 준비를 하고 있는데. 그래서 꿈꾸는 게 학생들한테 학교에서 성교육을 하면 되게 재미없는, 그리고 이성애 중심적인 그런 것들만 하잖아요. 그래서 조금 더 다양한 성을 가르쳐 줄 수 있는 선생님이 필요하겠더라구요. 그래서 선생님이 되면 그 일이 되게 하고 싶어요. 교사의 신분으로 할 수 있는 최대한의 일이 그건 거 같애요. (중략) 그렇게 하고 나중에 저 혼자서 뭔가를 할 수 있는 힘이 생기게 된다면 사람들한테 쉽게 다가갈 수 있는 그런 문화활동이 있잖아요. 그런 게 지금 제가 가지고 있는 꿈의 가장 최종적인 건 그거예요. 그니까 사람들한테 단순히 뭐 게이는 이래요, 바이섹슈얼은 이래요, 레즈비언은 이래요 이게 아니라 그리고 주위에 이런 사람이 있어요, 커밍아웃을 했을 때는 이렇게 받아주셔야 돼요 이게 아니라 커밍아웃을 할, 그렇게 굳이 내가 마음을 먹고 해야 되겠다라는 그런 마음을 가지지 않도록 그냥 일상처럼 사람들한테 다가갈 수 있는 그런 게 제일 좋잖아요. 그래서 그렇게 그러한 걸 만들기 위해서 활동을 하는 게 일단 목표예요. (배민재, 24세)

예술이 저한텐 되게 중요한 거 같아요. 그림뿐만이 아니라 음악도 그렇고. 요샌 춤 배우는 거에 빠져 있거든요. 이제 한 3개월 됐는데. 우울증 때문에 시작한 것도 있었는데. 일주일에 6일은 학원에 가거든요. 우울증 때문에 시작했어요. 그러다가 처음에는 주 5일 가다가. 저저번주부터 발레를 시작했거든요, 토요일마다. 이젠 그게 제일 저한텐 기쁜 일인 거죠. 예술이 되게 중요한 거 같아요 저한테. (유윤서, 29세)

희곡을 써야겠다고 마음을 먹었어. 글을 놓은 지가 되게 오래 됐는데. 여성주의자의 제사는 달라야 된다는 생각을 하면서. 죽은 엄마랑 완전히 화해가되지 않은 상태기 때문에 내가 엄마랑 적대할 수도 있고 연대할 수도 있는데. 어쨌거나 죽은 엄마기 때문에 연대의 방향으로 끌어서 내가 죽은 엄마와 살아있는 딸이 화해하고 연대하면서 서로를 이렇게 영과 영이 만나는 이야기를 만들어야겠다. 그리고 아들이 아무리 넥타이를 고쳐 매고 절을 멋들어지게 해도 결국 엄마가 원했던 거, 엄마가 간과했던 것들에 대해서 엄마가 돌아가셨으니까 이제 지혜의, 영의 눈이 있을 테니까 딸의 마음을잘 알 것이고, 자기 인생을 충분히 반추했을 것이고 그래서 딸하고 연대할 준비가 되어 있을 것이다라는 그런 암시를 주는 희곡을 써야겠다라고 마음을 먹었죠. 그리고 동생한테 열 마디 하는 것보다 그 희곡을 보여 주고읽히게 하는 게 낫겠다라는 생각도 하고. (송아영, 39세)

지금의 OOO은 그냥 나침반 하나 들고, 추상적으로 얘길 하자면은, 여행을하고 있어요. 무전여행을 하고 있는데. 돈도 한 푼 없고. 내가 뭐 먹고싶은 게 있으면 어디서 일을 해갖고, 일을 도와줘 갖고 농사나 공장 가갖고일을 도와준 다음에 밥을 얻어먹고 다시 채비를 해가지고 다시 어디론가떠나고. 그런 식으로 여러 가지 일을 접해 보잖아요. 여러 가지 사건들을접하고. 신발도 그냥 좋은 거 신은 상태도 아니고. 그냥 내 가방에는 새신발은 하나 있고. 이 신발 언젠가 떨어지는데 새 신발 딱 한 켤레 있고.

가장 기본적인 거 들고 나침반 하나 들고. 걷다가 너무 힘들면 히치하이킹 해갖고 차를 타고 다니고. 지금은 목적지가 어딘지는 모르겠는데 그 목적지를 찾아가는 사람이라고 생각해요. 지금은 그냥. 너무 어려운 말일 수도 있는데. 그냥 무전여행하고 있다는 느낌이 많이 들어요. 힘든 걸 감출 수는 없더라구요. 힘든 건 힘들다고 하지만 그래도 어찌 됐든지 간에 나는 또 걸어야 되고. 걷다가 힘들면 또 쉬면 되는 거고. 너무 쉬다가 진짜 굶어 죽는 거는 그런 건 아니지만. 가끔 가다가 천천히 걷다가 여러 가지 많은 것들도 보고. 다른 사람들 많이 보게 되잖아요 천천히 걷다 보면. (중략) 가끔 가다 노래 부르면서 이렇게 걷다가 지나가는 사람이 너무 궁금하면 말 걸어보고. 나 누군데 친하게 지내자 이러면서. 나 너무 목이 말라 죽겠는데 나 물이 없는데 어떤 사람이 이렇게 지나가다 물병을 마시고 있으면 죄송한데 물 한 모금만 줄 수 있어요? 너스레 떨면서 그렇게 얘기할 수 있다고 생각해요. 예전에는 그런 거를, 예전의 양민지는 그렇게 못했어요. 너스레를 떨 만큼 그렇게. (양민지, 23세)

나는 늘 생각해 본 게 그거에 익숙해지는 게 내 과제다. 그거에 대해서 익숙해지고 힘들어하고 그걸로 인해서 자유로와지는. 아니면 제 성격만 그런 건진 모르겠지만. 뭔가를 극하게 겪어 보면은, 호기심이 생기면 되게 집착해요. 막 하다가 뭔가를 알게 되면 그거에 대해서 마음이 잡히면 그냥 자유로와져요 그거에 대해서. (중략) 뭔가 부딪히다 보면은 뭔가 배우겠고 다음번에는 뭔가 다르게 하겠고. 아니면 또 혼자 들어와서 이렇게 쪼그리고 있다가 에너지가 나면 또 밖에 나가는 거고. 그렇게 할 수밖에 없잖아요 또. 나아가려면. 삶을 선택한다면. (제갈재이, 22세)

이 사회는 매우 오랫동안 기울어진 채 유지되어 왔다. 그 기울기란 비단 물리적이거나 경제적인 것을 뜻하는 것이 아니라 그것을 포함하여 또한 그것의 기반이 되는 인식세계 전반에 걸쳐 그 기울기를 정상화하는 체계와 체제가 있음을 뜻하는 것이다. 기울기의 하중과 위계가 이미 부당하게 정해져 있는 상태에서 기울어진 한쪽에 위치하게 된 이들이 스스로의 존엄과 존엄성을 지킬 수 있을 만큼의 물적인 환경과 사회적인 지위를 가질 수 있는 가능성은 얼마나 될까?

양성애 그리고 양성애자에 대한 오해와 혐오 그리고 소속의 부재감 등은 양성애적 주체들에게 일상적인 갈등과 불안을 겪게 만든다. 그럼에도 불구하고 그런 삶을 고스란히 겪으며 살아온 구술자들이 기존의 기혼이성애남성중심적 체제로의 진입만을 갈구하거나 갈등 없이 욕망하지는 않는다. 오히려 상당수가 다른 가능성들을 꿈꾸고, 말한다.

6부 나오며 하나도 아니고 둘도 아닌 횡단(橫斷)하는 퀴어 비체, 양성애/여성

이 책에서 나는 퀴어페미니즘 이론을 기반으로 하여 양성애/여성의 생애사적 경험과 의미부여 과정을 해석함으로써 한국 사회에서 양성애/여성 주체성이 어떠한 맥락 안에서 형성되고 있는지를 살펴보았다. 이를 통해 남/여, 남성성/여성성, 동성애/이성애라는 이항과 이분법이 전제하는 성/성차/섹슈얼리티에 대한 인식론적 틀이 가진 한계를 살펴보았다. 양성애/여성 주체는 남/여, 남성성/여성성, 동성애/이성애의 경계를 넘나든다. 공고해 보이는 성/차 경계를 넘나들면서 형성된 양성애/여성의 유동적이고 따라서 모호한 주체성은 남/여 이분법적으로 고착된 경계에 대한 인식을 문제적으로 바라보고 질문할 수 있게 해준다.

양성애 인식론은 성적 주체들을 이성애와 동성애라는 이분법적 인식을 벗어나 다른 틀에서 해석할 수 있는 틀을 제공해준다. 그런데 이러한 양성애 인식론에서는 두 가지의 서로 다른 접근법이 경합하고 있기도 하다. 첫째, 양성애의 유동성과 이동성이 남/여, 남성성/여성성, 이성애/동성애라는 이분법적 인식이 허구라는 점을 드러내 준다는 점에 주목하는 인식론적 입장이 있고, 둘째, 그러한 유동성과 이동성을 실천하는 주체들이 겪는 차별과 배제라는 구체적인 삶과 일상의 문제를 어떻게 연결하여 의미화하고 해결할 수 있을 것인가에 주목하는 정치적인 입장이 있다.

이러한 경합에 대해 클레어 헤밍스(Hemmings, 2002)는 양성애 정체성에만 한정적으로 내재되어 있거나 혹은 부착되어있는 성적 혹은 사회적 실천이란 없다는 점에 주목해야 한다고 말한다. 이런 점에서

양성애: 열두 개의 퀴어 이야기

양성애 담론이 성 담론 안에 등장하게 된 사회적이고 역사적인 맥락의 측면이 간과되어서는 안 될 것이다. 서구사회에서 근대적 정체성의 하나로서 게이/레즈비언 정체성이 어떻게 등장하였는지를 분석한 디밀리오(D'Emilio, 1983)는 게이 남성과 레즈비언이라는 근대적 성적 주체의 등장은 개인이 가족구조에서 벗어나 생계를 이어갈 수 있는 사회적 조건이 형성되어 있었기 때문에 가능한 것이었다고 지적한다. 즉, 생산양식과 생산관계의 변화로 인해 가족을 중심으로 생활하는 농촌을 떠나 가족 밖 개인들이 도시의 임금노동자로서 살아갈 수 있게 된 사회적 맥락이 게이 남성과 레즈비언이라는 성적 주체가 등장할 수 있었던 배경이었다는 것이다. 다음과 같은 멀 스토의 지적은 디밀리오의 이런 지적과 맥을 같이 한다.

양성애 혹은 어떤 다른 형태의 현대 섹슈얼리티가 후기근대적이라고 보는 것 자체가 즐거워해야 할 것은 아니다. 불확정성, 불안정성, 파편화, 유동성 등의 특징은 바로 그 자체로 정치적으로 급진적이거나 이 특징들을 생산해낸 후기근대적 상황에 저항적인 것일 수 있는 것이 아니다. 또한 그 특징들이 바로 절망의 원인이 되는 것도 아니다. 후기근대성은 이전에 있었던 근대성처럼 나쁜 점도 가지고 있고 좋은 점도 동시에 가지고 있고, 해방적 요소들과 탄압적 요소들도 동시에 가지고 있다. 따라서 우리가 할 일은 어느 것이 어느 것이며 그것을 가지고 우리가 할 수 있는 것이 무엇인지를 찾아내는 것이다. 양성애 이론은-보다 넓게 말하면 퀴어이론은-후기근대성 안에서 스스로가 갖는 위치를 인식하고 인정해야 할 필요가 있으며 그 위치에 대해 만족하고 무비판적인 태도를 갖기보다 그 위치에 대해 호되고 특히 복잡다면한 비판을 시작할 필요가 있다. 양성애자들 그리고 다른 퀴어들이 이 후기근대적 현실 속에서 자신의 위치에 대해 심도있는 연구를 시작하지 않는다면 양성애로 혹은 퀴어로 살 수조차 없게 될 수도 있다(Storr, 1999b:320-21).

한편, 헤밍스(Hemmings, 1995)는 양성애 인식론이 가지는 존재론적 가능성과 양성애자로 정체화한 이들의 경험론적 가능성이 충돌하는 지점이 있고 이 점 또한 간과되어서는 안 된다고 지적한. 즉, 양성애 인식론이 주장하는 탈치된dislocated 주체들이 어떻게 또 다른 탈치된 주체들을 알아볼 수 있는가에 대한 답이 있어야 한다는 것이다. 이런 측면 때문에 양성애 인식론은 대체로 분류화에, 특히 이분법적 분리와 이원적 사고에 반대하는 입장을 가지고 있지만 동시에 몇몇 학자들은 현혹적이거나 고정된 분류화만 아니라면 어떤 맥락에서는 분류가 필요하거나 유용할 때도 있다고 보고 있다. 특정 맥락에서는 양성애자라는 분류를 원칙적으로 거부하기보다는 가능한 분류들을 확대함으로써 포함될 수 있도록 해야 한다는 것이다. 예로써, R. 콜커(Colker, 1996)는 법체계 안에서는 분류를 사용하지 않고서 양성애자들이 차별로부터 보호받고 평등권을 보장받을 수 있도록 싸울 방법이 현재로서는 없다는 점을 지적한다. 이점은 자크 라깡(Rose, 1982)이 지적한 바와 같이 사회체계에서는 개인이 정체성이라고 하는 하나의 사회적 장소를 차지하고 있을 때만이 비로소 법적이고 사회적인 주체가 되고 또 주체로 호명될 수 있기 때문이기도 하다. 물론 개인을 특정한 시기의 특정한 정체성으로 환원시키면서 그러한 정체성에 부착된 의미 경계 안에 붙잡아두는 이러한 체계는 질문되어야 하는 것이지 전제되거나 무조건적으로 수용되어야 할 것은 아니다. 그렇지만 현재 시점에서 개별 주체들이 겪는 현실적인 문제에 대한 해결책을 제시하기 위해서는 검토되어야 할 문제이기도 하다.

스토의 주장은 앞에서 헤밍스도 언급하였듯이 양성애적 존재로 스스로를 규정하는 이들의 존재론적 가능성과 양성애자로 정체화한 이들의 경험론적 가능성이 충돌하는 지점을 해소할 수 있는 가능성을 남겨 놓는다. 가버도 지적한 바와 같이 양성애/여성 주체의 유동성과 다중성은 양성애를 남/여, 남성성/여성성, 이성애/동성애 구도 자체를 급진적으로 질문하면서 이러한 구분이 실패할 수밖에 없음을 드러내 주지만, 이것을 드러내는 주체가 사회적으로 생존하기 위해서는 임의적이고 한시적이지만 동시에 구체적으로 발을 디디고 서 있을 수 있는 구체적인 장소가 필요할 수밖에 없다. 문제는 이러한 장소를 고정되고 고착되어 있는 정체성으로서가 아니라 유동적이고 과정 중에 있는 것으로 얼마나 드러낼 수 있는가 하는 점일 것이다. 이런 측면에서 양성애를 어떻게 인식할 것인가는 양성애를 어떠한 정치적 맥락에 위치시키는가의 문제이기도 하다. 따라서 양성애를 하나의 균질한 집단의 정체성으로 인식할 수 있을 것인지 아니면 양성애의 유동성과 다층성에 주목하여 양성애를 인식할 것인지는 정치적인 문제가 된다.

한편, 성적 정체성의 형성과 등장이 특정한 역사적 맥락 속에서 이루어진다고 할 때 한국사회에서 출현하고 있는 양성애/여성 주체에 대한 이해 또한 한국사회의 역사적 맥락 속에서 이루어져야 한다. 압축적 근대화를 경험한 가부장적 자본주의 체제 하의 한국사회 개인들은 여전히 가부장적 가족중심문화가 만들어 내는 생애질서에 종속되어 있다. 이는 양성애/여성의 삶을 생애사적으로 이해하는 데 있어서 한국사회의 가부장적 가족중심문화를 형성하고 지속시키는 사회적, 문화적, 그리고 물적 기반을 통합적이고 맥락적으로 고려할 필요가 있다는 뜻이기도 하다.

한국사회의 가부장적 가족중심문화는 이성애/남성중심성과 공고히 관련되어 있다. 그리고 가부장적 가족중심문화는 자본주의적 노동과도 깊은 관련을 가진다. 한국사회의 도시노동자들에게는 그 개인이 여성인가 남성인가에 따라 그리고 결혼하였는가 하지 않았는가에 따라 그 개인의 사회적 위치와 지위가 달라지고 삶의 물적 조건이 영향을 받기 때문이다. 가부장적 가족중심문화는 이성애/남성중심성을 재강화하고 이를 통해 이성애/남성중심성을 이탈하는 주체들의 삶을 덜 살만 한 것으로 혹은 살만하지 못한 것으로 만든다. 이런 측면에서 양성애 인식론이 이성애/남성중심성을 존속시키는 이분법적 성/차 인식의 허구를 드러내는 것은 곧 이성애/남성중심성을 이탈하는 주체들의 삶을 살만하지 못한 것으로 만드는 현실에 대한 급진적인 비판이기도 하다.

성차 개념과 섹슈얼리티 개념은 분석적으로는 구분되지만 실질적으로는 서로 연관되어 있다. 바로 이 연관성이 여성주의자들 사이에

양성애: 열두 개의 퀴어 이야기

서 성이 중요한 사안으로 인식되는 이유 중 하나이기도 하다. 그런데 김은실(1998)의 지적처럼 그동안 한국 사회의 많은 페미니스트들은 억압적인 성적 관계를 억압적인 성차 관계의 결과로 보면서 자주 '성적인 것the sexual, sexuality'을 '성차'에 포함시켜버리는 경향을 보여 왔다. 성에 대한 논의에서도 성차 관계에 중심을 두어 왔기 때문에 양성애/여성 주체가 제기하는 성차 중심성을 이탈하는 질문들을 반영하지 못해 온 측면이 있다. 페미니즘 성 담론의 성차 중심성과 이성애 중심성을 비판해 온 레즈비언 성 정치학도 양성애/여성 주체가 제기하는 문제를 다루는 데에는 한계를 보여왔다.

그런데 이성애 중심적인 페미니즘 내 성 담론과 그에 대한 대항성 담론이라고 할 수 있을 게이/레즈비언 담론은 또한 두 가지 지점에서 공통적 문제를 가지고 있다. 하나는 정체성을 본질화하는 경향을 가진다는 점이다. 페미니즘은 이성애를 구성하는 성과 성차를 전면적인 비판없이 짝짓기하는 경향을 보이면서 성차와 성 정체성gender identity을 생래적이고 고정적인 것으로 상정하는 효과를 재생산해 왔다. 이러한 경향은 남/여, 남성성/여성성이라는 이원론적 구도를 기반으로 하는 성차 정체성들의 이항적 관계를 자연화하는 효과를 낳음으로써 이성애를 규범화하고 본질화하는 데에 적극적으로 기여한다(서동진, 2002; 훅스, 2005).* 정체성의 정치학에 기반한 게이/레

---

* 흥미롭게도 서동진의 지적처럼 한국사회에서 '이성애중심주의, 남성중심주의, 생식중심주의에 대한 급진적 성정치학의 비판이 지나치게 순조롭게 큰 저항 없이 수용'된 측면이 있다. 기존의 성 연구에서 작동하고 있는 이성애 중심성과 성차 중심성이 비판되기도 하였다. 그러나 이것이 곧 기존 질서의 변화를 의미하는 것은 아니었다. 서동진은 그런 시도들이 이성애 중심성을 단순히 '드러내놓기만' 한 채 '종래의 성 체제에 순응하는 자동반복행위'는 계속되고 있다고 지적한다.

즈비언 성 정치도 정체성을 고정적인 것으로 상정하는 경향이 있고 이로써 이성애의 지위를 자연적인 것으로 남겨 놓는 한계를 가지고 있다.

페미니즘 성 담론의 이성애 중심성과 성차와 이성애를 자연화하는 경향, 그리고 이성애 중심성을 비판하는 게이/레즈비언 대항 성 담론의 정체성을 보는 본질주의적 관점은 결과적으로 이성애/남성중심성을 제대로 문제 삼고 정치화하지 못한 채 자연화된 지위를 누릴 수 있게 해 주었다. 그리고 이성애/남성중심성을 축으로 그 위치에 있지 못한 개인들을 주변화시키거나 비가시화시키는 성차 위계와 섹슈얼리티의 위계질서를 유지시키는 결과를 초래해 왔다. 결국 이성애/남성중심의 '지위적 섹슈얼리티'*를 재생산하고 다른 성적 주체들이 놓여있는 위계적이고 차별적인 사회적 위치와 그것이 기반한 불평등한 물적 질서를 유지시키는 데에 일조해 왔다고 할 수 있다.

성차 정체성과 성적 정체성을 보는 본질주의적 관점을 비판하는

이러한 현상에 대해 서동진은 '자신의 섹슈얼리티를 조직하는 이데올로기적 차원을 성공적으로 상징화하였다는 자족감에 빠진 채 자신의 욕망을 계속하여 추진하는 힘을 놓지 않는 여성주의 내부의 한계'를 비판하였다(서동진, 2002). 김은실은 이러한 한계가 "성에 대한 본질주의적 사고방식과 중산층 계급에 기반한 이성애 중심주의의 로맨티시즘"에 바탕을 두고 있다고 말한다(김은실, 2006). '욕망을 추진하는 힘을 놓지 않는 한계'와 '이성애 중산층의 로맨티시즘'을 작동시키는 근저에는 물론 성을 축으로 한 자원 분배와 노동의 문제가 놓여있다(Hennessy, 2000).

＊ 에드리언 리치(Rich, 1978)는 '강제적 이성애(compulsory heterosexuality)' 개념을 통해 역사적으로 언제나 존재해 왔던 레즈비언들이 제도된 규범적 이성애적 삶을 선택할 수밖에 없었던 점을 드러냈다. 게일 루빈(Rubin, 1984)은 '위계적 성애' 개념을 통해 '재생산 중심적 기혼 이성애'를 위계의 최상위에 두고 다양한 성애에 그것에 반하는 정도를 중심으로 위계를 매기거나 비정상화하는 성적 가치체계를 비판하였다. 그런데 이 두 개념은 가부장체제 안에서 특정한 방식으로 향유되는 성이 개인의 구체적인 사회적 위치와 지위에 영향을 미친다는 것을 보다 적극적으로 드러내기 위해서는 부족한 측면이 있다.

양성애: 열두 개의 퀴어 이야기

퀴어이론은 동성애와 이성애로 성을 사고하는 이분법이 실제로 다양한 비이성애적 행위자들을 주변화시키고 배제시키고 있음을 드러내왔고 동성애/이성애라는 고정된 이분법 구조 자체가 가진 근본적인 문제를 지적해 왔다(정경운, 2000). 트랜스젠더 사안이 중요한 사안으로 부상한 맥락에는 트랜스젠더 주체성 자체가 성차 본질론에 치명적인 타격을 가하는 측면이 있기 때문이었다. 트랜스젠더 담론은 성차가 본질적이고 고정된 것이 아니라 수행되고 조형되고 전환될 수 있는 것이라는 인식을 제시했다.* 트랜스젠더 담론을 이은 젠더퀴어 gender queer 담론은 몸의 경험을 이전과는 다른 방식으로 의미화할 수 있는 가능성을 제시했다.**

그러나 성과 성차를 '퀴어하게' 읽고 재구성하는 젠더퀴어 담론과 실천에서도 여전히 질문되지 않은 두 가지 정도의 중요한 지점들이 남아 있다. 하나는 성과 성차를 계속해서 하나의 지속적인 쌍으로 가져가는 것이 갖는 문제이다. '남자'는 '남성성'을 수행하고 '여자'는 '여성성'을 수행한다는 구도를 '남자'와 '트랜스젠더남성FTM'이 '남성

---

* 트랜스젠더 커뮤니티는 1990년대 이후 온라인을 통해 꾸준히 관계망을 구축하고 정보를 공유해왔고(나영정, 2007) 이에 힘입어 2006년에는 트랜스젠더 인권보호활동을 위한 단체인 <성전환자인권연대 지렁이>가 설립되었고 2008년에 <트랜스젠더인권활동단체 지렁이>로 단체명을 바꾸어 활동하다가 2010년, 잠정적으로 활동을 중단, 2012년 공식 해산하였다.

** 남성연예인들의 외모를 모방하고 그들의 역할을 연행하는 '팬코스' 활동을 통해 기존의 성/차 관계를 벗어나는 경험을 한 10대 '소녀'들은 이전과는 다른 방식으로 자신의 주체성을 형성하기 시작했다(신라영, 2003). 록(Rock) 음악이라는 장르를 통해 기존의 여성성으로 규정되는 경험과는 다른 몸의 경험(bodily experience)을 함으로써 새로운 여성 주체성을 형성하게 된 여성들도 등장했다(강정임, 2005). 그리고 성(sex/gender)을 전환해 남성(FTM)이 된 이들이 기존의 남성성과는 다른 남성성의 수행에 대해 말하기 시작함으로써 기존의 남성성 담론에 틈과 균열이 만들어 지고 있기도 하다(나영정, 2007). 세 명의 트랜스젠더 남성 이야기를 다룬 다큐멘터리 <3XFTM>(김일란 감독, 연분홍치마 제작, 2008)은 이런 맥락에서 사회적으로 나름 의미있는 반향을 불러일으켰다.

성'을 수행하고 '여자'와 '트랜스젠더여성MTF'이 '여성성'을 수행한다는 구도로 확장하는 것으로써 성차에 부여된 문제적 지위가 해소될 수 있을까? 남성/여성의 관계만을 상정하는 이성애적 틀 안에서 사고되어지는 성차에 대한 관념은 어느 정도로 해체될 수 있고 또 해체되고 있는 것일까? 또한, 남/여, 남성성/여성성이라는 틀과 연동하는 성적 위계구조는 어떻게 해체될 수 있을까?

'성차화'는 개인들을 이성애 구도 안에 위치시키는 기제이고 또한 성별화된 물적 질서 안에 위치시키는 기제이기도 하다. 여자도 남성이 되거나 남자도 여성이 될 수 있다는 것을 가시화함으로써 성차를 고정되고 본질적인 것으로 보는 관념을 해체하고 성차가 구성되었다는 점을 드러내는 것은 성차를 생물학적 본질론으로부터 해방시킨 측면이 있다. 그러나 남성성과 여성성에 부여된 위계적 관계질서가 해체되지 않는다면, 그리고 재구성된 남성성과 여성성이 남자는 남성성을 수행하고 여자는 여성성을 수행한다는 성차화된 구도와 규범을 여전히 지속시킨다면 성과 성별의 전환이 해체하고 있는 것은 무엇일 수 있을까? 그것이 그것을 그런 방식으로 구성되도록 구조짓는 축들과 물적 질서를 궁극적으로 재생산하는 것으로 귀결되는 것을 막을 수 있을까?

또 하나 질문되어야 할 것은 성sexuality과 성차의 구성성이 주목받고 트랜스젠더 등의 전환적 주체성trans-subjectivity이 담론화되는 과정에서도 여전히 남/여, 남성성/여성성, 이성애/동성애라는 이분법적인 구도에 대한 전면적 재검토가 충분하지 않다는 점이다.

이 두 가지 지점에 대한 질문은 양성애/여성의 주체성 형성의 문제와 연결되어 있다. 양성애/여성의 등장은 남/여, 남성성/여성성, 이성애/동성애라는 이분법적인 축을 재검토할 것을 요구하고 있고 성sex과 성차gender 사이의 관계 또한 자연스럽고 필연적인 것으로 상정하지 않는 인식론을 더욱 강력히 요구하고 있기 때문이다.

그런데 양성애/여성의 경험 서사가 여전히 남/여, 남성성/여성성, 이성애/동성애라는 이분법에 근거하고 있다고 했을 때 이들이 자신의 양성애성을 의미화하는 것 또한 성차 이데올로기를 깊숙이 내재화하고 있는 가운데 등장하고 있다는 말이 된다. 역설적이게도 이점은 남/여, 남성성/여성성, 이성애/동성애라는 이분법적인 축을 그대로 상정하거나 전제할 것이 아니라 그것을 축으로 체험되는 성차화된 경험과 이것을 작동시키는 이데올로기가 촘촘하게 분석될 필요가 있다는 것을 말해준다. 또한, 성과 성차 사이의 관계는 자연스럽고 필연적인 것이 아닌 질문되어져야 하는 것이고 또한 남/여, 남성성/여성성, 이성애/동성애라는 이분법 또한 이런 맥락에서 재검토되어야 한다는 것을 말해준다. 가능태로서의 주체성이 어떻게 성차화된 주체로 구성되는지를 검토하고, 이와 함께 가능태로서의 성애가 어떤 방식과 과정을 통해 이성애라는 특정한 성애로 강제되고 어떠한 담론과 물적 조건의 형성이 양성애/여성이 언어화되어 의미를 얻을 수 있는 맥락을 구성하였는지를 검토할 필요성 또한 이런 측면에서 제기되는 것이다.

구술에 참여한 양성애/여성 주체들의 구술은 남/여라는 이분법적으로 주어진 사회적 위치와 이 위치에 대한 사회/문화적 해석이라고 할 수 있는 남성성/여성성이 가능태로서의 주체를 특정한 위치와 특정한 행위양식 안에서 규제해 왔음을 보여주었다. 양성애/여성 주체는 남성성/여성성이라는 고정된 성차 경계로 설명할 수 없는 퀴어적 혹은 횡단적 성차 정체성을 가지는 경향이 있다. 구술자들은 생물학적 조건에 부합하는 것으로서 사회적으로 승인되고 강제되는 성차를 자기 정체성으로 삼는 것을 불편해한다. 또한 구술자들은 대체로 특정한 성차를 수행하는 듯한 외향을 보이기도 하고 특정한 성차를 무의식적으로 즐기는 경향도 있지만 동시에 다른 성차를 수행하는 것에 있어서도 가능성을 열어놓는다. 양성애/여성 주체에게 성차 수행은 일종의 사회적 소통을 위한 매개이고 따라서 관계적 맥락 안에서 유동적으로 변할 수 있는 것이다.

그렇기 때문에 횡단적 성차 정체성은 성적 대상과의 관계적 맥락 안에서 유동적으로 수행되기도 한다. 양성애/여성 주체에게 성적 대상은 특정한 성차를 전제로 하는 것이 아니다. 따라서 그 관계가 이성 간인지 동성 간인지를 기준으로 섹슈얼리티를 분류하고 그것을 고정된 이항적 틀 안에서 사고하는 것이 가진 한계를 드러내고 있다. 또한 양성애/여성 주체의 유동적인 성차 수행은 그 관계의 역동성이 남성성과 남성성 간의 역동인지 아니면 여성성과 남성성 혹은 여성성과 여성성 간의 역동인지를 고정적으로 사고할 수 없다는 것을 보여주고 있다.

그러나 한국 사회는 정체성과 성차를 이분법적이고 획일화된 것으로 사고하는 경향이 크다. 양성애/여성 주체에 대한 사회적 낙인과 소외가 소위 이성애자 사회와 동성애자 사회 모두에서 일어나고 있는 것도 이런 맥락에서 볼 수 있다. 특히 이성애/남성중심적인 사회 체제는 이성애/남성중심성에 위협이 되는 행위에 사회적 처벌을 가하거나 그 행위자를 배제하거나 혹은 사회적 자원에 대한 접근을 단절시키는 방향으로 작동한다. 구술 참여자들이 유년기 시절부터 경험해 온 성차화와 이를 통한 이성애화 그리고 성인기에 경험해 온 이성애/남성중심 체제로의 포섭과 강제는 이런 맥락 안에 있다.

한국사회와 같이 가부장적 가족문화가 개인의 생애 경험과 이것의 서사화에 강력한 영향을 미치고 있는 사회에서는 퀴어이론 등의 후기 근대 성이론이 상정하고 있는 자유주의적 성적 주체 개념만으로는 양성애/여성의 주체성과 정체성 형성의 과정을 설명하는 데 한계가 있다. 한국사회에서 성적 주체성을 이해하기 위해서는 무엇보다도 가부장적 가족문화와 이와 맞물려 작동하는 이성애/남성중심성이 성차화와 성애화의 과정과 맺는 관계를 함께 살펴보아야 한다. 한국사회에서 성차와 성(젠더와 섹슈얼리티), 성차화와 성애화는 서로 분리되어 이해될 수 없는, 서로 맞물려 돌아가는 상호체제다. 성차화와 성애화의 이 상호체제는 성차의 위계와 성의 위계가 서로 맞물려 작동하는 것임을 말해 주는 것이기도 하다. 이는 양성애/여성의 주체성을 이해하는 데 있어서 성차나 성 어느 것도 다른 한쪽보다 우위에 놓여서는 안 된다는 것을 말해준다.

양성애/여성 주체는 성/차화와 이/성애화가 강제되는 생애국면에서 성차의 경계, 성의 경계를 횡단하며 성차와 성이 작동하는 위계적 질서와 그것이 강제되는 방식을 경험한다. 이러한 경험은 관념적인 것이 아니라 관계적이며 물질적인 것이고 주체가 위치된 다양한 사회적 관계와 물적 조건의 영향을 받는다. 따라서 양성애/여성 주체성은 보편적이고 단일한 것일 수 없으며 연령, 계층, 개별 경험 등 생애 서사를 구성하는 다른 다양한 요소들과 맞물려 서로 다르게 발휘된다. 이는 양성애/여성의 주체성을 이해하기 위해서는 주체가 위치한 하나의 영역에만 관심을 기울이는 것이 아니라 여러 지점들 사이의 전환 속에서 벌어지는 모순들과 그러한 모순을 겪어가는 속에서 주체 '되기'하는 과정이 중요하게 검토되어야 함을 말해준다.

이 책에 등장한 구술 참여자들의 이야기는 양성애/여성 주체들이 '양성애'라는 성적 정체성만으로도, '여성'이라는 성차적 정체성만으로도 그 주체성이 온전히 설명될 수 없는 중층적 주체들임을 보여주었다. 또한 구술자 각각이 자신의 삶을 의미화하고 삶의 지향을 구성하는 지점들이 상이하고 다양하다는 것을 보여주고 있어 '양성애/여성' 주체라는 규정 또한 어떤 일관되고 보편적인 삶의 문화적 양태나 정체성을 말하는 것이 될 수 없음을 보여주고 있다. 이점은 구술 참여자 각각의 삶의 현재적 의미가 양성애/여성 주체라는 범주로 약분될 수 없는 중층적이고 고유한 서사로 구성된다는 것을 중요하게 말해주는 것이다.

어떤 가능성도 선폐되지 않은 가능태可能態로서 태어난 인간은 특정한 역사적 정황 하에 있는 특정한 사회 속에서 생애사적 체험이라는 고유한 개별 경험을 통해 고유한 서사를 구축하며 주체성을 구성

양성애: 열두 개의 퀴어 이야기

한다. 양성애/여성의 경험 서사 또한 기존의 남/여, 남성성/여성성, 이성애/동성애라는 이분법에 근거하고 있다. 그러나 이것은 역설적이게도 남/여, 남성성/여성성, 이성애/동성애라는 이분법적인 축이 질문되어 분석되어져야 할 대상이라는 것을 드러내 주는 점이기도 하다. 성sex과 성차gender 사이의 관계가 자연스럽고 필연적으로 쌍이 지어지는 것이 아니라면 그것을 쌍 짓는 것은 질문되어야 하는 것이고 따라서 남/여, 남성성/여성성, 이성애/동성애라는 이분법 또한 재검토되어야 하는 것임을 말해주기 때문이다. 양성애/여성은 여성을 욕망하는 주체와 남성을 욕망하는 주체의 경계를 횡단한다. 그렇기 때문에 이성애/동성애라는 이분법적인 성 인식의 경계를 모호하게 흐려놓는다. 소위 여성에 대한 욕망도, 남성에 대한 욕망도, 그어느 대상에 대한 욕망도 선폐foreclose하지 않는 여성들은 한편에서는 여성/남성, 여성성/남성성, 이성애/동성애라는 쌍대구도를 더 이상 기존의 이분법적 인식론으로 바라볼 수 없게 만들고 있기도 하다. 성과 성차 사이에 필연적 관계가 없다면 남/여, 남성성/여성성, 이성애/동성애라는 이분법적인 쌍도 필연적이어야 할 근거가 없다.

양성애/여성 주체는 이분법적 인식틀을 가로지르면서 이러한 이분법이 존재한다는 것을 적극적으로 드러내고 가족, 학교, 연령담론, 생애주기 담론, 직장 등 이분법을 작동시키는 이데올로기적 기제와 물적 조건을 새롭게 들여다볼 수 있게 해준다. 따라서 이분법적 경계는 본질적으로 존재하는 것이 아니라 구성되고 강제된다는 것을 드러내며 또한 이성애/남성중심적 질서가 성차 경계와 성적 정체성의 경계를 일상적으로 강제하고 재생산함으로써 유지되고 있다는 것도 보여준다. 즉, 남성중심성과 이성애 중심성은 자연스러운 것으로 전제될 수 있는 것이 아니라 질문되어야 할 정치적 사안임을 역설하는 것이다.

한편, 양성애/여성 주체는 레즈비언과 이성애 여성 모두 구성되는 주체이며 그 사이의 연속성에도 불구하고 이성애가 자연화되는 방식으로 주체의 다양한 다른 가능성들이 삭제되고 차별당하고 있다는 것에 보다 더 주목하게 해 준다. 또한 레즈비언이나 이성애 여성에게 전제되고 있는 균질한 특성으로서의 여성성이라는 성차를 전제하는 것이 아니라 그것을 질문함으로써 성차와 이성애가 전제됨으로 인해 레즈비언과 이성애 여성에게 불평등하게 부여되고 있는 물적 조건과 보상을 질문할 수 있고 이성애/남성중심적 제도 자체의 권력성과 억압성을 드러낼 여지를 만들어 준다.

구술 참여자들의 삶의 현장은 일상 영역이 바로 급진적 성 정치가 실천되고 있는 현장임을 볼 수 있게 해 주었다. 구술자들의 구술에서 나타나듯이 양성애/여성 주체들이 끊임없이 제기하는 자기질문들과 일상적으로 실천하고 있는 미시적인 방식에서의 저항은 이성애/남성중심적 제도 자체에 대한 저항이다. 특히 이러한 실천이 한국사회에서 이성애가 다양한 성애들 중의 하나가 아니라 일종의 지위적 섹슈얼리티로서 기능하면서 자본주의, 가부장제, 남성중심성 등을 근간으로 하는 기존의 사회질서를 재생산하는 성애로서 기능하고 있다는 것에 대한 참여자들의 인식에 이어져 있다는 것은 참여자들의 실천을

양성애: 열두 개의 퀴어 이야기

적극적인 저항적 행위로서 읽을 수 있게 해준다.

이성애/남성중심적 사회질서 안에서 이루어지는 성차화는 개인들을 이성애 구도 안에 위치시키는 기제이고 또한 성별화된 물적 질서 안에 위치시키는 기제다. 양성애/여성 주체는 애매하고 모호한 위치에서 이성애적 규범성과 관계 맺음으로써 양성성이라는 규범적 성차화를 뛰어넘는 성 정체성과 양성애라는 이성애 규범성을 뛰어넘는 성적 정체성을 통해 성차를 고정되고 본질적인 것으로 보는 관념을 해체하고 이성애/남성중심적 사고틀을 해체적으로 볼 수 있는 인식틀을 제공하고 있다. 양성애/여성의 모호한 위치를 구체적으로 드러내고 그것이 이성애적 규범과 맺는 관계를 규명하는 것은 성sex/sexuality과 성차gender에 대한 이분법적 인식론을 통해 안전하게 지켜지고 있는 이성애/남성중심성을 새롭고 해체적으로 의미화할 수 있는 가능성을 던져준다.

위치성이란 정체성을 긍정적으로 의미화시키는 토대일 뿐 아니라 자원이 축적되는 공간적 토대이기도 하다. 이성애/남성이라는 주류 계층은 동성애/여성이라는 대표적인 비주류 계층에 대한 분명한 경계를 통해 자신의 주류성을 공고히 하고 동성애/여성을 위시한 비주류 계층은 이에 대한 '명백한' 대항 경계를 통해 자신의 비주류성을 보존한다. 그리고 이 경계를 통해 이성애/남성을 중심으로 편재된 자원의 흐름과 이 자원의 흐름을 강제하거나 정당화하는 담론 생산은 계속된다. 이러한 이항적 대항 경계를 넘나드는 양성애/여성 주체는 '명백해' 보이는 이 경계가 이성애/남성의 주류성을 보존해 주는 기제이며 이러한 기제를 통해 가부장 체제의 물적 질서 또한 유지되고 강화되고 있다는 것을 보여주고 있다.

성차가 강제되는 과정에 대한 섬세하고 예민한 자각과 이러한 자각을 통해 성차의 경계를 넘나들 수 있는 감각을 익힌 이들, 성차를 넘나들며 형성하는 관계를 통해 구성된 양성애/여성 주체의 관점은 더 이상 정체성이나 욕망을 고정된 것으로 보지 않는 새로운 삶의 관점을 형성하고 제안하고 있다. 경계를 넘어본 주체의 감성은 경계 안에 갇혀 있을 때의 그것과는 더 이상 동일한 것이 아니다. 구술 참여자들은 이성애자나 동성애자로서가 아니라 양성애/여성으로서 존재할 수 있는 삶의 조건을 끊임없이 구상하고 추구하고 있다. 동성 관계 안에서의 경험은 이성애/남성중심의 문화에 대한 비판적 감성을 키운다. 또한 동성애 커뮤니티 안에서 겪게 되는 차별은 어디에도 소속감을 갖지 못하는 고립감으로써 경험되기도 하지만 동시에 차이에 대한 감수성과 차이를 삭제하려는, 사회적 소수자 문화 내에 이미 내재되어 있는 미시적 폭력에 대한 감수성도 키웠음을 보여주고 있다. 이러한 감수성을 바탕으로 구술 참여자들은 차이를 있는 그대로 존중받을 수 있는 삶의 방식을 추구하고, 이는 이성애/남성중심적 사회제도에 편입되지 않으면서 동시에 그것의 반대항에 자신을 고정적으로 위치시키지 않으려 하는 유동적인 삶의 태도를 가지는 것으로 나타난다.

가버(Garber, 1995)가 말하고 있듯 양성애의 핵심은 이동 혹은 바꾸기shifting 그 자체에, 다중적이고 이동적인 의미 자체에, 파악할 수 없는 유동성 그 자체에 있을 것이다. 그리고 이러한 이동 혹은 바꾸기 자체는 우연히 발생하여 출생하고 다시 소실되는 시간적 존재인 인간이 가진 욕망의 핵심이라고 볼 수도 있을 것이다. 유동적인 삶의 태도와 실천을 통해 경계를 흐리는 양성애/여성 주체의 이러한 모호성은 경계를 구축함으로써 자신의 위치를 고착화시키고 그를 통한 자원 흐름의 지배 질서를 공고히 하려는 체제에 양성애/여성 주체라는 횡단적 주체가 던지는 정치적 질문이자 저항이다.

세즈윅은 『Touching Feeling: Affect, Pedagogy, Performativity (마음을) 만지는 느낌: 감응, 교육, 수행성』(2003)에서 언어의 수행성에 대해 설명하면서 '나는 OOO이다'라고 말하는 것은 내가 본질적으로 OOO이라는 것을, 즉, 과거에 대한 진술을 하고 있다고 보기보다는 미래에 대한 선언의 성격을 갖는다고 보아야 한다는 것이다. 즉, 나는 '양성애자 여성'이라고 말할 때 그것은 나의 과거에 대한 진술이 아니라 오히려 앞으로 나는 그렇게 살겠다고 선언하는 행위인 것이다.

사회적이고 물질적인 동물인 인간이 실존을 위해 필수적인 사회적 삶을 영위할 수 있기 위해서는 '발 디딜 곳'이 불가피하게 필요하다. 그것에는 선택의 여지가 없다. 그러나 발 디딘 곳에 멈추어 있다면 어떤 변화도 가능하지 않을 것이고 따라서 삶은 정지된 것 이상 아무 것도 아니게 될 것이다. '발 디딜 곳'은 '발 디딘 곳'이기도 하지만 동시에 발을 옮겨갈 수 있는 곳, 즉, '발 디딜 수 있는 곳'을 의미하는 것이기도 하다. 정체성이란 일종의 '발 디딜 곳'이라고 할 수 있다. 정체성을 '발 디딜 곳'으로 인식할 때 정체성을 고착된 것이 아니라 유동적인 것으로 새롭게 인식할 수 있게 된다.

지금까지 정체성이란 이미 디디고 있는 발을 중심으로 설명되어 왔을 뿐 디디게 될 발 혹은 옮겨 디디게 될 곳에 대한 설명은 지속적으로 삭제되어 왔다. 또한 발 디딘 곳과 디딜 곳 사이의 관계에 대한 설명도 간과되어 왔다. 양성애/여성 주체의 주체성은 디딜 발 혹은 옮겨갈 곳에 대한 설명이 디딘 발과 함께 되어야 하고 그랬을 때 비로소 주체의 잠재력과 그에 기반한 가능성이 삭제되지 않은 채 인식되고 또 발휘될 수 있다는 것을 말해 주고 있다. 이분법적 사고의 틀 속에 갇히게 되면 틀 밖의 무엇이 될 수 있는 가능성은 선폐되게 된다. 틀 밖으로 나올 수 있는 힘, 그리하여 틀지어진 어떤 것이 아니라 될 수 있는 모든 것이 되어볼 수 있는 자유, 초월할 수 있는 자유를 갖는 것, 그것이 양성애/여성의 위치와 같은 유연하고 유동적인 자아 경계를 가지고 있는 횡단적 주체들이 제시하는 정치적 제안이며 도전일 것이다.

양성애: 열두 개의 퀴어 이야기

참고문헌

국내문헌

강선미, 「신문의 레즈비언 보도경향과 그 재현 방식에 관한 연구: 종합일간지 기사 (1990년~2006년)를 중심으로」, 이화여대 여성학과 석사학위논문, 2008.

강정임, 「여성 록음악가의 몸의 경험(bodily experience)과 새로운 여성 주체성의 형성」, 이화여대 여성학과 석사학위논문, 2005.

게일 루빈, 『일탈: 게일 루빈 선집』, 신혜수·임옥희·조혜영·허윤 옮김, 현실문화, 2015.

고정갑희, 「여성주의적 주체 생산을 위한 이론 1: 성계급과 성의 정치학에 대하여」, 『여/성이론』 제1호, 여이연, 1999.

고정갑희, 『성이론: 성관계, 성노동, 성장치』, 여이연, 2011.

김성경, 「이동하는 여성과 이동을 만들어내는 마음: 북한여성 이주민의 친밀하고 익숙한 공간으로의 북중경계지역」, <분단과 경계를 넘어: 초국경의 부상과 새로운 통일방향> 발표문, 경기도 & 신한대학교, 2015년 10월 7-8일, 경기도 고양시 킨텍스 그랜드 볼룸, 2015.

김영수, 「필사본 <심청전>의 계열과 전승시기 연구」, 판소리연구, 11호, .2000.

김애라, 「학교교육 현장에서의 여학생의 규범에 대한 협상과 성적 경험에 관한 연구」, 이화여대 여성학과 석사학위논문, 2007.

김은실, 「지구화 시대 한국 사회 성문화와 성 연구 방법」, 변혜정 엮음, 『섹슈얼리티 강의 두 번째: 쾌락, 폭력, 재현의 정치학』, 동녘, 2006.

_____, 『여성의 몸, 몸의 문화정치학』, 또 하나의 문화, 2001.

김은하, 「서평: 육체의 훼손에 대한 비가, 버뮤다 삼각지대의 소녀-권지예」, [아름다운 지옥 1,2]. 실천문학, 74:471-476. 2004.

김예란, 「소녀성과 육체의 미디어화: 모바일 커뮤니케이션 문화와 소녀담론」, 한국

여성커뮤니케이션학회, 『미디어, 젠더&문화』, 2006.

이동후, 김예란 외, 『모바일 소녀 @ 디지털 아시아』, 한울, 2006, 63-100쪽.

김예숙, 『외도, 결혼제도의 그림자인가』, 형성사, 1995.

김정민, 「퀴어 문화 운동과 대항 공공 영역의 형성: 서울퀴어영화제의 사례를 중심으로」, 연세대학교 석사학위논문, 2005.

김지혜, 「레즈비언/페미니스트 관점에서 본 서구 레즈비언 이론의 발전과정과 역사적 의의에 대한 연구」, 이화여자대학교 석사학위논문, 1998.

김하나・전봉희, 「近代的 어린이 槪念의 形成과 住居의 變化」, 『건축역사연구』, (46): 185-194쪽, 2006.

김현미, 「청소년기와 섹슈얼리티」, 손승영 외, 『오늘 청소년의 性을 읽다』, 지식마당, 49-74쪽, 2002.

_____, 『글로벌 시대의 문화번역: 젠더, 인종, 계층의 경계를 넘어』, 또하나의문화. 2005.

김훈순・김민정, 「팬픽의 생산과 소비를 통해 본 소녀들의 성환타지와 정치적 함의」, 『한국언론학보』, 48(3):330-478쪽, 2004.

게일 혹스, 『섹슈얼리티와 사회』, 임인숙 옮김, 일신사, 2005.

나영정, 「성전환남성(FTM)의 주체화와 남성되기에 관한 연구」, 이화여자대학교 석사학위논문, 2007.

나임윤경・박이은실・강미연・서정미, 「기혼자들의 '외도'를 통해서 본 한국 사회의 가족, 그 평생교육학적 의미」, 『평생교육학연구』, 15(4): 387-410, 2009.

낸시 초도로우, 「가족구조와 여성적 인성」, 미셸 짐발리스트 로잘도, 루이스 램피어 엮음, 『여성・문화・사회』, 권숙인・김현미 옮김, 한길사, 93-127쪽, 2008/1974.

다양한 가족형태에 따른 차별 해소와 가족구성원 보장을 위한 연구모임, 『대안적 가족제도 마련을 위한 기초자료집』, 2009.

다이애너 기틴스, 『가족은 없다』, 안호용 외 옮김, 일신사, 1997.

데니스 올트만, 『글로벌 섹스』, 이수영 옮김, 이소출판사, 2003.

로버트 H. 프랭크, 『부자 아빠의 몰락』, 황해선 옮김, 창작과 비평, 2009.

로지 브라이도티, 『유목적 주체』, 박미선 옮김, 여이연, 2004/1994.

레나토 로살도, 『문화와 진리: 사회분석의 새로운 지평을 위하여』, 권숙인 옮김, 아카넷, 2000/1989.

리타 펠스키, 『근대성과 페미니즘: 페미니즘으로 다시 읽는 근대』, 김영찬·심진경 옮김, 거름, 1998.

리처드 세넷, 『신자유주의와 인간성의 파괴』, 조용 옮김, 문예출판사, 1998.

미셸 짐발리스트 로잘도·루이스 램피어 엮음, 『여성·문화·사회』, 권숙인·김현미 옮김, 한길사, 2008/1974.

민가영, 「신자유주의시대 신빈곤층 십대 여성의 주체에 관한 연구: 젠더, 계급의 상호성을 중심으로」, 이화여자대학교 박사학위논문, 2008.

미셸 푸코, 『권력과 성, 미셸 푸코: 섹슈얼리티의 정치와 페미니즘』, 황정미 엮음, 새물결, 1995/1977.

_____, 『성의 역사: 앎의 의지』, 이규현 옮김, 나남, 1990/1979.

박성희, 『질적 연구방법의 이해: 생애사 연구를 중심으로』, 원미사, 2004.

박숙자, 「근대적 주체와 타자의 형성 과정에 대한 연구: 근대 소녀의 타자성 형성을 중심으로」, 어문학, 97:267-290, 2007.

박수진, 「한국 레즈비언 인권 실태에 관한 연구: 20,30대 레즈비언을 중심으로」, 성공회대학교 석사학위논문, 2004.

박이은실, 「노동하는 성애: 성노동」, 『진보평론』, 29:216-231, 2006.

_____, 「성춘향, 신여성, 그리고 피켓을 든 소녀」, 『여/성이론』 32:131-157, 2015.

베네딕트 스피노자, 『에티카』, 조현진 해제 및 옮김, 책세상, 2006.

빌헬름 라이히,『문화적 투쟁으로서의 성』, 박설호 옮김, 솔, 1996.

사위키, J,『정체성 정치와 성적 자유, 미셸 푸코: 섹슈얼리티의 정치와 페미니즘』, 황정미 엮음, 새물결, 1995/1988.

서동진, 「근대 자본주의사회에서 동성애 정체성의 사회적 구성에 관한 연구」, 연세 대학교 석사학위논문, 1993.

＿＿＿, 「커밍아웃의 정치학을 다시 생각한다」,『당대비평』, 13:350-361, 2000.

＿＿＿, 「섹슈얼리티와 이데올로기 - 냉소적 성정치학과 그 한계」,『문화과학』, 30(3): 161-175, 2002.

＿＿＿, 「인권, 시민권, 그리고 섹슈얼리티: 한국의 성적 소수자 운동과 정치학」, 『경제와 사회』, 67: 66-87, 2005.

서인숙,『씨네 페미니즘의 이론과 비평: 정신분석학에서 포스트페미니즘까지』, 책 과길, 2003.

셰리 오트너, 「여성은 자연, 남성은 문화?」, 미셸 짐발리스토 로잘도 · 루이스 램피 어 공동 엮음,『여성 · 문화 · 사회』, 권숙인 · 김현미 옮김, 한길사, 129-157쪽, 2008/1974.

소피아 포카,『포스트페미니즘』, 윤길순 옮김, 김영사, 2001/1999.

송도영 · 진양교 · 윤택림 · 오유석,『주민생애사를 통해 본 20세기 서울 현대사: 서울 주민 네 사람의 살아온 이야기』, 서울시립대학교 부설 서울학연구소, 2000.

수잔 보르도,『.몸과 여성성의 재생산, 참을 수 없는 몸의 무거움: 페미니즘, 서구문 화, 몸』, 박오복 옮김, 또하나의문화, 2003/1993.

시몬 드 보봐르,『제2의 성』, 조홍식 옮김, 을유문화사, 1993/1949.

신라영, 「'팬코스' 활동을 통해 본 10대 여성의 주체 형성 과정 연구」, 이화여자대학 교 석사학위논문, 2003.

앤 브룩스,『포스트 페미니즘과 문화이론』, 김명혜 옮김, 한나래, 2003.

앤서니 기든스, 『현대사회의 성, 사랑, 에로티시즘: 친밀성의 구조변동』, 배은경 · 황정미 옮김, 새물결, 1995a/1992.

앤소니 보개트, 『무성애를 말하다: 이성애 동성애 양성애 그리고 사랑이 없는 무성애 다시 쓰는 심리학』, 임옥희 옮김, 레디셋고, 2013.

양은주, 「고학력 비혼 취업 여성의 일과 삶에 대한 생애사 연구」, 연세대학교 박사학위논문, 2005.

여성문화이론연구소 성노동연구팀, 『성 · 노 · 동』, 여이연, 2007.

여성문화이론연구소 정신분석세미나팀, 『페미니즘과 정신분석』, 여이연, 2003.

오수연, 「자기서사(self-narrative)를 통해서 본 레즈비언 정체성 구성에 관한 연구」, 이화여자대학교 석사학위논문, 2006.

올리버 색스 『아내를 모자로 착각한 남자』, 조석현 옮김, 이마고, 2008.

우드힐, W, 「섹슈얼리티, 권력, 그리고 강간의 문제」, 『미셸푸코: 섹슈얼리티의 정치와 페미니즘』 황정미 엮음, 새물결, 1995/1988.

우에노 치즈코, 『가부장제와 자본주의』, 이승희 옮김, 녹두, 1994.

유영대, 『심청전연구』, 문학아카데미, 1991.

이동옥, 「여성들의 노후준비와 자원접근성에 관한 연구」, 이화여자대학교 석사학위논문, 2003.

이성은, 「한국의 결혼관계 내의 섹슈얼리티의 구성과 성적 친밀성」, 한국여성학회 제21차 추계학술대회자료, 2005.

이지은, 「십대여성이반의 커뮤니티 경험과 정체성에 관한 연구」, 연세대학교 석사학위논문, 2005.

이희영, 「사회학방법론으로서의 생애사 재구성: 행위이론의 관점에서 본 이론적 의의와 방법론적 원칙」, 『한국사회학』, 39(3):120-148, 2005.

임영호 편역, 『스튜어트 홀의 문화 이론』, 한나래, 1996.

정경운, 「한국 사회의 레즈비언 담론 양상」, 『민주주의와 인권』, 2(2):57-90, 2000.

정미숙, 「저소득 여성 가구주의 가족경험과 빈곤화 과정에 대한 연구: 사회적 배제 관점을 중심으로」, 이화여자대학교 박사학위논문, 2007.

정승화, 「근대 남성 주체와 동성사회적(homosocial) 욕망: 프로이트의 외디푸스 서사와 멜랑콜리 이론을 중심으로」, 연세대학교 석사학위논문, 2002.

정희진, 『페미니즘의 도전: 한국 사회 일상의 성정치학』, 교양인, 2005.

조르주 바타이유, 『에로스의 눈물』, 유기환 옮김, 문학과 의식, 2002/1961.

_____, 『에로티즘의 역사』, 조한경 옮김, 민음사, 1998/1957.

조성배, 「게이 남성의 소비 공간과 몸의 정치학」, 연세대학교 석사학위논문, 2003.

조은·김은실·조주현, 『성 해방과 성 정치』, 서울대학교 출판부, 2002.

조은섭, 「"조은섭이 엿보는 문호들의 성과 문학: 콜레트 편 – 레즈비언과 양성애, 그 경계를 넘어」, 『월간말』 8월호: 210-213, 2002.

조지 모스, 『내셔널리즘과 섹슈얼리티』, 서강여성문학연구회 옮김, 소명출판사, 2004.

조한혜정, 『한국의 여성과 남성』, 문학과지성사, 1988.

지그문트 프로이트, 『성에 대한 세 편의 에세이』. 김정일 옮김, 열린책들, 1996/1905.

지상현, 「경계, 접경지대, 변경: 한반도 한계공간의 가능성과 현실」, <한반도 평화 공존과 지역의 역할: 경기도와 세계의 접경지역> 발표문, 경기도 & 신한대학교. 2016년 11월 10-11일. 서울, 아트선재센터.

차민정, 「1920~30년대 '변태'적 섹슈얼리티에 대한 담론연구」, 이화여자대학교 석사학위논문, 2009.

찬드라 모한티, 『경계 없는 페미니즘: 이론의 탈식민화와 연대를 위한 실천』, 문현아 옮김, 여이연, 2005. (Mohanty, Chandra T., 2003, *Feminism Without Borders: Decolonizing Theory*, Practicing Solidarity).

최수연, 「차별금지법을 통해 본 '성차별'의 의미와 '여성' 범주에 대한 연구」, 이화여자대학교 석사학위논문, 2009.

허버트 마르쿠제, 『에로스와 문명』, 김인환 옮김. 나남, 2004.

한채윤, 『한채윤의 섹스말하기』, 해울, 2000.

함인희 외, 「한국가족과 부부간의 성관계」, 『한국가족의 현실과 변화』, 여성부여성 정책국사회문화담당관실, 2004.

황두영, 「성적 시민권과 퀴어 운동」, 진보적 성정치 연구모임 워크샵 발표문, 2007.

허재영, 「횡단의 정치와 집단적 주체성」, 대전참여자치시민연대 발표문, 2002.

해외문헌

Alexander, Jonathan & Yescavage, Karen. (eds.) 2003. *Bisexuality and Transgenderism: InterSEXions of the Others*. New York: Harrington Park Press.

Anzaldúa, Gloria E. 1999/1987. *Borderlands/La Frontera: The New Mestiza*, San Francisco: Aunt Lute Books.

Ault, Amber. 1996. "Ambiguous identity in unambiguous sex/gender structure: the case of bisexual women", *The Sociological Quarterly* 37(3) : 449-463.

_____. 1995. "Science, Sex, and Subjectivity". Phd. diss., The Ohio State University.

Beaber, Tera. 2008. "Well-being among bisexual females: The roles of internalized biphobia, stigma consciousness, social support, and self-disclosure". Ph.D. diss., Alliant International University, U.S.A.

Berenson, Carol Ann. 1999. "Interrogating choice: Bisexual identity and politics". M.A. Thesis, University of Calgary, Canada.

Bordo, Susan R. 1989. "The body and the reproduction of femininity: a feminist appropriation of Foucault". Jaggar, A.M. & Bordo, S.R. (eds.) *Gender/body/knowledge: feminist reconstructions of being and knowing*. New Brunswick: Rutgers University Press, pp. 13-33.

Bourdieu, Pierre. 2000. "The biographical illusion", du Gay, P.; Evans, J.; Redman, P. (eds.) 2000. *Identity: a reader*. London, Thousand Oaks, New Delhi: SAGE Publications, pp. 297-303. (1986. "L'illusion biogaphique". Actes de la recherches en sciences sociales 62(3):69-72)

Bradford, Mary. 1997. "The bisexual experience: Living in a dichotomous culture", Ph.D.

diss., The Fielding Institute, U.S.A.

Butler, Judith. 1990. *Gender Trouble: Feminism and the Subversion of Identity*. New York: Routledge.

_____ and Scott, Joan, W. (eds.) 1992. *Feminists theorize the Political*. New York & London: Routledge.

_____. 1993. *Bodies that matter*. London: Routledge.

_____. 2004a. *Undoing Gender*. New York and London: Routledge.

_____. 2004b. *Precarious Life*. London & New York: Verso.

Cixous, Hélène. 1975. "The Laugh of the Medusa". Trans. by K. and P. Cohen. *Signs: A Journal of Women in Culture and Society* 1(4):875-893, Reproduced in Storr, Merl. (ed) 1999. *Bisexuality: a critical reader*. London and New York: Routledge, pp. 189-192.

Clarke, Cheryl. 1981. "Lesbianism: An Act of Resistance". in C. Moraga and G. Anzald a (eds.) *This Bridge called My Back*. New York, Kitchen Table: Women of Color Press. Reproduced in Jackson, Stevi & Scott, Sue (eds.) 1996. *Feminism and Sexuality: a Reader*. Edinburgh: Edinburgh University Press, pp. 155-161.

Collins, Patricia Hill. 1997. "Defining Black Feminist Thought". in Nicholson, Linda (ed.) 1997. *The Second Wave: A Reader in Feminist Theory*. New York and London: Routledge, pp. 241-259.

_____. 1990. "Black Women and the Sex/Gender Hierarchy", in *Black Feminist Thought: Knowledge, Consciousness and the Politics of Empowerment*. New York: Routledge. Reproduced in Jackson, Stevi & Scott, Sue (eds.) 1996. *Feminism and Sexuality: a Reader*. Edinburgh: Edinburgh University Press, pp.307-313.

Colker, R. 1996. *Hybrid: Bisexuals, Multicultural, and Other Misfits under American Law*. New York: New York University Press.

Connell, R. W. 1987. *Gender and power: society, the person, and sexual politics*. Stanford, Calif. : Stanford University Press.

de Lauretis, Teresa. 1984. "Semiotics and Experience". *Alice Doesn't: Feminism, Semiotics, Cinema*. Bloomington: Indiana University Press. Scott, Joan. 1992. 재인용.

_____. 1987. "The construction of gender is the product and the process of both representation and self-representation". *Technology of gender: essay on theory, film and fiction*. Bloomington: indiana. 정승화. 2002. 재인용.

_____. 1991b. "Queer Theory: Lesbian and Gay Sexualities: An Introduction". *Difference* (Summer): iii-xviii, Quoted in Hennessy, Rosemary. 2000. *Profit and*

Pleasure: Sexual Identities in Late Capitalism. New York and London: Routledge, pp.52-3.

D'Emilio, John. 1983. "Capitalism and Gay Identity". Snitow, Ann et al. (eds.) *Powers of Desire: The Politics of Sexuality.* New York: Monthly Review Press, pp. 100-113.

_____. 1992. *Making Trouble: Essays on Gay History, Politics and the University.* New York: Routledge.

Derrida, Jacques. 2000/1972. "Diff⁴rance". du Gay, P., Evans, J. & Redman, P. (eds.) 2000. *Identity: a reader.* London, Thousand Oaks, New Delhi: SAGE Publications, pp.87-93.

Deutsch, Helene. 1944. *Psychology of Women* vol. I. New York. Cited in 낸시 초 도로우. 2008/1974. "가족구조와 여성적 인성". 미셸 짐발리스트 로잘도, 루이스 램피어 엮음. 여성·문화·사회. 권숙인, 김현미 옮김. 한길사, 107-108쪽.

du Gay, P., Evans, J. & Redman, P. (eds.) 2000. *Identity: a reader.* London, Thousand Oaks, New Delhi: SAGE Publications.

Eadie, Jo. 1993. "Activating Bisexuality: Towards a Bi/Sexual Politics". in Bristow, J. and Wilson, A. R. (eds.) 1993. *Activating Theory: Lesbian, Gay, Bisexual Politics.* London: Lawrence and Wishart. Reproduced in Storr, Merl. 1999. *Bisexuality: a critical reader.* London and New York: Routledge, pp. 119-137.

Ellis, Henry Havelock. 1897. *Studies in the Psychology of Sex, Vol. 1: Sexual Inversion.* London: University Press. Reproduced in Storr, Merl. 1999. *Bisexuality: a critical reader.* London and New York: Routledge, pp. 15-19.

_____. 1923/1915. *Studies in the Psychology of Sex, Vol. II: Sexual Inversion.* Philadelphia; F. A. Davis Co. Reproduced in Storr, Merl. 1999. *Bisexuality: a critical reader.* London and New York: Routledge, pp. 15-19.

Escoffier, Jeffrey & Loff, Bebe. 1991. "Queer/Nation". *Out/look, Lesbian and Gay Quarterly.* New York: Longman.

Fox, R. C. 1993. "Coming out bisexual: Identity, behavior, and sexual orientation self-disclosure". Ph.D. diss., California Institute of Integral Studies, U.S.A.

Freud, Sigmund. 1905. "Three essays on the theory of sexuality: 1. The Sexual Aberrations". in Strachey, J. (ed.) 1953. *The Standard Edition of the Complete Psychological Works of Sigmunc Freud,* Vol. 7. Trans. J. Strachey. London: Hogarth Press. Reproduced in Storr, Merl. 1999. *Bisexuality: a critical reader.* London and New York: Routledge, pp. 20-27.

Fuertsch, Eve. 2000. "In Theory if not in Practice: Straight Feminisms' Lesbian

Experience", *Straight with a Twist: Queer Theory and the Subject of Heterosexuality.* Thomas, Calvin, Joseph Aimone and Catherine MaeGillivray. Urbana: University of Illinois Press.

Gamble, Sarah (ed.) 1999. *The Icon Critical Dictionary of Feminism and Postfeminism.* Cambridge: Icon Books, pp. 298-9. 포카, 2001 재인용.

Gagnon, J. H. and Simon, W. 1974. *Sexual Conduct.* London: Hutchinson. Jackson, Scott. 1996. 재인용.

Garber, Marjorie. 2000/1995. *Bisexuality & the Eroticism of Everyday Life.* New York: Routledge.

Hall, Stuart. 1982. "Minimal Selves, Identity". ICA 6, p.45. Cited in Scott, Joan. 1992. "Experience", in Butler, Judith & Scott, Joan W. (eds.) 1992. *Feminists Theorize the Political.* New York and London: Routledge, p.33 재인용.

_____. 1997. "The work of representation". in Hall, Stuart (ed.) 1997. *Representation: Cultural Representations and Signifying Practices.* London, Thousand Oaks, New Delhi: Sage Publications, pp. 13-64.

Haraway, Donna J. 1991. *Simians, Cyborgs, and Women: The Reinvention of Nature.* London: Free Association Books.

Hartman, Julie Ellen. 2008. "Bi outside the bedroom: The performance of bisexual identity among women in "heterosexual" relationships". Ph. D diss., Michigan State University, U.S.A.

Hennessy, Rosemary. 2000. *Profit and Pleasure: Sexual Identities in Late Capitalism.* New York and London: Routledge.

Hemmings, Clare. 2002. *Bisexual Spaces: a Geography of Sexuality and Gender.* London and New York: Routledge.

_____. 1995. "Locating Bisexual Identities: Discourses of Bisexuality and Contemporary Feminist Theory". in Bell, D. and Valentine, G. (eds.) 1995. *Mapping Desire: Geographies of Sexualities.* London and New York: Routledge. Reproduced in Storr, Merl. (ed) 1999. *Bisexuality: a critical reader.* London and New York: Routledge, pp. 193-200.

Irigaray, Luce. 1996/1977. "This Sex Which is Not One". Jackson, Stevi & Scott, Sue (eds.) *Feminism and Sexuality: a Reader.* Edinburgh: Edinburgh University Press, pp. 79-83.

Jackson, Stevi. 1996. "The Social Construction of Female Sexuality". Jackson, Stevi & Scott, Sue (eds.) 1996. *Feminism and Sexuality: a Reader.* Edinburgh: Edinburgh

University Press, pp. 62-73.

Jackson, Stevi & Scott, Sue (eds.) 1996. *Feminism and Sexuality: a Reader*. Edinburgh: Edinburgh University Press.

Jagose, Annamarie. 1996. *Queer Theory: an Introduction*. Washington Square and New York: New York University Press.

_____. 2009. "Feminism's Queer Theory", Feminism & Psychology, 19(2): 157-174.

Jolly, Margaretta. 2005. "Feminist heterosexuality", Critical Quarterly, 47(3):17-29.

Kinsey, Alfred C., Pomeroy, Wardell B. & Martin, Clyde E. 1948. *Sexual Behavior in the Human Male*. Philadelphia: W. B. Saunders. Reproduced in Storr, Merl Storr (ed.) 1999. *Bisexuality: a critical reader*. London and New York: Routledge, pp. 31-37.

Klein, Fritz. 1978. "The Bisexual Option: A Concept of One Hundred Percent Intimacy". New York: Priam Books. Reproduced in Storr, Merl. (ed.) 1999. *Bisexuality: a critical reader*. London and New York: Routledge, pp. 38-48.

Koedt, Anne. 1970. *The Myth of the Vaginal Orgasm*, Radical Feminism. New York: Quadrangle. Reproduced in Jackson, Stevi & Scott, Sue (eds.) 1996. *Feminism and Sexuality: a Reader*. Edinburgh: Edinburgh University Press, pp.111-16.

Kristeva, Julia. 2000/1974. "Revolution in poetic language", Reproduced in du Gay, P., Evans, J. & Redman, P. (eds.) 2000. *Identity: a reader*. London, Thousand Oaks, New Delhi: SAGE Publications, pp.69-75.

Lacan, Jacques. 2000/1989. "The mirror stage". in du Gay, P., Evans, J. & Redman, P. (eds.) 2000. *Identity: a reader*. London, Thousand Oaks, New Delhi: SAGE Publications, pp.44-50.

Mead, George H. 1934. *Mind, self & society from the standpoint of a social behaviorist*, Chicago & London: University of Chicago Press.

Miller, Andrea D. 2006. "Bi-nary objections: Voices on bisexual identity misappropriation and bisexual resistance". Ph.D. diss., The American University, U.S.A.

Nestle, Joan; Howell, Clare; Wilchins, Riki (eds.) 2002. *Gender Queer: voices from beyond the sexual binary*. Los Angeles : Alyson Books.

Nicholson, Linda. 1997. *The Second Wave: a Reader in Feminist Theory*. New York & London: Routledge.

Oakely, Ann. 1972. "Sexuality". *Sex, Gender and Society*. London: Maurice Temple Smith. Reproduced in Jackson, Stevi & Scott, Sue (eds.) 1996. *Feminism and Sexuality: a Reader*. Edinburgh: Edinburgh University Press, pp. 35-39.

Polen, Nicole Catherine. 2006. "The unspoken lives of bisexual women: An exploration of sexual identity development". Ph.D. diss., University of California, U.S.A.

Prabhudas, Yasmin. 1996. "Bisexual and People of Mixed-Race: Arbiters of change". in Rose, S., Stevens, C. et al./Off Pink Collective (eds.) 1996. *Bisexual Horizons: Politics, Histories, Lives*. London: Lawrence and Wishart. Reproduced in Storr, Merl Storr (ed) 1999. *Bisexuality: a critical reader*. London and New York: Routledge, pp. 150-51.

Pramaggiore, Maria. 1996. "Epistemologies of the Fence". in Pramaggiore, M. and Hall, D. E. (eds.) 1996. *Representing Bisexualities: Subjects and Cultures of Fluid Desire*. New York: New York University Press. Reproduced in Storr, Merl Storr (ed) 1999. *Bisexuality: a critical reader*. London and New York: Routledge, pp. 144-49.

Rambukkana, Nathan. 2004. "Fluidstability : Bisexuality and non-unary language, sexuality and identity". M. A. diss., Trent University, Canada.

Rich, Adrienne. 1978. "Compulsory Heterosexuality and Lesbian Existence". in *Blood, Bread and Poetry*. London: Virago, Reprinted in Jackson, Stevi & Scott, Sue (eds.) 1996. *Feminism and Sexuality: a Reader*. Edinburgh: Edinburgh University Press, pp.130-143.

Roiphe, Katie. 1993. *The Morning After: Sex, Fear, and Feminism*. Boston, New York, Toronto, London: Little Brown Company.

Rose, Jacqueline. 1982. "Feminine Sexuality". in Rose, Jacqueline and Juliet Mitchell (eds.) 1982. *Feminine Sexuality: Jacques Lacan and the école freudienne*. Reproduced in Gay, P., Evans, J. & Redman, P. (eds.) 2000. *Identity: a reader*. London, Thousand Oaks, New Delhi: SAGE Publications, pp. 51-68.

Rubin, Gayle. 1984. "Thinking Sex: Notes for a Radical Theory of the Politics of Sexuality". in Vance, Carole S. (ed.) *Pleasure and Danger: exploring female sexuality*. Boston, London, Melbourne and Henley: Routledge & Kegan Paul, pp. 267-319.

Rust, Paula C. Rodriguez. 2000. "Bisexuality: a Contemporary Paradox for Women". Journal of Social Issues, 56(2):205-251.

_____. 1995. *Bisexuality and the Challenge to Lesbian Politics: Sex, Loyalty, and Revolution*. New York: New York University Press.

Sandoval, Chela. 1984. "Dis-illusionment and the poetry of the future: the making of oppositional consciousness". Ph.D. qualifying essay, University of California at Santa Cruz. Cited in Haraway, 1991: 155-6.

San Filippo, Maria. 2007. "Having it both ways: Bisexualities/bi- textualities and contemporary crossover cinema". Ph.D. diss., University California, L.A., U.S.A.

Sedgwick, Eve Kosofsky. 2008/1990. *Epistemology of the Closet*. Berkely: University of California Press.

Scott, A. 2006. "Apparent lesbian performances, heteroflexibility and sexual identity: Fluid sexuality among young women in public places". Ph.D. diss., University of Windsor, Canada.

Scott, Joan W. 1992. "Experience" in Butler, Judith & Scott, Joan W. (eds.) 1992. *Feminists Theorize the Political*. New York and London: Routledge, pp.22-40.

Sedgwick, E. Kosofsky. 1990. *Epistemology of the Closet*. University of California Press.

Sedgwick, E. Kosofsky.1993. Tendencies, Duke University Press.

Simon, W. and Gagnon, J. H. 1969. "On psychosexual development". in Goslin (ed.) *Handbook of Socialization Theory and Research*. Chicago: Rand McNally. Jackson, Scott. 1996:68 재인용.

Snitow, A., Stansell, C., Thompson, S.. 1983. *Powers of Desire: The Politics of Sexuality*, New York: Monthly Review Press.

Stansell, Christine. 1987. "Response". International Labor and Working Class History. 31(Spring 1987). in Scott, Joan W. 1992. "Experience". in Butler, Judith & Scott, Joan W. (eds.) 1992. *Feminists Theorize the Political*. New York and London: Routledge, p. 31 재인용.

Stekel, Wilhelm. 1950/1922/1920. *Bi-sexual Love*. trans. J. S. van Teslaar, New York: Emersion Books. Reproduced in Storr, Merl. 1999. *Bisexuality: a critical reader*. London and New York: Routledge, pp. 28-30.

Storr, Merl (ed.) 1999a. *Bisexuality: a Critical Reader*. London and New York: Routledge.

_____. 1999b. "Postmodern Bisexuality". *Sexualities*, 2(3):309-325.

Thomas, Calvin. 2000. "Straight with a Twist: Queer Theory and the Subject of Heterosexuality". in Thomas, C., Joseph A., & Catherine M. *Straight with a Twist: Queer Theory and the Subject of Heterosexuality*. Urbana: University of Illinois Press, pp.11-44.

Thompson, E. P. 1963. "Making of the English Working Class". Cited in Scott, Joan. 1992. "Experience". in Butler, Judith & Scott, Joan W. (eds.) *Feminists Theorize the Political*. New York and London: Routledge, pp.22-40 재인용.

Toews, John. 1987. "Intellectual History after the Linguistic Turn: The Autonomy of

Meaning and the Irreducibility of Experience". *America Historical Review*. Cited in Scott, Joan W. 1992. "Experience". in Butler, Judith & Scott, Joan W. (eds.) *Feminists Theorize the Political*, New York and London: Routledge, pp.22-40 재인용.

Vance, Carole S. 1983. "Gender Systems, Ideology, and Sex Research". in Snitow, Ann et al. (eds.) *Powers of Desire: The Politics of Sexuality*. New York: Monthly Review Press, pp. 371-384.

_____. 1984. "Pleasure and Danger: Toward a Politics of Sexuality". *Pleasure and Danger: exploring female sexuality*. Boston, London, Melbourne, and Henly: Routledge & Kegan Paul, pp.1-27.

Weeks, Jeffrey. 2000. *Making Sexual History*. Oxford: Polity Press.

_____. 2003/1986. *Sexuality: Key ideas*. New York: Routledge.

Wilson, Meridee L. 2008. "Bisexual women's identity formation and expression: The influences of heterosexual and lebian communities". Psy. D. diss., Alliant International University, U.S.A.

Wittig, Monique. 1992. "The Straight Mind". Feminist Issues. Hemel Hempstead: Harvester Wheatsheat. Reproduced in Jackson, Stevi & Scott, Sue (eds.) 1996. *Feminism and Sexuality: a Reader*. Edinburgh: Edinburgh University Press, pp. 144-49.

_____. 1997. "One is not born a woman". in Nicholson, Linda (ed.) 1997. *The Second Wave: a Reader in Feminist Theory*. New York and London: Routledge, pp.265-271.

기사 및 인터넷 자료

「당신이 10대라면 가만히 있겠는가: 잊혀진 존재들의 분노…미국산 쇠고기뿐 아니라 우열반과 0교시 등 자신들의 삶에 위협 느껴」, 『한겨레 21』 710호, 2008.5.14.

「서울의 한 공원과 '라탄' 봄소풍에서 만난 청소년들, 햇빛 아래 드러낸 그들의 무지갯빛 꿈」, 『한겨레 21』 711호, 2008.5.22.

「'자해 커뮤니티'의 구조요청: 혐오감·공포·분노에 신음하는 10대 성소수자들, 가출·자퇴·자살 시도 비율 높아」, 『한겨레 21』 711호, 2008.5.22.

「'불륜은 KTX를 타고'… 러브호텔 3만2천 곳」, 인터넷 한겨레, http://www.hani.co.kr/arti/economy/economy21/176511.html(2006.12.6).